W0290477

Boris Jelzin

Auf des Messers Schneide

Boris Jelzin

Auf des Messers Schneide

Tagebuch
des Präsidenten

im
Siedler Verlag

Dieses Buch widme ich
meiner Mutter,
Klawdia Wassiljewna Jelzina

Inhalt

Zum Geleit

Seit ich zum Präsidenten Rußlands gewählt worden bin, haben mich mehrere große Verlage gebeten, meine Erinnerungen aufzuschreiben. Ich war immer der Meinung, ein aktiver Politiker sollte keine Gedanken auf Memoiren verschwenden. Dafür sind andere Zeiten da, vor allem der Ruhestand – eine wunderbare Gelegenheit für Offenbarungen und späte Bekenntnisse.

Aber im August 1991 erlebte die damalige Sowjetunion einen Putsch. Er erschütterte unser Land und zweifellos die ganze Welt. Am 19. August erwachten wir, wie gewöhnlich, in einem Lande, und am 21. fanden wir uns in einem völlig anderen wieder. In diesen drei Tagen schritten wir aus der Vergangenheit in die Zukunft. Die Ereignisse ließen mich zum Diktiergerät greifen und mit der Arbeit an einem Buch über den Putsch beginnen, wie ich ihn damals sah.

Mein britischer Freund Andrew Nurnberg, der mir schon bei meinem ersten Buch geholfen hatte, kam nach Moskau, und wir vereinbarten ein neues Buch. Ich besprach damals mehrere Kassetten, aus denen einige Dutzend beschriebene Seiten entstanden. Ich bat auch meine Frau und die Kinder, ihre Eindrücke und Gefühle zu diktieren, so lange die Erinnerung noch frisch war. Während meines Urlaubs arbeitete ich ein wenig weiter an dem so entstandenen Material. Damit hatte sich's aber auch schon. Die Zeit lief mir davon. Ich selbst beschleunigte ihren Lauf.

Es schien mir sinnlos, über das »Staatliche Komitee für den Ausnahmezustand« (GKTschP), über Krjutschkow, Lukjanow und Jasow zu schreiben, da die Regierung Gaidar schon im Amt war, die UdSSR nicht mehr existierte und Michail Gorbatschow bereits zurückgetreten war. Ich hatte andere Sorgen als dieses Buch.

Ich schrieb also dem Verlag einen Brief, in dem ich mitteilte, ich könne zu meinem tiefen Bedauern mein Versprechen nicht einhalten. Sollte man weiterhin an einem Buch interessiert sein, bat ich darum, ein solches Projekt auf einen späteren Zeitpunkt zu verschieben.

Und doch diktierte, notierte und redigierte ich weiter. Ich arbeitete meist nachts, zuweilen an den Wochenenden oder im Urlaub. Der Leser sollte dies nach meiner Vorstellung irgendwann in der Zukunft zu Gesicht bekommen.

Und diese »Zukunft« war dann plötzlich ganz nah. Im September und Oktober 1993 geschahen in Rußland Dinge, die mich veranlaßten, wieder zum Diktiergerät zu greifen. Das Manuskript war buchstäblich in wenigen Wochen fertig. Ich war nun sicher, daß ich nicht erst in einigen Jahren, sondern sofort berichten mußte, was mit unserem Land geschah.

Der August 1991 und der Oktober 1993 sind unlösbar miteinander verkettet. Ein Imperium ist untergegangen, und vor unseren Augen vollzieht sich qualvoll und schmerzhaft der Abschied von einer ganzen Epoche.

Ich beende meine vorzeitigen Memoiren in dem klaren Bewußtsein, daß die handelnden Personen dieses Buches Menschen von Fleisch und Blut sind. Ich muß weiter mit ihnen zusammenarbeiten; wie ich werden auch sie nicht in den Ruhestand gehen. Wir werden uns auch in Zukunft begegnen, die Tagesprobleme erörtern und Entscheidungen treffen. Sicher wird mancher meine Gedanken nicht präzise finden oder vielleicht auch ablehnend reagieren. Das ist der Lauf der Welt. Es wäre sicher leichter, aus dem Ruhestand über meine Weggefährten zu schreiben, Menschen und Ereignisse einzuschätzen. Das ist der große Vorteil eines Memoirenschreibers, der bereits seine Pension verzehrt. Ich habe es etwas schwerer. Ich bin noch Präsident, mir bleibt noch viel zu tun.

Dieses Buch ist der Versuch, mich zu erklären. Ich möchte heute und nicht später Klarheit darüber gewinnen, was mit Rußland geschehen ist, wohin dieses Land geht und was uns erwartet.

Ich möchte einigen Menschen danken, die mir bei diesem Buch sehr geholfen haben. Ohne ihre Unterstützung hätte es nicht erscheinen können. Vor allem danke ich Valentin Jumaschew, dem stellvertretenden Chefredakteur der Zeitschrift »Ogonjok«. Wir arbeiten seit über fünf Jahren freundschaftlich zusammen. Er ist mir bereits bei meinem ersten Buch zur Hand gegangen. Auch in den drei Jahren, da ich an diesem Manuskript arbeitete, wußte ich ihn stets an meiner Seite. In unseren Gesprächen nachts in meinem Arbeitszimmer im Kreml, im Flugzeug, manchmal am Kamin, meist jedoch vor unserem »Macintosh«-Computer, wo wir am intensivsten an dem Manuskript arbeiteten, waren mir die Konturen des künftigen Werkes stets gegenwärtig. Sein Verständnis, seine Ratschläge waren mir äußerst wichtig.

Ich danke Alexander Korshakow, dem Chef der Wachmannschaft des Präsidenten. Sein Beruf hat kaum etwas mit Büchern zu tun, bringt es aber mit sich, daß er rund um die Uhr in meiner Nähe ist. Auch seine Hilfe habe ich häufig in Anspruch genommen. Sein Geist und seine scharfe Beobachtungsgabe ließen mir bestimmte Situationen oft in neuem, unerwartetem Licht erscheinen. Worte des Dankes schulde ich auch meinem persönlichen Mitarbeiter Viktor Iljuschin. Der Computer auf seinem Schreibtisch registriert jeden Tag des Präsidenten nach Stunden und Minuten - die vergangenen und die kommenden. In seinem Kopf ist jeder dieser Tage festgehalten. Seine Bewertungen, seine eigenen Gedanken und präzisen Folgerungen erwiesen sich als sehr nützlich. Ich danke auch Lew Suchanow, meinem hilfreichen Mitarbeiter.

Der wärmste und herzlichste Dank gilt meiner Familie für ihre Geduld, ihr Verständnis und ihre Unterstützung. In den seltenen Augenblicken, da wir beisammen sein konnten, schloß ich mich in meinem Arbeitszimmer ein, um die nächste Seite zu schreiben. Meine Frau und meine Kinder bekamen diese Seiten als erste zu lesen; sie taten es streng und gerecht. Sie haben mich auch als erste umarmt, als ich den letzten Punkt unter dieses Manuskript setzte.

Euch allen vielen Dank.

Wie schon beim ersten Buch stelle ich einen Teil des Honorars für wohltätige Zwecke zur Verfügung. Ich habe Briefe von vielen unbekannten Menschen erhalten - dem ehemaligen Sportler und dem jungen Invaliden, dem Museumsdirektor und dem Chefarzt eines Krankenhauses, dem Bauern und der Mutter einer genesenen Tochter, von all jenen, denen ich mit Geld für Behandlung, für medizinische Geräte, für Einwegspritzen und Rollstühle ein wenig helfen konnte. Meine Mitarbeiter meinen, die Presse müsse von jeder dieser Spenden erfahren, man solle damit werben, weil das dem Ruf des Präsidenten nütze.

Nein, ich will aus natürlicher menschlicher Anteilnahme keine politisches Kapital schlagen. Ich wäre glücklich, wenn ich mit einem Teil des Honorars Menschen in ihrem Unglück helfen könnte.

30. Oktober 1993 *Boris Jelzin*

Erstes Kapitel

Ein Land wie alle anderen

Aus dem Tagebuch des Präsidenten: 4. Oktober 1993

Gegen 5.00 Uhr morgens suchten mich der Chef der Hauptverwaltung Personenschutz, Michail Barsukow, und sein erster Stellvertreter, der Chef der Wachmannschaft des Präsidenten, Alexander Korshakow, auf und baten mich, Offiziere der Sondereinheiten »Alpha« und »Wimpel« zu empfangen. Ihr Tonfall verriet mir, daß etwas nicht in Ordnung war. Ich fragte jedoch nicht weiter, sondern erklärte lediglich, ich hätte keine Zeit, sie zu empfangen. Sie hätten einen konkreten Auftrag und sollten diesen erfüllen. Barsukow nickte, und beide verließen das Zimmer. Nach etwa einer halben Stunde bat Michail Iwanowitsch noch einmal, mich zu sprechen. Beim Eintreten sagte er: »Boris Nikolajewitsch, ich bitte Sie sehr, Sie müssen die Offiziere empfangen, wenigstens die Kommandeure der einzelnen Abteilungen, die höheren Offiziere. Sie sind in höchstem Maße erregt, immerhin - ein solcher Auftrag. Sie sollen nun schon zum zweiten Mal das Weiße Haus stürmen ...«

Ich überlegte einen Augenblick und willigte dann ein. Bald darauf wurde mir gemeldet, die Kommandeure der einzelnen Einheiten, insgesamt dreißig Männer, seien in der dritten Etage versammelt und warteten auf mich. Voller Sorge und Unruhe ging ich hinunter, eine unerklärliche Beklemmung hatte mich erfaßt und ließ mich nicht los. Als ich den Saal betrat, wo sie versammelt waren, erhoben sich alle, um mich zu begrüßen. Als ich sie anschaute, senkten fast alle den Blick.

Ich beschloß, nicht lange zu zögern, und fragte sofort: »Sind Sie bereit, den Befehl des Präsidenten auszuführen?« Die Antwort war Schweigen, ein unheimliches, unerklärliches Schweigen der Elitetruppe des Präsidenten. Es verging eine Minute. Kein Wort. Ich sagte laut: »Dann stelle ich die Frage anders: Sie weigern sich, den Befehl des Präsidenten auszuführen?« Wieder Schweigen. Einen Augenblick lang ließ ich meinen Blick über die Offiziere gleiten - große, starke und gutaussehende Männer -, dann schritt ich, ohne mich zu verabschieden, zur Tür. Dort wandte ich mich noch einmal um und erklärte Barsukow und Saizew, dem Kommandeur der Einheit »Alpha«, mein Befehl sei auszuführen.

Mit »Alpha« und »Wimpel« geschah dann folgendes: Beide Einheiten lehnten es ab, an der Operation teilzunehmen. Barsukow konnte sie nur mit Mühe dazu bewegen, wenigstens bis zum Weißen Haus vorzurücken. Ihre Anwesenheit sollte psychologischen Druck auf die im Gebäude Verschanzten ausüben. Wir hofften, die Rebellen würden aufgeben, ohne daß es erst Opfer gab. Barsukow ließ seine Soldaten in Busse steigen, die in der Nähe des Zoos (etwa fünfhundert Meter vom Weißen Haus entfernt) hielten. Doch hier erklärten die Männer, weiter gingen sie nicht. Sie verweigerten schlichtweg die Ausführung ihrer Befehle. Einer der Männer sagte: »Soll doch der Föderationsrat den Einsatz von ›Alpha‹ sanktionieren.« Ein anderer meinte unsicher: »Wir sind nicht dafür ausgebildet, auf unbewaffnete Sekretärinnen zu schießen.«

Barsukow verfolgte eine einfache Taktik: Er wollte seine Einheit so weit wie möglich an das Gebäude und damit an die Kampfhandlungen heranbringen. Wenn sie selbst unter Beschuß geraten würden, so sein Kalkül, würden sie auch weiter vorrücken.

Hätte man ohne die beiden Einheiten auskommen können? Zu diesem Zeitpunkt war im Grunde bereits entschieden, ohne »Alpha« und »Wimpel« zu handeln. Für die Operation innerhalb des Gebäudes sollten Fallschirmtruppen und Sondereinheiten der Armee eingesetzt werden. Aber schwer wog die Tatsache, daß »Alpha« sich heraushielt. Wie im August 1991! Die Reaktion in der Presse wäre eindeutig gewesen. Bereits am nächsten Tag hätte in allen Zeitungen gestanden: »Skrupellose Führer hetzen Sondereinheiten gegen ihre politischen Gegner, aber die Soldaten lassen sich nicht in die Politik hineinziehen, sie pfeifen auf die Politiker beider Seiten.« Derartige Beschuldigungen hätte man unter Umständen noch ignorieren können. Viel gravierender war ein anderes Problem: Die Führer des Parlaments konnten davon erfahren, daß »Alpha« seinen Kommandeuren den Gehorsam verweigerte, und dies als Signal verstehen, weiter entschlossenen Widerstand zu leisten. Das aber hätte nur weitere Opfer gekostet.

Barsukow überredete einige Freiwillige, einen Schützenpanzerwagen zu besteigen und an das Gebäude heranzufahren. Sie sollten sich vorerst nur einen Überblick über das Gelände verschaffen für den Fall, daß es zum Einsatz kommen sollte. So rollten vier gepanzerte Fahrzeuge langsam auf das Weiße Haus zu. Da geschah die Tragödie. Einer der Panzerwagen hielt neben einem Verletzten, der bei Bewußtsein war und dringend Hilfe benötigte. Ein Unterleutnant kletterte aus seinem Fahrzeug und lief zu dem Verwundeten. Ein Scharfschütze feuerte auf ihn. Der Unterleutnant wurde unterhalb der kugelsicheren Weste in den Rücken getroffen. So fiel Gennadi Sergejew, ein dreißigjähriger Offizier, als weiteres Opfer dieses blutigen Montags. Der Verletzte, dem er hatte helfen wollen, starb wenige Minuten später.

Als die Kämpfer von »Alpha« hörten, einer ihrer Kameraden sei gefallen, brauchte man viele nicht mehr zu überreden. Fast die ganze Einheit setzte sich zur Befreiung des Weißen Hauses in Marsch. Barsukow stellte Verbindung zu Innenminister Jerin her. Einige weitere Panzerwagen wurden zusammengezogen. Unter ihrem Feuerschutz drang man ins Innere des Gebäudes ein. Barsukow und der Kommandeur der Wachmannschaft des Präsidenten, Alexander Korshakow, führten »Alpha« an. Korshakow war entschlossen, die Anführer des Putsches - Chasbulatow, Ruzkoi, Makaschow und Atschalow - zu verhaften.

Das Auftauchen der Einheit »Alpha« im Weißen Haus hatte eine niederschmetternde Wirkung. Überall verbreitete sich Kapitulationsstimmung. Man stieß auf wenig Gegenwehr. Der Putsch fand ein unrühmliches Ende.

Aus dem Tagebuch des Präsidenten: 1. Oktober 1993

Auf der Fahrt zum Kreml bat ich den Chauffeur, vor dem Amtssitz des Bürgermeisters zu halten. Es war trübe und sehr windig. Fernsehkameras umringten mich, und ich sagte einige Worte. Ich war bemüht, der Situation entsprechend zu reagieren und absolute Härte und Strenge zu zeigen: Solange die Rebellen die Waffen nicht niederlegten, würde es keinerlei Verhandlungen geben.

Vor mir ragte der Koloß des Weißen Hauses auf, den ich so gut kannte und der mir im letzten Jahr so fremd geworden war. Ich mußte mich der Versuchung erwehren, jetzt alle Pläne, alle Strategie aufzugeben und hinüberzugehen, um mich mit Chasbulatow und Ruzkoi an den Verhandlungstisch zu setzen, um dort Zugeständnisse zu erkämpfen und die Einstellung der Schießereien zu erreichen, um irgend etwas zu tun. Aber man konnte nichts mehr tun. Die Brücken waren eingestürzt.

Die Soldaten an der Absperrung frieren in dem kalten Westwind. Sie wechseln Blicke und reden miteinander. Wie lange werden sie hier noch stehen müssen? Ist Rußland wirklich zum Blutvergießen verurteilt? Habe ich richtig gehandelt, als ich gegen die Bedenken vieler meiner Mitarbeiter jenen Erlaß Nr. 1400 vom 21. September verkündete, der der verhängnisvollen Doppelherrschaft eine Ende setzen sollte? Auf der einen Seite der vom Volke gewählte Präsident, auf der anderen Seite die nach Parteilisten gebildeten Sowjets. Nicht nach den Listen der heutigen Parteien, sondern der einen, unbesiegbaren, mächtigen KPdSU.

Die Zukunft wird entscheiden. Vorläufig handle ich so, wie ich es für notwendig halte, ausgehend von der Logik der Ereignisse, letztlich gestützt auf meine Erfahrung und meine Sicht auf die Dinge.

Legitimierte Anarchie

Das Wort einer westlichen Zeitung von der legitimierten Anarchie, die heute in Rußland herrsche, trifft das Wesen der Vorgänge ziemlich genau. Eigentlich hat Rußland alles, was es braucht – alle staatlichen Strukturen, ein Justizministerium, einen mächtigen Sicherheitsdienst und eine riesige Miliz. Aber es hat keine Ordnung.

Im Frühjahr 1993 habe ich einen Erlaß über die Kosakeneinheiten in der Armee unterzeichnet. Die Kosaken kehren zu ihrer althergebrachten Lebensweise zurück: Sie tun Dienst in der Armee in eigenen Formationen und leben in ihren Dörfern nach der jahrhundertealten Ordnung. Für die Menschen ist das einfach und verständlich. Sie sind zu ihrer halbmilitärischen Lebensweise zurückgekehrt, um die sich alles übrige gruppiert. Das macht sie glücklich.

Aber Rußland besteht nicht nur aus Kosaken. Und auch ihnen wird es sicher schwerfallen, sich den neuen Umständen anzupassen. Nur mit der Peitsche schafft man leicht Ordnung. Mit dem Kopf ist das immer schwieriger.

Bei so entwickelten Machtstrukturen, bei einer so großen Zahl von Staatsbeamten und Institutionen, bei einem so zivilisierten und gebildeten Volk wie den Russen kann Anarchie nur damit erklärt werden, daß irgendeine disziplinierende Kraft fehlt. Deshalb läuft die ganze Maschine nicht. Alles muß sich schließlich einem fest umrissenen Prinzip, einem Gesetz und einem Ziel unterordnen. Anders gesagt: Einer im Land muß über allem stehen. Darum geht es.

Natürlich sind mit der Einführung des Präsidentenamts in Rußland nicht alle Probleme sofort gelöst. Aber der Staat muß gelenkt und geleitet werden. Das scheint mir so offenkundig, daß ich gar nicht verstehen kann, weshalb dieses Problem so vielen Politikern Kopfzerbrechen bereitet. Vor allem geht es doch darum, daß der Staat seinen Zweck erfüllt und seinen Bürgern ein gesichertes Leben ermöglicht.

Keine Reform – weder der Wirtschaft noch der Politik oder der Finanzen – löst unsere Probleme mit einem Schlage. Das dauert Jahre, kostet Mühe und geht quälend langsam voran. Aber auf den Anfang kommt es an. Wenn wir in zehn Jahren gute Staatsbeamte haben wollen, müssen sie unter zwei oder drei Präsidenten und ebenso vielen Parlamenten herangebildet werden. Heute tun die Beamten, was sie wollen, und bringen fast nichts zuwege. Aber andere haben wir einfach nicht. Woher sollen wir sie nehmen? Wir alle brauchen viel Geduld. Und wir alle müssen lernen.

Dies ist im Grunde genommen kein Drama, keine Tragödie, und das gibt mir Gelassenheit. Als wir noch unter den Kommunisten lebten, war das ein Drama. Als man den Zaren erschoß, war das eine Tragödie. Als der Krieg gegen Hitler begann, standen Leben und Tod der ganzen Nation auf dem Spiel.

Blicken wir auf unser Leben, auf das Leben unserer Eltern zurück. In den vergangenen dreißig, fünfunddreißig Jahren verlief der Alltag der russischen Gesellschaft im großen und ganzen friedlich, ruhig und gleichförmig, jenen Grundwerten gemäß, die in allen zivilisierten Ländern der Erde Vorrang haben – Wohlstand der Familie, Kultur, Bildung, Erziehung der Kinder, Pflichten gegenüber der Gesellschaft, aber auch sich selbst gegenüber. Das galt unter Chruschtschow, unter Breshnew und auch unter Gorbatschow. Das faschistische System Stalins wandelte sich allmählich zu einem »sanften« Totalitarismus (zu einem Regime, vergleichbar der Herrschaft Francos in Spanien oder den Diktaturen in Lateinamerika), wo traditionell friedliche Werte trotz allem im Vordergrund standen. Und die Gesellschaft paßte sich an; sie lernte es, sich in einem Staat einzurichten, in dem trotz aller Beschränkungen ein annehmbares geistiges Klima, ein bescheidener Wohlstand und moralische Toleranz entstanden waren und sich nun reproduzierten.

Die Gesellschaft von heute beginnt deshalb nicht beim Punkt Null. Und was heute geschieht, ist nicht mit der Revolution von 1917 zu vergleichen, als der Himmel auf die Erde stürzte. Unsere Gesellschaft ist auf der Suche nach einer angemesseneren, vernünftigeren und moderneren Lebensweise. Deshalb kann ich nicht in jenen Chor tragischer Wehklagen einstimmen, die zuweilen in unserer Presse angeschlagen werden. Sie sind mir schlicht unverständlich.

Wir leben heute und bereiten uns nicht erst auf das Leben vor. Davon sollten wir ausgehen. Allerdings leben wir in einem Land mit einem etwas verworrenen Schicksal. Und mit einem höchst komplizierten Erbe.

Aus dem Tagebuch des Präsidenten: 5. Juni 1993

Um 9.45 Uhr veranlaßte ich Korshakow telefonisch, bei der Eröffnung der Verfassunggebenden Versammlung für die strikte Aufrechterhaltung der Saalordnung zu sorgen. Sollte es zu Protestkundgebungen, zu Störversuchen und tumultartigen Auseinandersetzungen oder gar zu Versuchen kommen, die Versammlung zu sprengen, sollten die Urheber unverzüglich aus dem Saal entfernt werden. Im Foyer sollten zehn Mann postiert werden.

Im Präsidium saßen ich und der Ministerpräsident Rußlands, Viktor Tschernomyrdin. Zehn Minuten vor Beginn der Sitzung erschien der Vorsitzende des Verfassungsgerichts, Sorkin. Ich wußte, daß sich sein Platz in der ersten Reihe, ganz links, befand. Chasbulatow, der Vorsitzende des Obersten Sowjets, hatte den Platz ganz rechts. Sorkin nahm an, man werde ihn irgendwo in der Mitte plazieren, stand einen Moment unschlüssig da, schüttelte den Kopf und setzte sich dann ergeben hin. Auch Chasbulatow stand einen Augenblick vor seinem Platz, überlegte und setzte sich dann. Neben ihm saß niemand. Er rutschte auf seinem Sessel hin und her und tat so, als sei er in seine Papiere vertieft.

Meine Rede über die Verfassung und den neuen Prozeß ihrer Erarbeitung war auf vierzig Minuten berechnet. Ich hatte lange daran geschrieben, auch den zweiten Entwurf gründlich überarbeitet, nachdem ich den ersten kategorisch abgelehnt und fünfzehn wesentliche Veränderungen darin vorgenommen hatte. Das hatte mich die ganze Nacht gekostet. Die Atmosphäre im Saal war gespannt. Meine schlimmsten Ahnungen schienen sich zu bewahrheiten.

Ich hatte kaum zu sprechen begonnen, als Chasbulatow bereits einen Zettel schrieb und einen Mitarbeiter herbeirief, der neben dem Podium Dienst tat. Dieser nahm den Zettel und legte ihn in einer Schublade ab. Chasbulatow gefiel das nicht. Er gab Tschernomyrdin auffällige Zeichen, ihm in Abweichung von der Tagesordnung nach Jelzin das Wort zu erteilen. Als ich endete und wieder Platz nahm, sprang er sofort auf und stürzte zum Rednerpult. Und dann ging es los. Im Saal entstand Unruhe. Man begann in die Hände zu klatschen und zu pfeifen. Eine erregte, aufgeheizte Stimmung. Der Auftakt war mißlungen.

In der Pause fragten mich Pressevertreter: »Was halten Sie vom ersten Tag?« »Die Beratung geht weiter«, antwortete ich, »trotz des provokatorischen Verhaltens des Parlamentspräsidenten.«

Und doch war Chasbulatow nicht der Alte – er war hohlwangig, sprach mit flehender Stimme, und seine Augen blitzten dabei nicht wie gewöhnlich. Plötzlich brüllte der Abgeordnete Slobodkin dazwischen und stürzte auf das Podium los. Er mußte förmlich aus dem Saal getragen werden.

Ich spürte plötzlich den unwiderstehlichen Wunsch, diese ganze Bande zum Teufel zu jagen. Mir war die Stimmung gründlich verdorben. Aber immerhin hatten wir den Anfang gemacht.

Aus dem Tagebuch des Präsidenten: 5. Mai 1993

Begegnung mit dem Außenminister der USA, Warren Christopher, der zwei Telefonanrufe Präsident Clintons vorausgegangen waren.

Beim ersten Telefonat beglückwünschte Clinton mich zum Sieg beim Referendum. Beim zweiten Mal bat er darum, unverzüglich mit ihm einen Plan für militärische Aktionen in Bosnien zu erörtern.

Ich erwiderte, daß man das aus dem Stegreif nicht machen könne. Wenn Christopher nach Moskau komme (der Besuch war bereits vereinbart), könnten wir diesen Plan im Detail besprechen und zu einer gemeinsam abgestimmten Lösung kommen. »Drängen Sie mich bitte nicht, Bill.« Er war einverstanden.

Ich durchdachte die ganze Situation noch einmal gründlich. Clintons Strategie war klar: Wenn es mit uns zu keiner Vereinbarung kommen sollte, wollte Washington im Alleingang in Bosnien eingreifen. An dem Friedensplan der internationalen Gemeinschaft war aber ein ganzes Jahr gearbeitet und gefeilt worden. Ein unbedachter Raketenschlag auf serbische Stellungen, und der ganze Friedensplan geht zum Teufel, dachte ich, vielleicht für immer. Frieden in Jugoslawien werden dann vielleicht unsere Enkel erleben.

Ich kann verstehen, daß ein Plan für militärische Einsätze bereits im Detail existiert. Dort ist auch für uns eine Rolle vorgesehen. Vielleicht werden wir auch darauf eingehen müssen, daß UN-Streitkräfte in Korridoren zwischen den kämpfenden Seiten stationiert werden. Aber dafür ist es noch zu früh. Solange noch die Chance besteht, muß man alle Seiten zur Unterschrift drängen, ohne zu schießen.

Aus dem Tagebuch des Präsidenten: 7. Mai 1993

Im Kulturpalast der Hauptverwaltung für Innere Angelegenheiten in der Nähe der den Moskauern bekannten Lesnaja-Straße und des Butyrsker Gefängnisses nehmen wir Abschied von dem am 1. Mai ums Leben gekommenen Mitarbeiter der Miliz, Wladimir Toloknejew. Die Nowoslobodskaja-Straße ist gesperrt. Im Sonnenlicht liegt sie still und leer da, etwas staubbedeckt wie immer Anfang Mai, wenn der Schnee gerade getaut ist.

All das will mir nicht recht in den Kopf - der 1. Mai, die Demonstration. Wir sowjetischen Menschen denken dabei - ich weiß nicht - vielleicht an Eis, an eine Flasche Bier, an Schaschlik im Freien, natürlich an rote Fahnen ... Aber an Blut?

Diese schrecklichen Bilder im Fernsehen. Alles konnte man sich vorstellen: Gedränge, eine Prügelei. Im Eifer des Gefechts bekam Toloknejew einen Hieb ab. Aber die Kamera kann nicht lügen. Ein Mann stürzt ans Steuer seines LKW und gibt Gas - er weiß, daß er einen Milizionär umbringen will. Das ist wirklicher, vorsätzlicher Mord. Da ich diese Zeilen schreibe, ist der Mann noch nicht gefunden.

Mir schießen sofort Fragen durch den Kopf: Warum war die Reihe von Milizionären ohne ausreichenden Flankenschutz? Wo blieben die Wasserwerfer? Warum wurde kein Tränengas eingesetzt? Wann endlich werden wir das erste Gerät mit Plastikgeschossen haben, um, wenn nötig, eine aggressive Menschenmenge ohne Blutvergießen zu zerstreuen, wie sich das gehört?

Ich stehe an Toloknejews Sarg und blicke auf seine junge Witwe. Ich bin der Präsident, und ich kann nichts tun.

Alle diese Fragen werden fünf Monate später mit tausendfacher

Kraft auf mich einstürzen. Und wieder werde ich fast körperlich dieses beklemmende Gefühl spüren – das Gefühl der Machtlosigkeit.

Zu nächtlicher Stunde

Ich leide an Schlaflosigkeit. Um zwei oder drei Uhr nachts stehe ich auf, gehe im Zimmer auf und ab, trinke Tee und kann nicht wieder einschlafen. Tabletten mag ich nicht nehmen, sie helfen auch nicht.

Ich möchte mit jemandem sprechen. Aber alle schlafen.

In diesen Stunden »arbeite ich an dem Buch«, das heißt, ich hänge meinen Gedanken nach, erinnere mich, formuliere, schreibe manchmal etwas nieder oder versuche es im Gedächtnis zu behalten. In solchen Augenblicken fällt einem Verschiedenes ein, denkt man über Dinge nach, die nicht immer angenehm sind, man ist zu sich selbst offener und aufrichtiger als tagsüber im Büro, wenn man bis zum Hals zugeknöpft ist.

Ich hoffe, daß diese Bekenntnisse Vertrauen schaffen.

Woran denke ich?

Mir fällt ein, wie Naina einmal eine schwere Lungenentzündung hatte; sie mußte sogar ins Krankenhaus gebracht werden. Zu Hause blieb Tanjuschka zurück, die damals noch ein Säugling war. Ich brachte sie nach Berjosniki zur Großmutter. Wir hatten niemanden, der mit ihr zu Hause bleiben konnte, und an einen Krippenplatz war damals nicht zu denken. Die Fahrt mit dem Zug dauerte über dreißig Stunden.

Ich hüllte das Kind in eine Decke und bestieg den Zug. Ein Abteil im Platzkartenwagen. Die Leute machen große Augen: Wo will der Mann mit dem Säugling hin? Ich erkläre verlegen die Situation. Der Zug setzt sich in Bewegung.

Zunächst schläft die Kleine. Die Frauen helfen mir, die Windeln zu wechseln. Aber nachts wird sie hungrig, und das Drama beginnt. Sie schreit und kreischt, als ginge es ums Leben. Der ganze Wagen wird wach. Ich zittere wie im Fieber. Alle leiden mit mir mit. Man sucht nach einer jungen Frau, die vielleicht Milch hat. Der ganze Zug wird durchsucht, aber man findet keine. Man rät mir, Brot in ein Läppchen zu wickeln und dem Kind zum Lutschen zu geben. Mit zitternden Händen nehme ich das Brot und wickle irgend etwas darum. Sie beginnt wirklich zu saugen. Aber nach fünf Minuten das gleiche Geschrei. Der Betrug ist entdeckt. Ich lasse sie an meinem Finger lutschen und versuche ihr sogar Wasser mit dem Löffel einzuflößen.

Was soll ich nur tun? Mir wird schon ganz schwarz vor Augen. Wenn das Kind nun Schaden nimmt?

Kurz und gut – ich führte ihr Mündchen an meine Brust, und plötzlich wurde sie still. Die Leute lachten, die Frauen bis zu Tränen. Der Betrug war gelungen. Dem Kind wurde warm, es beruhigte sich und schlief ein.

Wir erreichten unser Ziel. Das war auch eine Panne gewesen, doch eine mit unfreiwilliger Komik. Meine Tochter erinnert sich natürlich nicht mehr daran. Wenn ich davon erzähle, glaubt sie mir nicht.

Jetzt habe ich schon drei Enkel. Borka ist dreizehn. Ich glaube, er hat etwas von seinem Großvater. Er ist eine Führernatur. Unter den Kindern immer vorneweg. Ein echter Junge, der auch austeilen kann. Mit ihm ist es spannend. Er spielt Tennis. Allerdings fehlt es ihm noch an Beharrlichkeit und Geduld. Das halte ich ihm manchmal vor. Aber er weiß, daß ich ihn gern habe, und nimmt meine Ermahnungen deshalb nicht allzu ernst.

Katja, Lenas Älteste, ist vierzehn. Ein sehr begabtes Mädchen, hat sich in verschiedenen Sportarten geübt, ist fleißig, voller Energie und vor allem sehr zielstrebig. Sie strahlt innere Ruhe aus.

Mascha ist unsere Jüngste. Sie strickt und zeichnet gern, ist sanft und sehr weiblich. Manchmal bekommt sie von den Älteren – von Borka oder Katja – etwas ab. Aber sie beklagt sich nie, sondern verteidigt ihre Geschwister sogar. Sie ist schon jetzt der Mittelpunkt der Familie.

Dann die Schwiegersöhne. Mein ältester Schwiegersohn Walera ist Flieger. Er kommt aus einer traditionsreichen Familie mit festen moralischen Grundsätzen. Walera hat diese guten Eigenschaften übernommen – er ist ein aufrechter, selbständiger und starker Charakter. Ein echter Mann im Haus. Lena und Walera leben mit ihren Kindern von uns getrennt. Wenn wir zusammenkommen, ist mir seine Meinung stets wichtig.

Ljoscha ist Tanjas Mann. Er war Ingenieur in einem Konstruktionsbüro für Weltraumtechnik und ist dann in die Geschäftswelt gegangen. Was soll ich sagen – der Junge hat Mut. Mir macht er Sorgen, und das aus verständlichen Gründen: Er hat etwas völlig Neues angefangen, und man möchte ihm wünschen, daß er selbständig wird. Ich glaube, das wird ihm gelingen.

Und dann meine beiden Töchter Tanja und Lena. Meine liebsten Kinder auf der Welt. Gemeinsam mit ihrer Mutter Naina Jossifowna bilden sie in unserer Familie den »großen Frauenrat«, der im Grunde genommen über alles entscheidet.

Naina Jossifowna. Naina. Naja. Meine Frau. Die zärtliche, geduldige, alles verstehende Ehefrau zu sein, ist immer schwer. Meine Frau zu sein, noch mehr. Aber die Frau des Präsidenten – der reine Wahnsinn …

Die Probleme beginnen mit Kleinigkeiten, in der Küche. Zu Hause kochen meine Frauen. Auf der Datsche aber haben wir einen Koch, denn dort kommen immer viele Menschen zusammen, schließlich ist

Die Familie spielt im Leben Jelzins auch und gerade in den Momenten politischer Anspannung eine entscheidende Rolle. Seine Mutter, seine Frau, seine Töchter, Schwiegersöhne und Enkel versammeln sich immer wieder um ihn, und die Politik ist aus dieser Welt strikt ausgeschlossen.

Der Abschied von der Mutter – in einer Zeit dramatischer politischer Ereignisse – war für Jelzin eine wirkliche Erschütterung.

Mit den Enkelkindern Borka, Katyn und Mascha auf seiner Datsche.

Jelzin war immer ein leidenschaftlicher Sportler, vom Volleyball über das Schwimmen bis zum Tennis. Das war Leidenschaft und Gymnastik zugleich; als er merkte, daß die Figuren seiner Kabinettsmitglieder die sitzende Tätigkeit zu erkennen gaben, verordnete er allen gemeinsame Stunden auf dem Tennisplatz, und Ministerpräsident, Verteidigungsminister, Außenminister und Innenminister trafen sich von nun an auf einem Felde, auf dem sie sich oft ungelenk bewegten.

es ein Regierungsgebäude. Sich daran zu gewöhnen, daß im Hause ein Koch herumwirtschaftet, fällt den Frauen nicht leicht. Sie wechseln skeptische Blicke. Eigentlich haben sie nun weniger Probleme mit der Kocherei. Andererseits auch mehr. Der Koch richtet sich nicht nach dem Geschmack der Kinder, nach ihren Gewohnheiten und Launen. Und was bleibt für die Großmutter zu tun?

Wenn es um Borka geht, ist der Großvater nicht objektiv. Schließlich mußte ich lange auf einen Jungen warten. Zuweilen sagen gleich drei ihre Meinung – ich, seine Großmutter und seine Mutter. Und sofort mischen sich auch alle anderen ein. Er beobachtet in aller Ruhe, wer sich durchsetzt, und tut am Schluß doch, was er will. Ich meine hier die alltäglichsten Situationen – eine Prügelei, eine schlechte Note in der Schule, Schule schwänzen, eine freche Antwort gegenüber der Großmutter, ein Streit mit den Schwestern oder irgend etwas anderes.

Ich denke, der Leser hat schon verstanden, daß man in der Familie des Präsidenten nicht auf Zehenspitzen geht, obwohl man auch darum bemüht ist, manchmal sogar sehr. Aber es kann auch laut zugehen, wie in anderen Familien auch.

Ich bin natürlich gerührt, wenn ich bemerke, daß groß und klein darum bemüht sind, um mich herum eine Atmosphäre der Ruhe und Wärme zu schaffen. Man spürt, daß sie sich darin einig sind und verschwörerische Blicke wechseln. Sogar die kleine Maschka.

Vor allem Naina und meine Töchter sind um mich besorgt. Dafür bin ich ihnen dankbar. Im Grunde sind sie aber leidenschaftliche Naturen. Wenn zuweilen Streit über Politik ausbricht, sind sie nicht zu bremsen, verstummen aber meist, wenn ich auftauche.

Weiß meine Frau wirklich, wer mein Freund und wer mein Feind ist, welche Logik in meinen Entscheidungen liegt? Versucht sie, mir zu raten? Das ist nicht leicht zu beantworten. Sie rät mir ohne Worte. Sie erfaßt die Dinge stets mit dem Gefühl. Und reagiert schweigend oder sehr zurückhaltend. All das bleibt mir nicht verborgen.

Im übrigen sind wir eine ganz normale Familie.

Zweites Kapitel

Die Unabhängigkeit

Zu nächtlicher Stunde

Manchmal wollte ich das Telefon mitsamt der Dose aus der Wand reißen. Es erschien mir wie ein Lauscher aus der Welt, die mich so brutal verstoßen hatte. Ich spürte fast körperlich, daß von diesem kleinen weißen Apparat eine Bedrohung ausging, die mir neues Unglück verhieß.

Ich saß im Arbeitszimmer des Ministers im Staatlichen Komitee für Bauwesen, und auf meinem Tisch stand dieses Telefon – mit dem rotgoldenen Staatswappen. Um mich herum alles leer und totenstill.

Diese Minuten des Wartens werde ich niemals vergessen. Wir schrieben das Jahr 1988. Die Perestroika war in vollem Gange.

Mein Mitarbeiter Lew Jewgenjewitsch Suchanow sagt, daß man mich in solchen Augenblicken gar nicht anschauen kann, so elend sehe ich aus. Ich werde ihm immer dankbar dafür sein, daß er es gelernt hat, mich aus dieser Depression herauszuholen, und sei es auch nur für kurze Zeit. Er hat dann zum Beispiel irgendeinen Bittsteller zur Hand, den ich bisher nicht habe empfangen können. Beim Eintreten sagt er vorsichtig: »Boris Nikolajewitsch, ich kann nichts machen, der Mann läßt sich nicht abweisen.« Ich komme mit ihm ins Gespräch, und die Leere ist vergessen.

Wenn mich nachts die Schlaflosigkeit plagt, erinnere ich mich oft an diese schweren Tage, die vielleicht die schwersten in meinem Leben waren. Gorbatschow schickte mich nicht in die Wüste oder in ferne Länder, wie das bei seinen Vorgängern üblich war. Er handelte geradezu edel, großmütig und zeigte Mitgefühl. Aber nur wenige wissen, was es für eine Folter ist, in der Totenstille eines Arbeitszimmers, gleichsam in einem Vakuum sitzen zu müssen und auf irgend etwas zu warten. Zum Beispiel darauf, daß dieses Telefon mit dem Staatswappen läutet. Oder daß es nicht läuten möge.

Damals gewann ich Klarheit über mein Verhältnis zu Gorbatschow. Ich begriff, wo seine Stärken und Schwächen lagen, ich erkannte, daß von ihm Unglück und Gefahr ausgingen. Niemals hatte ich die Absicht, ihn persönlich zu bekämpfen, im Gegenteil, in vieler Hinsicht trat ich in seine Fußstapfen, als ich den Kommunismus demontierte. Aber wozu es verschweigen: Vieles, was ich tat, hat mit unserer Auseinandersetzung zu tun, die damals ernstlich entbrannte.

»Knüppelchen« und großer Knüppel

Gorbatschow hatte genug von der Perestroika. Er hatte deutlich die Sackgasse vor Augen, auf die das Land zusteuerte. Er mußte sich auf die Krise vorbereiten. Die Richtung war eindeutig: Es galt nach der mißlungenen Reform und dem Tauwetter das politische Klima allmählich einzufrieren, die Lage notfalls gewaltsam zu stabilisieren und die politischen und wirtschaftlichen Prozesse unter strikte Kontrolle zu nehmen.

Sein erster Schritt war die Einführung des Präsidentenamtes. Damit war sein neuer Status institutionell verankert. Zugleich sicherte er sich so gegen die Kommunisten ab: Dem Präsidenten der UdSSR zu drohen war schon schwieriger.

Gorbatschow trennte sich nach und nach von Menschen, die sich zu Politikern mit eigenem Profil entwickelt hatten - von Jakowlew, Schewardnadse und Bakatin. Gorbatschow hatte es satt, mit einer legalen Opposition zu streiten, sich mit den lästigen Problemen der Republiken zu befassen, über die Entwicklung der Wirtschaft völlig im unklaren zu sein. Auch der passiven Politik endloser Zugeständnisse und Friedensinitiativen auf internationalem Gebiet war er überdrüssig. Gorbatschow war es müde, jahrelang stets ein und derselbe Gorbatschow zu sein.

Der gesamte Plan der Perestroika hing nun von seiner Fähigkeit ab, praktische Reformen durchzusetzen, also alte Strukturen zu zerstören und neue aufzubauen. Seine bisherige Beschränkung auf die geistige Führung, auf liberale Ideologen bewährte sich nicht. Wider Erwarten ging das »Knüppelchen« nicht, wie es im russischen Volkslied heißt, von selbst los, dachte das System gar nicht daran, sich einfach so von selbst zu verändern. Es paßte sich jeder Losung an.

Welche Art Reformen wollte Michail Sergejewitsch durchsetzen? War er für die Rolle des harten, kompromißlosen Führers geschaffen?

Gorbatschow war und blieb ein Verfechter des Sozialismus mit menschlichem Antlitz. In der Theorie nahm sich das sehr gut aus. Aber in der Praxis fürchtete der ehemalige Generalsekretär den schmerzhaften Bruch mit dem Alten und die jähe Wende so sehr, war er so tief in unserem sowjetischen System verwurzelt und von ihm bis ins Mark durchdrungen, daß ihn anfangs die bloßen Worte »Markt« oder »Privateigentum« mit hellem Entsetzen erfüllten. Dieser tiefe Widerwille gegen marktwirtschaftliche Reformen prägte die Politik von »Partei und Regierung«.

Selbst nach dem Augustputsch reagierte Gorbatschow zutiefst bestürzt auf den Beschluß über die Einstellung der Tätigkeit der KPdSU. Von welchen Reformen konnte also angesichts des »harten Kurses« die Rede sein, der von der neuen »Mannschaft« Gorbatschows zu erwarten war: Pugo als Innenminister, Bessmertnych als neuer Außenminister, Pawlow als Ministerpräsident, Janajew als Vizepräsident und all die anderen?

War es Gorbatschow gegeben, ein »starker Präsident« zu sein? Möge mir der Leser meine subjektive Meinung verzeihen - aber ich habe da meine Zweifel. Dem Wesen nach für die Diplomatie, für Kompromisse, für das sanfte und komplizierte Spiel mit den Kadern, für den listenreichen »östlichen« Herrschaftstyp geschaffen, grub sich Gorbatschow selbst die Grube, als er sich, wie es in unseren Schulbüchern heißt, mit »typischen Vertretern« der sowjetischen Staatsmaschinerie umgab. Da er sie mit umfangreichen Vollmachten ausstattete, regte er sie zu einer entschiedenen Kursänderung an, während Michail Sergejewitsch selbst immer stärker zum Dialog mit den linken Kräften, zum politischen Kompromiß mit den Demokraten tendierte.

Der Sturz in den Abgrund war unabwendbar.

Ich erinnere mich, wie Lew Suchanow und ich zum ersten Mal das Arbeitszimmer Vitaii Worotnikows betraten, der vor mir Vorsitzender des Präsidiums des Obersten Sowjets Rußlands gewesen war.

Angesichts des riesigen Raumes sagte Lew Jewgenjewitsch staunend: »Schauen Sie nur, Boris Nikolajewitsch, was für ein Büro Sie sich erobert haben!« Ich hatte in meinem Leben schon viele Arbeitszimmer gesehen. Und doch war ich von dieser modernen Eleganz, von all diesem Glanz und Komfort beeindruckt. »Na, und?« dachte ich. »Schließlich haben wir nicht nur ein Arbeitszimmer, sondern ganz Rußland erobert.« Und erschrak selbst vor diesem ketzerischen Gedanken.

Aber dahinter verbarg sich etwas: das deutliche Gefühl einer Grenzsituation, eines Krisenzustandes. Und ich erkannte schließlich auch, was es war.

Früher saßen in diesem luxuriösen Arbeitszimmer, in diesem neu errichteten Weißen Haus Menschen, von denen faktisch nichts abhing - Worotnikow, Solomenzew, Wlassow, die höchsten Führer Rußlands. Große Fragen wurden sämtlich auf anderen Etagen der Macht entschieden. Aber wenn man genauer hinsah, versuchten auch die wichtigsten und höchsten Chefs in jenen Etagen nur den Eindruck zu erwecken, als hätten sie das Schicksal Rußlands noch in der Hand.

Im Politbüro wurden natürlich taktische Beschlüsse für den Augenblick gefaßt, saßen »Progressive« und »Falken«. Aber ein besonderes Bedürfnis nach ihren Anordnungen und Beschlüssen verspürte das Land nicht.

Die Menschen, die in diese eleganten Arbeitszimmer kamen, zu dieser grenzenlosen Macht, waren wie Einzelteile in einem Mechanismus und besaßen ungefähr das gleiche Maß an Selbständigkeit.

Das wichtigste Paradox Rußlands bestand darin, daß sein ganzes Staatssystem längst steuerlos dahintrieb und im Grunde genommen von niemandem mehr gelenkt wurde. Einen wirklich starken Führer hatte Rußland schon lange nicht mehr. Selbst der Reformator Gorbatschow fürchtete am meisten auf der Welt, dieses System zu zerbrechen und zu zerstören. Er hatte Furcht, daß es zurückschlagen könnte. Die innersten Mechanismen der Sowjetordnung sollte die »Perestroika« nach seinen Vorstellungen nicht antasten.

Seit 1989 führten wir einen langen, kräftezehrenden Kampf gegen dieses System. Er begann mit dem ersten Kongreß der Volksdeputierten. Zum ersten Mal in der sowjetischen Geschichte kämpften wir mit legalen Mitteln und trugen den Sieg davon. Wir siegten, um eines Tages in dieses Arbeitszimmer Einzug zu halten. Die Freude über den errungenen Sieg endete jedoch bald, wie die Sportler sagen, mit einem starken Muskelkater.

Ja, unter Gorbatschow war das System in der Tat auf ein anderes Regime umgestellt worden. Es konnte uns nicht mehr offen zermalmen. Aber es konnte uns durchaus ohne viel Aufhebens stückchenweise verschlingen. Es konnte alle unsere Aktionen sabotieren und sich selber aller Kontrolle entziehen. Es konnte uns zärtlich und liebevoll in seiner Umarmung ersticken. Der Möglichkeiten gab es unzählige. Wir aber hatten nur eine Chance – wir mußten siegen.

In Worotnikows Arbeitszimmer wurde mir regelrecht schwindlig bei dieser Wahnsinnsidee: Der erste Mann der Opposition stand nun an der Spitze des grandiosen Apparates Sowjetrußlands.

Ja, der Apparat. Als der neue Chef einzog, geriet der Apparat, das heißt die Mitarbeiter des alten Obersten Sowjets, zunächst in Panik. Sie verschwanden einfach von der Bildfläche; in den ersten Tagen rührte sich im Weißen Haus überhaupt nichts, niemand ging seiner Arbeit nach. Alle warteten darauf, mit Schimpf und Schande aus dem Haus gejagt zu werden. Hartnäckig hielt sich das Gerücht: Jelzin ist ein unkontrollierbarer Dickschädel, er kann nur auf Versammlungen herumfuchteln und, Sie wissen doch, im Moskauer Stadtparteikomitee hat er schon einmal alle zur Verzweiflung gebracht.

Ich mußte mit einem politischen Grundsatzgespräch beginnen. Ich rief alle Mitarbeiter zusammen und sagte: »Entlassen wird niemand, lassen Sie uns zusammenarbeiten. Wem das gefällt – ausgezeichnet. Wem es zu kompliziert oder zu langweilig erscheint, von dem verabschieden wir uns.« Viele blieben. Der eine oder andere ging.

Schon als Deputierter des Obersten Sowjets hatte ich auf einen Wagen und eine Datsche verzichtet. Ich hatte mich auch aus der Sonderpoliklinik verabschiedet und mich in der Poliklinik meines Stadtbezirkes angemeldet. Nun stieß ich plötzlich auf das Problem, etwas nicht ablehnen sondern erkämpfen zu müssen! Die führenden Leute Rußlands brauchten nämlich keine »Privilegien«, sondern normale Arbeitsbedingungen, die zu diesem Zeitpunkt einfach nicht vorhanden waren.

Diese unvermittelte Erkenntnis setzte mich so in Erstaunen, daß ich ins Grübeln kam, ob mich die Menschen überhaupt verstanden. So viele Jahre hatte ich die Privilegien angeprangert, und nun ... Dann kam ich zu dem Schluß, die anderen seien auch nicht dümmer als ich. Sie hatten bereits begriffen, daß es nicht darum ging, gegen Privilegien der Partei zu kämpfen, sondern gegen ihre unkontrollierte Allmacht, gegen ihre Ideologie und Politik.

Zum ersten brauchte ich eine Residenz außerhalb der Stadt, wo an meiner Seite Sekretärinnen, Wachmänner, Mitarbeiter, Sachverständige, also viele Menschen arbeiten konnten. Wenigstens einige Räume. Zunächst bot man mir ein Zimmer in einem Erholungsheim in Lipki an, aber dort ging es laut und lebhaft zu, vornehmlich erholten sich dort die Mitarbeiter des Obersten Sowjets Rußlands. An Arbeit war nicht zu denken.

Für einige Monate zogen wir ins Sanatorium »Desna«, ebenfalls in der Umgebung Moskaus. Hier beschwerten sich meine Mitarbeiter, es sei unbequem, eng, und die Kommunikation sei schlecht. Schließlich fanden wir »Archangelskoje«, ein Erholungsheim des Ministerrates Rußlands. Zunächst teilte ich mir ein zweistöckiges Haus mit dem stellvertretenden Minister für Landwirtschaft, später überließ man es mir und meinen Mitarbeitern ganz. Hier hielten wir uns bis zum Putsch auf.

Alle Urlaubsreisen bezahlte ich aus eigener Tasche, bis ich Präsident Rußlands wurde. Nach dem Putsch fuhr ich zum ersten Mal in die Residenz Barwicha - ein besonders bewachtes »Objekt«, wie dergleichen in diesem System genannt wird, mit einer direkten Regierungsleitung und allem was dazugehört.

Was den Personenschutz des Vorsitzenden des Obersten Sowjets Rußlands betraf, so wurden im ersten Jahr nur Zivilisten aufgenommen. Ein Ausbilder im Ruhestand weihte sie in die Geheimnisse des Dienstes ein. Es galt zu beachten, daß der gesamte Schutz der Regierung im Land von einer einzigen Institution, der 9. Verwaltung des KGB, kontrolliert wurde. Dort hatte man eine entsprechende Einstellung zu Jelzin. Ich erinnere nur daran, daß der Leiter der 9. Verwaltung, Plechanow, der am 18. August 1991 die Wache Gorbatschows entwaffnete und alle konspirativen Treffen der Verschwörer organisierte, wie auch die anderen Putschisten bisher nicht bestraft sind. Dabei ist die Sachlage in seinem Falle absolut eindeutig: Er hat seine Dienstpflichten offen verletzt! Deshalb hatten wir große Bedenken, Beamte des Personenschutzes in Dienst zu stellen.

Eben diesem General Plechanow unterstanden alle »Sondereinrichtungen« in der UdSSR – der Wagenpark, das besondere Kommunikationsnetz und die »Sonderobjekte«. Natürlich überwachte er auch die Ausgabe von Waffen an den Personenschutz.

Meine Leute wandten alle Tricks an, um auf legalem Wege an Waffen zu kommen. Dabei erhielten sie Unterstützung aus dem Verteidigungs- und dem Innenministerium der UdSSR.

Zum Zeitpunkt des Augustputsches verfügte die Verwaltung zum Schutz des Obersten Sowjets Rußlands über sechzig Maschinenpistolen, etwa hundert Pistolen, zwei kugelsichere Westen und fünf österreichische Funkgeräte. Das war alles.

Ich unterbreche hier meine Aufzeichnungen und setze ein riesiges Fragezeichen.

Auch Chasbulatow hatte einen von ihm selbst ausgewählten Sicherheitsdienst des Obersten Sowjets Rußlands, der niemandem sonst unterstand. Auch seine Leute waren bemüht, im Weißen Haus so viele Waffen wie möglich anzuhäufen.

Wiederholt sich hier tatsächlich die Geschichte? Und wie steht unsere russische Demokratie vor der Geschichte da, wenn man beim ersten kommunistischen Putsch davor zurückschreckte, das Feuer auf die Demokraten zu eröffnen, während beim zweiten Mal die Demokratie selbst keine Skrupel hatte, mit Waffengewalt gegen ihre Gegner vorzugehen? Liegt darin nicht eine böse Ironie des Schicksals?

Möge jeder dieses Rätsel für sich selbst lösen. Ich selbst glaube, daß sowohl im ersten wie im zweiten Fall das moralische Recht auf der Seite der russischen Demokratie war, weil sie gezwungen war, sich zu verteidigen. Im ersten Falle mit Hilfe friedlicher Demonstranten, im zweiten mit Hilfe schwerer Panzer.

Und doch läßt das Schicksal des Weißen Hauses Rußlands mir keine Ruhe. Dieses Rätsel der Geschichte werden künftige Generationen lösen müssen.

Mehrmals habe ich im Fernsehen ganz unerwartet scharfe Erklärungen abgegeben, die wie eine Bombe einschlugen. Das heißt nicht, daß ich gern vor der Kamera posiere. Ganz im Gegenteil. Fernsehaufnahmen kosten mich jedesmal große Überwindung. Das gilt für jede reglementierte Aktion, die mir von außen aufgezwungen wird. Dabei bricht mir, wie ein Sprichwort sagt, siebenmal der Schweiß aus. Ich mag mich selbst auf dem Bildschirm überhaupt nicht sehen und tue dies nur, wenn es gar nicht zu vermeiden ist.

Zu solchen Auftritten kam es immer dann, wenn entscheidende Veränderungen eintraten – etwa während der Parteikonferenz oder auf dem Parteitag. Später – am 20. März und am 21. September 1993 – hielt ich Fernsehansprachen, bevor ich die bekannten Erlasse unterzeichnete.

Einmal mußte ich jedoch um einen Fernsehauftritt kämpfen. Das war im Februar 1991, als ich Gorbatschow öffentlich aufforderte, zurückzutreten. Das Referendum vom März 1991 stand vor der Tür, gerade hatten die Ereignisse im Baltikum für enormes Aufsehen gesorgt, und in der Gesellschaft brodelte es. Allen war klar, wofür das Referendum gebraucht wurde - um den Ausnahmezustand im ganzen Land legal verhängen zu können. Zum zweiten wollte man sich eine gesetzliche Grundlage schaffen, um gegen die Unabhängigkeit Rußlands vorzugehen.

Die Fernsehkommentatoren schreckten das Volk Tag für Tag mit Prophezeiungen eines Zerfalls der Union und eines Bürgerkriegs. Unsere Position wurde als destruktiv und zerstörerisch dargestellt. Den Leuten mit einem drohenden Bürgerkrieg Angst einzujagen, war nicht schwer. Viele erwarteten offenbar ernstlich eine derartige Entwicklung. Deshalb hatte ich das starke Bedürfnis, mich zu erklären, den Menschen zu sagen, daß eine Reform der Union noch nicht ihren Zerfall bedeutete.

Plötzlich aber stellte sich heraus, daß keiner daran dachte, mir einen Live-Auftritt im Fernsehen zu gestatten. Der damalige Fernsehchef Krawtschenko trieb sein Spiel mit mir. Entweder ging er nicht ans Telefon oder er stellte Bedingungen, oder er verlegte unvermittelt den Zeitpunkt der Aufzeichnung. Dabei tat er so, als gehe es um ganz gewöhnliche technische Abstimmungen. Dieses Hin und Her dauerte mehrere Tage. In mir wuchs der Groll. Fast täglich versuchten Demokraten mich in der Presse und in persönlichen Gesprächen zu überreden, auf einen Kompromiß mit Gorbatschow einzugehen und das Land nicht länger in Spannung zu halten. Ich ahnte, welche Art Kompromiß man mir vorschlug - einen Kompromiß mit angelegtem Maulkorb.

All das gelangte in die Presse. Und nun geschah genau das Gegenteil von dem, was die Hüter der Staatsinteressen beabsichtigt hatten: Plötzlich gab es ein allgemeines Interesse an meiner Fernsehrede.

Mein Problem bestand darin, daß ich meine Position kurz, knapp und absolut klar formulieren mußte, so daß sie jeder Mensch verstehen konnte. Mich nicht zu entschuldigen und nicht in die Defensive drängen zu lassen, darauf kam es in dieser Situation an.

Mir kam der Gedanke: Ihr fürchtet Jelzin? Nun, dann sollt ihr den Jelzin haben, den ihr fürchtet! Und ich beschloß, wieder einmal alle in der Gesellschaft geltenden Tabus zu brechen.

»Es ist nun vollkommen klar«, sagte ich den Fernsehzuschauern, »daß Gorbatschow zwar an dem Wort Perestroika - Umgestaltung - festhält, in Wirklichkeit das System aber gar nicht von Grund auf umgestalten, sondern es erhalten will. Ihm geht es auch weiterhin darum, die streng zentralisierte Macht zu bewahren, den Republiken die Selbständigkeit zu verweigern, in erster Linie natürlich Rußland... Ich distanziere mich von dieser Position und dieser Politik des Präsidenten. Ich bin dafür, daß er unverzüglich zurücktritt...«

Im nachhinein kann ich sagen, daß dieser Schritt wie auch einige andere meiner scharfen Erklärungen letzten Endes die Atmosphäre im Lande nicht weiter anheizte, sondern eher entschärfte. Gorbatschow war natürlich schwer getroffen.

Warum aber wählte ich damals diese scharfen Worte? Warum forderte ich den Rücktritt Gorbatschows, der doch immer noch der Führer der Perestroika war, von der Intelligenz als Idol verehrt wurde und in der Welt viel mehr Ansehen genoß als jeder andere Politiker jener Jahre?

Ausländische Zeitungen schrieben nach meiner Rede: »Der Rücktritt Gorbatschows wird kaum den Weg zur Demokratie öffnen« (Berliner Zeitung). »Jelzins Entschluß, offen zum Angriff überzugehen, zeugt eher von Schwäche als von Stärke« (Christian Science Monitor). »Ausländische Diplomaten sind der Meinung, daß Gorbatschow weiterhin der geeignetste Kandidat ist – wenn nicht für den Fortschritt, so auf jeden Fall, um ein Chaos zu vermeiden. Jelzin bleibt eine unbekannte Größe und kann zur Anarchie führen ...« (Times). Und mein Freund, der Führer Kasachstans, Nursultan Nasarbajew, erklärte: »In dieser Zeit des Umbruchs, da wir eine Wirtschaftskrise erleben, organisiert Jelzin faktisch eine weitere Krise – diesmal im Bereich der Politik.« Warum also hatte ich mich so verhalten?

Für mein entschiedenes, ja kämpferisches Auftreten hatte ich zum einen gleichsam moralische Gründe. Mir war Gorbatschows Doppelzüngigkeit bei der Tragödie von Vilnius unerträglich geworden. Ich konnte ihm auch nicht verzeihen, wie leichthin er das Programm der fünfhundert Tage – unsere einzige wirtschaftliche Hoffnung jener Jahre – abgetan hatte.

Es gab allerdings auch tieferliegende Gründe, die mir erst zu dieser Zeit deutlich bewußt geworden waren. Es begann sich nämlich eine ganz neue politische Kraft abzuzeichnen, die Jelzin und Gorbatschow, die linke Opposition und die Vertreter der Macht in einen Topf warf. Für sie waren wir alle »Agenten des Imperialismus« im Verein mit dem »amerikanischen Spion« Jakowlew und dem »wichtigsten Deutschen« Gorbatschow! Damals schlug die Geburtsstunde der späteren Nationalen Rettungsfront – dem Zusammenschluß enttäuschter Russen aus dem Baltikum, der neuen Kommunistischen Partei der Russischen Föderation unter Poloskow, inoffizieller Organisationen der »neuen Kommunisten«, der reaktionären Gewerkschaften, der Schwarzhemden und anderer.

Im Unterschied zur Mehrheit der Demokraten ahnte ich, daß die

Gefahr der Diktatur nicht nur von der Umgebung »Gorbis« ausging, sondern auch von ihm selbst. Ich sah die Stunde kommen, da er sich durch die Hintertür in Sicherheit brachte, was dann nicht wiedergutzumachende Folgen haben konnte. Denn die Konservativen im Obersten Sowjet, die der gewiefte Lukjanow in der Regierung, im ZK der KPdSU und bei den Militärs anführte, verfügten über eine klar formulierte radikale Ideologie. Dies war die Ideologie der »nationalen Rettung«. Die Wirtschaftskrise, die nationalen Konflikte im Kaukasus nutzten sie für ihre Interessen. Zug um Zug entstand ein Modell für den Ausnahmezustand, im Grunde genommen aber der Plan für einen künftigen Staatsstreich. In dieser Situation konnte es kein Manövrieren zwischen Rechts und Links mehr geben. Gorbatschow sah sich vor eine prekäre Wahl gestellt.

Mit einer klaren Entscheidung hätte er jedoch sein Hauptinstrument, das Instrument des politischen Spiels, des Manövrierens und Ausgleichens, verloren. Ohne diesen Freiraum für ewige Versprechungen, für das Paktieren mit verschiedenen Kräften, für unerwartete Schritte wäre Gorbatschow aber nicht mehr Gorbatschow gewesen.

Von diesen verschiedenen politischen Kräften in die Enge getrieben, zog er schließlich den Trumpf eines neuen Unionsvertrages aus der Tasche. Damit gelang es ihm, Zeit zu gewinnen.

In dieser Zeit, als sich mein Verhältnis zu Gorbatschow immer mehr zuspitzte, als politische Streiks der Bergleute einsetzten, die den Rücktritt des Präsidenten der UdSSR forderten, reiste ich nach Straßburg zur Tagung des Europäischen Parlaments. Da das Schicksal der Reformen in Rußland und seines Obersten Sowjets noch sehr problematisch war, hatte ich beschlossen, mich der Unterstützung der demokratischen Parlamentarier Europas zu versichern.

Die Reise wurde nicht besonders vorbereitet. Ich hoffte darauf, als Demokrat mit Demokraten zusammenzutreffen. In Straßburg wurde ich jedoch mit einer kalten Dusche empfangen. Sie war geradezu eisig. So schrieben westliche Zeitungen über diesen Besuch: »In Straßburg, dem Tor zu Europa, angekommen, muß Jelzin feststellen, daß man hier nur einen Russen – Gorbatschow – anerkennt. Besonders unangenehm war für Jelzin der Montag, als die sozialistische Fraktion des Europäischen Parlaments ihn einer harten Prüfung unterzog. Jelzin hatte nicht erwartet, dort ein Demagoge und verantwortungsloser Mensch genannt zu werden. Der Vorsitzende der sozialistischen Fraktion Jean-Pierre Cot beschuldigte ihn, in Opposition zu Gorbatschow zu stehen, mit dem man sich, wie er es ausdrückte, sicherer fühle.« (Le Monde)

»Europas Parlamentarier haben erstaunlich klar Stellung bezogen. In sehr undiplomatischen Wendungen wurde Gorbatschows Hauptrivalen Boris Jelzin bedeutet, daß man überhaupt kein Verständnis für seinen

Zweikampf (...) hat. Sein Wunsch, Direktbeziehungen zwischen Straßburg und dem russischen Parlament aufzunehmen, wurde abgelehnt. (...) Eine auseinandergebrochene Sowjetunion würde die Situation völlig destabilisieren.« (Berliner Zeitung)

»Wir dürfen folgendes nicht vergessen: Die Sowjetunion, die mit dem Funktionieren demokratischer Institutionen noch keinerlei Erfahrungen hat, kann rasch in Blut, Hunger, Kälte und Anarchie versinken, wenn die Positionen Gorbatschows und der gegenwärtigen Regierung, wie schwach sie auch sein mögen, untergraben werden. Gorbatschow kann den Zerfall der UdSSR nur aufhalten, wenn die politischen Reformen beibehalten werden und eine bestimmte Verbesserung der wirtschaftlichen Lage eintritt. Die USA und die anderen Länder des Westens müssen Gorbatschow bei der Durchsetzung dieser Ziele nach Kräften helfen.« (New York Daily News)

Das war ein harter Schlag. Als ich aber wieder zu Hause war und mich etwas beruhigt hatte, begriff ich, daß auch diese Reise ihren Sinn gehabt hatte. Jedenfalls war mir dieser Besuch eine Lehre gewesen. Rußland tat seine ersten Schritte, und wichtig war dabei nicht nur, was wir von uns selbst hielten, wenn wir in Verhandlungen gingen, ebenso wichtig war es zu wissen, wie uns die Verhandlungspartner sahen. In den Augen der Europa-Abgeordneten stand Rußland erst am Anfang einer eigenständigen Entwicklung. Uns selbst hingegen schien, als hätten wir schon einen beträchtlichen Teil des Weges dorthin zurückgelegt. In Europa aber schien man die Lage durchaus nicht so zu beurteilen, wie wir es taten. Unseren Versprechungen im Hinblick auf künftige Reformen begegnete man mit Skepsis.

Ich kam zu dem Schluß, daß man Versprechen einlösen muß.

Das April-Plenum des ZK der KPdSU von 1991 stand vor der Tür. Von dieser turnusgemäßen Tagung hatte Generalsekretär Michail Gorbatschow nichts Gutes zu erwarten. Es war durchaus möglich, daß sich seine gegen die Demokraten gerichteten Schritte nicht nur nicht auszahlten, sondern, im Gegenteil, die Orthodoxen in der Partei ihre Angriffe von der anderen Seite sogar noch verstärkten. Gorbatschows Gegner spürten, daß seine Position schwächer wurde, und bereiteten einen massiven Angriff vor. Das Ziel dieser Attacke bestand darin, Gorbatschow als Generalsekretär abzusetzen, ihm damit im Kongreß der Volksdeputierten der UdSSR, wo die Kommunisten über eine gewaltige Mehrheit verfügten, endgültig die Unterstützung zu entziehen und seiner Politik in kürzester Frist den Garaus zu machen.

Als Gorbatschow diese Gefahr erkannte, tat er einen unerwarteten Schritt. Er rief die führenden Vertreter der Unionsrepubliken in Nowo-Ogarjowo zusammen und bat auch mich, zu diesem Treffen zu kommen.

Ich war gerade aus Straßburg zurück. Die Beratung in Nowo-Ogarjowo kam für mich überraschend. Was Gorbatschow dort sagte, übertraf alle meine Erwartungen. Der Präsident der UdSSR teilte mit, er stimme der Unterzeichnung eines neuen Unionsvertrages zu, der den Einfluß der Zentrale auf die Entwicklung der Unionsrepubliken wesentlich abschwäche. Er setzte sich entschieden für die Annahme einer neuen Verfassung ein, wonach die bestehenden Organe der Legislative, der Kongreß der Volksdeputierten und der Oberste Sowjet der UdSSR, aufgelöst und die direkte Wahl des neuen Präsidenten anberaumt werden sollten. Auch ich setzte meine Unterschrift unter die bereits fertige gemeinsame Erklärung der führenden Vertreter der Republiken.

Dazu schrieb die Washington Post: »Der Präsident der UdSSR, Michail Gorbatschow, ist heute in Richtung eines Kompromisses mit den widerspenstigen Unionsrepubliken umgeschwenkt und hat die Unterstützung seines Hauptrivalen Boris Jelzin erlangt. Bei einer Begegnung mit Deputierten hinter verschlossenen Türen berichtete Jelzin, Gorbatschow habe hinsichtlich der Dezentralisierung der politischen und wirtschaftlichen Macht großes Entgegenkommen gezeigt, was bedeute, so bemerkte Jelzin, daß die Republiken nun souveräne Staaten werden könnten. Jelzin erinnerte die Versammelten daran, wie Gorbatschow Rußland im Herbst vergangenen Jahres mit dem Entwurf des Programms der 500 Tage hinters Licht geführt hatte. Diesmal habe Gorbatschow geschworen, er werde seine Versprechen halten. Das war das Wichtigste, sagte Jelzin und bemerkte, Gorbatschow habe zum ersten Mal auf menschliche Art gesprochen.«

Mit den Vereinbarungen von Nowo-Ogarjowo in der Tasche, kam Gorbatschow gut gewappnet zum Plenum des ZK der KPdSU. Als Kritik auf ihn niederhagelte, stellte er die Vertrauensfrage. Da sich Gorbatschow der Unterstützung der Führer der Unionsrepubliken versichert hatte, konnten die Vertreter der Republiken auf dem Plenum nicht für den Rücktritt Gorbatschows stimmen. Die Initiative war nun wieder in seiner Hand. Dem Plenum blieb nichts weiter übrig, als Gorbatschows Linie zu bestätigen. In seinem Schlußwort erklärte er, er habe nichts mit denen gemein, die mit Hilfe des Ausnahmezustandes die Prozesse der Demokratisierung aufzuhalten und die Souveränität der Republiken einzuschränken gedachten.

In Nowo-Ogarjowo unterzeichnete ich auch die Vereinbarung über ein Moratorium für politische Streiks. Danach flog ich ins Kusnezbecken, wo ich die Bergleute aufforderte, ihre Streiks zu beenden. Sie nahmen ihre Arbeit wieder auf.

Trotz allem war mein Verhältnis zu Gorbatschow in dieser Zeit alles andere als gut zu nennen. Nachdem er Rußland im Prozeß von Nowo-

Ogarjowo einen Schritt entgegengekommen war, versuchte Gorbatschow nach wie vor mit aller Kraft zu verhindern, daß ich zum Präsidenten Rußlands gewählt wurde.

Wie sehr ihn dieses Problem beschäftigte, geht aus der Erklärung hervor, die der frühere Sekretär des ZK der KPdSU, Oleg Schejnin, während der Untersuchung vor der russischen Staatsanwaltschaft abgab: »Gorbatschow verfolgte sehr aufmerksam alle Reden Jelzins auf Kundgebungen und den Tagungen des Kongresses der Volksdeputierten Rußlands. Er beobachtete jeden seiner Schritte und ordnete in meinem Beisein mehrmals an, Dokumente über Jelzins Gesundheit zu beschaffen. Dieses Problem wurde im Politbüro 1987 oder 1988 erörtert.« (Dabei ging es offenbar darum, daß meine Rede auf dem Oktober-Plenum des ZK der KPdSU im Jahre 1987 angeblich die Folge einer psychischen Störung gewesen sei.)

In einem Geheimpapier empfahl das ZK der Kommunistischen Partei der RSFSR, »die Kräfte des gegnerischen Propagandaapparates zu zersplittern«, indem man für die russischen Präsidentenwahlen zehn bis zwölf Kandidaten aufstellte. »Keiner von ihnen kann auf den Sieg hoffen«, aber auf diese Weise sollte es gelingen, Jelzin Stimmen wegzunehmen sowie eine mächtige und gut koordinierte Attacke auf Jelzins Positionen zu organisieren.

Die Kommunisten bereiteten sich mit aller Kraft auf eine Auseinandersetzung während des Wahlkampfes vor; sie taten dies mit Wissen und unter Anleitung des Generalsekretärs.

Zu nächtlicher Stunde

Nicht nur in der Politik gibt es Situationen, aus denen man ungeachtet aller Lebenserfahrung lange nicht herauskommt.

Ich hatte mir ein Tennisabonnement gekauft. Diese Sportart hatte ich für mich entdeckt. Die Leiterin der Sportanlage, eine nette sympathische Frau, gab sich große Mühe, daß ich auch tatsächlich spielte. Es war eine sehr schöne Anlage mit Sauna, gepflegten Plätzen und allem Komfort. Zu den mir zugewiesenen Stunden konnte ich natürlich nicht erscheinen. Meistens kam ich außerhalb der vereinbarten Zeit. Trotzdem war immer ein Platz für mich frei.

Nach dem Spiel lud sie Alexander Korshakow und mich stets in ihr Arbeitszimmer zum Verschnaufen ein. Und immer hielt sie etwas zum Essen bereit.

Und dennoch wurde es mir nach einigen Monaten unangenehm, dorthin zu gehen. Zu viele Menschen gingen da ein und aus, Wissenschaftler, Angestellte und Studenten kamen zum Spiel, und ich erregte dort für meinen Geschmack zu viel Aufsehen. Wieder verspürte ich das

Bedürfnis, vor der Welt zu fliehen und die Tür hinter mir zumachen zu können. Ich reagierte immer empfindlicher, ja geradezu schmerzhaft auf Versuche anderer Menschen, sich mir zu nähern und in meinen Kreis einzudringen. Selbst beim geringsten Anzeichen fuhr ich gleichsam Stacheln aus und kapselte mich ab.

Wie sollte ich das der netten Leiterin des Tennisplatzes erklären? Wahrscheinlich glaubte sie, jemand hätte gegen sie intrigiert. Jedenfalls nahm sie mir mein Wegbleiben übel. Das war mir unangenehm, aber ich konnte nicht anders. Wie viele Politiker meines Alters und meiner Stellung entwickelte ich ein starkes Bedürfnis nach Abgeschiedenheit. Und eigenartig – wie auch in vielen anderen Fällen, wenn irgendwo eine Gefahr in der Luft lag, erfaßte mich auch diesmal eine innere Unruhe, und ich verspürte den Wunsch, unverzüglich etwas zu unternehmen. Tatsächlich stellte sich später heraus, daß all die freundschaftlichen Gespräche mit der Verwalterin der Sportanlage, dieser bezaubernden Frau und klugen Gesprächspartnerin, auf das sorgfältigste vom KGB abgehört worden waren.

Wieder ein Unfall

Wie viele habe ich bereits erlebt! Auch als Vorsitzender des Obersten Sowjets Rußlands geriet ich mitten im Zentrum Moskaus in einen dummen Unfall, über den viel geredet und geschrieben wurde, wobei aber manches sicher unklar blieb.

Die Sache war so: An jenem Tag bat Naina die Wache, meinen Arzt, Anatoli Michailowitsch Grigorjew, zu seiner Dienststelle zurückzufahren. Er hatte mich am Morgen behandelt. Er erhielt den Wagen, der gewöhnlich zu meiner Begleitung mitfuhr. Ich mußte also ohne Begleitung fahren.

Wenn wir unseren üblichen Weg nahmen, bog das Vorausfahrzeug als erstes in die Twerskaja ein; mein Wagen folgte. Wir hatten eine Absprache mit der Verkehrspolizei, daß diese bei unserer Einfahrt in die überfüllte Twerskaja den Verkehr stoppte und wir die breite Straße überqueren konnten, von wo es dann bis zum Weißen Haus nur noch ein Katzensprung war.

Ehrlich gesagt, habe ich kaum eine Erinnerung an diesen Augenblick. Ich saß entspannt vorn neben dem Fahrer, hatte die Beine ausgestreckt (eine Angewohnheit des Volleyballspielers, dessen Knie fürs ganze Leben kaputt sind) und war etwas eingenickt.

Der Verkehr rollte an diesem Morgen auf acht Spuren, von einem Korridor war nicht zu reden, auch nicht die kleinste Lücke zum Durchschlüpfen zeigte sich. Der Polizist stoppte den Verkehr, aber da wir ohne Vorausfahrzeug waren, bemerkten nicht alle Autofahrer sein

Warnzeichen. Wir hätten bremsen und abwarten sollen, bis die Kreuzung frei war. Aber mein Chauffeur warf mir einen Blick zu, und ich winkte mit der Hand, er möge fahren. Er trat aufs Gaspedal, wich einem großen Lastwagen aus und war fast schon in die Twerskaja eingebogen, als es plötzlich fürchterlich krachte. Ich spürte einen heftigen Schmerz am Kopf.

Mein Fahrer hatte gleich drei Fehler gemacht: Er hatte erstens nicht auf den Leiter des Wachdienstes gehört, der ihn eindringlich aufgefordert hatte, einen Umweg zu nehmen. Zweitens war er zu schnell und ohne den Schutz der Verkehrspolizei gefahren und hatte drittens beim Bremsen zu spät reagiert. Glücklicherweise schleuderten wir nur gegen einen Holzzaun, der den Aufprall etwas abschwächte. Es hätte auch eine Steinmauer sein können. Ob wir dann lebend aus dem Wagen herausgekommen wären?

Die Frau, die neben dem Fahrer gesessen hatte, wurde mit einigen Schrammen am Kopf sofort in eine Poliklinik gebracht. Korshakow, der unter Schock stehend mit bloßen Händen die verklemmte Tür aufriß, brachte mich nach Hause.

Als Naina mich erblickte, sank sie erst einmal ohne einen Laut zu Boden. Ich war blutüberströmt und kreideweiß im Gesicht. Dann nahm sie sich zusammen und half, mich auf das Bett zu legen. Bald darauf traf die Erste Hilfe ein. Die Ärzte stellten fest, daß ich keine ernsten Verletzungen hatte, lediglich eine leichte Gehirnerschütterung. Ich hatte einen Schlag gegen die Schläfe und die Hüfte erhalten. Die Ärzte ordneten für alle Fälle eine Untersuchung im Krankenhaus an.

Dort legte man mich in ein kleines Einzelzimmer. Bald fühlte ich mich wiederhergestellt. Aber nun ging es erst richtig los: Schwestern, Ärzte, Patienten und Besucher drängten sich in meinem Zimmer. Alle wollten Jelzin live sehen. Ich kam mir vor wie ein Elefant im Zoo und habe seitdem Mitgefühl für alle Zoobewohner. Ich hielt es im Krankenhaus nur vierundzwanzig Stunden aus.

Erst vor kurzem, im Sommer 1993, machte wieder einmal ein Gerücht über eine Krankheit Jelzins die Runde: Diesmal sollte ich einen Anfall erlitten haben. Wieder aufgeregte Telefonanrufe und viel Aufhebens. Derartige Situationen, wirkliche oder erdachte Gefahren für mein Leben, verfolgen mich und lassen mich nicht los. Es scheint, als ob sie mich schrecken sollen oder eine Prüfung des Schicksals sind. Jedenfalls halten sie mich immer in Bewegung. Vielleicht ist daran auch etwas Gutes. Und denen, die sich um mich sorgen, meinen Dank.

Ich wußte nicht, wen ich auswählen sollte. Die Stunden waren gezählt. Der Termin für die Einreichung der Dokumente für die Wahlen zum Präsidenten Rußlands an die Wahlkommission lief ab. Wen ich als Kandidaten für das Amt des Vizepräsidenten nennen würde – dieser Entscheidung harrten die Wähler mit angehaltenem Atem. Ich aber konnte mich absolut nicht entscheiden.

Frühjahr 1991. Die heiße Phase des Wahlkampfes. Gorbatschow betrieb eine sehr geschickte Wahltaktik; er verteilte die Stimmen auf eine ganze Serie von Kandidaten (die er natürlich verdeckt protegierte, was er so gut verstand).

Ich maß zu diesem Zeitpunkt dem Kandidaten für das Amt des Vizepräsidenten große Bedeutung bei. Spätere Umfragen zeigten, daß diejenigen, die für Jelzin stimmten, ihn auch gewählt hätten, wenn der Vizepräsident Iwan Iwanowitsch Iwanow geheißen hätte und ein völlig unbekannter Mann gewesen wäre. Damals aber erwarteten meine Mannschaft und ich in höchster Anspannung das »letzte Gefecht«, sozusagen das Jüngste Gericht der Wähler.

Die Situation wurde mit jedem Tag undurchsichtiger. Mir war es schon peinlich, in mein Büro zu kommen und den Menschen in die Augen zu sehen. Ich spürte fast körperlich, wie angespannt zwei Männer meiner Entscheidung entgegensahen – Gennadi Burbulis, einer meiner Vertrautesten, und der Vorsitzende des Obersten Sowjets Rußlands, Ruslan Chasbulatow.

Ich aber wollte keinen von beiden. Es war kein Geheimnis – ich fürchtete eine ganz irrationale Antipathie des Volkes. Mich störte an beiden das eher schlechte Image bei den Wählern. Vor allem aber fühlte ich, daß ich damit ein bestimmtes Kräftegleichgewicht in meiner Mannschaft zerstört, die (damals noch) unterschwellige Rivalität zwischen Burbulis und Chasbulatow mit einem Schlag entschieden und mir zur Unzeit einen neuen Feind geschaffen hätte!

Schließlich wurde wenige Stunden vor Ablauf des offiziellen Termins für die Einreichung des Antrags bei der zentralen Wahlkommission Ruzkoi als Kandidat für den Vizepräsidenten genannt. Auf ihn waren Ljudmila Pichoja und Gennadi Charin gekommen. Die beiden waren Gesellschaftswissenschaftler aus Swerdlowsk, hatten dort in den ersten Jahren der Gorbatschowschen Perestroika mit ihren unkonventionellen Ideen Furore gemacht und gehörten meiner Mannschaft schon seit längerer Zeit an. Der Einfall war ihnen ganz plötzlich gekommen. Sie erschienen eines Morgens freudig erregt in meinem Arbeitszimmer, um mir Ruzkoi als Kandidaten für das Amt des Vizepräsidenten vorzuschlagen.

Diese Idee hatte etwas für sich. Die Lösung gefiel mir sofort, weil sie so völlig unerwartet kam. Zu Ruzkoi stand ich in keinem engen Dienstverhältnis. Den Gedanken, die monolithische Fraktion von Poloskows »Kommunisten Rußlands« zu spalten und sofort in den Kreis der inoffiziellen Führer des Parlaments aufzusteigen, hatte Ruzkoi ganz ohne mein Zutun in die Tat umgesetzt.

Wie sich diese »demokratischen Kommunisten« weiter verhalten würden, war nicht klar, aber Ruzkoi, ihr führender Kopf, war den Menschen durch sein unerwartetes Verhalten und die Entschlossenheit eines Militärs sofort aufgefallen. Er war für den Wahlkampf wie geschaffen. Er war dazu geboren, auf farbigem Glanzpapier abgebildet zu werden, an Fernsehshows teilzunehmen und vor großen Menschenmengen aufzutreten. Er hatte das Aussehen eines Bühnenstars, war Kampfflieger und Held der Sowjetunion, der überdies gut reden konnte und in beißender Polemik geübt war. Ein Adler! Die Frauen mittleren Alters würden beim Anblick dieses Vizepräsidenten vor Begeisterung dahinschmelzen! Und erst die Stimmen der Armee!

Immer wieder muß ich über meine damalige Entscheidung nachdenken. Die späteren Ereignisse sollten mir eine bittere Lehre erteilen: Urteile niemals nach dem äußeren Eindruck, unterliege nicht äußerer Logik. Nichts im Leben ist einfach. Für jede zu einfache Lösung muß man später teuer bezahlen.

Vorausgreifend will ich sagen, daß die erste Zeit unserer Beziehungen ungetrübt und angenehm war. Während des Putsches zeigte sich Ruzkoi als entschlossener Militär, womit er ebenfalls mein Vertrauen gewann. Lediglich ein kaum merkliches Detail störte den Eindruck dieser »Flitterwochen« seiner Vizepräsidentschaft ein wenig. Alexander Wladimirowitsch begann sich plötzlich sehr für mein Äußeres zu interessieren. Als er einmal in mein Arbeitszimmer trat, betrachtete er mich erstaunt und sagte: »B. N., wo haben Sie bloß diese Schuhe her? So etwas können Sie nicht tragen! Sie sind doch der Präsident! Gleich morgen suchen wir Ihnen Schuhe aus!« Und am nächsten Tag legte mir Alexander Wladimirowitsch nicht ein, sondern gleich sechs Paar neue italienische Schuhe vor! Dasselbe mit meinen Anzügen. »Diese Farbe steht Ihnen nicht. Wir werden Ihnen etwas aussuchen ...«

Ich kann es absolut nicht leiden, wenn jemand versucht, sich in die Bereiche meines persönlichen Lebens zu drängen, die in meinen Augen einen Fremden nichts angehen. Ich war dankbar für die wohlwollende Anteilnahme, aber ich wollte schon irgendwie ohne die Ratschläge des Vizepräsidenten auskommen.

Dieser Hang zu äußerem Glanz bei einem ehemaligen Afghanistankämpfer war für mich etwas überraschend, ja, es irritierte mich geradezu.

Aber der Hauptfehler Ruzkois, genauer gesagt, kein Fehler, sondern ein angeborener Charakterzug, bestand darin, daß er die ihm zugedachte Stellung nicht akzeptieren, sich nicht damit bescheiden wollte. Vom ersten Tage an meinte er, der Vizepräsident sei, einfach gesagt, der erste Stellvertreter des Präsidenten.

Tatsächlich aber ist der Vizepräsident eine Repräsentationsfigur. Er führt einzelne Aufgaben und Sonderaufträge aus, die der Präsident ihm zuweist. Eine eigene politische Position steht ihm von Amts wegen nicht zu.

Ruzkoi wollte nicht akzeptieren, daß gleich mehrere Schlüsselfiguren der russischen Führung, darunter die stellvertretenden Ministerpräsidenten, in der Politik eine wesentlich wichtigere Rolle spielten als er. Er suchte nach einem Ausweg aus dieser Sackgasse und kam dabei offenbar zu der Erkenntnis, daß er mit dem Präsidenten nicht auskommen werde. Und so spielte er eine wahrhaft paradoxe Rolle, nach der man in den bisher bekannten Machtstrukturen vergeblich sucht: die Rolle eines Räsoneurs, eines Moralapostels, eines Molièreschen Scheinheiligen, der sich fromm und edel gibt, in Wirklichkeit aber mit aller Macht nach dem Präsidentensessel strebt.

Erst viele Monate später begriff ich, daß Ruzkoi mir auch innerlich nie sehr nahestand. Der Umgang mit ihm machte mir aber erst später Schwierigkeiten, als es schon nicht mehr möglich war, diesen Fehler zu korrigieren.

Die Verschiedenheit unserer Charaktere zeigte sich in vielen Kleinigkeiten. Zum Beispiel konnte ich seine Gewohnheit nicht ausstehen, seine Reden mit groben Schimpfworten zu würzen. Vor allem aber waren mir seine Aggressivität, das Suchen nach dem »inneren Feind« zutiefst fremd. Erst später begriff ich, daß dies eine ihm eigene, tief verborgene und daher immer unerwartete Bosheit war.

Ich will hier nicht übertreiben – Alexander Wladimirowitsch konnte auch gutmütig, aufmerksam, fröhlich und umgänglich sein. Vielleicht litt er auch an Rückschlägen in seiner militärischen Laufbahn oder anderen menschlichen Problemen – ich werde es wohl nie erfahren.

Jedenfalls kamen Ruzkoi und ich nicht miteinander aus.

Welche Kandidaten nahmen neben Jelzin an den ersten Präsidentenwahlen in Rußland teil? Erinnern wir uns.

Da war Ryshkow, ehemals Ministerpräsident unter Gorbatschow. Für ihn würde ganz sicher der Teil der Bevölkerung stimmen, der gegen das Neue war, der die UdSSR in der bisherigen Form mit ihrer Planwirtschaft, mit dem ruhigen, vom Staat subventionierten Leben bei einem stabilen Existenzminimum erhalten wollte. Dafür hatte sich Ryshkow stets eingesetzt. Angesichts der Pawlowschen Reformen, der Konflikte in Karabach und Südossetien, angesichts der ersten, eher abschreckenden Erscheinungen des privaten Unternehmertums rückten diese Prioritäten für einen großen Teil der Bevölkerung in den Vordergrund.

Daneben bewarb sich eine direkte Kreatur Gorbatschows - Bakatin. Auch ein Ruheständler, aber ein progressiver, ein sympathischer Mann und der Liebling der Presse. Für ihn gaben übrigens viele Wähler ihre Stimme ab. Aber er spielte seine Rolle schlecht - er verunsicherte viele Menschen, von denen ein Teil, der sich unter den Kandidaten nicht zurechtfand, dann überhaupt nicht in den Wahllokalen erschien.

Und schließlich ein weiteres »Geschenk« - drei berüchtigte, aber sehr leidenschaftlich auftretende Figuren, die wütend gegen die Demokratie überhaupt, gegen Gorbatschows Perestroika, gegen Gorbatschow und Jelzin persönlich vom Leder zogen und forderten, mit eiserner Hand Ordnung zu schaffen! Das waren Makaschow, Tulejew und Shirinowski: ein General, ein Abgeordneter und ein unabhängiger Politiker. Alle drei recht modern (das heißt hart, entschlossen und aggressiv), mit unbeherrschten Emotionen - und vor allem sehr gefährlich, denn wenn ihre aggressiven Anklagen und Verdächtigungen Tag für Tag über das Fernsehen verbreitet wurden, konnte das nicht ohne Wirkung auf die Wähler bleiben. Das wurde mir in jenen Wochen vor den Wahlen klar.

Die unheimlichen und in ihrer Einfachheit zugleich anziehenden Losungen Makaschows, Tulejews und Shirinowskis - »verbieten, einlochen, auseinanderjagen, ausweisen, einfrieren, beenden, wegnehmen, verteilen«, und immer weiter in diesem Geist - wirkten wie ein böser Zauber auf das gesellschaftliche Bewußtsein.

Immerhin erreichte Shirinowski nach der Stimmenzahl einen sicheren dritten Platz. Für diesen Mann, der im Fernsehen in atemberaubendem Tempo eine absurde These an die andere klitterte, stimmten viele Millionen Menschen. Natürlich verschaffte ihm sein Aufruf, daß es an der Zeit sei, die alten Apparatschiks, die Mitglieder des Politbüros des ZK der KPdSU, von ihren Posten zu verjagen und »den Rechtsanwälten freie Bahn zu schaffen«, manche Wählerstimme. Ich glaube aber, der Hauptgrund seines Erfolgs war ein anderer. In einer so komplizierten und von der Politik gequälten Gesellschaft wie der unseren hat ein demagogischer Führer mit faschistischen oder faschistoiden Losungen immer eine Chance. Und wenn die anderen Politiker nichts taugen, erhält er grünes Licht. Denn wenn die Wirtschaft zerfällt, breiten sich Zügellosigkeit und Ignoranz aus wie ein Steppenfeuer.

Die »Falken« gaben natürlich an allem Gorbatschow die Schuld (selbst Ryshkow übte zuweilen Kritik an ihm), aber Gorbatschow nahm an den Wahlen gar nicht teil! Objektiv wirkten alle Kandidaten zu seinen Gunsten, das heißt, gegen mich. Und direkt oder indirekt leisteten seine Leute Wahlhilfe für alle meine Rivalen außer vielleicht für Shirinowski. Ryshkow und Bakatin erhielten Hilfe im Wahlkampf, für Tulejew arbeiteten Fraktionen des russischen Parlaments, Makaschow unterstützten Poloskow und seine Kommunistische Partei.

Gegen mich wirkten weitere Umstände. Zwei Jahre lang (seit meiner Wahl zum Volksdeputierten der UdSSR) galt ich nun schon als »ewiger Oppositioneller«. Das Programm der fünfhundert Tage war ein leeres Versprechen geblieben. Ich verfocht die neue und vielen unverständliche Idee der Souveränität Rußlands.

Die Zeit, da sich alle an demokratischen Losungen berauscht hatten, war vorüber. Demokratie war jetzt das Geschwätz Gorbatschows und bedeutete das stete Sinken des Lebensstandards. Die Enttäuschung über Gorbatschow schien zwar für Jelzin zu arbeiten, sprach im Grunde aber auch wieder gegen ihn, denn das Volk hatte diesen ganzen abgedroschenen politischen Streit überhaupt ziemlich satt.

Trotzdem arbeitete die Taktik der Aufsplitterung der Stimmen letzten Endes gegen Michail Sergejewitsch selber. Plötzlich wurde allen klar: so viele verschiedene Kandidaten und alle gegen Jelzin. Wieder geht es gegen unseren Mann!

Es fällt mir schwer, objektiv darüber zu sprechen, worauf mein Erfolg bei den ersten freien Wahlen vor allem zurückzuführen war. Und doch glaube ich, daß die Legende vom »erniedrigten« Jelzin, das Bild des Regimegegners hier nicht die wichtigste Rolle spielte.

Der wichtigste politische Hintergrund dieser Wahlen war in meinen Augen die Verteilung der Rollen zwischen Gorbatschow, dem Vertreter der Union, des Imperiums, der alten Macht, und mir, dem Repräsentanten Rußlands, der unabhängigen Republik, eines neuen und noch nicht einmal existenten Staates.

Dieser Staat wurde jedoch mit großer Ungeduld erwartet. Ein großer Teil der russischen Gesellschaft hatte im Juni 1991 das Gefühl, daß die Epoche des sowjetischen Imperiums zu Ende ging. Schon das Wort »Sowjet« konnte man kaum noch aussprechen. Es hatte sich erschöpft. Das Bild der UdSSR war untrennbar mit der Vorstellung von militärischer Gewalt verbunden. Die Begriffe »sowjetischer Mensch« und »sowjetischer Panzer« waren nun zu einer bisher undenkbaren prekären Einheit verschmolzen. Gorbatschow, der im Rahmen seiner Globalstrategie das Bild unseres Landes in der Weltöffentlichkeit verändert und die Kanonen auf unseren Panzern in die Futterale gesteckt hatte, redete andererseits immer weiter vom Sozialismus, von der Freundschaft der Sowjetvölker, von den Errungenschaften der sowjetischen Lebensweise, die es weiterzuentwickeln und zu bereichern gelte. Er begriff nicht, daß er damit bereits in der Sackgasse steckte.

Dieses Land konnte ohne die Vorstellung vom Imperium nicht existieren. Das Imperium aber war ohne militärische Gewalt undenkbar. Mit der UdSSR war es in dem Augenblick zu Ende, als der erste Hammer gegen die Berliner Mauer schlug.

In den Köpfen der Menschen, sicherlich nicht aller, aber des dynamischen und denkenden Teils der Gesellschaft, gehörte alles »Sowjetische« zu diesem Zeitpunkt bereits der Vergangenheit an. Mit diesen Augen, aus diesem Blickwinkel sah unser Land die Wahl des neuen Führers.

Ich trat am radikalsten dafür ein, das »sowjetische« Erbe abzuwerfen, nicht nur durch verschiedene Reformen, sondern im geopolitischen Sinne – durch eine Veränderung der bisher nur passiven Rolle der Republik Rußland.

Nowo-Ogarjowo – Erster Akt

Die Verhandlungen in Nowo-Ogarjowo, einer der Residenzen des Präsidenten der UdSSR unweit von Moskau, liefen fast immer nach ein und demselben Szenarium ab. Zunächst sprach Gorbatschow in seiner üblichen Art – lange, in abgerundeten Sätzen und ohne jede Eile. Dann forderte er uns zur Diskussion auf. Wenn es um eine prinzipielle Frage ging, mußte in der Regel ich die Initiative ergreifen und das Wort ergreifen.

Das war allen recht. Man muß sich die Atmosphäre in dem kleinen Festsaal vorstellen, wo alles im Regierungsprunk glänzte. Wenn an dem langen Tisch eine bedrückende Pause eintrat, senkten die Anwesenden schweigend den Blick. Wenn hingegen Gorbatschow und ich unsere oft gegensätzlichen Vorstellungen wortreich dargelegt hatten, dann hatten alle anderen die Möglichkeit, ihre Position selbst zu wählen und zu manövrieren. Gorbatschow und ich nahmen so die ganze moralische Last der Klärung von Streitfragen auf uns. Und es waren unerhört wichtige Fragen, über die wir zu entscheiden hatten.

Im Grunde genommen kamen wir überein, die Vollmachten des Unionszentrums einzuschränken. Es geschah etwas, das für einen Mann wie Gorbatschow nahezu undenkbar war – die Beschneidung seiner Macht. Seltsamerweise führte das aber nicht zu lauten Auftritten oder unangenehmen Szenen. Warum?

Hier sind einige Umstände zu bedenken: Erstens stand Gorbatschow nach außen hin weiterhin an der Spitze dieses Prozesses, behielt seine »Vaterrolle«, die Initiative und die Führung – zumindest in den Augen der Öffentlichkeit. Niemand wagte die strategische Rolle des Unionspräsidenten anzuzweifeln. Aber auch alle globalen Fragen der Außenpolitik, der Verteidigung und ein großer Teil des Finanzsystems blieben seine Domäne.

Zweitens entledigte sich Gorbatschow mit einem Schlag der Verantwortung für die nationalen Konflikte! Allmählich veränderte sich seine Rolle beim Entwirren dieses ethnischen Knäuels: Aus dem »Mann mit dem Gewehr« wurde er mit einem Schlag zum Friedensstifter und Schiedsrichter.

Drittens gefiel er sich in einer Rolle, die bisher weltweit ohne Beispiel war: Führer nicht nur eines, sondern einer Vielzahl demokratischer Staaten zu sein. Das war ein sehr geeigneter Startplatz, von dem aus er elegant gleichsam in die Rolle des Oberhaupts eines Superstaats schlüpfen konnte.

Nach den Verhandlungen begaben wir uns gewöhnlich zum Essen in einen anderen Saal, wo wir in freundschaftlicher Atmosphäre zusammensaßen, während Gorbatschows Lieblingskognak, Marke »Jubilejny«, serviert wurde. Am Ende gingen wir, erwärmt von der erregenden Atmosphäre des Treffens und vom guten Essen, auseinander.

Während ich am Verhandlungstisch für die Interessen Rußlands stritt, mußte dies mein Begleitpersonal in anderen, zuweilen auch komischen Situationen tun. So etwa geriet der Wagen des Präsidenten Rußlands, der in der Regel den vordersten Platz einnahm, einmal ganz ans Ende der Kolonne der Regierungslimousinen. Meine Begleiter wurden unruhig, und nach einem umständlichen Manöver, bei dem auch der Rasen vor dem Verhandlungsgebäude in Mitleidenschaft gezogen wurde, stand mein Wagen wieder vorn: Rußland gehörte an die Spitze! Das war natürlich Kinderei. Der Kommandant von Nowo-Ogarjowo war in Rage und forderte eine Bezahlung des beschädigten Rasens.

Vielleicht nahm sich eine so große Zahl von »Präsidenten«, die im Grunde genommen über keine reale Macht verfügten, damals aus der Ferne sogar etwas lächerlich aus. Und doch erinnere ich mich dieser Treffen heute ohne jedes Gefühl der Peinlichkeit, eher mit etwas Wehmut.

Welche Chance wurde damals vertan! Heute ist schwer zu sagen, was aus der Konzeption von Nowo-Ogarjowo hätte werden können. Vielleicht wäre auch nur eine scheinbare und keine wirkliche Selbständigkeit dabei herausgekommen und weitere Reibungen Rußlands mit der Unionsregierung wären nicht zu vermeiden gewesen. Aber unsere Loslösung von der UdSSR wäre sicher wesentlich friedlicher und weniger schmerzhaft verlaufen. Aber nach dem 19. Dezember schied die Union wie von selbst, gleichsam über Nacht dahin.

Das Ganze war aber nicht einfach eine »Scheidung auf zivilisierte Art«, wie die Presse den Vertrag von Nowo-Ogarjowo nannte. Gorbatschow und ich spürten plötzlich, daß unsere Interessen endlich übereinstimmten, daß wir beide mit unserer Rolle zufrieden waren. Gorbatschow blieb an der Spitze, und ich erhielt meine Unabhängigkeit. Das war für uns beide die ideale Lösung.

Nun konnten wir endlich auch inoffiziell zusammenkommen. An diesen vertraulichen Gesprächen nahm mitunter auch Nasarbajew teil.

Zu einer solchen Begegnung in Nowo-Ogarjowo kam es am 29. Juli 1991. Michail Gorbatschow wollte nach Foros in den Urlaub fahren.

Für den 20. August, unmittelbar nach seiner Rückkehr von der Krim, war die Unterzeichnung des neuen Unionsvertrages anberaumt. Jetzt hatten wir die Gelegenheit, noch einmal alle die schwierigen Fragen zu erörtern, die jeder von uns noch als ungelöst ansah.

Das Gespräch begann in einem der Säle der Villa. Als wir jedoch zu höchst vertraulichen Fragen kamen, hielt ich plötzlich inne.

»Was ist, Boris?«, fragte Gorbatschow verwundert. An meine Gefühle in diesem Augenblick kann ich mich kaum noch erinnern. Aber ich hatte den unerklärlichen Eindruck, hinter uns stehe jemand und beobachte uns mit höchster Aufmerksamkeit. Ich sagte damals: »Gehen wir auf den Balkon hinaus, ich habe den Eindruck, wir werden abgehört.« »Ach, was«, winkte Gorbatschow ab, folgte mir aber doch.

Draußen versuchte ich den Präsidenten davon zu überzeugen, daß er für den Fall einer Erneuerung der Föderation nur dann mit der Teilnahme der Republiken rechnen könne, wenn er wenigstens einige der am meisten diskreditierten Männer in seiner Umgebung auswechselte. Wer etwa sollte dem neuen Unionsvertrag Vertrauen schenken, wenn Krjutschkow Vorsitzender des KGB blieb, der den Versuch eines Staatsstreichs in Litauen zu verantworten hatte? Einer solchen Union wollte keine einzige Republik angehören. Oder Verteidigungsminister Jasow – war ein solcher »Falke« aus den alten Zeiten in der neuen Gemeinschaft überhaupt vorstellbar?

Gorbatschow fiel dieses Gespräch ganz offenbar nicht leicht, er wirkte sehr angespannt. Nursultan Nasarbajew unterstützte mich und meinte, man müsse unbedingt auch Innenminister Pugo und den Vorsitzenden des Komitees für Fernsehen und Rundfunk, Krawtschenko, auswechseln. Dann fügte er hinzu: »Und was für ein Vizepräsident ist Janajew?« Michail Sergejewitsch sagte: »Krjutschkow und Pugo werden wir entlassen.«

Ich versuchte ihn auch davon zu überzeugen, die beiden Funktionen des Generalsekretärs des ZK der KPdSU und des Unionspräsidenten nicht mehr gleichzeitig auszuüben. Zu meinem Erstaunen wies Gorbatschow dieses Ansinnen hier zum ersten Mal nicht zurück. Er beriet sich sogar mit uns: »Vielleicht sollte ich mich vom Volk direkt wählen lassen?«

Wir waren uns auch darin einig, daß Walentin Pawlow, der derzeitige Ministerpräsident, nach der Unterzeichnung des Unionsvertrages abgelöst werden müßte. »Wen möchtet ihr in dieser Funktion sehen?«, fragte Gorbatschow. Ich nutzte die Gelegenheit und schlug eine unerwartete, aber interessante Alternative vor, die den Vertrag selbst und die Positionen der ihn unterzeichnenden Republiken mit einem Schlag gestärkt hätte. Ich sagte: »Ich schlage Nursultan Abischewitsch Nasarbajew für die Funktion des Ministerpäsidenten der neuen Union vor.« Gorbatschow war zunächst verblüfft, erfaßte jedoch rasch die Vorzüge dieses Vorschlags und erklärte sich einverstanden. »Über weitere Kandidaturen sprechen wir gemeinsam nach dem 20. August« - mit diesen Worten beendete er das Gespräch.

So verlief diese Begegnung, und ich glaube, vieles wäre anders gekommen, wenn es uns gelungen wäre, unsere Vereinbarung zu verwirklichen. Die Geschichte hätte möglicherweise einen ganz anderen Verlauf genommen.

Nur kurze Zeit später sollte ich die Abschrift dieses Gesprächs des Präsidenten der UdSSR, des Präsidenten Rußlands und des Führers Kasachstans mit eigenen Augen sehen. Nach dem Augustputsch fanden die Untersuchungsbeamten der Staatsanwaltschaft im Arbeitszimmer des Leiters von Gorbatschows Apparat, Boldin, in zwei Panzerschränken Berge von Aufzeichnungen der Gespräche mit Jelzin. Man hatte mehrere Jahre lang morgens, mittags, abends und nachts jedes meiner Worte mitgeschnitten.

Auch das eben erwähnte Gespräch war aufgezeichnet worden. Die Abschrift ging, wie gewöhnlich, an Boldin. Ich glaube kaum, daß er dieses Papier seinem unmittelbaren Vorgesetzten, Michail Gorbatschow, vorgelegt haben wird. Wahrscheinlich übergab er es seinen neuen Chefs, auf die er im letzten Augenblick setzte.

Möglicherweise war dieser Mitschnitt der Auslöser für den August 1991.

Drittes Kapitel

Der Zusammenbruch des Imperiums

Ein langer Abschied

Ich glaube, das 20. Jahrhundert ging in den Tagen vom 19. bis zum 21. August 1991 zu Ende. Und wenn die erste freie Wahl des Präsidenten Rußlands ein gesamtnationales Ereignis war, dann kommt dem Scheitern des Augustputsches geradezu globale Bedeutung zu.

Das 20. Jahrhundert war vor allem ein Jahrhundert des Schreckens. Solche Alpträume wie Totalitarismus und Faschismus, wie Kommunismus, Konzentrationslager, Genozid und atomare Bedrohung kannte die Menschheit bisher nicht.

In diesen drei Tagen endete dieses Jahrhundert, und ein neues begann. Vielleicht erscheint dieser Satz manchem zu optimistisch, aber ich glaube daran.

Ich glaube daran, weil in diesen Tagen das letzte Imperium zusammenbrach. Imperiale Politik und imperiales Denken hatten die Menschheit zu Beginn dieses Jahrhunderts auf einen verhängnisvollen Weg geführt und waren der Auslöser all dieser Prozesse gewesen.

Aber nach der »Augustrevolution«, wie man sie heute nennt (obwohl das keine Revolution, sondern, im Gegenteil, die Herstellung der Rechtsordnung im Land war), hat unser Volk beileibe keine leichten Tage erlebt. Es hatte das Paradies auf Erden erwartet, aber statt dessen kamen Inflation, Arbeitslosigkeit, wirtschaftlicher Schock und politische Krisen.

Über diese Ereignisse sind schon zu viele Worte verloren worden; man hat Dokumentarfilme gedreht, Bücher und Artikel geschrieben. Inzwischen ist aus den dramatischen Ereignissen des Augustputsches und seinem Scheitern eine Art ideologisches Klischee geworden. Die Menschen erinnern sich nur noch mit Widerwillen an diese Ereignisse. Früher berichtete man seinen Bekannten voller Stolz von den Nächten, die man auf Barrikaden verbracht hatte. Heute dagegen prahlen manche schon damit, daß sie damals nirgendwo hingingen, nicht aus dem Urlaub zurückkehrten und sich aus allem völlig heraushielten. Das ist in Mode gekommen. Aber über diese Ereignisse muß berichtet werden. Wenn es auch schwerfällt.

Naina, Tanja und Lena. Meine Frau und meine Kinder. Meine guten Helfer. Als alles vorüber war, bat ich sie, ihre Gefühle und ihre Erinnerung an diese drei Tage im August wenigstens bruchstückhaft auf Band zu diktieren. Ich wußte, daß so manche Einzelheit später völlig aus dem Gedächtnis entschwindet. Ich schalte das Gerät ein und höre Tanjas erregte Stimme...

Tanja: Ehrlich gesagt, spürte ich damals noch keine wirkliche Gefahr (gemeint sind die Ereignisse am Morgen des 19. August – B. J.). Es war ein wunderbarer Sommermorgen ... Allerdings sah ich um unsere Datsche herum viele Soldaten mit Maschinenpistolen.

Papa beschloß loszufahren. Er legte die kugelsichere Weste an und zog einen braunen Anzug darüber. Die Zipfel der Weste schauten unter dem Jackett hervor. Ich zupfte die Jacke zurecht, damit nichts zu sehen war. Plötzlich kam mir der schreckliche, unmögliche Gedanke, daß ich Papa vielleicht zum letzten Mal sah.

Naina: Ich sage: »Was willst du mit dieser Weste schützen? Der Kopf ist frei. Das wichtigste ist doch der Kopf.« Aber es hatte keinen Sinn, mit ihm zu reden. Er war im Aufbruch, die Kinder sagten ihm: »Papa, auf dir ruht jetzt alle Hoffnung. Nur du kannst jetzt Rettung bringen.« Ich sage: »Hör mal, dort sind Panzer. Was hat es für einen Sinn, jetzt loszufahren? Die Panzer werden euch ohnehin nicht durchlassen.« Er sagt: »Nein, mich werden sie nicht aufhalten.« Da wurde mir angst. Ich hatte das Gefühl, daß nun alles passieren konnte. Als er abgefahren war, saßen wir wie auf Kohlen. Immer wieder versuchten wir anzurufen. Ist er schon da oder nicht? Endlich rief jemand an, er sei angekommen. Das Warten hatte eine ganze Ewigkeit gedauert.

Wir beschlossen, daß auch wir etwas tun mußten. Wir mußten den in Archangelskoje geschriebenen Appell an die Völker Rußlands an andere Adressen weitergeben. Denn schon sagte jemand, am Telefon werde nicht mehr geantwortet. War die Verbindung unterbrochen worden? Wir erreichten nur noch Selenograd.

Lena: Ljoscha und ich beschlossen, in den Datschen nach einem Faxgerät zu suchen. In einer hatten wir Erfolg und begannen sofort zu senden.

Ljoscha (Tanjas Ehemann): Ich rief auf meiner Arbeitsstelle an, wo ebenfalls ein Faxgerät steht. Ich bat meine Kollegen, von dort weiterzusenden.

Lena: Das erste Fax ging durch, aber beim zweiten war nach dem ersten Satz alles tot. Nichts ging mehr. Wir plagten uns ziemlich lange und probierten alle Nummern durch. Ohne Erfolg. Wir gingen zu unserem Haus zurück. Man war schon da, um uns abzuholen. Vor dem Haus standen ein »Rafik« und Männer mit Maschinenpistolen. Unsere

Begleiter waren Juri Iwanowitsch und Aljoscha. Wir entschieden, daß Mama mit den Kindern fahren sollte.

Naina: Wir fuhren mit dem »Rafik« los und benutzten Umwege.

Tanja: Zuerst aber packten wir. Ich lief ins Gewächshaus, wo wir zum ersten Mal Gurken und Tomaten gepflanzt und den ganzen Sommer über gepflegt hatten. Wir sammelten ein, was wir konnten. Als die Kinder die Männer mit den Maschinenpistolen erblickten, wurden sie ganz still.

Lena: Wir ließen die Kinder einsteigen und wiesen sie an: Wenn Juri Iwanowitsch es befiehlt, legt ihr euch sofort auf den Boden und fragt nicht erst, warum. Borja fragt: »Mama, werden sie auf unsere Köpfe schießen?« Dieser Satz erschütterte uns. Ich dachte, wer weiß, wie alles ausgeht, aber es ist schrecklich, wenn Kinder solche Fragen stellen.

Naina: Wenn ich heute Nachrichten über Georgien, Abchasien, Ossetien oder Inguschetien lese, dann habe ich immer unsere Kinder vor Augen. Auf sie ist nicht geschossen worden, und doch haben auch sie Schreckliches erlebt. Aber im Kaukasus, in Nagorny Karabach, überall, wo Kinderblut fließt! Wenn ich sehe, wie eine Großmutter, ein Großvater oder eine Mutter mit einem Kind an der Hand um ihr Leben rennen, aber diese Politiker immer nur reden, da packt mich solche Wut!

In jenen Tagen im August erstaunte mich vor allem, wie gut die Kinder plötzlich alles, absolut alles verstanden und wie sie verstummten.

Lena: Ljoscha, Tanja und ich fuhren mit dem »Wolga« nach Hause. Auf der Kalugaer Chaussee war nichts zu sehen. Als wir aber dann auf die Ringstraße einbogen, fuhren wir ständig an Panzern vorbei. Sie rollten auf der äußerst rechten Spur einer hinter dem anderen. Es war schwwer, den Anblick der Soldaten zu ertragen, die fröhlich lächelnd auf ihren Panzern saßen. Werden sie tatsächlich schießen? dachten wir. Es sind doch unsere!

Ljoscha: Wir sahen eine riesige Fahrzeugkolonne. Viele Wagen hatten Pannen und wurden auf den Randstreifen gezogen. Auf der Minsker Chaussee fuhren wir bis zum Hotel »Ukraina«. Dort versperrten Schützenpanzerwagen den Weg. Wir wendeten und überquerten die Schelepichin-Brücke. Aber auch dort ging es nicht weiter. Wir mußten den Weg über Mnewniki nehmen. Schließlich gelangten wir zum Belorussischen Bahnhof, in dessen Nähe wir wohnen.

Lena: Als wir durch Fili fuhren, glaubten wir zu träumen. Wir rasten mit höchster Geschwindigkeit und hatten vor Augen, was geschah. Aber um uns herum gingen die Leute in aller Ruhe einkaufen. Hier lief das Leben weiter wie gewöhnlich.

Ljoscha: Nicht nur am Stadtrand, auch im Zentrum kauften die Frauen an den Metrostationen in aller Seelenruhe Gemüse und Melonen. Man hatte den Eindruck, als sei überhaupt nichts geschehen.

Lena: Erst später wurde uns klar, daß die Leute noch keine Panzer zu Gesicht bekommen hatten und noch nicht wußten, was auf Moskau zurollte. Wir betraten unser Haus und gingen in unsere Wohnung. Shenja Lanzow (ein Sicherheitsbegleiter – B. J.) war schon da. Er sagte zu uns: »Bleibt von den Fenstern weg.« Das erhöhte die Spannung. Niemand durfte an die Fenster treten oder gar auf den Balkon hinausgehen.

Tanja: Ljoscha wollte am Montag unbedingt zur Arbeit. Walera war auf einem Flug unterwegs. Ich sage: »Ljoscha, du bist jetzt der einzige Mann im Haus, wer weiß, was wird, die Lage ist so gespannt. Ich bitte dich sehr, bleib hier, geh' nirgendwo hin. Wenn es nun einer Frau schlecht wird, es kann doch alles Mögliche passieren.« Tatsächlich blieb er am Montag zu Hause. Obwohl alle seine Kollegen zur Arbeit gegangen waren.

Ljoscha: Schrecklich war vor allem die Nacht vom Montag zum Dienstag, als wir überhaupt nicht mehr begriffen, was vorging. Unten (im Zimmer des Begleitschutzes - B. J.) übernachteten unsere Begleiter auf dem Fußboden, es waren fünf Mann. Ich ging die Treppe hinunter, um zu rauchen. Sie sagen zu mir: »Interessant wird es erst, wenn sie uns holen kommen – wir haben zwei Maschinenpistolen für fünf Mann.«

Tanja: In dieser Nacht machten wir kein Auge zu. Der Fernseher und das Radio liefen ununterbrochen, wir hörten das »Moskauer Echo« und »BBC«.

Nachts rief ich im Weißen Haus an. Man sagte mir, alles sei in Ordnung, Papa habe praktisch nicht geschlafen und arbeite ununterbrochen. Er sei in Kampfstimmung. Am meisten ängstigten wir uns jedoch um die Menschen vor dem Weißen Haus.

Lena: In unserem Hof stand ständig ein Militärfahrzeug, das dem Lieferwagen einer Bäckerei ähnlich sah. Am schwersten war für uns alle der Abend des 20. August, als Stankewitsch über den Rundfunk erklärte: »Alle Frauen haben das Weiße Haus zu verlassen.« Plötzlich kam Shenja Lanzow herein und sagte: »Leute, wir fahren besser weg. Holt die Kinder.«

Tanja: Ich wollte per Telefon herausbekommen, wohin wir fahren sollten. Aber Alexander Wassiljewitsch Korshakow sagte zu uns: »Bleibt, wo ihr seid. Und wir blieben.«

Jetzt wurden übrigens zum ersten Mal unsere Kinder Borja und Mascha plötzlich unruhig. Die ganze Zeit hatten sie sich großartig verhalten, waren nicht zu sehen und nicht zu hören gewesen, hatten weder zu essen noch zu trinken verlangt. Nun aber kommt Mascha plötzlich zu mir und fragt: »Tanja, wird man uns verhaften?« Das fragte sie in vollem Ernst.

Wir konnten nicht wegfahren, auf dem Gartenring standen überall Posten. In ganz Moskau war Ausgangssperre verhängt worden. Wir legten die Kinder in den Kleidern schlafen. Für alle Fälle ...«

Soweit diese Aufzeichnungen. Hatten sie genügend Geduld, Sie zu lesen? Von solchen Erlebnissen berichtet man nur einmal im Leben.

Auf des Messers Schneide

Am 18. August befand ich mich bekanntlich in Alma-Ata. Das war ein wichtiger offizieller Besuch, bei dem wir ein Abkommen zwischen Rußland und Kasachstan unterzeichneten. Der Besuch ging zu Ende. Es war Zeit abzufliegen. Nasarbajew ließ uns aber nicht fort und bat uns, noch eine Stunde zu bleiben.

Nach einem großen Bankett gab es ein Konzert mit kasachischer Volksmusik, dann noch eine Rede, schließlich Chöre und Tanzgruppen. Volksinstrumente wurden gespielt, farbenprächtig gekleidete Mädchen tanzten. Ehrlich gesagt, mir flirrte es schon vor den Augen.

Der Abflug wurde um eine Stunde verschoben, dann noch einmal um eine weitere Stunde. Nursultan Abischewitsch ist ein ganz und gar orientalischer Gastgeber, durchaus nicht aufdringlich, sondern sanft und zurückhaltend, aber hartnäckig.

Mich beschlich das Gefühl, daß etwas nicht in Ordnung war. Vielleicht machte sich die übergroße Anspannung bemerkbar. Ich hatte an diesem Tag auch noch in einem Gebirgsflüßchen gebadet. Ich wurde schläfrig. Vor meinen Augen tanzten bunte Reigen. In mir aber arbeitete eine dumpfe, unerklärliche Unruhe.

Ich glaube nicht, daß die dreistündige Verspätung unseres Abfluges aus Alma-Ata ein Zufall war. Vielleicht wird der Prozeß gegen die Mitglieder des Staatlichen Komitees für den Ausnahmezustand (GKTschP) Licht in diese Sache bringen. Hier nur ein Detail: Als Alexander Tisjakow bereits im Gefängnis »Matrosenstille« saß, schrieb er eine Anweisung an seine Helfershelfer. Darin steht der Satz: »In der Voruntersuchung und Beweisaufnahme vor Gericht muß unbedingt wiedergegeben werden …, daß im Gespräch mit Gorbatschow sogar ins Auge gefaßt wurde, in der Nacht des 18. August, am Vorabend der endgültigen Entscheidung über die Einführung des Ausnahmezustandes, das Flugzeug in der Luft zu vernichten, mit dem die Delegation der russischen Regierung unter Führung Jelzins aus Kasachstan nach Moskau zurückkehrte …«

Als ich dieses Dokument las, verspürte ich schlagartig wieder diese Leere und diese Kälte in meiner Brust. Ob der Plan wirklich existierte oder ob er nur eine Fälschung war, um die Untersuchung irrezuführen, werden wir wohl nie erfahren. Aber wenn ich heute an jene Tage zurückdenke, wird mir noch einmal bewußt, daß wir damals am Rande eines Abgrunds standen.

18. August – Ablauf der Ereignisse

Bereits um 8.00 Uhr morgens beruft Marschall Jasow eine Beratung der höchsten Militärführung ein. Dort werden die Einheiten festgelegt, die am Morgen des 19. August in Moskau einmarschieren sollen. Eine relativ große Gruppe der Generalität weiß damit bereits 24 Stunden vorher, daß ein Putsch vorbereitet wird. Allerdings ist sie nicht in alle Einzelheiten eingeweiht, wie etwa die Verhaftung Gorbatschows.

Um 11.00 Uhr morgens teilt Krjutschkow seinen Stellvertretern und den Leitern der KGB-Verwaltungen mit, daß in der ganzen Sowjetunion der Ausnahmezustand verhängt werde. Man beginnt Sondergruppen aus Kräften der Dritten Hauptverwaltung und der Verwaltung für den Schutz der verfassungsmäßigen Ordnung zusammenzustellen, die ins Baltikum entsandt werden sollen.

Die Siebente Verwaltung erhält den Auftrag, die Lage um Archangelskoje zu erkunden, dort eine ständige Beobachtung einzurichten und ein paar Männer für meine Festnahme in Bereitschaft zu halten.

Krjutschkow übergibt seinem Stellvertreter Lebedew eine Liste von Personen, die ständig beobachtet werden sollen, um sie, wenn notwendig, zu verhaften.

Zur selben Zeit fliegen Boldin, Schejnin und Warennikow nach Foros, um Gorbatschow zu »überreden«, den Erlaß über den Ausnahmezustand zu unterzeichnen und dem GKTschP »aus gesundheitlichen Gründen« die Macht zu übertragen.

Um 15.30 Uhr treffen im Verteidigungsministerium bei Jasow die drei Minister der bewaffneten Organe – Jasow, Krjutschkow und Pugo - zusammen (Pugo war erst an diesem Tage aus dem Urlaub von der Krim zurückgekehrt).

Um 17.00 Uhr steigen zwei Militärhubschrauber auf, um Lukjanow aus Waldai zu holen.

Um 18.00 Uhr sind alle im Kreml versammelt. Es fehlen nur Janajew, der sich dreißig bis vierzig Minuten verspätet und angetrunken erscheint, sowie Lukjanow, der anruft, daß er vom Flugplatz unterwegs ist.

Der Mechanismus des Putsches läuft bereits auf Hochtouren.

Wir landeten bei Dunkelheit auf dem Flugplatz Wnukowo. Der Wagen brachte uns nach Archangelskoje.

Ich war in meinen Gedanken ganz bei der bevorstehenden Unterzeichnung des Unionsvertrages. Erhielten die Republiken, vor allem Rußland, Stimmrecht bei der Entscheidung über strategische Fragen der Zukunft unseres Landes? Oder hoffte Gorbatschow darauf, die radikale Position Rußlands mit den Stimmen anderer, fügsamerer Republiken auszubalancieren? So oder so stand uns ein entscheidendes Ereignis bevor. Die erste Etappe der Unterzeichnung war – ich sah auf die Uhr – ja, fast schon für morgen angesetzt. Der 20. August war ganz nah.

Ich lehnte mich entspannt zurück und schaute aus dem Fenster. Draußen flogen in der Dunkelheit Siedlungen, Dörfer und Telegrafenmasten vorbei. Mich erfüllten Ruhe und Gelassenheit.

19. August – Ablauf der Ereignisse

Um 4.00 Uhr morgens trifft eine kleine Einheit der Gruppe »Alpha« unter ihrem Kommandeur Karpuchin in Archangelskoje ein. Ohne die Ziele der Operation zu kennen, schlagen die Soldaten in ihren Tarnanzügen eine Schneise von der Chaussee durch den Wald und empfangen dann einen seltsamen Funkspruch: Nach einem Sondersignal soll Jelzin »zugeführt« werden, »um die Sicherheit der Verhandlungen mit der sowjetischen Führung zu gewährleisten«. Das kann niemand verstehen. Aber Erläuterungen folgen nicht. Der Befehl, das Haus anzugreifen, wird um 5.00 Uhr morgens von Krjutschkow persönlich aufgehoben. Er will nichts überstürzen. Zunächst muß dafür gesorgt werden, daß Jelzin außerhalb des Gesetzes steht. Dann kann man immer noch entscheiden, was mit ihm geschehen soll.

In diesen nächtlichen Stunden versuchte Gorbatschow fieberhaft, sich über die eingetretenen Veränderungen klar zu werden.

Unter Hausarrest zu stehen, faktisch in seinen vier Wänden eingeschlossen zu sein, ohne zu wissen, was eigentlich vorging, war äußerst belastend, fast unerträglich. Kurze Zeit später gab er eine kurze Erklärung über seine Haltung zu dem Putsch ab. Eine Amateurvideokamera zeichnete sein improvisiertes Statement auf. Merkwürdigerweise hatte man ihm die Kamera ebenso wie ein Kurzwellenradio gelassen.

Zur gleichen Zeit, als ich nach Archangelskoje fuhr, drehte Gorbatschow wahrscheinlich verzweifelt an den Knöpfen seines Radios, sprang von Welle zu Welle, um irgendwo neue Nachrichten aufzufangen. Aber über den Putsch wurde nichts gemeldet. Vorläufig. Gorbatschow mußte jedoch das, was ihm die Putschisten gesagt hatten, sobald wie möglich anhand der offiziellen Mitteilungen überprüfen. Würde es sie überhaupt geben? Oder war das Ganze nur eine Provokation?

Am beunruhigendsten war, daß sich Armee, KGB und Miliz vollständig auf die Seite der Verschwörer gestellt zu haben schienen. Diese Kräfte hatten immer die größte Bedrohung dargestellt und in der UdSSR den stärksten Einfluß ausgeübt. Sie hatten stets nur einen Kon-

Der Versuch eines Staatsstreichs gegen Michail Gorbatschow war auf die Abwesenheit des Präsidenten kalkuliert, der ein paar Wochen Urlaub auf der Krim machte. Niemand scheint damit gerechnet zu haben, daß Gorbatschows alter Widersacher Jelzin den Putschisten entgegentreten würde. Aber er wurde das Symbol der neuen Zeit; auf einem Panzer stehend, erst von Hunderten, dann von Tausenden von Getreuen umgeben, stellte sich Jelzin den Truppen entgegen, die die Verschwörer gegen das Weiße Haus in Bewegung setzten. Aber selbst auf diese Truppen war nicht immer Verlaß. Zuweilen klebten junge Panzersoldaten Jelzin-Fotos auf ihre Panzer. Der ganze Appa-

rat von Partei, Armee, KGB und Regierung mußte nach wenigen Tagen schon kapitulieren.

Die Stimmung im Weißen Haus schlug schon um, als die Verschwörer die Lage noch zu retten versuchten. Aber das Volk hatte sich für den Mann entschieden, der allein den Inhabern der Gewalt entgegengetreten war, und seine letzten Auftritte auf dem Balkon des Weißen Hauses glichen schon einem Triumph. Zehntausende umjubelten ihn.

trolleur über sich – die Kommunistische Partei. Diese kontrollierte die Lage nun nicht mehr, sie nahm einfach am Putsch teil.

Ich glaube, für Gorbatschow waren dies die unerträglichsten Stunden, denn es waren Stunden völliger Ungewißheit und Unberechenbarkeit.

Die Putschisten versammelten sich unterdessen im Kreml.

Die Hauptakteure der Verschwörung – Krjutschkow, Jasow, Schejnin, Baklanow und Pawlow - waren bereits einen Tag zuvor, am 17. August, in einem geheimen Gebäude des KGB im Südosten der Hauptstadt zusammengekommen. Einige Zeit früher, am 6. August, hatte Krjutschkow Experten des KGB mit einer Prognose über die möglichen Folgen der Einführung des Ausnahmezustandes im Lande beauftragt.

Das war nicht die routinemäßige Darlegung einer bestimmten strategischen Situation, die die Analytiker des KGB nach Geschmack und Auftrag ihrer Chefs regelmäßig zu liefern hatten. Das war der konkrete Befehl, die Problemstellung zu formulieren, die wichtigsten Dokumente vorzubereiten und die Hauptrichtungen des künftigen Putsches zu bestimmen.

Das Risiko, daß die höchst vertrauliche Information nach außen drang, war groß, denn der Sicherheitschef hatte zudem noch einen Experten aus einem anderen Apparat, dem Verteidigungsministerium der UdSSR, hinzugezogen. Das war Pawel Gratschow, der spätere Verteidigungsminister Rußlands, der während des Putsches in eine Schlüsselrolle geriet, als er sich weigerte, den Mitgliedern des GKTschP seine Unterstützung zu gewähren.

Krjutschkow ging dieses Risiko jedoch ein. Intensive Verhandlungen führte er mit den Vertretern der KPdSU – den Sekretären des ZK Baklanow und Schejnin. Ersterer war für die Weltraum- und Rüstungsindustrie, letzterer für die Parteikader und die Organisationen der Partei zuständig. Unmittelbar vor dem Putsch nahm Krjutschkow direkten Kontakt mit dem Leiter von Gorbatschows Sekretariat, Boldin, auf, einem der engsten Vertrauten des Präsidenten!

Vor einem ziemlich großen Personenkreis erklärte Krjutschkow, der Präsident der UdSSR sei zur Geisel in den Händen der Extremisten, insbesondere des radikalen Jelzin geworden. Der Ausnahmezustand müsse jetzt verhängt werden. Krjutschkow versuchte die Anwesenden mit den verschiedensten Argumenten zu überzeugen und in die Verschwörung hineinzuziehen. Das beweisen die für den Leiter dieses Dienstes ungewöhnlich zahlreichen Treffen mit Vertretern der unterschiedlichsten Machtbereiche unmittelbar vor dem Putsch.

Das war der Auftakt der Verschwörung, die unverfroren und in aller Ruhe vorbereitet wurde. Die Akteure hatten offenbar so gut wie keine

Furcht vor möglichem Widerstand und fühlten sich vollkommen sicher. Das war Krjutschkow zu verdanken, der behauptete, auf verschiedenen Kanälen in Erfahrung gebracht zu haben, daß Gorbatschow inzwischen vollkommen isoliert sei. Wenn sich Gorbatschow auf einen Machtkampf mit dem KGB einlassen sollte, konnte er sich nach Krjutschkows Auffassung auf absolut niemanden mehr stützen. Der Generalsekretär, nunmehr auch der (allerdings auf recht seltsame Weise gewählte) Präsident der Sowjetunion hinge vollkommen in der Luft.

Tatsächlich gab es Gründe, die diese Überzeugung plausibel erscheinen ließen. Gorbatschow war schon lange nicht mehr der Führer des Reformprozesses. Seine Zugeständnisse an die Demokraten bei den Verhandlungen in Nowo-Ogarjowo waren erzwungen gewesen und in gewisser Hinsicht taktischer Natur. Er tat diesen Schritt, um Zeit zu gewinnen, weil er sich durch den Kampf der gegensätzlichen politischen Kräfte in die Enge getrieben fühlte. All die zahlreichen Kundgebungen, die im Winter und Frühjahr 1991 Moskau in Atem hielten (und den Präsidenten der UdSSR in gewisser Weise zu immer neuen Taktiken zwangen), waren im Grunde genommen gegen Gorbatschow gerichtet.

Andererseits konnte sich der Präsident auch nicht mehr auf das Parlament stützen, das ihm einst hörig gewesen war. Der Oberste Sowjet stand nun unter Lukjanows strenger Kontrolle. Es konnte keinen Zweifel mehr geben, daß viele Deputierte sowohl gegen die Wirtschaftsreform als auch gegen den neuen Unionsvertrag und gegen die ganze Gorbatschowsche Perestroika eingestellt waren. Das Parlament bestand in der Mehrheit aus Vertretern der ehemaligen sowjetischen Nomenklatura, die um ihre Stellung fürchteten und deshalb zusehends unbotmäßig waren.

Opposition reifte auch in der Armee heran. Dafür gab es eine Menge Gründe – die Konversion, den Abbau der Rüstungsindustrie, die Veränderung der strategischen Konzeption, die Zugeständnisse an den Westen auf dem Gebiet der Rüstung, der völlig unvorbereitete und überstürzte Abzug der Truppen aus Ostdeutschland, die erzwungene Beteiligung an internationalen Kriseneinsätzen, in denen Leben und Gesundheit der Militärangehörigen und ihrer Familien aufs Spiel gesetzt wurden.

Schließlich rückte auch die Hauptstütze der Macht Gorbatschows, die Exekutive, von ihm ab. Der neue Ministerpräsident Pawlow demonstrierte von April bis Juni sehr deutlich seine selbständige Position, seine »besondere Meinung« in vielen wirtschaftlichen und politischen Fragen, wo er sich dem Kurs der Administration Gorbatschows widersetzte. Damit fand er unerwartet starken Widerhall unter dem Führungspersonal. Nun stellte sich plötzlich heraus, daß Gorbatschow keinerlei Mittel und Möglichkeiten mehr in der Hand hatte, den außer

Rand und Band geratenen Pawlow zu »zügeln«. Es gab keine »höchste Struktur« mehr, die Anweisung des Präsidenten harte und koordinierte Maßnahmen hätte treffen können. Das Politbüro war im Grunde genommen auf legalem Wege von der Macht verdrängt worden. Auch auf den Präsidialrat konnte sich Gorbatschow nach dem Weggang Schewardnases, Bakatins und Jakowlews nicht mehr stützen. Die Kommunistische Partei spaltete sich in Linke, Rechte und Zentristen; sie war mit ihrem Generalsekretär zutiefst unzufrieden.

Gorbatschow stand nun völlig allein da, und Krjutschkow beobachtete die Situation sehr aufmerksam, in die der »Architekt der Perestroika« geraten war. Gorbatschows Schwanken zwischen verschiedenen politischen Kräften kam den ersten und letzten Präsidenten der UdSSR nun teuer zu stehen.

Nach Umfrageergebnissen verlor Gorbatschow immer mehr das Vertrauen breiter Volksschichten, und auch bei den wichtigsten westlichen Politikern litt sein Ansehen. In einer Information des KGB, die Krjutschkow vorgelegt wurde, hieß es: »In der unmittelbaren Umgebung George Bushs geht man davon aus, daß M. S. Gorbatschow seine Möglichkeiten als Führer eines Landes von der Größe der UdSSR faktisch ausgeschöpft hat ...Die Bush-Administration und die Regierungen der anderen westlichen Länder spekulieren über einen möglichen Kandidaten, der Gorbatschow ersetzen könnte ...«

Mir geht es hier gar nicht darum, inwiefern diese Information des KGB der Wirklichkeit entsprach; wichtig ist, daß Krjutschkow sich offenbar auf diese Angaben stützte, als er sich die Taktik für die Verschwörung zurechtlegte. Es war die Taktik nicht für eine militärische, sondern eher für eine legale, administrative Veränderung in den höchsten Etagen der Macht, für die Ablösung Gorbatschows, den »alle satt hatten«.

Am Abend des 18. August sollten im Kreml alle am Putsch Beteiligten im Büro des Ministerpräsidenten der UdSSR, Pawlow, zusammenkommen, zum ersten Mal ohne Gorbatschow. Die ganze »Mannschaft des Präsidenten« – allesamt Ersatzspieler, die rasch übereinkamen, den Trainer selbst auszuwechseln.

Trotz allem plagten sie starke moralische Skrupel, die Verschwörung in die Tat umzusetzen. Krjutschkow hatte die Beteiligten an diesen Ereignissen gleichsam in drei Gruppen eingeteilt: Die erste Gruppe traf gemeinsam mit ihm die wichtigsten Entscheidungen – das waren vor allem die Vertreter des ZK der KPdSU, Baklanow und Schejnin, sowie Pawlow und Jasow. Letzterer blieb allerdings die ganze Zeit über passiv. Die zweite Gruppe wurde in vorsichtigen Verhandlungen eher durch Andeutungen in die Verschwörung hineingezogen. Die dritte sollte sich anschließen, wenn sie sah, wer dem Ausnahmezustand seine

Unterstützung gab. Sie sollte sich anschließen oder aus dem Wege gehen. Widerstand aber wagte keiner zu leisten. Dazu fehlte es ihnen an Mut und Weitblick.

Das galt auch für Lukjanow. Immerhin wies er sofort darauf hin, daß er als Vertreter der Legislative nicht dem GKTschP angehören könne. Er forderte, ihn von der Liste zu streichen. Dann hüllte er sich in Schweigen und wartete gemeinsam mit den anderen die Rückkehr der »Gruppe von Genossen« ab, die auf der Krim mit Gorbatschow zusammengetroffen war. Dieses Warten dauerte mehrere Stunden. Aber alle wollten Einzelheiten über die Reaktion Gorbatschows erfahren und denen, die mit ihm gesprochen hatten, ins Gesicht blicken. Was wollten sie darin lesen?

Auch Janajew zog sich nicht zurück. Als er schließlich den aus Foros zurückgekehrten Genossen gegenüberstand und erfuhr, daß Gorbatschow sich scharf und kategorisch geäußert und sich entschieden von seiner »Mannschaft« distanziert hatte, bekam es Janajew offenbar mit der Angst zu tun. Er konnte es lange nicht über sich bringen, die Dokumente des GKTschP zu unterzeichnen. Schließlich tat er es aber doch.

So überwältigten sie sich gegenseitig – einer nach dem anderen.

Als letzter fügte sich Außenminister Bessmertnych, der in aller Eile, so, wie er war – in Jeans und Windjacke –, aus seinem Urlaubsort in Belorußland herbeigeholt worden war. Auch er schreckte anfangs zurück und erklärte, derartig schwerwiegende Dokumente besser nicht unterschreiben zu sollen, da er mit den Ministern ausländischer Staaten Kontakt aufnehmen müsse und dafür Verhandlungsspielraum brauche. Aber auch ihn brachte man über das Außenministerium dazu, die Beschlüsse des GKTschP zu unterstützen.

Bei all diesen Leuten konnte von Widerstand keine Rede sein. Es war eher der Versuch, zu lavieren und zwischen zwei Stühlen zu sitzen. Alle drei - der Vizepräsident, der Parlamentspräsident und der Außenminister - distanzierten sich zunächst vorsichtig von der Verschwörung, tanzten aber später gehorsam nach der Pfeife ihrer Organisatoren.

Warum berichte ich über all das so ausführlich?

Diese dritte Gruppe, die erst nachträglich in der letzten Etappe von den Putschisten eingeweiht wurde, hätte eine gewisse Chance gehabt, die Verschwörung noch zu vereiteln. Diese tat sich auf, als Lukjanow darum bat, ihn von der Liste des GKTschP zu streichen, und als Janajew zögerte, die Dokumente zu unterzeichnen. Selbst Bessmertnychs widerstrebende Haltung hätte noch alles ändern können. Aber die Sache ging vonstatten wie bei konspirativen Verschwörern. Jeder Neuankömmling wurde so »eingebunden«, daß er nicht mehr abspringen konnte. Das Hauptmotiv der von der Krim zurückgekehrten Verschwörer war das naive Bestreben, nicht selbst den Sündenbock spielen zu müssen. Das heißt, es war die nackte Angst. Sie alle bestanden auf kollektiver Verantwortung, auf wechselseitiger Absicherung. Und die bekamen sie dann auch.

Hier zeigte sich die Gefügigkeit von Männern, die es nicht gewohnt waren, selbständig Entschlüsse zu fassen. Hinzu kam die sowjetische Erziehung, die Gewohnheit, stets einstimmig zu entscheiden. Und schließlich die einfache menschliche Schwäche von Personen, die zwischen die Mühlsteine der Macht geraten waren. Aber es war auch die Begierde, diese Macht auszuüben – nunmehr ohne Gorbatschow, dessen alle überdrüssig waren.

Diese Leute entschieden über unser Schicksal für viele kommende Jahre. Ihnen haben wir den Zerfall der Union und das Drama der Gesellschaft zu »danken«, das dieser auslöste. Aber davon später.

In Archangelskoje

Morgens gegen 7.00 Uhr trafen in Archangelskoje Arbeiter ein, die mit Asphaltierungsarbeiten begannen. Über die Gartenwege rollte eine beeindruckende Dampfwalze. Arbeiter in orangefarbenen Westen schütteten ruhig und sorgfältig frischen, heißen Asphalt auf. Das war eine alte Geschichte, die dauerte, seit wir dort eingezogen waren. Der Direktor hatte mehrere Monate lang mit seiner Behörde um diesen Asphalt gerungen. Und es war schon ein grotesker Zufall, daß ihm gerade an diesem Morgen Asphalt und Arbeitskräfte zugewiesen wurden.

Die Arbeiter waren vollkommen konsterniert. Überall wimmelte es von Soldaten, die mit Maschinenpistolen und versteinerten Mienen in den Straßen standen. Dauernd fuhren schwarze »Wolgas« vor. Und auch vor dem Tor waren viel mehr Uniformierte und Autos zu sehen als gewöhnlich.

Ich versetzte mich innerlich in die Situation dieser Arbeiter. Sollen die da oben doch zum Teufel gehen mit ihrem historischen Ereignis! Uns wird der Asphalt kalt!

Wie so oft während dieser dramatischen Tage war das Wetter einfach herrlich. Der heiße Asphalt strömte eine seltsame Behaglichkeit aus – die Behaglichkeit der Landstraße.

An diesem Morgen weckte mich meine Tochter Tanja. Sie stürzte ins Zimmer: »Papa, steh auf! Ein Umsturz!« Noch nicht ganz wach, murmelte ich: »Das ist doch gegen Recht und Gesetz!« Sie redete vom GKTschP, von Janajew und Krjutschkow; was sie erzählte, erschien mir völlig widersinnig. »Was denn, wollt ihr mich auf den Arm nehmen?« fragte ich.

Dieselbe Frage stellten sich viele Menschen im Land. Mit denselben

Worten. Wir konnten einfach nicht glauben, daß so etwas möglich war. Es war aber möglich.

Zu dieser Stunde rollten über Moskaus Straßen Kolonnen von gepanzerten Fahrzeugen und Panzern. Das war eine in ihrer Sinnlosigkeit unvorstellbare Aktion: In eine absolut friedliche Stadt rückten die Einheiten gleich mehrerer Motschützen- und Panzerdivisionen ein. Weitere Truppenteile wurden am Stadtrand zusammengezogen.

Krjutschkow, Jasow, Pugo und die anderen Anführer der Verschwörung wollten die Stadt mit einem Aufmarsch von Soldaten und Militärfahrzeugen schockieren. Offensichtlich wollte man eine Frontatmosphäre schaffen und die Menschen in Angst und Schrecken versetzen.

Moskau war mehrere Stunden lang in ein einziges ununterbrochenes Dröhnen getaucht.

»Ist wieder Krieg?«, fragten alte Moskauerinnen und faßten sich ans Herz.

»Ein Militärputsch«, antworteten die Jüngeren, die auch nur mit Mühe begriffen, was vorging.

Die Mitglieder des GKTschP: Das Paradox bestand darin, daß es sich wirklich um Profis, ja sogar um Meister ihres Fachs, um Exekutoren handelte; aber fast jeder von ihnen litt an einem – äußerlich allerdings nicht sehr sichtbaren – persönlichen Defekt, an einer Anomalität im Verhalten, Denken und Fühlen.

Janajew verblüffte die Volksdeputierten damit, daß er auf die Frage nach seinem Gesundheitszustand öffentlich erklärte, mit seinen ehelichen Pflichten komme er gut zurecht. Man nennt das wohl einen verdrängten Minderwertigkeitskomplex, wenn ein von Kindesbeinen an etwas benachteiligter Mensch plötzlich mit seiner Potenz prahlt. Diese Selbstüberschätzung hatte dem ansonsten unscheinbaren Janajew geholfen, eine so hohe, über seine Fähigkeiten weit hinausgehende Stellung in der Nomenklatur zu erklimmen – er konnte endlos reden, diskutieren und seine Meinung mit selbstbewußter Miene anderen aufzwingen. Er war für Partei- und Staatsfunktionen wie geboren. Und doch mußte er sich aus reiner Unsicherheit vor der ersten großen Zusammenkunft der Putschisten mit mehreren Gläschen in Stimmung bringen, weil es ihm an Mut fehlte. Immerhin hatte man ihm bei dem Putsch eine prominente Rolle zugedacht …

Krjutschkow ist ein Schüler Andropows und hat eine lange Schule in unserem Geheimdienst hinter sich. Von seinem Charakter und seiner bisherigen Tätigkeit her hätte sein Denken eigentlich von Realismus und gesundem Menschenverstand geprägt sein müssen. Wladimir Alexandrowitsch litt jedoch an einer »Berufskrankheit« – einer ganz banalen Spionomanie. Er kam ständig mit »internen« Informationen daher, legte Gorbatschow geheime Analysen auf den Tisch, die stets darauf hinausliefen, daß die Demokraten einen Umsturz vorbereiteten. Die Demokraten seien Agenten der CIA. Amerika arbeite an einem strategischen Plan, die UdSSR zu erobern, um ihren Nationalreichtum unter den NATO-Ländern aufzuteilen, die Bevölkerung zu dezimieren, die Bodenschätze auszuplündern, das Land zu besetzen, und immer weiter in diesem Stil. Ich bin kein Psychoanalytiker, aber es hatte den Anschein, als litte Krjutschkow an diesem Wachsamkeitssyndrom beinahe seit seiner Pionierzeit. Er war offenbar nicht mehr in der Lage zu begreifen, welchen Gesetzen die moderne Welt folgt.

Valentin Pawlow: ein durchaus fähiger Finanzexperte. Aber vor Fernsehkameras wußte er sich absolut nicht zu zügeln. Er gab schlüpfrige Witze zum besten, bekam Wutanfälle und lief puterrot an. Diese Unausgeglichenheit zeigte bereits am zweiten Tag der Existenz des GKTschP Wirkung: Pawlow fiel aus.

Dmitri Jasow – ein Frontkämpfer und typischer ehrlicher Haudegen. Das Leben hatte diesem Marschall übel mitgespielt – eine schwere Kindheit, Hunger und Krieg, der frühzeitige Tod seiner Tochter und später der seiner Frau. Kurz vor dem Putsch erlitt seine zweite Frau einen schweren Unfall. Dmitri Timofejewitsch war nicht mehr imstande, die Welt anders zu sehen als mit dumpfer Ergebenheit, durch das Prisma von Pflicht, Befehl und Unterordnung.

Die Aussagen der Kinder und Verwandten Boris Pugos über die letzten Minuten vor seinem Selbstmord kann niemand ohne innere Bewegung lesen. Das war eine wahre Tragödie. »Einen schlauen Papa habt ihr. Er hat sich für fünf Kopeken kaufen lassen«, sagte er voller Verzweiflung. Er brach unter der Last der Verantwortung zusammen, die man ihm aufgebürdet hatte.

Die Tragödie der Mitglieder des Staatlichen Komitees für den Ausnahmezustand sehe ich als Tragödie einer ganzen Generation von sowjetischen Staatsdienern, die das System zu Schräubchen gemacht und aller menschlichen Eigenschaften beraubt hatte. Sie scheiterten an der neuen Realität, in der ein Politiker, der dies auch bleiben will, zuallererst seinen eigenen Standpunkt, ein eigenes Gesicht, eigene Grundsätze haben, selbständig sprechen und handeln muß.

Das war eine Tragödie, aber es wäre viel schlimmer gekommen, wenn nicht sie, sondern wir die Opfer gewesen wären – wenn diese trostlosen Bürokraten, die leidenschaftslos wie Roboter handelten, die Führung des Landes erneut an sich gerissen hätten.

Ich glaube, der einzige unter ihnen, der einen klaren Kopf behielt und alles vorausberechnete, war Lukjanow. Er versuchte sich für alle Fälle eine Hintertür offenzuhalten: Siegte das GKTschP, war er einer der ideologischen Führer der Putschisten gewesen, gewannen wir, dann hatte er mit dem GKTschP nichts zu tun, war stets für das Recht eingetreten und im übrigen der beste Freund Gorbatschows.

Als Tanja in mein Zimmer stürzte, kam mir natürlich keiner dieser Gedanken. Ich starrte auf den Bildschirm, noch ohne Hemd, und blickte nur zuweilen in die Gesichter meiner Frau und meiner Töchter, um meine eigene Reaktion an der ihren zu prüfen.

Alle waren erschüttert. Alle begriffen genau, was vorging.

Naina faßte sich als erste. »Borja, wen soll ich anrufen?«, fragte sie mit zusammengepreßten Lippen.

So begann dieser Morgen ...

Zehn Minuten nach der ersten Fernsehübertragung stürmte der Leiter des Personenschutzes des Präsidenten, Korshakow, herein. Er stellte sofort Posten auf und ließ die Wagen aus den Garagen fahren.

Ich rief alle an, die in der Nähe waren und nun für die Arbeit gebraucht werden konnten. Meine Frau half mir dabei. Sie und die Töchter waren an diesem Morgen meine ersten Helfer. Meine Frauen weinten nicht, saßen nicht verloren herum, sondern handelten sofort gemeinsam mit mir und den anderen Vertrauten, die bald darauf im Hause auftauchten.

Wir beschlossen, einen Aufruf an die Bürger Rußlands zu verfassen. Den Text schrieb Chasbulatow mit der Hand, alle anderen, die da waren – Schachrai, Burbulis, Silajew, Poltoranin, Jaroschenko –, feilten an den Formulierungen und diktierten. Dann wurde der Appell auf der Maschine geschrieben – das taten meine Töchter. Sie riefen Bekannte, Verwandte und Freunde an, um herauszufinden, wer den Wortlaut weitergeben konnte. Wir übermittelten ihn nach Selenograd.

Dann erschien Sobtschak, der Oberbürgermeister von Petersburg, das damals noch Leningrad hieß. Er blieb nur kurz, denn er wollte rasch nach Petersburg zurück und fürchtete, man werde ihn unterwegs aufhalten. Er gab als Jurist eine kurze Einschätzung der Lage und fuhr nach fünfzehn Minuten wieder ab. Zum Abschied sagte er unvermittelt zu Naina: »Möge euch Gott helfen!« Ihre Augen füllten sich mit Tränen. Bei diesen Worten wurde uns allen schlagartig klar, in welcher Gefahr wir schwebten.

Jene ersten eineinhalb Stunden in Archangelskoje sind für mich heute gleichsam in Nebel gehüllt; ich erinnere mich nur an einzelne Begebenheiten. Mir fällt es schwer, alle aufzuzählen, die zu mir kamen; in diesem Strudel von Personen könnte ich mich irren und jemanden ungewollt verletzen.

Zum Telefax in Archangelskoje: Seltsamerweise funktionierte die Verbindung zeitweilig, wie auch das übrige Telefonnetz.

Auch das hatte Krjutschkow nicht bedacht: In den zwei, drei Jahren stürmischer technischer Entwicklungen waren zahllose neue Kommunikationsmittel aufgetaucht. Buchstäblich eine Stunde, nachdem meine Töchter den Aufruf an das Volk getippt hatten, konnten in Moskau und anderen Städten viele Menschen dieses Dokument bereits lesen. Es wurde von ausländischen Nachrichtenagenturen, über Computernetze von Profis und Amateuren, über unabhängige Rundfunksender wie das »Moskauer Echo«, über die Börse und die Reporter vieler zentraler Zeitungen verbreitet. Und wie viele der früher verbotenen Fotokopien machten nun die Runde!

Ich glaube, die bejahrten Mitglieder des GKTschP hatten keine Vorstellung von Umfang und Verästelung dieser für sie neuen Informationssysteme. Sie lebten in einem völlig anderen Land. Aus dem geplanten internen, fast lautlosen Umsturz war plötzlich ein öffentlicher Zweikampf geworden. Auf eine solche Auseinandersetzung in aller Öffentlichkeit waren die Putschisten nicht vorbereitet. Vor allem waren sie es moralisch nicht.

Unser Aufruf stellte den Putsch außerhalb des Gesetzes. Er enthielt eine klare Einschätzung der Vorgänge, erwähnte den Präsidenten der UdSSR, dessen Schicksal das GKTschP im dunkeln halten wollte; dort war von der Souveränität Rußlands und von der Zivilcourage die Rede, die wir jetzt alle brauchten, um diese Stunden und Tage zu überstehen ...

Aber das reichte nicht aus. Meine Intuition sagte mir, daß das Schicksal unseres Landes nicht nur auf den Straßen und Plätzen und nicht nur durch öffentliche Reden entschieden wurde. Das wichtigste vollzog sich hinter den Kulissen.

Kurz vor dem Putsch hatte ich die Tulaer Division, eine Eliteeinheit, besucht. Der Kommandeur der Luftlandetruppen, Pawel Gratschow, hatte mir seine Einheiten vorgeführt. Mir hatte dieser Mann imponiert – ein junger General mit Kampferfahrung, etwas herausfordernd und selbstbewußt, ein offener Mann.

Nach kurzem Zögern entschloß ich mich, ihm eine schwierige Frage zu stellen: »Pawel Sergejewitsch, wenn eine Situation eintreten sollte, daß unsere legal gewählte Macht in Rußland in Gefahr gerät, wenn es zu Terror und Verschwörung kommt, wenn Verhaftungen einsetzen – kann man sich dann auf das Militär, auf Sie verlassen?« Er antwortete: »Ja, das kann man.«

Am 19. August rief ich ihn an. Das war eines meiner ersten Telefonate aus Archangelskoje. Ich erinnerte ihn an unser damaliges Gespräch.

Gratschow war verwirrt; es entstand eine lange Pause. Man hörte, wie er am anderen Ende der Leitung schwer atmete. Schließlich sagte er, daß er als Offizier unmöglich einen Befehl verweigern könne. Und ich erwiderte ihm in etwa: Nun, ich will Sie nicht in Konflikte stürzen ... Er antwortete: »Einen Augenblick, Boris Nikolajewitsch, ich schicke Ihnen eine Aufklärungskompanie (oder eine Schutztruppe, genau erinnere ich mich nicht mehr) nach Archangelskoje.« Ich dankte ihm, und damit war das Gespräch beendet. Meine Frau erinnert sich, daß ich an jenem frühen Morgen den Hörer auflegte und zu ihr sagte: »Gratschow steht auf unserer Seite.« Warum?

Gratschows erste Reaktion entmutigte mich nicht. Mehr noch, nicht jeder hätte in dieser Lage so direkt geantwortet. Befehl ist Befehl ... Und doch hatte ich einen Anknüpfungspunkt, Gratschow hatte sich von seiner damaligen Erklärung nicht distanziert. Und das war die Hauptsache.

Für jeden Menschen gibt es nur wenige Sekunden, da sich sein Schicksal entscheidet. Als Gratschow am Hörer tief durchatmete, entschied er nicht nur sein eigenes, sondern auch mein Schicksal. Das Schicksal von Millionen Menschen. Das gibt es. Daß zu diesem Zeitpunkt ein willensstarker, selbständiger und unabhängiger Mann vom Schlage Gratschows auf diesem Posten stand, war für Rußland ein wahrer Glücksfall.

Natürlich lagen die Dinge für einen Militär seines Ranges sehr kompliziert. Er war unmittelbar in die Aktionen des GKTschP einbezogen, erteilte selbst die Befehle zum Einmarsch der Truppen nach Moskau und leitete persönlich die militärische Seite des Putsches. Zugleich unterstützte er uns.

Hinzu kam, daß unsere Streitkräfte in dieser Zeit gleichsam aus zwei Armeen bestanden. Die eine – hochprofessionelle Kampfeinheiten, die die Schule Afghanistans durchlaufen hatten – war eine Armee auf höchstem internationalem Niveau. Die zweite war die unübersehbare millionenstarke »Gemüsegarten«-Armee, die im Grunde genommen nur für sich selbst sorgte und mit Verteidigungsaufgaben überhaupt nichts zu tun hatte. Zwischen den »schlanken« und den »dicken« Generalen war, äußerlich kaum sichtbar, ein innerer Konflikt herangereift.

Als ich Gratschow anrief, mußte er in wenigen Sekunden gleich mehrere Aspekte bedenken – den politischen, den moralischen und schließlich auch den rein professionellen. Er begriff, daß er, ein »schlanker General« die historische Chance erhielt, die »Gemüsegarten«-Armee in eine wirkliche Streitmacht umzuwandeln – durch Entbehrungen, harte Disziplin und eine äußerst schwierige Reform. Er sah die Chance, aus einer politischen und ideologischen Abschreckungsmaschine wieder jene russische Armee zu formen, die immer Rußlands Stolz gewesen war.

In Archangelskoje herrschte an diesem Morgen eine ungewöhnliche Atmosphäre. Überall Autos und Beobachtungsposten. Ein Teil der Truppen war getarnt, ein anderer stellte sich bewußt zur Schau, es wimmelte von Mitarbeitern des KGB und anderen Sondereinheiten in Zivil. Korshakow sagte, er habe den Eindruck, daß alle diese Leute die eigene und die Gegenseite nur schwer voneinander unterscheiden könnten.

Die Ungereimtheiten in ihrem Verhalten zeigten sich sehr bald. Wir wußten noch nichts von der Eingreiftruppe der Einheit »Alpha«, die bereits nachts herbeikommandiert worden war, nun aber ohne konkreten Auftrag im Walde fror. Wir wußten noch nicht, daß die Abgeordneten Gdljan und Urashzew bereits verhaftet waren, während die wichtigsten Führer Rußlands in aller Ruhe auf ihren Datschen erwachten, begriffen, was vorging, und einen Aufruf an das Volk verfaßten, um danach ins Weiße Haus zu fahren und dort den offenen Widerstand aufzunehmen.

Der dilettantische, ja törichte Charakter der Verschwörung, den gleichsam Marionetten angezettelt hatten, wurde erst nach und nach sichtbar, aber ich spürte bereits, daß einige seltsame Dinge vorgingen. Eine echte Militärjunta verhielt sich nicht so. Offenbar hatte man etwas anderes im Sinn. Setzte man auf die allgemeine Angst? Glaubte man, daß sich alles von selbst fügen werde?

Wie dem auch sei, diese Situation mußte man ausnutzen. Mit meinem Anruf bei Gratschow war ich, wie sich später herausstellte, genau an den richtigen Mann geraten. Ihm vertraute man den Aufmarsch der gesamten Militärtechnik in Moskau an. Und gerade auf die Militärtechnik, auf ihre schiere Masse, darauf, daß Moskau nicht von Sondereinheiten, sondern von ganz gewöhnlichen Soldaten in einen Zustand völliger Lähmung gebracht wurde, setzten die Verschwörer all ihre Hoffnung. Sie wollten kein Blutvergießen, sie mußten vor den Regierungen der westlichen Länder ihr Gesicht wahren. Dieses zweideutige Verhalten kam sie teuer zu stehen.

Sie hatten bei der Wahl ihrer Taktik einen groben Fehler begangen.

Später habe ich oft über diesen Morgen nachgedacht, um zu begreifen, was uns damals rettete. Ich habe diese und jene Überlegung hin und her gewälzt. Ich bin ein Sportler und weiß, wie das ist: Plötzlich spürst du einen Stoß und weißt, das Spiel läuft, und du kannst in die Offensive gehen.

Einen solchen Stoß verspürte ich an jenem Morgen in Archangelskoje: Noch um 9.00 Uhr morgens funktionierte das Telefon, und um das Haus waren keine verdächtigen Veränderungen zu bemerken. Es wurde Zeit. Ich fuhr ins Weiße Haus.

Man hätte uns bei der Ausfahrt aus dem Hinterhalt erschießen, auf der Chaussee festnehmen, Handgranaten auf uns werfen oder uns auf dem ganzen Weg mit Panzerfahrzeugen niederwalzen können. Natürlich wurden wir von einem Sicherheitswagen »geleitet«, aber mit wirklicher Sicherheit hatte das nichts zu tun. Wenn man allein von der Logik der Sicherheit ausgeht, war unser Entschluß der reine Wahnsinn. Aber einfach auf der Datsche herumzusitzen, wäre ebenfalls Wahnsinn gewesen.

Meine Sicherheitsbegleiter schlugen eine andere, originellere Variante vor: Sie wollten mich in ein Boot setzen und auf dem Fluß bis zur nächsten Chaussee bringen. Dort wollten sie mich mit dem Wagen aufnehmen. Der Fischertrick.

Man hätte sich auch einen noch raffinierteren Weg nach Moskau oder von Moskau fort ausdenken können, um mich zu verbergen und der Verfolgung zu entziehen.

Später erfuhr ich, daß die Eingreiftruppe unsere Bewegungen aus dem Walde beobachtete. Der Kommandeur der Gruppe hatte sich bereits mit ein paar Gläsern Wodka Mut angetrunken, denn er erwartete von einer Minute zur anderen den Befehl, mich festzunehmen oder zu liquidieren. Vier Stunden lang beobachteten diese Männer jeden unserer Schritte. Als ihnen klar wurde, daß wir ins Zentrum von Moskau fuhren, beruhigten sie sich. Denn anstatt zu flüchten, stürzten wir uns ja direkt in die Höhle des Löwen.

Als erster fuhr Silajew mit seinem Wagen die Strecke ab. Aus dem Weißen Haus rief er zurück, er sei normal durchgekommen.

Diese quälenden Minuten werde ich niemals vergessen. Die endlosen Panzerkolonnen. Die Maschinenpistole auf Korshakows Knien. Das gleißende Sonnenlicht in meinen Augen.

Unmittelbar vor der Abfahrt aus Archangelskoje trat mir meine Frau mit der Frage in den Weg: »Wohin fahrt ihr? In Moskau sind doch Panzer, die lassen euch nicht durch ...« Ich mußte ihr etwas antworten: »Wir haben doch die russische Flagge am Auto. Damit halten sie uns nicht an.«

Sie winkte nur ab. Wir fuhren los.

Ich erinnere mich genau, was mir durch den Kopf ging, als ich, in der schweren kugelsicheren Weste groß und unförmig, angestrengt nachdachte, womit ich meine Frau beruhigen konnte, und mir plötzlich die russische Flagge einfiel, dieses winzige Fähnchen.

Ich gebe zu, die Situation war nicht sehr angenehm. Alles schien schwankend und unsicher. Wir rasten zum Weißen Haus, aber unterwegs konnten wir in einen Hinterhalt geraten. Wenn wir das Weiße Haus erreichten, konnte auch das eine Falle sein. Ich hatte gleichsam den festen Boden unter den Füßen verloren. Aber der Stander des Präsidenten, dieses Fähnchen, war etwas Reales und Wirkliches, etwas Bedeutsames. Dieses Gefühl übertrug sich offenbar auch auf meine Umgebung. Wir hatten etwas, wofür es sich zu kämpfen lohnte. Wir hatten dieses Symbol der Hoffnung. Das war kein politisches Spiel, wie man uns später auf dem Kongreß und in der oppositionellen Presse böswillig vorwarf, sondern genau das Gegenteil – der Wunsch, ein für allemal diesen Schmutz loszuwerden, diese Kette von Verrat und heimtückischem Spiel zu zerreißen, die russische Fahne, unseren Glauben an die Zukunft dieses großen Landes, an seine ehrliche und gute Zukunft zu verteidigen.

19. August – Ablauf des Tages

Warennikow begründet im Arbeitszimmer des ersten Mannes der Ukraine, Krawtschuk, vor der örtlichen Führung die Notwendigkeit, auch in der Ukraine den Ausnahmezustand zu verhängen ...

Die Gruppe »B« der Moskauer KGB-Verwaltung wird in voller Bewaffnung und Kampfbereitschaft ins Dzierzynski-Kulturhaus im Zentrum der Stadt verlegt.

Die Ärzte des Kremlkrankenhauses erhalten den reichlich durchsichtigen Auftrag, ein Bulletin über den Gesundheitszustand Gorbatschows zu verfassen, das das GKTschP zufriedenstellt.

Militärische Anlagen beginnen die örtlichen Rundfunksender zu stören ...

Im Baltikum und in Georgien werden Militäreinheiten verlegt ...

Wir brachen auf zum Weißen Haus. Die Familie blieb noch in Archangelskoje. Kurz nach unserer Abfahrt tauchte dort vor dem Tor eine Gruppe von acht Mann in der Uniform der Fallschirmtruppen auf. Der Kommandeur wies einen Ausweis auf den Namen Oberstleutnant Saizew vor. Dem Wachmann erklärten sie, sie seien von General Gratschow zum Schutze des Präsidenten Jelzin abkommandiert. Wie es der Zufall wollte, leitete Sascha Kulesch an diesem Tag unsere Schutztruppe, ein Mann, der genau wußte, daß Oberstleutnant Saizew kein Fallschirmjäger, sondern Offizier des KGB war.

Sascha hatte kurz vor den Ereignissen einen Kurs beim KGB besucht, und eben jener Saizew hatte dort Vorlesungen gehalten. Sascha hatte ihn gut in Erinnerung behalten. Der KGB-Instrukteur aber hatte sich das Gesicht seines Zuhörers von damals nicht eingeprägt und erkannte ihn nicht wieder.

Außerdem war Saizews Ausweis völlig neu; man konnte mit bloßem Auge sehen, daß man ihn erst am Tag zuvor ausgestellt hatte.

Man ließ die Gruppe ein und bewirtete die Männer mit einem ausgiebigen Mahl. Ein satter Soldat ist kein richtiger Soldat mehr. Man bewirtete sie wieder und wieder. Sie lockerten sich spürbar.

Ihr Auftrag lautete folgendermaßen: Sie sollten meinen Anruf bei Gratschow als Vorwand nutzen und sich Zugang zu Archangelskoje verschaffen, um mich gleichsam unter ihren »Schutz« zu nehmen, also zu verhaften. Dieser Plan war aber bereits zum Scheitern verurteilt, als man Saizews Ausweis ausstellte. Außerdem kamen sie zu spät. Der Wagen des Präsidenten hatte Archangelskoje bereits ungehindert verlassen.

Das dilettantische und verspätete Auftauchen der »Fallschirmjäger« in Archangelskoje bewies ein weiteres Mal, daß die Dinge einen für uns günstigen Verlauf nahmen.

Über einen weiteren bescheidenen Mitarbeiter meiner Wachmannschaft möchte ich einige lobende Worte sagen – über Viktor Grigorjewitsch Kusnezow. In seiner Wohnung fanden Naina und die Kinder in der ersten Nacht Unterschlupf. Diese Zweizimmerwohnung in Kunzewo stand nach unseren Informationen nicht unter Beobachtung des KGB.

Die Familie bestieg den »Rafik« und zog die Gardinen zu. Ihm folgte ein Sicherungsfahrzeug. Der »Rafik« wurde bei der Ausfahrt natürlich kontrolliert. Man sah eine Frau mit Kindern darin sitzen und hatte nichts einzuwenden.

Am nächsten Tag begab sich die ganze Familie wieder in unsere Wohnung an der Belorusskaja. Naina rief mich in der ersten Nacht von einer Telefonzelle aus an. Gott sei Dank erkannte sie damals noch niemand auf der Straße.

Das Weiße Haus und das Staatliche Komitee für den Ausnahmezustand – ein riskantes Spiel. Am Morgen des 19. August – Ablauf der Ereignisse

Um 10.00 Uhr morgens versammeln sich die Mitglieder des GKTschP wiederum im Kreml, diesmal ohne Pawlow.

Dies ist der erste Versuch, die Vorgänge im Lande zu analysieren. Man hat Grund zur Hoffnung. Die Betriebe arbeiten normal. Niemand denkt offenbar bisher daran, zu streiken oder zu protestieren. Deshalb müssen auch keine offenen Unterdrückungsmaßnahmen eingeleitet werden. Man erörtert das weitere taktische Vorgehen des GKTschP. Man legt fest, durch das Fernsehen soviel kompromittierendes Material wie möglich über die Führer der Demokraten zu verbreiten. Durch Preissenkungen für einzelne Waren und ein breiteres Angebot soll das Volk »beruhigt« werden. Das Wichtigste aber ist, den Putsch durch den Obersten Sowjet für notwendig und legitim erklären zu lassen. Vor dem Haus des Obersten Sowjets Rußlands, das man inzwischen das russische Weiße Haus nennt, fahren Panzereinheiten der Tamaner und Schützenpanzerwagen der Tulaer Luftlandedivision auf.

Die 37. Luftlandebrigade aus dem Gebiet Kaliningrad wird auf den Flugplatz der lettischen Hauptstadt Riga verlegt. Das 234. Regiment landet in Tallinn. Die 21. Luftlandebrigade verstärkt den Transkaukasischen Militärbezirk.

Nachts waren zwei weitere Personen zum GKTschP gestoßen – Alexander Tisjakow, der Vorsitzende des Industrieverbandes der UdSSR und Direktor eines Rüstungsbetriebes aus Swerdlowsk, sowie Wassili Starodubzew, der Vorsitzende eines Musterkolchos im Gebiet Tula und Vorsitzende des Bauernverbandes. Beide setzten ihre Unterschrift unter alle Dokumente des GKTschP. Die Neuankömmlinge waren vorher nicht in die Details der Verschwörung eingeweiht worden, erklärten sich jedoch sofort solidarisch mit den Putschisten. Sie erhielten unverzüglich Leibwächter und jeder ein großes Arbeitszimmer im Kreml, denn sie gehörten ja jetzt der »obersten Führung« des Landes an. Damit unterstützten die »Arbeiter und Bauern« in Gestalt ihrer Nomenklaturkader den Staatsstreich.

Den Stellvertretern des Ministers für Verteidigung der UdSSR, den Kommandeuren der Heeresgruppen, den Militärbezirken und Flotten, den Verwaltungschefs und anderen hohen Befehlshabern der Sowjetarmee ging ein Befehl zu, der von Verteidigungsminister Jasow unterzeichnet worden war. Daraufhin wurden die Truppen in Kampfbereitschaft versetzt, für die Soldaten wurde Alarm ausgelöst.

In den Großbetrieben, die von den zentralen Ministerien und Institutionen der Union kontrolliert werden, begann man Versammlungen zu organisieren, auf denen die Parteisekretäre versuchten, ihren Mitgliedern, aber auch den Parteilosen Sinn und Notwendigkeit der Vorgänge zu erklären.

Inzwischen sendete nur noch ein Programm des nationalen Fernsehens. Alle Stunde wurden dort die Dokumente des GKTschP verlesen.

Der Leiter der Verwaltung des KGB zum Schutz der verfassungsmäßigen Ordnung, Generalmajor Worotnikow, sagte später im Verhör aus, daß ihm eine Liste von Personen übergeben worden war, die festgenommen werden sollten. Darunter befanden sich außer der Führung Rußlands auch die prominentesten ehemaligen Anhänger Gorbatschows, die Michail Sergejewitsch selbst noch abgesetzt hatte – Alexander Jakowlew und Eduard Schewardnadse. Die Liste enthielt die Namen von insgesamt siebzig Personen. Der stellvertretende KGB-Vorsitzende Lebedew erklärte, man werde sie auf einen besonderen Befehl hin festnehmen. Eine Eingreiftruppe der Moskauer Verwaltung des KGB wartete in voller Kampfbereitschaft im Zentrum Moskaus auf diesen Befehl. Aber er kam nicht.

Am Morgen des 19. August wurde zusammen mit den Dokumenten des GKTschP in Rundfunk und Fernsehen auch eine Erklärung des Vorsitzenden des Obersten Sowjets der UdSSR, Anatoli Lukjanow, zum neuen Unionsvertrag verlesen.

Lukjanow erklärte, der Vertrag widerspreche in vielen Punkten der sowjetischen Verfassung. Er müsse gründlich überarbeitet werden. Er werfe bei den werktätigen Bürgern (eine bemerkenswerte kommunistische Formulierung, die trotz ihrer Einfachheit psychologisch stark wirkt) Fragen auf. Sollte der Vertrag in zu großer Eile unterzeichnet werden, erscheine ihm das sehr bedenklich. Dieses Dokument verbreitete die offizielle Propaganda zusammen mit dem »Appell an das sowjetische Volk«, dem Erlaß Nr. 1 des GKTschP und den anderen Dokumenten dieses Organs.

Inzwischen waren fast alle, die Seite an Seite mit Gorbatschow gearbeitet hatten, an der Verschwörung beteiligt. Bis zu diesem Zeitpunkt erinnerte das Szenarium an die friedliche und fast legale Absetzung Chruschtschows im Jahre 1964. Auch er war im Urlaub gewesen (aber im Kaukasus, nicht auf der Krim), auch damals hatte es einen »goldenen Herbst« mit wunderbarem Wetter gegeben... Und vor der absolut einmütigen Haltung seiner engsten Mitarbeiter hatte Chruschtschow kapitulieren müssen. Auf eine solche Wendung der Ereignisse war er nicht vorbereitet gewesen, er hatte keinerlei Unterstützung mehr gehabt. Im Handumdrehen brachte man ihn dazu, sein politisches Aus zu akzeptieren.

So hatte man sich das auch in diesem Falle gedacht.

Ich las Lukjanows Erklärung und versuchte zu begreifen, was vor sich ging. Variante Nr. 1: Lukjanow hatte seinen Freund und Chef verraten. Variante Nr. 2 war schon komplizierter, aber auch damit mußte man rechnen: Gorbatschow wußte alles, er hatte dieses Szenarium erdacht, andere machten sich die Hände schmutzig, um für ihn den Weg freizuräumen, und er konnte in ein gleichsam über Nacht verändertes Land zurückkehren, in dem der Ausnahmezustand herrschte. Danach konnte man reinen Tisch machen – sowohl mit den Demokraten als auch mit der Führung Rußlands, mit den baltischen Staaten, die immer unbotsamer wurden und mit den übrigen Unionsrepubliken, deren Unabhängigkeitsstreben zunehmend zu einem Problem geworden war. Man hätte mit einem Schlag alle Probleme gelöst. Wir – die Führung Rußlands – hätten unterdessen zum zivilen Ungehorsam und zu Protestaktionen aufgerufen. Schon wären um das Weiße Haus Barrikaden errichtet worden, der Zusammenprall unausweichlich geworden. Aber da taucht Gorbatschow wieder auf, der mit Hilfe von Janajew und Lukjanow den Unionsvertrag torpediert hat...

Von diesen Zweifeln geplagt, rief ich die Führer der großen Republiken an, die an der Ausarbeitung des neuen Unionsvertrages teilgenommen hatten. (Die Regierungsleitung zum Weißen Haus war abgeschaltet worden, aber ein Telefon meines Mitarbeiters Iljuschin, das man buchstäblich am Vorabend installiert hatte, funktionierte noch! Es war offenbar noch nicht in das »Rote Buch«, das Telefonbuch der Regierung, eingetragen und damit gleichsam konspirativ.)

Die Haltung der Führer der Republiken war für mich zunächst einfach erschütternd. Sie reagierten mit äußerster Zurückhaltung. Auch sie waren verwirrt von der Erklärung Lukjanows. Sie wollten wissen, welche Rolle Gorbatschow wirklich spielte, bevor sie Stellung bezogen. Vor allem aber ging es ihnen darum, sich von den Moskauer Ereignissen zu distanzieren, wenigstens nach außen hin formale Souveränität zu wahren, genauer gesagt, an der Macht zu bleiben und als gleichberechtigte Partner mit dem GKTschP in Dialog zu treten. Die Führer der Republiken wollten eine neutrale Haltung demonstrieren. Dann beließ man ihnen vielleicht bestimmte Machtbefugnisse. Zumindest blieben ihnen ihre Büros und ihre Privilegien. Das war wieder einmal die Logik von Apparatschiks, nicht von Politikern. Wenn auch mit einem Schuß hintergründiger, aber leicht durchschaubarer Diplomatie.

Wieso begriffen sie nicht, daß Anatoli Lukjanow sich öffentlich gegen den Unionsvertrag ausgesprochen hatte? Wenn die Sitzung des Obersten Sowjets das Vorgehen des GKTschP legalisierte (und daran hegten sie offenbar gar keinen Zweifel), dann drohte der Putsch spätestens binnen einer Woche zu einer unumstößlichen Tatsache zu werden, die nicht nur die Unionsrepubliken, sondern die ganze Welt erschüttern konnte. In Kiew, in Alma-Ata, in Taschkent und in den anderen Hauptstädten der Republiken würden dann Truppen einrücken, würde es kleine örtliche Putsche mit Panzern und Schützenpanzerwagen geben, würden örtliche GKTschP auf Weisung des Zentrums die Macht übernehmen. War es so schwer zu begreifen, daß sich die Dinge so entwickeln mußten?

Krjutschkow drängte auf einen sanften Ausgang des Staatsstreichs. Er hob die bereits gefaßten Beschlüsse über Verhaftungen wieder auf, wenn auch alle Vorbereitungen dafür weiterhin in Kraft blieben. Offenbar war Krjutschkow zu dem Schluß gekommen, daß man die politischen Gegner nicht verhaften konnte, ohne Gegenwehr zu provozieren. Dann wären eine bewaffnete Auseinandersetzung und Blutvergießen unvermeidlich gewesen. Das aber hätte ein zu auffälliges Ende der Gorbatschowschen Tauwetterperiode bedeutet. Die neue Führung mußte unter diesen Umständen nicht nur mit zahlreichen internationalen Sanktionen, sondern möglicherweise mit dem völligen Abbruch der Beziehungen rechnen. Für ein Land wie die Sowjetunion mit einer Vielzahl von Interessen überall auf der Welt wäre dies ein zu schwerer Schlag gewesen. Der erfahrene Geheimdienstler kalkulierte dies ganz nüchtern ein.

Die Aufgabe, die Bevölkerung einzuschüchtern, sollte nach Krjutschkows Plan nicht das KGB, sondern die Armee übernehmen. Mit der Unmenge von Militärfahrzeugen, die man auf die Straßen einer friedlichen Millionenstadt warf, wollte man den Willen der Demokraten lähmen. Jeder Widerstand sollte angesichts dieser Gewalt zwecklos erscheinen.

Krjutschkows Trachten nach einem Umsturz des Apparates, seine Absicht, durch das Auftreten Lukjanows das Kräfteverhältnis grundlegend zu verändern, war nicht der einzige Grund, weshalb sich dieser Putsch von Anfang an so seltsam ausnahm.

Am Morgen des 19. August sah es das GKTschP als wichtigste Aufgabe an, die Öffentlichkeit vom legalen Charakter des Putsches zu überzeugen.

Etwa um 10.00 Uhr morgens war mir endgültig klar, daß das Weiße Haus Rußlands nun zum Hauptschauplatz der Auseinandersetzung wurde. Ich mußte also dort ausharren. Je länger ich dort saß, desto schlechter für die Putschisten. Je länger die Belagerung dauerte, desto größer der politische Skandal, der zu ihrem Nachteil wirken mußte. Je länger die Ausführung ihres Planes verzögert werden konnte, desto unübersichtlicher wurde die Situation und desto größer die Chance, daß sie scheiterten.

Ich ging durch die weitläufigen Korridore des Weißen Hauses und sah mich um. Ich spürte, daß ich mich an diese kalten, riesigen Räume noch nicht gewöhnt hatte. Würde ich wirklich viele Stunden an diesem Ort verbringen müssen? Und welchen Ausgang würde das alles nehmen?

Wir waren zusammen hier – Ruzkoi, Burbulis, Silajew, Chasbulatow, Schachrai und die übrigen führenden Männer Rußlands. Wir diskutierten die Erklärung Lukjanows. Dabei hatten wir unsere eigenen Dokumente vor uns – den bereits verbreiteten Aufruf der russischen Führung an die Völker Rußlands, den Entwurf eines Erlasses über die Verantwortlichkeit aller Organisationen und Personen, die die Verfassung der Russischen Föderation verletzten. Das war damals noch die Russische Sozialistische Sowjetrepublik. Und auch ihre Verfassung war sowjetisch. Aber auch nach dieser Verfassung war der höchste Mann im Staate der Präsident. Man konnte aber im souveränen Rußland keinen Ausnahmezustand verhängen, ohne daß seine höchsten Organe zustimmten!

Und doch stand vor meinem Fenster ein Panzer. Die Situation war absurd, aber der Panzer ganz real. Ich schaute noch einmal zum Fenster hinaus. Um das gepanzerte Fahrzeug hatte sich inzwischen eine Menschenmenge versammelt. Der Fahrer blickte aus der Luke. Die Menschen zeigten keine Angst, ja sie schienen bereit, sich buchstäblich vor die Panzer zu werfen. Sowjetische Menschen, die das sowjetische System erzogen hatte, hatten plötzlich keine Angst mehr vor Maschinengewehren und Panzerketten. Offenbar fürchteten sie auch die strafrechtliche Verfolgung nicht, obwohl man ihnen stündlich über Funk und Fernsehen damit drohte. Unvermittelt gab es mir innerlich einen Stoß: Ich mußte jetzt dorthin, ich mußte bei ihnen sein.

Die Ausführung dieses Entschlusses kostete nicht viel Zeit. Gemeinsam mit meinen Leibwächtern schritt ich entschlossen auf die Straße zu den dort versammelten Menschen. Ich kletterte auf den Panzer und richtete mich auf. Möglicherweise hatte ich in diesem Augenblick die Ahnung, daß wir siegen würden, daß wir nicht unterliegen konnten. Hier war alles klar, ich fühlte mich vollkommen eins mit den Menschen, die mich umringten. Rufe und Pfiffe der Zustimmung ertönten. Zahllose Reporter, Kameramänner, Fotografen drängten sich heran.

Ich ziehe das Blatt mit dem Aufruf heraus. Die Menschen verstummen. Lauthals verlese ich den Appell, bis sich meine Stimme fast überschlägt. Dann begrüße ich den Kommandeur des Panzers und spreche kurz mit den Soldaten. Ihre Gesichter, ihre Augen verraten mir: Die hier werden nicht auf uns schießen. Ich springe vom Panzer herunter und bin in einigen Minuten wieder in meinem Arbeitszimmer. Nun aber bin ich ein vollkommen anderer Mensch.

Die improvisierte Szene auf dem Panzer war kein Propagandatrick. Ich war einem spontanen Einfall gefolgt, und nachdem ich zu den Menschen gesprochen hatte, fühlte ich mich ungeheuer erleichtert und zugleich auch gestärkt.

Um die Mittagszeit übergab Gorbatschow durch seinen Mitarbeiter Tschernjajew der Wache ein Blatt Papier mit der Forderung, für ihn ein Flugzeug nach Moskau bereitzustellen und die Regierungsleitung wieder zuzuschalten. Er wußte, daß man diese Forderungen kaum erfüllen würde. Und doch mußte er etwas unternehmen. Eingesperrt und in völliger Ungewißheit verharren zu müssen, war dem Präsidenten der UdSSR, wie auch mir, einfach unerträglich.

Die Mitteilung wurde dem Kommandeur der Regierungsdatsche Gorbatschows übergeben, die das KGB »Sarja – Morgenröte« nannte. Der Kommandeur rief seinen unmittelbaren Vorgesetzten in Moskau an. Dabei blieb es. Eine Pause trat ein. Gorbatschow und seine Familie bekamen Mahlzeiten serviert, durften fernsehen und auf dem abgesperrten Strand spazierengehen. An der Blockade von »Sarja« waren drei Waffengattungen – die Seestreitkräfte, das Bodenpersonal der Luftwaffe und die Grenztruppen – beteiligt. In irgendeiner Zeitung schrieb später ein Journalist, der Präsident hätte in einem goldenen Käfig gesessen.

Ein interessantes Detail: Der Kommandeur der Landstreitkräfte der UdSSR, Warennikow, instruierte nach dem Gespräch mit Gorbatschow auf der Krim die dorthin beorderten Kommandeure der Militärbezirke und teilte den hohen Generalen, die dort zusammenkamen, mit, daß im Lande der Ausnahmezustand ausgerufen werde.

All das machte den Eindruck eines nicht erklärten Krieges, wenn es bisher auch nur ein kalter Krieg war. Aber man bewegte sich an der Grenze. Der furchterregende Aufmarsch der Militärkolonnen in Moskau, der mit Radar, Raketen und Schiffen abgesicherte »Hausarrest« Gorbatschows, die lange hinausgezögerte Übergabe des atomaren Schaltknopfes an Jasow – nach Ausmaß und möglichen Folgen konnte die Operation durchaus mit jenen Ereignissen verglichen werden, die die Welt in den sechziger Jahren erschüttert hatten: mit der Kubakrise und dem Einmarsch in die Tschechoslowakei.

Meiner Ansicht nach trat der radikale Flügel der Verschwörer – Baklanow, Tisjakow und Warennikow – für ein hartes Vorgehen ein. Jelzin und die Führung Rußlands würden sich natürlich nicht unterwerfen. Um Unruhen zu verhindern, müsse man ihren Widerstand mit Gewalt brechen. Und dann?

Ein erfolgreicher Umsturz hätte eine scharfe Reaktion der internationalen Staatenwelt heraufbeschworen und womöglich zu einer ernsten Krise geführt. Mit der Gefahr einer militärischen Intervention aber wäre nicht zu rechnen gewesen, denn an der Kampfbereitschaft der sowjetischen Streitkräfte konnte auch im Fall einer innenpolitischen Krise nicht gezweifelt werden. Und Staatsstreiche hatte die Welt schon öfter erlebt.

Für die Putschisten aber wären mit einem Schlag alle Probleme gelöst gewesen, die die »falsche« Außenpolitik Gorbatschows geschaffen hatte. Die UdSSR hätte praktisch über Nacht den außenpolitischen Status zurückgewonnen, den sie zumindest vor dem Vertrag über die strategischen Offensivwaffen innegehabt hatte. Das wichtigste strategische Problem des Landes – das Problem der außenpolitischen Konzeption – wäre beseitigt gewesen, die Idee des Imperiums hätte den Sieg davongetragen, und Moskau wäre wieder bei der Diplomatie der Stärke angekommen.

Das Gerichtsverfahren wird zeigen, ob meine Analyse richtig war. Daß dieser Putsch aber von Anfang bis Ende voller Widersprüche steckte, zeigte sich sehr bald.

Den militärisch-industriellen Komplex drängte es geradezu, seine Muskeln spielen zu lassen. Das bewies Warennikow persönlich, der bereits am 19. August aus Kiew telefonierte, telegrafierte und Erklärungen abgab, in denen er forderte, das »Demokratiespiel« sofort einzustellen und mit dem »Abenteurer Jelzin« kurzen Prozeß zu machen. Ähnlichen Druck übte Baklanow auch auf Krjutschkow und Pugo aus. Beiden war jedoch klar, daß es leicht war, ein Blutbad anzurichten, viel schwerer aber, dort wieder herauszukommen. Vor allem aber würde derjenige siegen, dem es gelang, das moralische und politische Übergewicht und die Zustimmung der Öffentlichkeit zu erlangen.

Hier prallten die Interessen zweier Institutionen, zwei Denk- und Verhaltensweisen aufeinander, die im sowjetischen System in vielen Jahrzehnten gewachsen waren: die Interessen des Militärs und die des

KGB. Das Militär brauchte einen echten Putsch, der wie ein Donnerschlag der Welt erneut die Stärke der sowjetischen Panzer vor Augen führte. Das KGB, die Haupttriebkraft des Putsches, wollte dagegen eine möglichst saubere und elegante Übergabe der Macht in andere Hände. Man wollte seine Hände nicht mit Blut beflecken und hoffte darauf, mit dem Gerassel der Panzerketten und vielleicht einigen Warnschüssen aus den Kanonen den Sieg zu erringen.

Tatsächlich aber war weder das eine noch das andere Ziel erreichbar. Das Schicksal des Putsches entschied sich bereits, als eine von vornherein schwache Delegation zu Gorbatschow auf die Krim flog. Von Funktionären solchen Ranges wie Baklanow, Schejnin und Warennikow ließ Gorbatschow sich nicht einschüchtern. Die Verschwörer selbst glaubten auch nicht daran, daß ihnen das gelänge. Sie wollten Gorbatschow einfach nur zeitweilig aus dem Spiel nehmen. Das aber erwies sich als ein Fehler. Denn das in Umlauf gesetzte Gerücht über eine angebliche Krankheit des Präsidenten heizte die Atmosphäre eher an, als sie zu beruhigen.

Daß bei dieser Verschwörung zwei unvereinbare Taktiken verfolgt wurden, ist einfach zu erklären: Das GKTschP war führerlos. Es hatte keinen angesehenen Mann, dessen Wort Losung und Signal zum Handeln sein konnte. Janajew jedenfalls war für diese Rolle nicht geeignet. Er war ein zu willensschwacher Mann.

Wer aber hätte die Rolle des »offiziellen Führers« übernehmen können? Die Kräfteverteilung in der Achtergruppe des Staatlichen Komitees für den Ausnahmezustand am Morgen des 19. August sah folgendermaßen aus: Baklanow, der militärisch-industrielle-Komplex, der dahinter stehende Generalstab der Streitkräfte und die oberste Armeeführung sahen sich mit der abwartenden Haltung des KGB im allgemeinen und der Aufklärung im besonderen konfrontiert. Pugo und Jasow, die die Vorgänge moralisch schwer bedrückten, warteten auf Weisung von anderer Seite und übten deshalb keinen nennenswerten Einfluß aus. Tisjakow und Starodubzew hatten rein repräsentative Funktionen zu erfüllen. Und Janajew war nicht in der Lage, eigene Entschlüsse zu fassen.

So blieben Pawlow und Parlamentspräsident Lukjanow, das »heimliche« Mitglied des GKTschP. Das waren willensstarke und intelligente Männer des Apparats, die durchaus in der Lage waren, die Verantwortung auf sich zu nehmen.

Pawlow aber brachte die bekannte Politikerkrankheit – Bluthochdruck – zu Fall. Das war keine Komödie. Er vertrug die schlaflosen Nächte mit Alkohol, vor allem aber die immense nervliche Anspannung nicht und schied aus dem Rennen. Er war der einzige unter den Mitgliedern des GKTschP, der sich bereits als Ministerpräsident nicht gescheut hatte, offen gegen die Linie Gorbatschows zu handeln und sich mit ihm anzulegen. Er war derjenige aus der Führungsmannschaft, der die Idee der Militärs vom Ausnahmezustand energisch unterstützte, weil er darin einen tiefen ökonomischen Sinn sah.

Zu Lukjanow hatte Krjutschkow ein gespaltenes Verhältnis. Einerseits wog die rechtliche und politische Unterstützung schwer, die Lukjanow dem Putsch gewährte, und überdies kam sie genau zur rechten Zeit. Andererseits blieb Krjutschkow vorsichtig – er wußte nicht, wie weit er ihm vertrauen konnte.

Das war ein weiterer Fehler Krjutschkows. Denn Lukjanow, der große Erfahrungen besaß und Gorbatschows Charakter genau kannte, hätte dem GKTschP beträchtlichen Nutzen bringen können. Aber er hielt Distanz zu den Putschisten und beobachtete die Ereignisse eher aus der Ferne.

All das war kein Zufall. Mitstreiter und Rivalen sprangen allmählich einer nach dem andern ab. Der rote Knopf der Verschwörung blieb in Krjutschkows Hand. Was aber dachte Krjutschkow?

Mir lag sehr viel daran, die psychische Verfassung und den Gedankengang des KGB-Vorsitzenden zu verstehen. Er war unter den Mitgliedern des GKTschP der gefährlichste. Ein stiller alter Mann mit einem stählernen Blick. Jede Minute, die wir im Weißen Haus ausharren würden, mußte die Dauer des Ausnahmezustandes verkürzen. Sah das Krjutschkow? Klangen in seiner Stimme nicht weiche, ja sogar zärtliche Töne an? War da nicht die zufriedene Nachsicht des Henkers zu spüren, der bereits auf den Knopf gedrückt hatte?

Ich ließ mich über die Sonderleitung mit dem Vorsitzenden des KGB verbinden. An das Gespräch kann ich mich nicht mehr wörtlich erinnern, aber sein Verlauf war interessant. Krjutschkow versuchte sich zu rechtfertigen.

»Sehen Sie denn wirklich nicht, was Sie da anrichten?«, fragte ich. »Die Menschen werfen sich vor die Panzer, jeden Augenblick kann es Opfer geben, vielleicht zahllose Opfer.«

»Nein«, erwiderte Krjutschkow, »Opfer wird es nicht geben. Es handelt sich um eine rein friedliche Operation ohne scharfe Munition. Wir wollen lediglich Ordnung schaffen. Militärische Aufträge sind nicht ergangen. Die ganze Unruhe geht von Ihnen, der Führung Rußlands, aus. Nach unseren Informationen sind die Menschen ruhig, und das Leben verläuft normal...«

Als ich später versuchte, die Überlegungen Krjutschkows nachzuvollziehen, der ja die Hauptfigur der Verschwörung gewesen war, wurde mir klar, daß er fast die Wahrheit gesagt hatte. Er orientierte sich an den Ereignissen in Ungarn, der Tschechoslowakei und Polen. 1956 hatte Budapest die erste militärische Aggression in Europa nach dem Kriege erlebt. Zum Entsetzen der Menschen waren fremde Panzer durch die Straßen gerollt, und viel Blut war geflossen. Seitdem waren die Kommunisten in Ungarn verhaßt. In Prag hatte es in einer ähnlichen Situation 1968 relativ wenige Opfer gegeben. Es war zu Zwischenfällen gekommen, aber die Operation war insgesamt rasch und »sehr gut« abgelaufen. Aber wieder war eine fremde Armee beteiligt gewesen. In Polen jedoch hatte Jaruzelski 1981 über Nacht den Kriegszustand verhängt, und es waren polnische Panzer gewesen, die durch die zentralen Straßen Warschaus gefahren waren. Dieser militärische Aufmarsch hatte ausgereicht. Die Polen waren vor den Folgen einer Machtprobe zurückgeschreckt und hatten einen schlechten Frieden dem Blutvergießen vorgezogen.

Krjutschkow hielt sich an Präzedenzfälle in sozialistischen Ländern. Dieses Mal hatte er offenbar die polnische Variante vor Augen. Sicher hielt er sich für den geeigneten Mann, eine ähnliche Rolle wie Jaruzelski zu übernehmen, der immerhin viele Jahre lang Staatsoberhaupt gewesen war. Ein betagter Militär mit Brille und leiser Stimme, der das Land mit Ruhe und Entschlossenheit aus der Sackgasse führte.

Das polnische Beispiel vor Augen, rechnete Krjutschkow nicht mit Widerstand. Wie im Falle Polens, handelte es sich ja nicht um eine Aggression von außen, sondern es waren sowjetische, also unsere eigenen Panzer, die durch Moskau rollten. Gerade hier aber ging Krjutschkows Kalkül nicht auf. Denn der Widerstand, den die Moskauer dem so unbeholfen in Szene gesetzten Putsch entgegenbrachten, war eben darauf zurückzuführen, daß die Menschen die Panzer nicht fürchteten. Eben deshalb, weil es unsere waren!

Nun wurde den Verschwörern klar, daß man eigentlich hätte schießen müssen. Aber dafür war es zu spät. Schießen wollte und konnte niemand mehr. Man hätte eine lebendige, brodelnde Menschenmenge zusammenschießen müssen.

Menschen und Panzer um das Weiße Haus
19. August – Ablauf des Tages

Die erste Reaktion der Moskauer: Sie stürzten in die Geschäfte, um Lebensmittel einzukaufen. Brot, Butter und Graupen gingen rasch zu Ende. Man stellte sich nach Wodka an. Die Menschen auf den Straßen, die Hausfrauen, Mütter und Großmütter befürchteten das Schlimmste und griffen nach allem, was knapp werden konnte. Endlose Kolonnen von Panzerfahrzeugen rollten auf allen Hauptstraßen ins Zentrum – auf der Twerskaja, dem Kutusow-Prospekt und dem Manegeplatz. Viele Schaulustige, die in den ersten Stunden vor Angst wie gelähmt waren, wagten sich allmählich immer näher an die Fahrzeuge heran, forderten die Soldaten zu Gesprächen auf, gaben ihnen zu essen und zu trinken.

Sie verlangten vor allem eine Antwort auf die Frage, die sich jeder stellte: Wozu das alles? Die Soldaten, die man mit einem Alarm aus ihren Betten geholt hatte, waren unausgeschlafen, hungrig und überreizt, blieben aber besonnen. Auch sie begriffen nicht, was vorging. In den Einheiten hatte es keinerlei Aufklärungsarbeit gegeben, ihren Kampfauftrag kannten sie nicht im entferntesten. Der Befehl der Kommandeure: »Zur Aufrechterhaltung der Ruhe in Moskau« widersprach dem, was sie mit eigenen Augen sahen. Gerade das Auftauchen der Panzer versetzte die Moskauer in Aufruhr.

Die Menschen auf den Straßen trugen kleine Radios bei sich. Der erste unabhängige Sender »Moskauer Echo« übertrug alle Informationen der Journalisten über die Vorgänge, Fetzen von widersprüchlichen Gerüchten über die Auseinandersetzungen in den obersten Etagen der Macht. Von Zeit zu Zeit gab es eine Zusammenfassung solcher widersprüchlichen Gerüchte, dann wieder folgten Meldungen aus dem Weißen Haus.

Die Stimmung der Menschen schlug um. Hier hatten sich nicht nur einfach Schaulustige versammelt, sondern besorgte und erregte Moskauer. Die aufgebrachte Menge zog durch die Stadt, vom Stadtrand ins Zentrum, um die Panzer zu sehen, und von dort direkt zum Weißen Haus. An vielen Stellen war der Autoverkehr unterbrochen.

Im Zentralen Telegrafenamt funktionierten die Verbindungen nicht nur ins Ausland, sondern auch in viele Städte der Sowjetunion nicht mehr; das Amt selbst war von einer Handvoll Soldaten der Tamaner Division besetzt.

Moskauer Geschäftskreise veröffentlichten eine Erklärung, in der sie den Putsch verurteilten. Alle Börsen stellten ihre Tätigkeit ein.

Das GKTschP veröffentlichte seinen Beschluß Nr. 2 »Über das Erscheinen der zentralen Presse sowie der Moskauer Stadt- und Gebietszeitungen«. Darin wurde die Einstellung des Erscheinens aller Presseorgane verfügt, ausgenommen einige zentrale Zeitungen, die ihren Lesern offizielle und beruhigende Informationen vermitteln sollten. In den Redaktionen dieser Zeitungen, der »Prawda«, der »Iswestija«, der »Trud« und der »Sowjetskaja Rossija«, erschienen Vertreter des GKTschP, die die vorbereiteten Ausgaben für den nächsten Tag zu sehen wünschten.

Auf der Brücke gegenüber dem Weißen Haus hatten die Menschen die gepanzerten Fahrzeuge zum Stehen gebracht. Der Kalinin-Prospekt war mit Trolleybussen versperrt, ebenso der Gartenring. Die Menschen warfen sich vor die Panzer. Sie steckten Eisenstangen zwischen die Räder der gestoppten Fahrzeuge. Die eingeschüchterten Mannschaften erhielten über Funk keine anderen Befehle außer einem: »Ruhe bewahren«.

Ein weiterer Spannungsherd entstand an der Manege unmittelbar vor dem Roten Platz und dem Kreml. Längs der Manege nahmen Panzer, Schützenpanzerwagen und Soldaten mit Maschinenpistolen Aufstellung. Sie drängten die Menschenmenge vom Manegeplatz zurück. Zwei Schützenpanzerwagen, die aus der Herzen-Straße auf den Platz rasten, stießen zusammen. Auch am Bolschoi-Theater standen gepanzerte Fahrzeuge.

Nun folgte der Erlaß Janajews, der den Ausnahmezustand über Moskau verhängte. Das bedeutete die Einführung einer Sperrstunde. Alle warteten auf die Pressekonferenz des GKTschP, die um 18.00 Uhr stattfinden sollte.

Derartige Meldungen strömten ununterbrochen ins Weiße Haus. Ich weiß nicht, wie rasch sich die Mitglieder des GKTschP darüber klar wurden, was in der Hauptstadt eigentlich vorging. Ich glaube, nicht sofort. Wenn sie es früher begriffen hätten, hätte der Putsch vielleicht einen härteren Verlauf genommen.

Und die Allgegenwart der Panzer, deren dröhnende Motoren schwarze Dieselwolken in den Straßen hinterließen, heizte die Empörung der Bevölkerung geradezu an, statt Angst zu erregen …

Am Abend erwuchs aus dieser Stimmung spontan die Bereitschaft zur Verteidigung des Weißen Hauses. Man baute Barrikaden, schob leere Trolleybusse auf die Straßen, holte Lastwagen herbei. Überall wurden in einem fort Reden gehalten, wurden die Zeitungs- und Rundfunkredaktionen mit einer Flut von Meldungen überschüttet.

Was Moskau betrifft, so haben die Russen hier einen besonderen Komplex: Ständig wird es beschimpft und geschmäht, zugleich aber sehr geliebt. Die Gefahr für die Sicherheit Moskaus wurde deshalb allgemein als Gefahr für die nationale Sicherheit Rußlands aufgefaßt, als der Versuch, ein nationales Heiligtum zu entweihen. In den Köpfen der Menschen vollzog sich an diesem Tag gleichsam eine persönliche nationale Befreiungsrevolution: Das Sowjetimperium schied aus der Vorstellung von Heimat nun endgültig aus, an seine Stelle trat Rußland. Besonders betraf dies die Offiziere und Soldaten, die an diesem Tag eine schwere moralische Prüfung zu bestehen hatten.

Entgegen allen offiziellen Verlautbarungen begriffen die Menschen genau, daß Gorbatschow gestürzt worden war. Diese Nachricht fand widersprüchliche Aufnahme. Die mißlungenen Reformen des ehemaligen Generalsekretärs, seine langen und nicht immer sehr einleuchtenden Reden hatten viele inzwischen gründlich satt. Eine große Zahl von Menschen wünschte sich eine starke Staatsmacht, ein Teil der Gesellschaft war unzufrieden angesichts der Instabilität und Unsicherheit, die die Demokratisierung mit sich gebracht hatte. Darauf setzten auch die Strategen des KGB, das war der Hauptgedanke des Szenariums, das sie erarbeitet hatten.

Aber obwohl das Verhältnis der Menschen zu Gorbatschow widersprüchlich war, ließ das unklare Schicksal des Präsidenten dessen Ansehen in einer Stunde rascher wachsen als in all den Jahren der Reform. In den Augen des Volkes wurde der Präsident zu einem Mann, der schuldlos geopfert, ja vielleicht sogar beseitigt werden sollte. Die Unterstützung der Gesellschaft für den Ausnahmezustand und den Versuch, Ordnung zu schaffen, schmolz mit jeder Minute.

Und wie bereits erwähnt, verfügte das GKTschP weder über einen Führer »nach innen« noch wenigstens über einen »nach außen«, der es mit Autorität vertreten konnte. Das wurde jetzt immer deutlicher. Die Gestalt Krjutschkows erinnerte düster an die Zeit der Stalinschen Repressalien. Marschall Jasow war für eine zivile Rolle nicht geeignet. Pawlow hatte sich in der kurzen Zeit mit seinen unpopulären Maßnahmen wie dem Umtausch der Banknoten und der Preisreform bereits unbeliebt gemacht. Der schlaue und heuchlerische Lukjanow besaß ebenfalls wenig Sympathien, er war eine zu kalte und berechnende Figur.

Vielleicht hätte man einen völlig neuen Mann wie etwa Baklanow zur Nummer Eins machen sollen. Aber die Putschisten fürchteten, die Verfassung zu verletzen, und schoben Vizepräsident Janajew vor, auf dessen energisches Auftreten und Selbstsicherheit sie setzten. Das erwies sich jedoch als ein Fehler.

Ein weiterer Grund für das Fiasko des GKTschP bestand sicherlich darin, daß die Putschisten die Verantwortung für die Ereignisse nur im Kollektiv übernahmen oder, besser gesagt, nicht übernahmen. Die nächtliche Versammlung im Kreml vor dem Auslösen des Umsturzes hätte einen Sinn gehabt, wenn man Gorbatschow gezwungen hätte, abzudanken, das Präsidentenamt offiziell niederzulegen. Da aber die Delegation von der Krim mit leeren Händen zurückkehrte (was man vorher hätte wissen können), geriet die Versammlung der höchsten Führer des Landes, von denen man viele kurzfristig aus Erholungsheimen und Sanatorien zusammengeholt hatte, in ein völlig anderes Licht. Alle versuchten sich nun rückzuversichern und schielten auf den Nachbarn. Vorsichtig stimmte man sein Handeln ab. Und so fehlte es an einer Triebkraft, am »Angriffszentrum« in der Mannschaft der Verschwörer.

Das GKTschP ging nach dem alten erprobten Schema des Politbüros des ZK der KPdSU aus der Zeit Breshnews (nicht Gorbatschows) vor – ein nomineller Führer für die Repräsentation, starke Männer im Hintergrund und ein unübersichtliches Gerangel hinter den Kulissen.

Daß es keinen »Urheber« gab und die Beschlüsse des GKTschP gleichsam gesichtslos waren, sollte jedermann wie in den Jahren der Stagnation vor Angst erzittern lassen; was hier geschah, sollte wie vom eisernen Willen des Schicksals selbst bestimmt erscheinen. Aber in den

Jahren der Gorbatschowschen Perestroika hatte sich die Volksseele stark verändert. Die Menschen waren inzwischen an charismatische Politiker gewöhnt; man verlangte nach markanten Gestalten. Ob sie nun gute oder schlechte Politik betrieben – es mußte sich um Männer handeln, die überzeugend aufzutreten verstanden und selbständige politische Positionen vertreten konnten. Um Gorbatschow hatte sich eine ganze Riege solcher Männer versammelt.

Die »Kollektivität« der Beschlüsse, der Breshnewsche Arbeitsstil, nach dem ein enger Kreis hoher Chefs nach altbewährter Manier und unter Ausschluß der Öffentlichkeit Beschlüsse faßte, die dann von diensteifrigen, subalternen Bürokraten ausgeführt wurden – all das erwies sich als verhängnisvoll für Krjutschkow und Genossen. Die Folge waren Zögerlichkeit und Unentschlossenheit im Handeln. Vor allem aber lag ein Schatten von Unsicherheit über all ihren äußerlich so überaus entschlossenen Aktionen.

Bei uns im Weißen Hause brodelte es in diesen Stunden vor Aktivität, die sich aber auf den ersten Blick ziemlich chaotisch ausnahm.

Zunächst verbreiteten wir an diesem Tag den »Aufruf an das Volk Rußlands« und den ersten »Erlaß des Präsidenten«. Diese Dokumente konnten wir natürlich nur über Telefon und Telefax in andere Städte übermitteln, was sich als äußerst schwierig erwies, da sowohl die Regierungsleitung als auch die Fernverbindungen bald zugeschaltet, bald wieder abgeschaltet wurden.

Großen Mut bewiesen die Journalisten. Sie waren praktisch überall im Weißen Haus, ausgestattet mit Diktiergeräten, Videokameras und Fotoapparaten. Sie berichteten über jedes Ereignis, stürmten alle Türen, warteten geduldig auf Interviews und verstärkten die Reihen unserer improvisierten »Volksmiliz«.

Der Anblick dieser von ihrer Sache besessenen Männer und Frauen wirkte beruhigend auf mich. Natürlich konnten sich auch Angehörige des KGB, als Journalisten getarnt, ins Weiße Haus einschleichen. Auf allen Etagen des Gebäudes war ein ständiges Kommen und Gehen, und es war praktisch unmöglich, diesen Strom zu kontrollieren. Die Leute strömten herbei und durchbrachen alle Postenketten – Abgeordnete, Vertreter von Parteien und Bewegungen, Militärs und Zivilisten, die uns verschiedene Hilfe anboten, die unseren Schutz organisieren wollten, Geld, Lebensmittel, Technik und vieles andere brachten.

Dieser Strom mußte aber irgendwie gelenkt und geregelt werden. Dabei hatten wir folgende Rollenverteilung: In Burbulis' Arbeitszimmer befand sich der »gesellschaftspolitische« Stab, wo man alle bekannten Persönlichkeiten empfing, wo uns die Journalisten die neuesten Nachrichten und Gerüchte überbrachten, anhand derer wir uns ein ungefähres Bild von der aktuellen Lage machten konnten.

Die Koordinierung der Arbeit der Militärs übertrug ich Konstantin Iwanowitsch Kobez, einem General a. D., dem Vorsitzenden eines Parlamentsausschusses. Er scharte die Militärs um sich, diese studierten die Baupläne des Gebäudes und versuchten über ihre Kanäle herauszufinden, welche Einheiten an dem militärischen Schauspiel draußen in den Straßen beteiligt waren. Sie arbeiteten einen Plan aus, nach dem wir uns im Fall einer Erstürmung des Weißen Hauses richten sollten.

Ruzkoi leitete die Verteidigung des Weißen Hauses, arbeitete mit der »Öffentlichkeit«, also mit all den vielen Menschen, die sich seit dem Morgen vor dem Gebäude versammelt hatten. Er kümmerte sich auch um unsere eigenen »Kampfkräfte« – die Leibwache des Präsidenten, eine kleine Milizabteilung, aber auch ehemalige Offiziere, professionelle Sicherheitsbegleiter und Zivilisten, die sich als Freiwillige gemeldet hatten. All das lief in der Hauptsache darauf hinaus, Versammlungen und Menschenketten zu organisieren, die Posten zu kontrollieren und Sicherheitshinweise von der Art herauszugeben: »Wenn gegen das Weiße Haus Tränen- und Nervengas eingesetzt wird, feuchte ein Taschentuch an und drücke es aufs Gesicht ...«

Mir war klar, daß sich diese ganze Betriebsamkeit etwas illusorisch, zumindest aber wenig professionell ausnahm. Es war der typische Barrikadenkampf von Dilettanten, eine seltsame Partisanenschar inmitten der Stadt.

Aber Stunde um Stunde verging, und es wurde immer deutlicher, daß das GKTschP in Verwirrung geraten war. Die starke Unterstützung des Volkes hatte bewirkt, daß der blitzartige Putsch, von dem man im Kreml ausgegangen war, immer aussichtsloser wurde.

Unser zweiter politischer Schritt war ein Memorandum an Lukjanows Adresse, in dem wir unsere Forderungen an den Präsidenten des Unionsparlaments formulierten: wahrheitsgetreue Information über den Gesundheitszustand und den Aufenthaltsort Gorbatschows, sofortige Einberufung einer Tagung des Obersten Sowjets der UdSSR, der den Ausnahmezustand juristisch bewerten sollte, sofortige Aufhebung aller Anordnungen des rechtswidrigen GKTschP.

Das Memorandum wurde Lukjanow von Silajew, Chasbulatow und Ruzkoi überbracht. Das war in dieser nervösen und unberechenbaren Atmosphäre ein ziemlich riskanter Schritt, der jedoch ohne Zwischenfälle über die Bühne ging.

Mittags entschlossen wir uns, eine Exilregierung für den Fall zu bilden, daß das Weiße Haus erobert wurde. Zu diesem Zweck flog Andrej Kosyrew am nächsten Morgen nach Paris, denn es ist international üblich, daß der Außenminister ohne besondere Vollmachten eine Exilregierung ausrufen kann. Eine Gruppe unter Leitung Oleg Lobows sandten wir nach Swerdlowsk, damit sie dort den demokratischen Widerstand in Rußland organisieren konnte, falls der Putsch in Moskau mit einem Sieg enden und wir alle festgesetzt werden sollten.

Auf einer Pressekonferenz im Weißen Haus legten wir noch einmal unsere Grundprinzipien dar: Wir verlangten die Wahrheit über Gorbatschow, erklärten das GKTschP für unrechtmäßig und alle Beteiligten an dem Umsturz zu kriminellen Aufrührern.

Ich spürte, wie sich das Blatt allmählich wendete. Die Putschisten hatten die Veränderungen im Lande unterschätzt. Unter Gorbatschow waren neben der Staats- und Parteimacht populäre Sprecher der Öffentlichkeit, politische Kräfte, unabhängige Künstler und Intellektuelle, eine demokratische Presse und anderes mehr entstanden. Sie alle hätte man nur um den Preis eines grausamen Blutvergießens, durch eine Welle von Verhaftungen und Exekutionen zum Schweigen bringen können. Vielleicht aber auch durch einige raffinierte Schachzüge, eine geschickt manipulierte Informationspolitik während des Ausnahmezustandes, durch eine subtile Täuschung der Öffentlichkeit. Über all diese Fähigkeiten verfügten die Putschisten aber nicht. Hier verloren sie in allen Punkten.

Ein ganz anderes Bild zeigte sich in der Provinz. In einem unserer Aufrufe hatten wir zu politischen Streiks und zivilem Ungehorsam aufgerufen. Gegen Mittag wurde klar, daß drei Schächte in den Kohlegruben des Kusnezbeckens, die zum Widerstand entschlossene Gewerkschaftsführer hatten, bereit waren, in den Streik zu treten. Dazu kamen möglicherweise einige Moskauer Betriebe. Die Masse der Bevölkerung aber wartete zunächst ab.

Ein weiterer Vorteil für die Putschisten war die aus dem alten System überkommene strenge vertikale Verwaltungsstruktur, die gleichsam das eiserne Korsett des ganzen Landes war. Diese bürokratischen Institutionen der Union arbeiteten bereitwillig für das GKTschP – die Regierungstelefone klingelten unaufhörlich, chiffrierte Telegramme gingen hinaus, Instruktionen wurden verbreitet. In Instituten, Büros und Betrieben fanden bald immer mehr Versammlungen der sowjetischen »Öffentlichkeit« zur Unterstützung des GKTschP statt. Doch nicht überall funktionierten die Behörden so reibungslos und zuverlässig, wie man es gerne wollte; hier und da regte sich auch Protest. Aber insgesamt versagten diese Strukturen auch diesmal nicht. Aufgrund von Moskauer Weisungen wurden in allen Städten und Dörfern des Landes Komitees für den Ausnahmezustand aus Parteifunktionären, Militärs und Wirtschaftsführern gebildet. An der Basis entstanden Miniaturausgaben des Komitees für den Ausnahmezustand auf Kreis- und Stadtebene. All das verlief aber in gewohnter Manier und mit provinzieller Geruhsamkeit.

Um 18.00 Uhr fand eine Sitzung des Ministerrates unter dem Vorsitz Pawlows statt, der sich am Rande eines Nervenzusammenbruchs befand. Faktisch unterstützten alle Minister die Einführung des Ausnahmezustandes – einige schweigend und mit gesenktem Kopf, andere mit leidenschaftlichem Engagement. Die gesamte Sowjetunion sollte vom nächsten Tag an mit den Gesetzen des Ausnahmezustandes regiert werden. Das war eine furchterregende Aussicht. Hielten sich die Putschisten noch weitere drei Tage an der Macht, so war nicht auszuschließen, daß sie das ganze Land ihrem autoritären Regime unterwarfen. Aber waren die Menschen an ein derartiges Regime, an Sperrstunden, administrative Einschränkungen, an die Zensur und an »Sondermaßnahmen« zur Einschränkung der Rechte und Freiheiten noch zu gewöhnen?

Besonders beunruhigte mich die Haltung des Außenministeriums der UdSSR, das eine dem russischen Außenamt diametral entgegengesetzte Position einnahm. Nahezu aus allen Botschaften erhielten wir Nachrichten über Unterstützungserklärungen für das GKTschP. Da aber zu dieser Stunde die führenden Politiker fast aller westlichen Staaten uns ihre volle und uneingeschränkte Unterstützung persönlich, per Telefon, versichert hatten, schien es, als seien die wichtigsten Botschafter der Sowjetunion bereits in das Lager der Putschisten übergelaufen.

Am schwersten wog natürlich die Haltung der Armee. Einerseits gehörten Militärs ohne Zweifel zu den wichtigsten Antriebskräften des Putsches. Sie hatten ihre Gründe, Gorbatschow nicht zu mögen oder gar zu hassen. Andererseits war das Verhalten der Armee in vielen Punkten unverständlich, ja widersprüchlich. Die Armee war angeblich auf ein entschiedenes Vorgehen vorbereitet und bereits in Kampfbereitschaft versetzt worden. Für die Operation »Putsch« hatte man riesige Kräfte mobilisiert – gegen wen eigentlich? Gegen unser Häuflein demokratischer Politiker? Gegen die paar tausend Menschen vor dem Weißen Haus? Wenn dies alles zutraf, warum erklärten dann alle Panzerkommandeure, aus denen man ein Wort herausbringen konnte, einstimmig, sie hätten keinerlei Kampfauftrag? Warum wußten die Soldaten überhaupt nicht, was sie hier sollten? Weshalb herrschte beim Aufmarsch und der Umgruppierung der Kräfte ein so seltsames Chaos?

Ich versuchte mehrmals, Verbindung zu Marschall Jasow zu bekommen, um in Erfahrung zu bringen, was vorging, und schließlich gelang es mir.

Jasows Stimme klang dumpf, man spürte, daß er deprimiert war. Auf mein drängendes Fragen antwortete er wie auswendig gelernt: Nein, mit Gorbatschow bestehe keine Verbindung. Die Führung Rußlands müsse ihren verbrecherischen Widerstand gegen die legalen Machtorgane aufgeben, die Armee erfülle ihre verfassungsmäßige Pflicht... Und weiter in diesem Sinn.

Später erfuhr ich, welchen Schock er an jenem Tag erlebt hatte. Seine Frau war zu ihm ins Ministerium gekommen. Da sie keine Ahnung von den Plänen ihres Mannes gehabt hatte, reagierte sie mit Entsetzen darauf. Sie hatte erst kürzlich einen Autounfall gehabt und konnte noch schlecht gehen. Sie trat in sein Zimmer und sagte mit bebender Stimme: »Dima, mit wem hast du dich da eingelassen? Du hast dich doch immer über diese Männer lustig gemacht! Rufe Gorbatschow an!...« Im Arbeitszimmer des Verteidigungsministers brach sie in Tränen aus. Jasow antwortete, zu Gorbatschow gebe es keine Verbindung.

Für den Abend wurde eine Pressekonferenz der Mitglieder des Staatlichen Komitees für den Ausnahmezustand erwartet. Dort wollten sie die Öffentlichkeit von der Rechtmäßigkeit ihres Vorgehens überzeugen. Niemand wußte, welche Sensationen bevorstanden, welche Texte und unerwarteten Tatsachen sie dort aus ihren Aktenkoffern ziehen würden. Zwar war bereits klar, daß sie den ersten Tag des Putsches verloren hatten, aber vieles konnte sich auf dieser Pressekonferenz noch zu unseren Ungunsten verändern.

19. August, abends – Ablauf der Ereignisse

Der Präsident Rußlands ruft die Moskauer auf, den Beschlüssen des selbsternannten Komitees den Gehorsam zu verweigern und das Haus der Sowjets der Russischen Föderation unter gesellschaftlichen Schutz zu stellen.

Die Maschine des Präsidenten startet aus Foros nach Wnukowo. An Bord befinden sich die Leibwächter Gorbatschows und seine persönlichen Sekretärinnen.

Die Nachrichtensendung »Wremja« des Ersten Fernsehens überträgt unerwartet eine überraschend wahrheitsgetreue Reportage von den Barrikaden am Weißen Haus.

Ein Panzerzug der Tamaner Division unter Führung von Major Jewdokimow schließt sich den Verteidigern des Weißen Hauses an.

Panzer stehen vor dem Verteidigungsministerium auf dem Arbat, vor dem Pressezentrum des Außenministeriums der UdSSR auf dem Subow-Platz, wo die Pressekonferenz der Mitglieder des GKTschP stattfindet, auf der Gorkistraße vor dem Haus der »Iswestija« und auf der Straße der »Prawda«, wo sich die Redaktionen der größten zentralen Zeitungen befinden.

»Ich möchte heute erklären, daß das Staatliche Komitee der UdSSR für den Ausnahmezustand sich vollkommen bewußt ist, welch tiefe Krise unser Land erfaßt hat. Es übernimmt die Verantwortung für das Schicksal unserer Heimat und ist entschlossen, die entschiedensten Maßnahmen zu treffen, um Staat und Gesellschaft rasch aus der Krise herauszuführen... Unter der Anspannung, meine Damen und Herren, mit der Präsident Gorbatschow die letzten sechs Jahre gearbeitet hat... verschleißt natürlich auch der Organismus ein wenig. Ich hoffe, daß mein Freund Präsident Gorbatschow bald wieder auf dem Posten ist und wir weiter gemeinsam arbeiten werden.«

Die langerwartete Pressekonferenz, auf der in- und ausländische Journalisten offen und direkt die Frage stellten, ob dies alles nicht ein Militärputsch sei, auf der Janajew und den anderen deutlich sichtbar die Hände zitterten und ihnen rote Flecken ins Gesicht traten, auf der sie auf die Frage nach Gorbatschows Gesundheitszustand nur Ungereimtheiten von sich gaben und einer klaren Antwort auswichen – diese Pressekonferenz war ein einziger Reinfall und eine Blamage vor den Augen der Weltöffentlichkeit.

Wieder zeigte sich deutlich, daß das GKTschP über keine führende Persönlichkeit verfügte. Pawlow, der seine körperliche Krise offenbar mit weiteren Alkoholdosierungen verschlimmert hatte, schien am Ende seiner Kräfte. Krjutschkow erschien gar nicht erst auf der Pressekonferenz. Was Janajew betrifft, so erwies sich die Hoffnung auf dessen Selbstsicherheit als ein Fehler. Der Vizepräsident wirkte peinlich. Wie konnte es auch anders sein, da man im Grunde nichts zu sagen wußte? Man legte keine einzige Information über den Gesundheitszustand Gorbatschows vor. Man fand kein klares Wort darüber, was in den nächsten Tagen geschehen sollte. Als die Putschisten mit ihrem angeblich so legalen, »milden« und »zurückhaltenden« Putsch in die Öffentlichkeit gingen, offenbarte sich sofort ihre Hauptschwäche – sie waren unfähig, den Menschen gegenüber energisch und ihrer Sache sicher aufzutreten. Das hier waren Apparatschiks, die als politische Führer eindeutig nichts taugten, die weder zu öffentlichen Auftritten noch zu klarem und eindeutigem Handeln in der Lage waren.

Die Scheinwerfer leuchteten ihre jammervollen, eingesunkenen Gesichter bis in den letzten Winkel aus. Eine einmalige Blamage vor der ganzen Welt – diesen Eindruck hatten alle, die diese Pressekonferenz sahen.

Die »Entschlossenheit«, die wenigstens Janajew mit aller Kraft zu demonstrieren versuchte, änderte daran nichts. Mit dieser Entschlossenheit konnte man das Land und die ganze Welt leicht in die Katastrophe führen. Das war allenfalls die Entschlossenheit eines Menschen, der mit verbundenen Augen vorwärtsstürzte. Die Putschisten gingen verwirrt und deprimiert auseinander, um jeder für sich die Situation zu überdenken und neue Entschlüsse zu fassen.

Nach alter russischer Gewohnheit verschoben sie die wichtigsten Beschlüsse jedoch erst einmal bis zum Morgen.

Menschen aus dem Dunkel – nächtliche Begegnungen

Am Abend des 19. August kam der Vorsitzende des Ministerrates Rußlands, Iwan Stepanowitsch Silajew, in mein Arbeitszimmer im Weißen Haus und sagte: »Boris Nikolajewitsch, verzeihen Sie mir, wenn Sie es können. Aber ich gehe jetzt nach Hause. Ich will in dieser Nacht bei meiner Familie sein.« In seinen Augen konnte ich lesen: »Die Niederlage ist unvermeidlich. Ich bin ein alter Mann und möchte noch einmal Frau und Kinder sehen.«

Ich reagierte zunächst enttäuscht. Ich hatte erwartet, daß es Feiglinge geben würde, die still und leise verschwanden. Zugleich war ich sicher, daß es andere gab, die bis zum Schluß ausharren würden, wie es die Mehrheit der Verteidiger des Weißen Hauses tat.

Das hier war eine dritte Variante.

Natürlich konnte ich Iwan Stepanowitsch sehr gut verstehen. Schließlich sind Politiker keine Samurai und haben keinen Schwur mit Blut besiegelt. Aber immerhin bedeutete sein Weggehen, daß einer der wichtigsten Männer ging und die Sache offenbar verloren gab. Und das war ein schwerer moralischer Schlag für die, die blieben. Deshalb versuchten wir die Episode als notwendige Vorsichtsmaßnahme auszugeben – einer der führenden Politiker Rußlands mußte sich außerhalb des Weißen Hauses aufhalten. Übrigens kam Iwan Stepanowitsch am nächsten Tag zu uns zurück und ging abends wieder nach Hause. Die Dinge kamen in normale Bahnen.

Ich trat zum Fenster. Eine Gruppe Studenten fiel mir auf, ich glaube, sie kamen aus dem Bauman-Institut. Sie wärmten sich an einem Feuer. Etwa zweihundert Mann. In der Dunkelheit leuchteten die Fenster der Häuser am Kalinin-Prospekt friedlich zu uns herüber. Auch die Geräusche auf den Korridoren verstummten allmählich. Ich hatte den schwersten Tag meines Lebens hinter mir. Und mich erwartete die schwerste Nacht.

Als Silajew gegangen war, verspürte auch ich ein ungeheures Bedürfnis, meine Familie zu sehen. Wir waren einander ganz nah. Ich wußte, daß meine Frau jeden Augenblick aus einer Telefonzelle anrufen konnte, irgendwoher in dieser Nacht, die mich immer schwerer bedrückte.

Wenn ich durch einen Spalt in der Metalljalousie blickte, konnte ich eine wogende Menschenmenge sehen – und Panzer, Panzer, Panzer. Vor ihnen hatten Schützenpanzerwagen einen noch engeren Kreis gezogen, sie standen buchstäblich Rad an Rad. Das waren Fallschirmjäger von der Tulaer Division, die man um Moskau zusammengezogen hatte. Eine Division, die ich vor gar nicht so langer Zeit besucht hatte.

Auf dem Dach hatten wir Hubschraubersperren aufgestellt, die verhindern sollten, daß dort eine Kampfgruppe abgesetzt werden konnte.

Jeder erhielt eine Gasmaske für den Fall, daß Tränengas – im Volk »Tscherjomucha« (Faulbeere) genannt – eingesetzt wurde. Ich probierte sie an, aber man konnte es höchstens eine halbe Stunde darunter aushalten. Sich zu bewegen, war kaum möglich, denn man bekam sofort Schweißausbrüche und Atemnot.

Die Eingangshalle war eine einzige Barrikade aus Stühlen, Tischen und Panzerschränken. Damit konnte man einen Angriff bestenfalls einige Minuten lang aufhalten.

Meine Nerven arbeiteten ausgezeichnet. Ganz gegen meinen Willen signalisierten sie mir: Wenn du jetzt nicht wenigstens eine halbe Stunde Schlaf findest, wirst du morgen Fehler machen und falsche Entschlüsse fassen. Das aber wäre ein tödliches Risiko. Ich überwand mich und nickte etwa eine halbe Stunde ein. Bald fuhr ich wieder hoch.

Meine Erholungspausen waren so eingeteilt: Vor meinem Arbeitszimmer stand ein Posten mit einer Maschinenpistole, während ich mich in Wirklichkeit in einem ganz anderen Flügel des Weißen Hauses befand, in einem kleinen unauffälligen Zimmer, von dem nur zwei oder drei Personen wußten.

Wir hatten uns so gut es ging auf einen Angriff vorbereitet, befanden uns aber insgesamt in einer ziemlich ausweglosen Lage. Das Weiße Haus war relativ leicht zu stürmen. Zwei Granaten, ein ohrenbetäubender Schlag, und das ganze Parterre hätte sich in ein Trümmerfeld verwandelt. In dem Qualm und Staub war es für eine Sondereinheit kein Problem, unsere Etage zu erreichen, und dies um so leichter, wenn von oben Unterstützung durch Hubschrauber kam.

Derartige Operationen werden in Trainingseinsätzen bis ins Detail vorbereitet, und ganze Lehrbücher sind darüber geschrieben worden. Allerdings gab es etwas, wovon in den Büchern kein einziges Wort stand – die Menschen vor dem Weißen Haus. Sie stellten für die Putschisten im Grunde ein unlösbares Problem dar. Denn bei einem Sturm auf das Gebäude hätte man diesen »lebenden Schutzwall« einfach zusammenschießen müssen.

Ich sagte bereits, ich hatte ständig das Gefühl, daß wir den Beistand einer höheren Macht hatten. Als ich später alle Einzelheiten kannte, verstärkte sich dieses Gefühl sogar.

Natürlich kann man alles auch einfacher erklären. Auf der einen Seite stand eine gesichtslose Maschine, die aufgrund ihrer ungeheuren Stärke und der bei ihr konzentrierten Machtmittel als unbesiegbar galt. Aber letzten Endes hängt alles von den Menschen ab, und diese Menschen begriffen entweder nicht, was vorging, wie etwa die Panzeroffiziere, die unkoordiniert und widersprüchlich handelten, oder sich ganz einfach weigerten, Befehle auszuführen. Auf unserer Seite war es genau umgekehrt – hier standen die, die genau in der richtigen Sekunde zur Stelle waren – intuitiv, gleichsam einer Eingebung folgend.

Wir wußten inzwischen, daß man eine Gruppe von Scharfschützen, einige Mann in voller Deckung, gegen uns einsetzen wollte. Diese Gruppe aber wurde von einem unserer Scharfschützen entdeckt. Unter den verschiedenen Waffen des Sicherheitsdienstes der Miliz im Obersten Sowjet hatte sich ein Gewehr mit optischer Zielvorrichtung angefunden. Unser Mann leistete ganze Arbeit. Er kletterte mit dem Gewehr auf das Dach und spähte mit dem Zielfernrohr nach möglichen Verstecken auf den Dächern der Umgebung. Dabei entdeckte er den Gegner. Im Kriege herrschte bei den Scharfschützen ein ungeschriebenes Gesetz: Wenn sie einander gleichzeitig mit dem Zielfernrohr erfaßten, dann schossen sie nicht aufeinander. Ich glaube, daß es sich hier vielleicht ähnlich verhalten hätte.

Entscheidend war jedoch die Warnung, die wir vom Dach eines Wohnhauses unmittelbar hinter dem Kinderspielplatz »Pawlik Morosow« erhielten: »Ihr werdet beobachtet – vom Dach des Hotels ›Mir‹ neben der amerikanischen Botschaft.«

Aus diesem Grunde blieben wir den Fenstern fern, und meine Rede an die Verteidiger des Weißen Hauses hielt ich von einem Balkon auf der anderen Seite des Gebäudes. Wir erwogen auch die Möglichkeit, die Scharfschützen in einem Überraschungscoup festzunehmen. Unsere Militärs sagten jedoch, jeder Scharfschütze werde von einer kleinen Einheit des KGB bewacht. Es wäre also zum Häuserkampf gekommen, womöglich sogar zum Einsatz von Handgranaten. Das hätte eine Eskalation der direkten Auseinandersetzung bedeutet – noch dazu mitten in der Stadt. Dieses Risiko wollten wir nicht eingehen.

Die Scharfschützen bemerkten, daß sie entdeckt worden waren. Nachts verhielten sie sich ruhig, wie erwartet. Bald wurden sie abgezogen. Aber inzwischen, so fürchteten wir, bereitete man den Sturm auf das Weiße Haus vor.

Die klarste und präziseste Aufgabe hatten wahrscheinlich Alexander Korshakow und die kleine Schutztruppe des Präsidenten.

Fast jedem, der sich im Weißen Haus befand, war bewußt, daß die Erstürmung des Gebäudes nach der Logik der Dinge kommen mußte. Sie war für die Putschisten einfach unverzichtbar. Deshalb bereitete sich die Wachmannschaft darauf vor, den Präsidenten in Sicherheit zu bringen.

Ich wußte, daß Korshakow einen Fluchtplan nach dem anderen ersann und pausenlos nach dem sichersten suchte. Wäre es nach dem Willen meiner Beschützer gegangen, hätte man mich wahrscheinlich insgeheim aus dem Hause gebracht, in unterirdischen Gängen versteckt, auf Flößen über Flüsse gesetzt und mit Ballons zum Himmel aufsteigen lassen. Natürlich wußte ich selbst nichts von all diesen Plänen. Ich erfuhr erst viel später davon. Aber das kampfentschlossene Auftreten Korshakows verriet, daß er unentwegt darüber nachsann, welcher Fluchtweg der sicherste war. So erzählte er mir später, daß er bei den Maskenbildnern im Theater an der Taganka sogar schon Schminke, einen falschen Bart, eine Perücke und einen Schnurrbart für mich angefordert hatte. Gut hätte ich sicher in diesem Aufzug ausgesehen!

Der russische Cellist Mstislaw Rostropowitsch war in den letzten Jahren nur zweimal in Rußland gewesen, denn er lebt seit seiner Emigration in den USA. Jedesmal aber erschien er im entscheidenden Augenblick in Moskau: das erste Mal während des Augustputsches 1991, das zweite Mal Ende September/Anfang Oktober 1993.

Für mich waren diese beiden Begegnungen fast symbolisch, nicht nur zufällige Episoden, sondern entscheidende emotionale Erlebnisse.

Im August wußte ich, daß sich dort unten vor dem Weißen Haus »ganz Moskau«, das heißt die Vertreter der intellektuellen Führungsschicht, versammelt hatte, darunter Schauspieler, bildende Künstler, Schriftsteller und Musiker. Nicht nur sie allein, aber auch sie. Rostropowitsch ragte auch unter ihnen hervor, von ihm ging eine besondere magische Wirkung aus. Es schien mir, als hätte ich damit den Segen des alten, großen Rußlands, ja als segnete mich die russische Kunst selber.

Im Weißen Haus und seiner Umgebung drohten inzwischen viele die Nerven zu verlieren. Manche wußten schlechthin nicht mehr, wie sie sich in dieser angespannten Situation verhalten sollten, und reagierten mit Hysterie. Andere hatten zur Flasche gegriffen. Als wir in den Bunker hinabstiegen, begegnete ich einem prominenten Demokraten, der ganz offensichtlich schwer betrunken war. Der Anblick deprimierte mich. Die nervöse, aufgeregte Menschenmenge war kaum zu kontrollieren. Wir versuchten, die Disziplin aufrechtzuerhalten, aber wir vermochten nicht alles. Das war mir klar, und jede Minute des Wartens lastete schwer auf mir. Und da erschien plötzlich Rostropowitsch, und alles war gut. Alle diese Nebensächlichkeiten traten in den Hintergrund. Die drückende Atmosphäre, in der man sich selbst fremd zu werden drohte, verflüchtigte sich. Mit ihm hatten wir einen bedeutenden, angesehenen Mann bei uns, der sich kurz entschlossen auf unsere Seite stellte. Extravagant wie er war, bat er um eine Maschinenpistole. Wir gaben sie ihm, obwohl jede Waffe gebraucht wurde.

Mir kommt eine andere Episode mit Rostropowitsch in den Sinn. Das Konzert auf dem Roten Platz. Der kalte Wind zerrt an den Rockschößen der Musiker, sie sind in Jacke und Mütze, ihre Finger sind blaugefroren, aber sie spielen. Sie spielen für uns alle.

So wie Mstislaw Leopoldowitsch im August 1991 die Demokratie in Rußland mit seiner emotionalen Geste segnete, so sagte er uns Ende

September 1993 mit seiner wunderbaren Musik gleichsam: Haltet euch bereit für die schwerste Prüfung. Möge euch Gott helfen.

Eine weitere Begegnung im nächtlichen Weißen Haus konnte ich lange nicht vergessen. Juri Lushkow, damals noch nicht Bürgermeister, sondern Regierungschef der Stadt Moskau, kam nicht allein, sondern mit seiner Frau ins Weiße Haus. Sie war schwanger. Im blendenden Schein der Neonlampen, in den kahlen unterirdischen Korridoren des Bunkers nahmen sich ihr blasses Gesicht und die gespannte Miene Lushkows sehr seltsam aus. Er wich keinen Schritt von ihrer Seite. Sie saßen lange beisammen, und niemand wagte es, sie zu ihrer eigenen Sicherheit zum Verlassen des Gebäudes aufzufordern.

Ich wußte, daß wir hier »ernst machten, bis zum Untergang«, wie ein Dichter schrieb. Lushkows harter, männlicher Charakter hatte ihn ins Weiße Haus getrieben. Aber er und seine Frau wollten sich nicht voneinander trennen. Sie warteten gemeinsam, wie diese Nacht für sie und ihr ungeborenes Kind ausging.

Gegen Mitternacht meldete man mir, General Alexander Lebed sei im Weißen Haus eingetroffen. Ruzkoi, Skokow und Korshakow führten erste Verhandlungen mit ihm.

Lebed ist ein interessanter Mann. Ein General, der Afghanistan erlebt hatte und die Kampftechnik eines Fallschirmspringers besser beherrschte als jeder Soldat. Ungewöhnlich hart im Umgang, sehr direkt, ein Mann, der die Offiziersehre über alles stellt.

Gratschow hatte ihn geschickt, um die Lage zu sondieren. Während auf Befehl Jasows immer neue Einheiten in Moskau eintrafen, drängte es ihn, sich ein Bild zu machen, was um das Weiße Haus vorging.

Lebed versuchte unseren Leuten klarzumachen, daß es ausreichen würde, einige Panzerabwehrlenkraketen auf das Weiße Haus abzufeuern, um die Plastikverkleidungen im Haus in Brand zu setzen und damit ein solches Feuer zu entzünden, daß die Menschen aus den Fenstern springen würden. Deshalb sei an eine Verteidigung des Weißen Hauses nicht ernsthaft zu denken.

Der General erklärte, daß die acht Schützenpanzerwagen, die jetzt um das Weiße Haus postiert seien, in unsere Verteidigung einbezogen werden müßten. Ruzkoi und Kobez begannen darüber zu streiten, wo man sie am besten aufstellen sollte. Der Streit führte zu nichts, überzeugte Lebed aber noch einmal davon, daß er es zum großen Teil mit Dilettanten zu tun hatte, die auch einer kleinen professionellen Einheit wohl kaum hätten Widerstand leisten können. In und um Moskau aber waren zu dieser Zeit bereits Dutzende solcher Einheiten postiert.

Als Lebed dann mit mir zusammentraf, erklärte er mir in militärischer Knappheit, daß mein Aufruf an die Armee, sich dem GKTschP nicht zu unterstellen, von den Soldaten und Offizieren offene Befehlsverweigerung verlange, was eine Verletzung ihres Diensteides darstelle. »Wenn Ihr Aufruf irgendeine Wirkung haben soll«, sagte Lebed, »müssen Sie sich zum Oberkommandierenden von Rußland erklären.« Der Oberkommandierende der UdSSR sei nicht Verteidigungsminister Jasow, sondern Präsident Gorbatschow, und da man nicht wisse, wo dieser sich gegenwärtig befinde, hätte ich als Präsident der russischen Republik das Recht, mich an die Spitze der Streitkräfte Rußlands zu stellen. Ich dankte Lebed für diesen Rat, dann trennten wir uns.

Dennoch konnte ich mich nicht sofort zu dem von Lebed vorgeschlagenen Schritt entschließen und unterzeichnete den entsprechenden Erlaß erst am nächsten Tag.

Juri Skokow erhielt den Auftrag, mit der obersten Armeeführung und dem Innenministerium in Kontakt zu treten. Wir mußten zu ihnen wenigstens inoffizielle Beziehungen unterhalten. Er stellte die Verbindung her und traf mit Jasows Stellvertreter Gratschow und dem Stellvertreter Pugos, Gromow, zusammen. Auch Boris Gromow und Pawel Gratschow waren in Afghanistan gewesen. Sie hatten die schwere Schule eines »Kolonialkrieges« durchlaufen, wie man das früher nannte. Aber in Moskau wollten beide Generale um keinen Preis kämpfen.

20. August – der Gipfel des Wahnsinns
Der Morgen des 20. August – Ablauf der Ereignisse

Experten des KGB schreiben einen Bericht für Krjutschkow. Darin wird auf die eklatanten Fehler des GKTschP hingewiesen.

Moskauer Journalisten von Blättern, die die Putschisten verboten hatten, stellen eine »Allgemeine Zeitung« in Form von Flugblättern her, die man auf dem Computer schreibt und zu Tausenden Exemplaren vervielfältigt.

Inzwischen haben wir durch eine Blitzumfrage unter 1500 Moskauern erfahren, daß nur zehn Prozent die Aktionen der GKTschP unterstützen.

Die Mitglieder des Sicherheitsrates der UdSSR Primakow und Bakatin sprechen sich gegen den Putsch aus.

Alexander Jakowlew, ehemaliges Mitglied des Präsidialrates und enger Berater Gorbatschows, ruft das Volk zum Kampf und zum Ungehorsam auf.

Seit dem Morgengrauen findet eine neue Kundgebung vor dem Weißen Haus mit vielen Tausenden Teilnehmern statt. Sie dauert schon mehrere Stunden an, und ständig strömen weitere Demonstranten herbei. Immer wieder werden Meldungen des örtlichen Rundfunksenders verlesen. In einer heißt es, Janajew habe einen Haftbefehl gegen Jelzin unterzeichnet ...

Am Abend vorher hatte sich Baklanow an den Schreibtisch gesetzt, um eine Erklärung an Janajew zu schreiben. Sie begann mit den Worten: »Sehr geehrter Gennadi Iwanowitsch! Da sich das GKTschP als unfähig erweist, die Lage im Lande zu stabilisieren, ist mir eine weitere Mitarbeit nicht mehr möglich. Man muß zugeben, daß ...«

Baklanow schrieb die Erklärung nicht zu Ende. Er ließ es sein und machte sich auf den Weg, um selbst mit Janajew zu sprechen.

Aus Kiew sandte Warennikow ein verschlüsseltes Telegramm: »Wir bitten dringend darum, Maßnahmen zur Liquidierung der Gruppe um den Abenteurer B. N. Jelzin zu ergreifen. Das Gebäude der Regierung der Russischen Föderation muß sofort zuverlässig isoliert werden, Wasser und Strom müssen abgeschaltet, die Telefon- und Funkverbindung unterbrochen werden.«

Warennikow hatte offenbar bereits einen fertigen Plan für diese »Liquidierung« im Kopf. Sicher war er ganz verzweifelt darüber, daß er sich während dieser entscheidenden Stunden im fernen Kiew aufhielt.

Eine ganze Nacht und ein ganzer Vormittag vergingen, aber das Gebäude wurde weder gestürmt noch abgesperrt. Die Truppen standen immer noch an derselben Stelle, nur die Fahrzeuge wurden ständig hin und her bewegt. Ahnte Krjutschkow wirklich nicht, wohin diese Unentschlossenheit führte?

General Lebed schrieb in seinen Memoiren: »Auf den Flugplätzen in Tschkalowsk und Kubinka herrschte wüstes Durcheinander. Die Wolgograder Division war drei Jahre lang in ›Konfliktgebiete‹ geflogen und hatte so große Erfahrungen, daß sie noch unter den schwersten Bedingungen landen konnte, wo immer das notwendig war. Hier aber wurden alle Flugpläne über den Haufen geworfen, die Maschinen auf die falschen Flugplätze gelenkt. Die Einheiten verschiedener Regimenter gerieten durcheinander, die Flugleitung wurde teilweise ignoriert. Hinter diesem ganzen Durcheinander war jemandes starke organisierende Hand zu spüren. Um halb eins in der Nacht rief Gratschow an. ›Komm sofort zurück!‹ Das tat ich. Der Kommandeur war erregt. Karpuchin rief an und teilte mit, die Einheit ›Alpha‹ werde sich weder an der Blockade noch am Sturm des Weißen Hauses beteiligen. Wie sich die Einheit ›Dzierzynski‹ verhielt, war nicht bekannt. Angeblich sei sie mit ihren Fahrzeugen ausgerückt, aber man wußte nichts Genaues. Gratschow forderte mich auf, im Kommando der Division anzurufen. Ein Untersergeant antwortete auf die Frage, wie viele Fahrzeuge ausgerückt seien und wann damit begonnen wurde, mit schläfriger Stimme: ›Fahrzeuge? Was für Fahrzeuge? Hier ist niemand rausgefahren ...‹ Auch die Tulaer Division hatte Tuschino nicht verlassen. Eine andere Brigade war irgendwo verschollen ...«

Das Chaos, das an jenem Tag unter den Militärs herrschte, versucht General Lebed mit einer raffiniert in Szene gesetzten Verschwörung »dunkler Kräfte« zu erklären. Aber ein wirkliches Chaos kann man gar nicht so vollkommen organisieren und lenken. Es entsteht aus ganz elementaren Gründen. Die wievielte Luftlandedivision war es, die Lebed in Kubinka übernehmen wollte? Die wievielte von denen, die in diesen Tagen nach Moskau beordert wurden? Die vierte? Die fünfte? Die sechste?

Das Weiße Haus hätte man mit einer einzigen Kompanie Soldaten stürmen können. Da dafür überhaupt kein Plan vorlag, zogen sich die Militärs auf die ganz gewöhnliche russische »Tonnenideologie« zurück. Aber das war natürlich nicht die Hauptsache. Die höchste Kommandoebene der Armee hatte bereits ein gespaltenes Verhältnis zu den Vorgängen, bevor die Militärs mit uns Kontakt aufnahmen. Der Armee war klar, daß das KGB 24 Stunden zu spät eingreifen wollte.

Nach seinen Memoiren zu urteilen, sagte Lebed zu Gratschow: »Jetzt kann jede Gewaltanwendung um das Gebäude des Obersten Sowjet nur zu einem Blutbad führen.« Das wäre ein schwerer moralischer Schlag für die Militärs gewesen, von dem sie sich nicht erholt hätten. Die Armee hatte keine einzige starke Persönlichkeit im Rücken. Deshalb tat sie nur so, als bereite sie den Sturm vor, simulierte militärische Aktionen und spielte auf Zeit.

Trotz allem kam der Zeitpunkt, an dem man sich endgültig entscheiden mußte.

Die Experten des KGB brachten an jenem Morgen eine Blitzanalyse für Krjutschkow zu Papier: Mit welchen Möglichkeiten muß das GKTschP in den nächsten Tagen rechnen?

»1. Massenhafter ziviler Ungehorsam, ein Umsturz von links. Rückkehr zur Situation vor dem 20. August, aber verbunden mit Terror gegen Parteimitglieder und die höchste staatliche Führungsebene.

2. Eine jähe Wende nach rechts. Der Vorwurf an die Führung nach Gorbatschow, diesem in die Hände zu spielen. Zuspitzung des Kampfes um die Macht, die allmählich an Kräfte rechtsorthodoxer Orientierung übergeht. Es gilt das Prinzip: Wer mit Gorbatschow ist, hat sich mit Schuld beladen. Möglicher Zeitraum: zwei Wochen bis zwei Monate.«

20. August, vormittags und nachmittags – Ablauf der Ereignisse

Die Führung des ZK des Komsomol unterzeichnet eine Erklärung, in der es heißt, der Putsch stelle den Kurs der tiefgreifenden Reformen in Frage, der mit dem Namen Gorbatschows verbunden sei. Das ZK des

Komsomol habe die Jugend und vor allem die Soldaten aufgerufen, sich nicht provozieren zu lassen.

Das Mitglied der Akademie für Landwirtschaftswissenschaften Tichonow hat die Mitglieder von Kooperativen und die Unternehmer dazu aufgerufen, diejenigen Amtsträger zu boykottieren, die Beschlüsse des GKTschP ausführen.

Das USA- und Kanada-Institut ist am 20. August in den Streik getreten.

Der Journalistenverband der UdSSR hat in einer Erklärung vom 20. August seinen entschiedenen Protest erklärt.

Das Land erwachte allmählich. Noch am Vortag hatten die meisten Menschen über die aktuellen Meldungen nur im Flüsterton gesprochen. Heute erklärten bereits immer mehr ihren Protest gegen das GKTschP ganz offen und auch in schriftlicher Form – der Komsomol, die Gewerkschaften, Akademiemitglieder, Institute, Künstlerverbände, Arbeitskollektive und die Börsen.

Alle diese Informationen gelangten natürlich unverzüglich auch auf den Tisch des Vorsitzenden des KGB.

Während die Mitglieder des GKTschP noch miteinander stritten, sich um ihr öffentliches Ansehen sorgten und versuchten, die Ereignisse in der Hand zu behalten und in verfassungsmäßige Bahnen zu lenken, ging ein ganzer Tag für ein entschiedenes Vorgehen verloren. Wie Baklanow, Warennikow und andere gewarnt hatten, schuf dies neue und noch viel kompliziertere Probleme. Denn nun genügte es nicht mehr, lediglich den Widerstand der zum letzten entschlossenen und mit jeder Stunde wachsenden Masse von Menschen am Weißen Haus zu unterdrücken, der eindeutigen Verurteilung der internationalen Staatengemeinschaft die Stirn zu bieten und Ströme von Blut zu vergießen, sondern man mußte nun auch ein viel härteres Machtregime einführen, als ursprünglich geplant war. Faktisch lief alles auf eine Militärdiktatur hinaus. Wer heute seinen Protest erklärte, mußte am nächsten Tag hart bestraft, zumindest aber verhaftet werden. Aber wie viele Menschen wollte man da einsperren? Und die übrigen? Wie würden sie reagieren? Man hätte mit den Massenverhaftungen bei Sekretären des ZK des Komsomol, bei Zeitungsredakteuren, im Schriftstellerverband und bei Mitgliedern des Sicherheitsrates beginnen müssen. Das aber hatte es seit Stalins Zeiten nicht mehr gegeben.

Einer der wenigen Parteiführer, die den Putsch unterstützten, war Wladimir Shirinowski. Er tat dies auf einer Kundgebung bereits am 19. August. Er blieb sich selbst treu: Die Liberaldemokraten waren immer für das russische Imperium, für »stählerne Grenzen der UdSSR« und dafür eingetreten, mit militärischen Mitteln Ordnung zu schaffen.

Zwei Jahre später, bei den Wahlen 1993, sollte uns Shirinowski sozialpsychologische und moralische Defekte unserer Gesellschaft vor Augen führen, wie wir sie uns bis dahin nicht einmal hatten vorstellen können. Eine davon ist die fehlende Immunität gegen den Faschismus.

Die Militärs, die von den Mitgliedern des GKTschP gedrängt wurden, mußten nunmehr einen Zeitpunkt für die Erstürmung des Weißen Hauses festlegen und eine Beratung einberufen, um sich über ihr weiteres Vorgehen abzustimmen.

Die Operation, die zunächst für den Abend des 20. August festgesetzt und danach auf 2.00 Uhr nachts verschoben wurde, weil »die Kräfte nicht ausreichten« und neue frische Einheiten herangeführt werden mußten, die von den Protestkundgebungen der Moskauer Bevölkerung noch unbeeindruckt waren, sollte im Zusammenwirken von Armee, KGB und Innenministerium durchgeführt werden.

So sah dieser Plan auf dem Papier aus: Fallschirmjäger unter dem Kommando von General Alexander Lebed sollten im Zusammenwirken mit einer Motschützendivision für Sondereinsätze des Innenministeriums das Gebäude des Obersten Sowjets Rußlands von der Seite der Botschaft der USA und der Uferstraße her abriegeln, den Ring schließen und damit alle Zugänge zu dem Gebäude versperren. Die OMON (eine Milizeinheit für Sondereinsätze) und Fallschirmjäger sollten einen Keil in die Menschenmenge treiben, einen Durchgang schaffen, durch den die Einheit »Alpha«, danach die Gruppe »B« und schließlich die Einheit »Welle« das Weiße Haus erreichen sollten – allesamt Gruppen des KGB der Stadt Moskau und des Moskauer Gebietes, die unter härtesten Anforderungen ausgebildet worden waren.

»Alpha« sollte mit Granatwerfern die wichtigsten Zugänge sprengen, in die fünfte Etage zum Büro Jelzins vordringen und den Präsidenten Rußlands festnehmen. Die Gruppe »B« hatte Widerstandsnester zu beseitigen. Die Einheit »Welle« sollte in Gruppen zu zehn Mann gemeinsam mit anderen Kräften der KGB-Verwaltung Moskaus und des Moskauer Gebietes die Anwesenden »filtern«, das heißt, ihre Identität feststellen und diejenigen festnehmen, gegen die Haftbefehle vorlagen, darunter die gesamte Führung Rußlands. Es war sogar geplant, daß Fotografen mit den Zehnergruppen vorgehen würden, um das Feuer der Verteidiger im Bilde festzuhalten, damit man später dokumentieren könne, die Gruppe Jelzins hätte als erste zu schießen begonnen.

Sondertruppen des KGB sollten alle Ausgänge des Gebäudes versperren. Spezialfahrzeuge hatten Breschen in die Barrikaden zu schlagen. Drei Panzerkompanien sollten die Verteidiger des Weißen Hauses mit ihren Kanonen beschießen. Eine Staffel Kampfhubschrauber würde dem Angriff Luftunterstützung geben.

»Operation Botschaft«

Ungefähr um 2.30 Uhr nachts sah ich auf die Uhr und schloß dann die Augen. Ich hatte in den letzten zwei Tagen kaum geschlafen, und so schaltete ich augenblicklich ab. Als die Schießerei begann, mußten mich meine Mitarbeiter wachrütteln. Sie führten mich nach unten, zogen mir in der Garage eine kugelsichere Weste über, setzten mich auf den Rücksitz des Wagens und befahlen dem Fahrer, loszufahren. Erst als der Motor ansprang, wachte ich endlich richtig auf. »Wohin fahren wir?«, fragte ich. Mein erster Gedanke, noch halb im Schlaf, war: Nun ist es soweit, der Sturm hat begonnen.

Das Weiße Haus ist ein riesiges Gebäude – es führt auf verschiedene Straßen hinaus. Darunter auch auf die Gasse, in der die Amerikaner erst vor kurzem ein Wohnhaus für ihr Botschaftspersonal gebaut hatten. Dorthin brauchte man vom Weißen Haus mit dem Wagen fünfzehn Sekunden. Von den verschiedenen Möglichkeiten einer Flucht war diese die beste. Wir hatten mit der Botschaft Kontakt aufgenommen, und die Amerikaner hatten sofort zugestimmt. Später riefen sie selber an und kamen sogar persönlich, um ihre Hilfe anzubieten.

Ein anderer Geheimplan lief auf folgendes hinaus: Durch unterirdische Gänge konnte man bis zu dem Hotel »Ukraina« gelangen. Ich sollte verkleidet und geschminkt werden, danach wollte man mich irgendwo in der Stadt mit dem Wagen aufnehmen. Meine Beschützer hatten noch weitere solche Pläne parat. Von keinem dieser »Evakuierungspläne« hatte man mich in Kenntnis gesetzt.

Zuflucht bei den Amerikanern zu suchen, war jedoch der einfachste und sicherste Weg. Diesen Weg wählten meine Leibwächter deshalb, als draußen die ersten Schüsse fielen. Doch als mir klar wurde, was vorging, weigerte ich mich entschieden, das Weiße Haus zu verlassen. Was meine persönliche Sicherheit betraf, so waren die eingeleiteten Maßnahmen zweifellos richtig. In politischer Hinsicht aber waren sie eindeutig falsch. Gott sei Dank wurde mir das noch im Wagen klar. Wenn die Menschen erfahren hätten, daß sich der russische Präsident in der amerikanischen Botschaft versteckt hielt, hätten sie sicherlich mit Wut und Empörung reagiert. Meine Flucht wäre praktisch eine Emigration gewesen, wenn auch zunächst nur en miniature. »Jelzin bringt sich selbst in Sicherheit und läßt uns hier im Kugelhagel stehen«, hätte man gedacht. »Und ausgerechnet bei den Amerikanern sucht er Zuflucht. Was haben die damit zu tun?«

Aus den verschiedensten Quellen hatte uns die Nachricht erreicht, daß das GKTschP am Ende des zweiten Tages zu dem Entschluß gekommen war, die Erstürmung des Weißen Hauses zu befehlen. Unaufhörlich wurden weitere Militäreinheiten nach Moskau geworfen.

Deshalb entschlossen wir uns, den Bunker im Keller des Weißen Hauses aufzusuchen. Die Wache brauchte lange, um die riesigen hermetisch schließenden Spezialtüren zu verriegeln, denn der Bunker hatte mehrere Zugänge. Einer führte direkt vom Tunnel der Metro hinauf. Allerdings mußte man über eine fünfzig Meter hohe Steigleiter klettern. Diese war für alle Fälle vermint worden. Der zweite Eingang war eine kleine kaum sichtbare Tür, die neben der Passierscheinstelle direkt von der Straße ins Innere führte. Es gab weitere Einstiegsmöglichkeiten durch die Kanalisation.

Der Bunker hatte mehrere Räume, in denen Doppelstockbetten zum Schlafen standen. Stühle wurden gebracht. Hier verbrachten wir einige zermürbende Nachtstunden. Die Frauen ließen uns nicht im Stich, nicht einmal die Sekretärinnen gingen nach Hause, obwohl wir zu ihrer eigenen Sicherheit eine entsprechende Anordnung erlassen hatten.

Mich hielt es nicht länger, und ich beschloß, nach oben zu gehen. In die ausgestorbene Etage kam wieder Bewegung, in den Zimmern flammte Licht auf, die Telefone klingelten wieder.

Man meldete mir, daß es bisher drei Tote gegeben habe. Ich rief zu Hause an. Es fiel mir nicht leicht, die Worte auszusprechen: Wir haben erste Opfer zu beklagen.

Zu nächtlicher Stunde – Vater

Vergilbtes, fast zerfallenes Papier. Eine Mappe und getrocknete violette Tinte. Vor mir liegt die Akte Nr. 5644, angelegt im Jahre 1934. Die Verurteilung einer Gruppe ehemaliger Bauern, die in Kasan auf dem Bau arbeiteten. Unter ihnen mein Vater, Nikolai Ignatjewitsch Jelzin. Er war damals 28 Jahre alt und gemeinsam mit seinem jüngeren Bruder Andrian, der damals kaum 22 Jahre zählte, angeklagt worden.

Unsere Familie war »entkulakisiert« worden. Ich hatte schon fast ein wenig vergessen, wie das gewesen war. Aber es war damals die gewöhnlichste Sache der Welt. Familie Jelzin hatte, wie es in dem Bericht hieß, den unser Dorfsowjet an die Tscheka in Kasan sandte, fünf Hektar Land gepachtet. »Vor der Revolution führte der Vater eine Kulakenwirtschaft, besaß eine Wasser- und eine Windmühle, eine Dreschmaschine, beschäftigte ständig Tagelöhner, bestellte zwölf Hektar Land, besaß einen Mähbinder, bis zu fünf Pferde und bis zu vier Kühe ...«

Besaß, besaß, besaß... Das war seine ganze Schuld – er arbeitete viel und lud sich viel auf. Die Sowjetmacht aber liebte die Duckmäuser und Feiglinge, die nicht auffielen und sich nicht hervortaten. Starke und markante Charaktere mochte sie nicht und schonte sie auch nicht.

Im Jahre 1930 wurde unsere Familie »ausgesiedelt«. Großvater verlor die Bürgerrechte. Wir hatten eine besondere Landwirtschaftssteuer zu zahlen. Mit einem Wort, sie setzten uns das Messer an die Gurgel, wie sie das so gut verstanden. Großvater blieb nur die Flucht. Die heranwachsenden Brüder begriffen, daß sie im Dorf keine Zukunft mehr hatten. Sie gingen in die Stadt auf den Bau. Sie ließen eine ehemals gesunde Landwirtschaft zurück und ein großes Bauernhaus, das einem seit vielen Jahrzehnten im Boden verwurzelten Bauerngeschlecht gehört hatte. Und nun war nichts mehr davon übrig.

Auch die weitere Entwicklung vollzog sich typisch für jene Zeit. Zwei Jahre lang blieben die Brüder beim Bau der Kasaner Maschinenfabrik, arbeiteten als Zimmerleute in einer Brigade und trugen das ihre zur Industrialisierung des Landes unter Stalin bei. Der ältere Bruder, mein Vater, hatte bereits eine Familie gegründet, und zu jener Zeit wurde ihm ein Sohn geboren – das war ich. Aber im April 1934 ging auch dieses neugegründete Familienleben zu Bruch.

Auf einer Seite der Akte taucht plötzlich das Wort »Dorfnachbarn« auf. So nannten die Leute von der GPU, die Untersuchungsführer, die Angeklagten dieses Prozesses, sechs ehemalige Bauern – die Jelzin-Brüder, Vater und Sohn Gawrilow, Wachruschew und Sokolow. Von einem Prozeß war natürlich keine Rede! Da gab es lediglich eine »Sonder-Troika«, die auf »außergerichtlichem Wege« nach Artikel 58-10 des Strafgesetzbuches einige zu fünf Jahren, meinen Vater und meinen Onkel zu drei Jahren Lagerhaft verurteilte.

Dabei waren die Angeklagten gar keine Dorfnachbarn gewesen. Die Gawrilows und die Jelzins kamen aus verschiedenen Kreisen des Uralgebietes, wie man es damals nannte. Wachruschew stammte aus dem fernen Udmurtien. Erst auf der Baustelle hatten sie sich kennengelernt. Das Wort »Dorfnachbarn« hatte aber durchaus seinen Sinn. Darauf hatte die Tscheka den ganzen Fall aufgebaut: In einer Baracke kamen die versprengten Reste ehemaliger Bauernfamilien zusammen, die die Sowjetmacht »entkulakisiert« hatte und die deshalb im Verdacht standen, Gegner des Systems zu sein.

Beim Blättern in der Akte versuchte ich herauszubekommen, wer der Hauptdenunziant gewesen war und womit das alles begonnen hatte. Schließlich wurde mir klar, daß das Ganze Teil einer von langer Hand geplanten Kampagne war. Zur gleichen Zeit nämlich wurden in Kasan mehrere angebliche »Verschwörungen« aufgedeckt und ganze Gruppen von »Schädlingen« und »Diversanten« verhaftet; so konnte man stets gleich mehrere Dutzend Menschen aburteilen. Die »Troika« – die Dreiergruppe – machte mit den sechs »Dorfnachbarn« kurzen Prozeß. In der allergewöhnlichsten Arbeiterbaracke Nr. 8, unter einfachen, ehrlichen Arbeitsleuten hatte man plötzlich Feinde des Volkes entdeckt. Einer der Vorgesetzten, ein Parteifunktionär – oder war es ein bezahlter Informant gewesen? –, mußte auf sie gezeigt und gesagt haben: Die da sind ehemalige Kulaken.

Weder Vater noch sein Bruder legten Geständnisse ab. Zu späteren Zeiten wäre sie das teuer zu stehen gekommen: Man hätte sie zweifellos abgeführt und ihnen die Seele aus dem Leib geprügelt. Aber die Folter beim Verhör wurde offiziell erst etwas später eingeführt. In jenem Jahr waren die Untersuchungsführer in Eile; sie hatten vor allem Papiere auszufüllen, damit alles den Regeln der sozialistischen Gesetzlichkeit entsprach – Protokolle, Zeugenaussagen, Gegenüberstellungen, Belastungsmaterial aus früheren Zeiten usw. All das mußte gesammelt, abgezeichnet, ordentlich ausgefüllt und abgeheftet werden. Das Ganze dauerte nicht einmal einen Monat.

Was aber warf man der »Gruppe von Schädlingen« eigentlich vor? Einmal hatte einer von ihnen eine stinkende, ungenießbare Suppe direkt aus dem Kessel auf die Erde gegossen. Dabei hatte der 22jährige Andrian Jelzin wütend ausgerufen: »Wollen die denn, daß alle Arbeiter hier weglaufen?« Oder die »Anleihe«, die man auf der Baustelle organisierte. Man behielt den Lohn ein und gab statt dessen Anleihescheine aus. Auf Seite 3 der Akte lese ich: »Als die Anleihe gezeichnet werden sollte, sagte Iwan Sokolow: Ich unterschreibe keine neue Anleihe, mit der ihr uns unseren Lohn abnehmen wollt! Wir haben die alte noch nicht zurückbekommen, und ihr kommt schon wieder mit einer neuen.« (Aussage des Zeugen Kudrinski vom 7. 5. 1934)

Außerdem hatten sie auf das Osterfest angestoßen. Auch das lastete man den Bauern an – ein schweres Vergehen. Übrigens finden sich in der Akte keine besonders belastenden Aussagen gegen meinen Vater. In der Regel galten die Anklagen seinem Bruder und den anderen »Schuldigen«. Aber Vater war in dieser »Kulakenbrigade« der Brigadier gewesen! Und offenbar kein schlechter. Das reichte.

Hier die Aussage eines weiteren Zeugen. Ich lasse die Orthographie des Untersuchungsführers unverändert: »Die ganze Gruppe stand in enger Verbindung untereinander, die in der Arbeit und auch in der Freizeit zum Ausdruck kam. In der Wohnung von Jelzin versamelten sich alle diese Genosen. Sie waren allesamt Kulaken, wollten das aber stets geheimhalten. Um ihre soziale Hehrkunft zu verbergen, zeigten sie gute Leistungen auf Arbeit. Aber trots der guten Arbeit versamelten sie sich regelmäßig in der Wonung bei Jelzin zusammen zur Disskusion von irgendwelchen Fragen, über die ich nix sagen kan, weil ich bei ihren prifaten Trefen nie dabei war.«

Untersuchungsführer Denissow nahm diese Zeugenaussage auf, und Zeuge Krasilnikow vermerkte am Schluß des Protokolls: »Nach meinen Worten richtig aufgeschrieben«. Unterschrift.

Nichtssagende, zusammenhanglose Zeugenaussagen, die zur »vollen Entlarvung« führten. Dann stieß ich auf die Anklageschrift. Sechs Namen. Nikolai Ignatjewitsch Jelzin ist die Nummer Drei.

Sie werden beschuldigt, »nach ihrer Einstellung auf der Baustelle der

Kasaner Maschinenfabrik auf der Grundlage ihrer feindlichen Einstellung zur Sowjetmacht unter der Führung des Kulaken Sokolow systematisch antisowjetische Agitation unter den Arbeitern betrieben zu haben, um die Arbeiterklasse zu zersetzen und Unzufriedenheit mit der bestehenden Rechtsordnung zu schüren. Unter Ausnutzung von Schwierigkeiten bei der Ernährung und Versorgung versuchten sie, eine ungesunde Stimmung zu erzeugen, indem sie provokatorische Gerüchte über Krieg und den baldigen Zusammenbruch der Sowjetmacht verbreiteten. Sie agitierten gegen die Staatsanleihe und wandten sich aktiv gegen die Hilfe für österreichische Arbeiter, d. h. sie begingen Handlungen, die Artikel 58-10 StGB erfüllen.«

Schließlich ein kleines Blatt, nur eine Drittelseite: »Auszug aus dem Protokoll Nr. 12 der Sitzung der Gerichtlichen Dreiergruppe der GPU der Tatarischen ASSR vom 23. Mai 1934. Verhandelt wurde Fall Nr. 5644-34, angeklagt: Nikolai Ignatjewitsch Jelzin, geboren 1906 im Uralgebiet, Dorf Basmanowo, entkulakisierter Kulak, tätig als Zimmermann auf der Baustelle der Kasaner Maschinenfabrik. Nach Artikel 58-10 StGB wird beschlossen: Für Jelzin, Nikolai Ignatjewitsch: drei Jahre Freiheitsentzug im Lager für Umerziehung durch Arbeit.« Auf der Rückseite dieses Blättchens: »Kenntnis genommen 25. 5. 34«. Unterschrift: N. Jelzin.

Diese Mappe, dieser »Fall« liegen mir schwer auf der Seele. Immer wieder blättere ich darin und versuche zu begreifen... Suche immer wieder nach einem Grund, weshalb es gerade diese Männer traf. War es wirklich reine Willkür, mit der die Maschine der Tscheka die Menschen verschlang?

Wahrscheinlich wäre mein Leben anders verlaufen, wenn mir diese Mappe früher in die Hände gefallen wäre. Wenn ich mich schwarz auf weiß davon hätte überzeugen können, auf welchem entsetzlichen und alltäglichen Leid unser industrieller Fortschritt und unsere »herrliche« sowjetische Wirklichkeit beruhte.

Mein Vater hat darüber nie mit mir gesprochen. Er hatte dieses Stück seines Lebens aus dem Gedächtnis gestrichen, als ob es niemals existiert hätte. Gespräche über dieses Thema waren in unserer Familie nicht erlaubt.

Ich war damals erst drei Jahre alt, aber ich erinnere mich bis heute an die Angst und den Schrecken jener Tage. Nachts kommen Männer in unser Zimmer in der Baracke. Mama schreit auf und weint. Ich erwache und weine auch. Nicht deshalb, weil Vater fortgeht, denn ich bin noch klein und begreife nicht, was passiert. Ich sehe Mama weinen und sehe ihre Angst. All das überträgt sich auf mich. Vater wird abgeführt, Mama stürzt zu mir und umarmt mich. Ich beruhige mich und schlafe wieder ein.

Erst nach drei Jahren kam Vater aus den Lagern zurück. Aber noch heute läuft es mir beim Anblick dieser gelben Mappe kalt über den Rücken. Der »Fall Nr. 5644«.

Agonie

Die Spannung um das Weiße Haus stieg Stunde um Stunde. Frauen und Kinder wurden aufgefordert, die Gefahrenzone zu verlassen. Luftlandesoldaten fällten den Sendemast der Radiostation »Moskauer Echo«. Nun waren die Menschen auf dem Platz ohne Informationen. Als aber Abgeordnete den Postminister förmlich belagerten, erklang das »Echo« am Abend wieder im Äther und übertrug ununterbrochen Meldungen über Truppenverschiebungen auf den Platz.

Unter diesen Umständen war der ausgeklügelte Plan, den die Generale unter dem Druck Warennikows erarbeitet hatten, nicht mehr durchführbar. Dafür hätte man die Operation zumindest persönlich kommandieren, die Einheiten persönlich zum Angriff führen und mit der Waffe im Anschlag auf unbewaffnete Menschen losgehen müssen, die, fest untergehakt, drei, vier und fünf lebendige Schutzwälle um das Gebäude geschlossen hatten. Man hätte Frauen und Greise überrennen müssen.

Man hätte es auf sich nehmen müssen, den Stolz und die Hoffnung Rußlands, seine führenden Männer und sein politisches Symbol, Parlament und Regierung, zusammenzuschießen.

Das war die Armee nicht gewillt zu tun. Die Einheiten, die überall zu spät kamen und den Ereignissen hinterherjagten in dem vergeblichen Versuch, die erst zaghaften, dann übereilten und inkonsequenten Anordnungen des GKTschP zu befolgen, zogen sich nun, mit Schande bedeckt, in ihre Kasernen zurück, schalteten die Funkgeräte ab, »kamen vom Kurs ab« oder erstarrten als schwarze Flecke im Dunkel der Nacht auf den Straßen der Vororte.

In allen Interviews und Memoiren stellen die Militärs aus einem unerfindlichen Grunde die Bewegungen der Kolonnen von gepanzerten Fahrzeugen über den Gartenring, von der Tschaikowskistraße zum Smolensker Platz als »Patrouillenfahrten« auf den Straßen Moskaus dar. In Wirklichkeit aber war dies der letzte verzweifelte Versuch, die Menge am Weißen Haus durch vorgetäuschte Aktivität doch noch einzuschüchtern und zu zerstreuen. Dabei geschah es, daß bei der Fahrt durch eine Unterführung jemand eine Plane über ein Fahrzeug warf; einer der Demonstranten sprang auf den Panzer, aus der Luke wurden Warnschüsse abgefeuert, der junge Mann fiel zu Boden. Der Panzerwagen stieß zurück und schleifte dabei den leblosen Körper über den Asphalt. Zwei weitere Männer, die dem Verunglückten zu Hilfe eilen wollten, wurden erschossen. Lange blieben die Blutspuren auf dem Asphalt. Drei junge Männer waren aus dem Leben gerissen worden: Dmitri Komar, Ilja Kritschewski und Wladimir Ussow.

Nun war geschehen, was in dieser Nacht offenbar niemand gewollt hatte, weder die Militärs, noch wir. Es hätte nicht geschehen müssen, wenn über die Funkgeräte der Panzerkommandeure ein einziger Befehl erfolgt wäre: Stop und keine Bewegung. So kam, was kommen mußte, wenn Menschen sich über viele Stunden in einem Zustand äußerster Anspannung und Nervosität befinden.

Die Nachricht aber, daß es weitere Opfer gegeben hatte, veranlaßte die Putschisten schließlich zur Aufgabe. Bereits am nächsten Morgen gab Marschall Jasow unter dem Druck seiner Stellvertreter den Befehl, die Truppen aus Moskau abzuziehen.

Die Mitglieder des Staatlichen Komitees für den Ausnahmezustand, die sich noch tags zuvor im Schutze dieser Waffen so sicher gefühlt hatten, standen nun ihrem Schicksal Auge in Auge gegenüber. Das war für sie ein Schock. Die Stimmung, die auf der letzten chaotischen Zusammenkunft der Verschwörer herrschte, kommt wohl am treffendsten in den Worten Juri Prokofjews, des Ersten Sekretärs des Moskauer Stadtparteikomitees, zum Ausdruck: »Gebt mir am besten eine Pistole, und ich erschieße mich.«

Prokofjew ist übrigens heute ein sehr erfolgreicher Geschäftsmann.

Die Entscheidung

Am Morgen des 21. August erwachte das Land starr vor Furcht: Sollte das Blutvergießen weitergehen? War immer noch nicht Schluß? Rundfunk und Fernsehen übertrugen weiterhin die Erlasse des GKTschP. Das Blatt hatte sich bereits gewendet, doch noch war das Risiko groß, daß das GKTschP zu einem letzten verzweifelten Schlag ausholte.

Aber nach der Entscheidung Marschall Jasows zogen die Panzer nach und nach aus Moskau ab. Der Oberste Sowjet Rußlands trat zu einer Sitzung zusammen.

21. August, nachmittags – Ablauf der Ereignisse

Um 14.15 Uhr nimmt die Maschine des Präsidenten der UdSSR mit Krjutschkow, Jasow, Baklanow und Tisjakow an Bord Kurs auf Foros. In einem weiteren Flugzeug folgen ihnen Lukjanow und Iwaschko.

16.52 Uhr. Von Wnukowo-2 startet eine TU-134 in Richtung Foros. Darin sitzen Silajew, Bakatin, Ruzkoi, Primakow und zehn Volksdeputierte der Russischen Föderation.

19.25 Uhr. Das Flugzeug mit den Putschisten landet auf dem Flugplatz »Belbek«.

Gorbatschow weigerte sich, mit den Putschisten zu sprechen, und beschränkte sich auf einen einzigen Satz der moralischen Verurteilung. Er hatte mit ihnen nichts zu bereden. Vor dem Generalsekretär stand eine Mannschaft von Selbstmördern, die, so verschieden sie auch waren, jetzt doch eines gemeinsam hatten: Ihre Zeit war abgelaufen. Das GKTschP war die letzte Seite in ihrem Lebenslauf.

Als der bewaffnete Ruzkoi in Begleitung von Soldaten mit Maschinenpistolen auftauchte, fragte Raissa Maximowna erschrocken: »Wollen sie uns verhaften?« »Warum?« fragte Ruzkoi verwundert zurück. »Wir wollen Sie befreien!« Sie brach in Schluchzen aus.

Epilog

Spät nachts kam Gorbatschow in Wnukowo-2 die Gangway des Flugzeuges herab. »Kaum wiederzuerkennen«, wie jemand schrieb. Nach ihm stiegen seine Familienangehörigen aus der Maschine. Ich sah mir das im Fernsehen an und dachte: Gorbatschow war und bleibt zwar mein politischer Gegner, aber es ist großartig, daß eine so schreckliche Geschichte ein so gutes Ende nimmt.

Vor mir aber lag ein weiterer schwerer Tag. Ich mußte an der Begräbnisfeier für die Opfer des Putsches teilnehmen: Ein endloser Menschenzug vom Weißen Haus bis nach Wagankowo, eine bedrückende Atmosphäre und das unerträgliche Gefühl, daß wir alle uns zu schämen hatten. Gorbatschow ertrug es nicht und ging; ich blieb bei den gramgebeugten Müttern, ich konnte nicht einfach weggehen. Wer ahnte damals, daß dies nicht das letzte Begräbnis dieser Art sein würde?

Viele Male hat man mir vorgeworfen, daß ich auf der Sitzung des Obersten Sowjets, der sofort nach dem Putsch zusammentrat, demonstrativ den Erlaß über die Einstellung der Tätigkeit der Kommunistischen Partei unterschrieb. Ja, demonstrativ. Aber nicht mit bösem Willen. Niemand konnte bestreiten, daß das Hauptergebnis dieser drei Tage der vollständige und endgültige Sturz der kommunistischen Macht in unserem Land war. Die Partei und ihre Ideen sind geblieben, aber als militante Staatsideologie gehört der Kommunismus der Vergangenheit an.

Erstaunlich, wie die Ereignisse jener drei Tage fast bis ins Detail der »Verteidigung« des Weißen Hauses im Oktober 1993 gleichen. Fast wie ein Spiegelbild. Mit Widerwillen blicke ich in dieses Spiegelbild. Doch ich muß es tun.

Ein entscheidender Schritt bei Jelzins Aufstieg zur Macht war sein formelles und demonstratives Verlassen der kommunistischen Partei; teils unter atemlosem Schweigen, teils unter wütenden Protesten verließ er den Saal, während ein völlig überraschter Gorbatschow ihm fassungslos nachblickte.

An den Bildern aus diesen dramatischen Jahren läßt sich die rasende Entwicklung- ablesen, die aus der Sowjetunion ein neugeborenes Rußland gemacht haben. Die erste Vereidigung Jelzins am 12. Juni 1991 fand noch unter dem Banner von Hammer und Sichel statt.

Als ein gedemütigter Gorbatschow von der Krim zurückkommt und seine Funktion als Präsident nach dem fehlgeschlagenen Staatsstreich wieder einnimmt, fällt ihm Jelzin vor aller Augen ins Wort und erklärt die Funktionen der kommunistischen Partei für ausgesetzt. Es wird deutlich, daß Gorbatschow zwar noch Präsident, aber Jelzin der eigentliche Inhaber der Macht ist.

Die zweite Vereidigung Jelzins findet dann schon ohne alle sowjetischen Symbole statt. Das staatliche Zeremoniell der Sowjetunion gehört der Vergangenheit an.

Auch bei der Rebellion im Oktober waren Frauen im Weißen Haus, auch diesmal gingen sie nicht nach Hause. Und wieder diese dilettantische »Verteidigung«. Barrikaden aus Möbelstücken, Wachen rund um die Uhr, Zivilisten mit Maschinenpistolen, Versuche, die Armee für sich zu gewinnen, Pläne für die Benutzung der unterirdischen Verbindungswege.

Ruzkoi versuchte verzweifelt, Verbindung zu den westlichen Botschaften zu bekommen, damit die Weltgemeinschaft ihn unter ihren Schutz stellte. Ich hatte mich zwar geweigert, in die amerikanische Botschaft zu fahren, obwohl man mir dort Zuflucht angeboten hatte, aber die Hoffnung auf die Unterstützung des Auslands hatten auch wir damals gehabt.

Im Oktober 1993 versuchten wir, eine gewaltsame Auseinandersetzung zu vermeiden. Zu diesem Zweck taten wir einen – wie ich heute weiß – äußerst bedenklichen Schritt: Wir entwaffneten die gesamte Miliz und die Einheiten des Innenministeriums, die an der Operation beteiligt waren. Dem Mob, der sich häufig mit Steinen, Stahlrohren und Molotowcocktails bewaffnet hatte, standen Menschen gegenüber, die nur hinter ihren Plastikschilden Deckung suchen konnten.

Diese Vorsichtsmaßnahme hatte bald gefährliche Folgen: Als die gewalttätigen Übergriffe von seiten der Aufrührer begannen und es die ersten Toten gab, zog die Moskauer Miliz von ihren Posten ab. Sie wollte unbewaffnete Offiziere und Soldaten nicht sinnlos opfern. So waren wichtige Regierungsgebäude plötzlich ohne Schutz. Wenn auch nur für kurze Zeit.

Nein, der Spiegel lügt: Im August 1991 war Moskau voll von Truppen, rollten Panzer durch die Straßen. Im Oktober 1993 waren keine Truppen aufmarschiert. Nicht vor 4.00 Uhr morgens an jenem 4. Oktober. Eingedenk der Lehren des Augustputsches, fürchteten die Militärs, wieder in eine ähnliche Situation zu geraten. War es nicht wieder das Volk, das sich jetzt gegen Jelzins »volksfeindliches Regime« erhob, wie Ruzkoi und Chasbulatow in ihren revolutionären Aufrufen schrieben? (Und daß diese Aufrufe sehr schnell in die Kasernen gelangten, daran war nicht zu zweifeln.) Handelte es sich vielleicht sogar um eine Volkserhebung?

So versuchten die Militärs im Oktober bis zum letzten Augenblick, nicht zu schießen. Im August vor zwei Jahren hingegen hätte mancher von ihnen nur allzugern das Feuer eröffnet ...

Im Oktober 1993 versuchten die Männer im Weißen Haus mit aller Gewalt, das Szenarium von 1991 zu wiederholen, und hofften, daß dieser Versuch erfolgreich sein werde. Blind geworden für die politische Wirklichkeit, stürzten sie sich in eine Rebellion, die von vornherein wenig aussichtsreich war.

Wir im Kreml dagegen befürchteten, in die Lage der Mitglieder des

Staatlichen Komitees für den Ausnahmezustand zu geraten. Daher die Unentschlossenheit in unserem Handeln, die das Land beinahe an den Rand des Abgrundes geführt hätte und viele Opfer forderte.

Die Aufrührer besetzten das Weiße Haus. Sie besetzte das Bürgermeisteramt. Sie drangen in zwei Etagen des Fernsehzentrums von Ostankino vor. Sie brachten die größte Nachrichtenagentur des Landes, ITAR-TASS, in ihre Gewalt und bedrohten die Direktoren mit Maschinenpistolen (die Redakteure blieben jedoch standhaft und weigerten sich, die Erlasse zu verbreiten). Man besetzte die Zollbehörde (von dort erging der Befehl, alle Flugplätze und Bahnhöfe zu sperren und die Mitglieder der Regierung, demokratische Journalisten und Vertreter der Öffentlichkeit daran zu hindern, Moskau zu verlassen). Man nahm das Rundfunkgebäude an der Katschalowstraße ein. Man versuchte, den Stab der GUS-Streitkräfte in seine Gewalt zu bringen. Das alles war von langer Hand geplant.

Ist dies doch ein Spiegelbild der Ereignisse zwei Jahre zuvor? Vielleicht. Aber das Bild ist spiegelverkehrt. Alles ist scheinbar gleich und doch ganz anders. Eben ein Spiegelbild.

Unser passiver, im Grunde genommen waffenloser Widerstand gegen den Ausnahmezustand im August 1991 endete schließlich damit, daß die Truppen abgezogen wurden.

Im September/Oktober 1993 wurden Hunderte von Menschen mit Waffen ausgerüstet, die Zahl der Gewehre ging in die Tausende, und man ging gewaltsam auf die Milizionäre los. Beim Sturm auf das Fernsehzentrum von Ostankino wurden Granatwerfer eingesetzt, und man führte den Mob zum Sturm auf staatliche Gebäude. Diese »Verteidigung« des Weißen Hauses endete mit einer Niederlage der Rebellen.

Das geschah im August 1991: Tausende von friedlich protestierenden Menschen schützten das Weiße Haus vor der Erstürmung und bewahrten das Land vor einem Blutbad und der Rückkehr des Totalitarismus. Und das geschah im Oktober 1993: Wütende, haßerfüllte Demonstranten stürzten sich auf die unbewaffnete Miliz und provozierten Gewalt.

August 1991: Die Armee, die man nach Moskau ruft, weigert sich, das Weiße Haus zu erstürmen, weil sie weiß, daß sich Tausende von Menschen den Panzern in den Weg stellen werden. Sie führt den Befehl nicht aus.

Oktober 1993: Die Armee, die man lange, sehr lange, bis zum letzten Augenblick nicht nach Moskau ruft, erhält schließlich den lang hinausgezögerten Befehl, das Feuer auf die Rebellen zu eröffnen, und befolgt ihn, weil sie sich der Unterstützung der Moskauer Bevölkerung sicher ist. Und die Soldaten verstehen die Notwendigkeit, den Sinn dieses Befehls.

Die Sondereinheit des KGB »Alpha« weigerte sich, das Weiße Haus zu stürmen: August 1991. Dieselbe Einheit besetzt das Weiße Haus und erfüllt ihren Auftrag, wobei sie einen Mann verliert, der durch einen Schuß in den Rücken getötet wird: Oktober 1993.

Wie in einem absurden Film läuft der derselbe Streifen noch einmal ab, nur in entgegengesetzter Richtung. Wozu? War dies eine weitere Prüfung, die die noch junge Demokratie zu bestehen hatte?

Wie auch immer – die Moskauer Bevölkerung, die in den Nächten des August 1991 und des Oktober 1993 auf die Straße ging, verteidigte gemeinsam mit den Journalisten, den Ärzten und den jungen Soldaten die Demokratie. Alle wußten genau, welches Risiko sie eingingen und wofür.

Eine weitere düstere Episode des Augustputsches kommt mir in den Sinn. Ich telefonierte mit Janajew. Ich sagte ihm, daß ich seine Erklärung über den Gesundheitszustand Gorbatschows für eine Lüge hielte. Ich forderte ein ärztliches Bulletin oder eine Erklärung des Präsidenten. »Das Bulletin kommt«, erwiderte er mit belegter Stimme.

Mich packte die Angst. Würde man Gorbatschow mit Gewalt zu Zugeständnissen zwingen? Würden die Putschisten auf diese Weise das Spiel doch noch zu ihren Gunsten entscheiden?

Erst später begriff ich, daß sie dazu gar nicht fähig waren. Dazu fehlte es ihnen an brutaler Entschlossenheit und Kaltblütigkeit. Nein, unter ihnen war kein »teuflisches Genie«. Sie ließen es nicht zum Äußersten kommen.

Den Wert des menschlichen Lebens zu schätzen und vor der Gewalt zurückzuschrecken – das ist nicht wenig. Die zynischen Verschwörer vom August 1991, die das Schicksal dazu erzogen hatte, lediglich in technokratischen Kategorien zu denken, waren dennoch nicht fähig gewesen, diese Grenze zu überschreiten. Ich glaube, in den siebzig Jahren seit der »Großen Oktoberrevolution«, wie sie stets genannt wurde, hat sich unser Volk verändert. Wir Russen, wir Bewohner Rußlands, sind normaler, zivilisierter und, wenn man so will, gütiger geworden. Vielleicht auch aufgeklärter.

Einen anderen töten, weil er reicher ist? Eine ganze Familie erschießen, weil in ihren Adern fremdes Blut fließt? Kämpfen, aufeinander schießen, sterben – für Jelzin, für Chasbulatow, für die Verfassung oder für den Kommunismus? Nein, ich glaube nicht, daß wir dazu noch imstande sind.

Bilanz

Wie lange dauert nun schon der Prozeß gegen die Mitglieder des GKTschP! Zermürbende, skandalöse und verworrene Verhandlungen – die Gerichte sind offenbar nicht in der Lage, diesen Fall abzuschließen, der zunächst aus politischen Gründen verschleppt wurde (man hoffte, die Macht des Präsidenten Jelzin werde zusammenbrechen), später aus verfahrenstechnischen und schließlich aus medizinischen Gründen – die Angeklagten wurden krank.

Heute sind sie alle in Freiheit, schreiben Gedichte, nehmen an Demonstrationen teil und werden in die Staatsduma gewählt. Ihre Zellen im Gefängnis Lefortowo hatten andere eingenommen, die Aufrührer von 1993. Auch sie waren Feinde der Demokratie. Aber auch sie sind inzwischen wieder auf freiem Fuß. So ist das bei uns. Noch sind die Verhältnisse instabil.

Die neue Epoche Rußlands hat eben erst begonnen. Eine wirre und unübersichtliche Zeit liegt vor uns. Wir werden immer wieder vor neuen Herausforderungen stehen und nach Antworten suchen müssen. Eine Epoche bricht an, in der wir noch oft an jene scheinbar so übersichtliche Zeit zurückdenken werden, die am 21. August 1991 zu Ende ging.

Ich schalte noch einmal das Diktiergerät ein.

Tanja: ...Wir erlebten einen schrecklichen Augenblick, als wir erfuhren, im Weißen Haus habe es eine Explosion gegeben. Mama versagten die Knie, sie mußte sich setzen. Ich sagte: »Das kann nicht sein!« Ich rannte zum Telefon, und Lew Jewgenjewitsch sagte mir: »Nein, Tanja, bei uns ist alles in Ordnung, wir arbeiten. Das ist eine Desinformation.«

Ljoscha: Wir hörten das »Moskauer Echo«, wo von der Schießerei auf dem Kalinin-Prospekt berichtet wurde. Dann teilte der Sprecher mit, daß dort ein Panzer brennt und es zu Zusammenstößen gekommen sei ...

Lena: Nach diesen Ereignissen bin ich etwa einen Monat lang immer zum Fenster gestürzt, wenn Lastwagen vorbeifuhren, um zu sehen, ob es nicht Panzer waren. Mir war klar, daß das nicht sein konnte, und trotzdem riß es mich hoch.

Der 21. August war mein Geburtstag. Wir beschlossen, abends doch ein wenig zu feiern. Aber es kamen nur Frauen. Die Männer waren alle dort, im Weißen Haus. Papa war nicht da, denn die Gefahr war noch nicht ganz gebannt. Auch in der Nacht vom 21. zum 22. August blieben die Menschen vor dem Weißen Haus. Die ganze Zeit, die wir in unserer Wohnung verbrachten, wachten die Burschen vom Personenschutz über uns im Treppenhaus. Zum Geburtstag schenkten sie mir eine Patrone.

Um 5.00 Uhr morgens rief Papa wieder an. Er gratulierte mir zum Geburtstag und sagte: »Entschuldige, daß ich diesmal kein Geschenk für dich habe.« Ich antwortete ihm: »Papa, du hast mir das schönste Geschenk gemacht. Du hast die Demokratie verteidigt!«

Und, Ehrenwort, diese trockene Phrase erschien mir nicht zu hoch gegriffen ...

Viertes Kapitel

Nach dem Putsch

In Beloweshskaja Puschtscha

Ein schöner Winterabend. Leichter Schneefall. Klirrender Frost. Wie es im Dezember sein muß.

In der Residenz des Vorsitzenden des Obersten Sowjets der Republik Belarus trafen wir uns zu dritt: der Hausherr Schuschkewitsch, der Ukrainer Krawtschuk und ich. Wir kamen zusammen, um über das Schicksal der Union zu entscheiden. Was ging zu dieser Zeit im Lande vor?

Auf den Augustputsch reagierten alle Republiken augenblicklich mit Unabhängigkeitserklärungen. In großer Eile wurden Präsidentenwahlen angesetzt und Deklarationen ausgearbeitet. Insbesondere Georgien und Moldowa erklärten kategorisch, nun könne von der Unterzeichnung eines Unionsvertrages keine Rede mehr sein.

Die Institutionen der Union waren wie auf einen Schlag lahmgelegt. Die wirkliche Macht lag nun eindeutig bei den Republiken, vor allem bei Rußland. Weder der Ministerrat noch das Staatliche Plankomitee oder all die anderen früher so allmächtigen Behörden faßten noch Beschlüsse; sie registrierten im Grunde lediglich den vorhandenen Zustand.

Die zentrale Führung war derartig diskreditiert, daß den Republiken gar keine Wahl blieb, als den Weg einer selbständigen Entwicklung einzuschlagen. Anstelle des schrittweisen und allmählichen Übergangs vom Einheitsstaat zu einer lockeren Konföderation sahen wir uns nun einer vollständigen Aushöhlung des politischen Zentrums, einem regelrechten Vakuum gegenüber. Und Gorbatschow als Symbolfigur des Zentrums war total demoralisiert. Bei den neu entstehenden Nationalstaaten hatte er keinerlei Vertrauenskredit mehr.

Man mußte etwas unternehmen.

Vom August bis zu seinem Rücktritt kam ich mit Gorbatschow etwa acht- bis zehnmal zusammen. Ich weiß nicht, ob ihm selbst bewußt war, wie sehr sich unser Verhältnis verändert hatte. Ich sagte ihm, der August habe uns eine bittere Lehre erteilt, und bat ihn deshalb, künftige Personalveränderungen nur noch in Abstimmung mit mir zu treffen.

Gorbatschow blickte mich prüfend an. Sein Blick verriet, daß er sich in die Enge getrieben fühlte. Aber ich hatte keine andere Wahl. Von meiner harten und konsequenten Haltung hing nun alles ab. Ich glaube, der Rückblick zeigt, daß ich damals richtig handelte.

Die ersten Personalentscheidungen traf Gorbatschow dennoch allein: Er ernannte Moissejew zum Verteidigungsminister, Schebarschin zum Vorsitzenden des KGB und beließ Bessmertnych auf dem Posten des Außenministers. Ich wußte aber, daß alle diese Leute offen oder insgeheim am Putsch beteiligt gewesen waren.

Als die Nachrichtenagenturen diese Ernennungen meldeten, rief ich Gorbatschow nachts an. »Was tun Sie da, Michail Sergejewitsch?«, fragte ich. »Moissejew war einer der Organisatoren des Putsches. Schebarschin steht Krjutschkow sehr nahe.« Gorbatschow suchte nach Ausflüchten. Ja, vielleicht habe er personelle Fehlentscheidungen getroffen, aber jetzt sei es zu spät, der Erlaß stehe in allen Zeitungen und sei bereits im Fernsehen verlesen worden. Ich beendete dieses Telefongespräch mit den Worten: »Morgen früh bin ich bei Ihnen.«

Gorbatschows Argument, eine Rücknahme seiner Entscheidungen sei ihm unangenehm, verblüffte mich. War die Beachtung von Anstandsregeln in diesem Fall wirklich wichtiger als die Abwendung einer nicht unerheblichen Gefahr für die Sicherheit des Landes?

Am Morgen fuhr ich zu ihm. Zunächst verlangte ich von ihm, Moissejew unverzüglich in den Ruhestand zu schicken. Gorbatschow sträubte sich, mußte jedoch zugeben, Moissejews Ernennung sei ein Fehler gewesen. Schließlich sagte er: »Ich werde darüber nachdenken, wie ich ihn wieder korrigieren kann.« Ich erwiderte: »Nein, ich gehe hier nicht weg, bevor Sie dies in meiner Anwesenheit getan haben. Lassen Sie Moissejew sofort rufen und schicken Sie ihn in den Ruhestand.«

Die Sache hatte einen delikaten Hintergrund: An diesem Tag hatte Moissejew seinen Mitarbeitern gerade den Befehl gegeben, belastende Dokumente aus der Zeit des Augustputsches und insbesondere chiffrierte Telegramme zu vernichten, die seine Unterschrift trugen.

Zum Glück hatte einer der Offiziere, ein Oberleutnant, der mit der Vernichtung der Dokumente beauftragt worden war, unserem Sicherheitsdienst davon Meldung erstattet. So hatte ich jetzt einen Zettel mit Namen und Telefonnummer jenes Oberleutnants bei mir. Ich schob Gorbatschow den Zettel hin und sagte: »Rufen Sie unter dieser Nummer an und fragen Sie, womit der Mann am anderen Ende der Leitung zur Zeit beauftragt ist.« Gorbatschow wählte die Nummer. Am anderen Ende meldete sich jemand. Gorbatschow stellte sich vor. »Welchen Auftrag haben Sie erhalten?« Der Hauptmann antwortete, was er auch uns hatte wissen lassen. Er habe von Moissejew den Auftrag erhalten, alle verschlüsselten Telegramme zu vernichten, die den Augustputsch betrafen. Gorbatschow wandte sich zu dem inzwischen herbeigerufenen Moissejew um und fragte: »Haben Sie noch etwas zu sagen?«

Wir vereinbarten, die Ernennung des neuen Verteidigungsministers mit dem Rat der Staatsoberhäupter der Republiken abzustimmen. Dieser sollte am selben Tage einige Stunden später zusammentreten. Ich schlug Schaposchnikow, den Kommandeur der Luftstreitkräfte, als Kandidaten vor. Es war bekannt, daß er während des Putsches viel Mut bewiesen hatte. Obwohl Jasow und dessen Umgebung starken Druck auf ihn ausgeübt hatten, hatte er sich nicht provozieren lassen und alles getan, um die Luftwaffe aus dem Umsturz herauszuhalten. Gegen seine Ernennung zum Verteidigungsminister hatte niemand etwas einzuwenden.

Ebenso wichtig war es, einen würdigen Kandidaten als Chef des KGB zu finden, der imstande war, diesen monströsen Unterdrückungsapparat zu zerschlagen, der noch aus Stalins Zeiten stammte. Dafür brauchten wir einen Mann, der Erfahrungen in der Führung bewaffneter Verbände hatte. Bakatin, der vor Pugo das Innenministerium geleitet hatte, schien mir dafür geeignet zu sein. Ziemlich unerwartet stimmte Gorbatschow sofort zu.

Nun kamen wir zum Posten des Außenministers, denn ich war der Ansicht, daß auch Bessmertnych unverzüglich abgesetzt werden mußte. Er hatte die Aufträge des GKTschP ausgeführt, an alle Botschaften chiffrierte Telegramme gesandt und den ganzen diplomatischen Dienst angewiesen, den Putschisten Unterstützung zu geben. Kosyrew konnte damals noch nicht den Posten des Außenministers der Union übernehmen, er war darauf nicht vorbereitet. Wir einigten uns auf Schewardnadse. Um 11.00 Uhr trat der Rat der Staatsoberhäupter der Republiken zusammen. Dort wurden alle diese Vorschläge akzeptiert.

Jeder dieser Siege kostete jedoch ungeheure Anstrengungen. Wie viele konnte ich noch durchsetzen – einen, zwei oder drei? Mir wurde immer klarer, daß Gorbatschow uns nur zeitweilige Zugeständnisse machte.

Seine mißlungenen Ernennungen in den drei Schlüsselressorts der Regierung – Verteidigung, Sicherheit und Außenpolitik – hatte er zwar ohne ersichtlichen Hintergedanken vorgenommen. In zwei Fällen hatte er die ersten Stellvertreter eingesetzt, im dritten beließ er den erfahrenen bisherigen Amtsinhaber auf seinem Posten.

Das alles zeigte jedoch deutlich, daß nicht nur die erste, sondern auch die zweite Reihe der führenden Vertreter der Unionsbehörden an dem Putsch beteiligt war. Es handelte sich hier nicht um das Komplott einiger verzweifelter Generale, wie später im Oktober 1993, sondern um eine Verschwörung des gesamten bisherigen Staatssystems, das nicht daran dachte, sich auflösen zu lassen.

Eine paradoxe, groteske Situation ergab sich: Gorbatschow betraute mit der Führung des Landes die unmittelbaren Helfer derjenigen, die ihn hatten stürzen wollen. Der innere Mechanismus, die alten Unionsstrukturen, auf die sich die Putschisten hatten verlassen können, blieben unangetastet. Das aber war der Apparat gewesen, der sich auf allen Ebenen untergeordnet und während der kritischen Tage funktioniert hatte, der bereit gewesen war, den Ausnahmezustand überall durchzusetzen.

Ich hatte den Eindruck, daß niemand mehr im Land den Fortbestand dieses Systems wollte. Ich fühlte die Verpflichtung, keine weitere Bedrohung der Sicherheit Rußlands mehr zuzulassen.

Der letzte Versuch

In der Nacht vor der turnusmäßigen Sitzung des Kongresses der Volksdeputierten der UdSSR kamen die führenden Vertreter der Unionsrepubliken im Kreml zusammen, um die Taktik ihres Vorgehens in diesem Gremium abzustimmen. Sie waren bereits seit langem zu der einhelligen Auffassung gekommen, der Kongreß der Volksdeputierten müsse aufgelöst werden, da sich dieses Relikt der Vergangenheit inzwischen überlebt habe. Allen war jedoch auch klar, daß der Kongreß seine grenzenlose Macht nicht kampflos aufgeben werde.

Unter großen Mühen kam eine gemeinsame Erklärung der Staatsoberhäupter von zehn Republiken zustande, in der man dem Kongreß vorschlug, für die Übergangszeit bis zu einer neuen Verfassung der UdSSR gemeinsame Machtstrukturen der Republiken zu bilden. Damit sollte der Kongreß seine Tätigkeit beenden und sich auflösen. Sollte dieser Vorschlag angenommen werden, waren damit wichtige Artikel der Verfassung der UdSSR außer Kraft gesetzt. Die Macht ging vom Kongreß der Volksdeputierten auf den Rat der Staatsoberhäupter über, dem der Präsident der UdSSR und die führenden Repräsentanten der Unionsrepubliken angehörten.

Bei der Arbeit an diesem und anderen Dokumenten zeigte sich Gorbatschow stets kompromißbereit, ließ Nebensächlichkeiten außer acht und hielt sich an die mit den Staatschefs der Republiken abgestimmte Position. Seit dem August hatte sich seine Lage sehr verändert. Eine Republik nach der anderen erklärte ihre Souveränität, wodurch sich die politische Kräfteverteilung in der Sowjetunion für alle wesentlich veränderte. In dieser neuen Situation verblieb Gorbatschow nur die Aufgabe, die auseinanderdriftenden Republiken zusammenzuhalten.

Wir beauftragten Nursultan Nasarbajew, unsere gemeinsame Erklärung auf dem Kongreß der Volksdeputierten der UdSSR vorzutragen. Der Vorschlag des Rates der Staatsoberhäupter kam für die Deputierten nicht unerwartet. Sie alle hatten sich darauf eingestellt. Trotzdem nahmen die eifrigsten Verfechter des Kongresses den Kampf sofort auf. »Verrat«, »Verschwörung«, »Ausverkauf des Landes«, tönte es vom Rednerpult. Michail Sergejewitsch fiel es immer schwerer, Ruhe und Selbstbeherrschung zu bewahren, wenn derartige Vorwürfe erhoben wurden. Auch diesmal hatte er schließlich genug, ging selbst zum Rednerpult und drohte, wenn der Kongreß sich nicht selbst auflöse, könne man ihn auch auseinanderjagen. Diese Drohung verfehlte nicht ihre Wirkung, und die Erklärung des Rates der Staatsoberhäupter wurde schließlich angenommen.

Danach arbeiteten wir in Nowo-Ogarjowo intensiv an einem neuen Verfassungsentwurf. Gorbatschow legte nicht selten sein Veto ein, versuchte, eine entscheidende Schwächung der Zentralmacht zu verhindern, und blieb immer einen Schritt hinter der Entwicklung zurück. Aber er ließ sich auf Zugeständnisse ein, die vor dem August undenkbar gewesen waren. So stimmte er zu, daß die künftige Union ein konföderativer Staat sein sollte, allerdings mit einem starken Zentrum, das über Fragen der Verteidigung und einen Teil der Finanzen entschied. Der Präsident dieser Gemeinschaft Souveräner Staaten (GSS – unser Vorschlag für die neue Kurzbezeichnung anstelle der UdSSR) hatte die Einhaltung des Vertrages zu garantieren und die Gemeinschaft gegenüber anderen Staaten zu vertreten. Die Zentralregierung sollte auch weiterhin einen Ministerpräsidenten haben. In Moskau sollte ein Parlament aus zwei Kammern geschaffen werden.

Für Gorbatschow war es ein schwerer Schlag, daß einige frühere Unionsrepubliken nach und nach aus dem Prozeß von Nowo-Ogarjowo ausschieden. Den Anfang machten die drei baltischen Republiken, mit deren Verbleib in der Gemeinschaft Gorbatschow allerdings ohnehin kaum noch gerechnet hatte. Ihnen folgten Georgien, Moldowa, Armenien und Aserbaidshan. Auch die Atmosphäre bei den Sitzungen in Nowo-Ogarjowo war im Oktober und November völlig anders als vor dem Putsch. Während früher die überwiegende Mehrheit der Teilnehmer nicht gewagt hatte, dem Präsidenten der UdSSR zu widersprechen, und mich sogar zuweilen des »übertriebenen Radikalismus« bezichtigt hatte, wiesen sie nun die von ihm vorgelegten Argumente heftig zurück und kritisierten Gorbatschow, bevor ich selber auch nur den Mund aufgetan hatte. Zugleich erklärte eine Republik nach der anderen ihre Unabhängigkeit und wählte einen eigenen Präsidenten. Alle strebten danach, einen staatsrechtlich höheren Status zu erhalten und selbständige Mitglieder der UNO zu werden.

Nun zeigte sich, daß Gorbatschow nicht durch das Intrigenspiel seiner politischen Gegner, sondern von der historischen Entwicklung selbst in die Enge getrieben worden war. Er stand mit dem Rücken zur Wand und hatte keinen Ausweg mehr.

Die Bombe platzte am 25. November, als Gorbatschow bei der Eröffnung der regulären Sitzung der Staatsoberhäupter in Nowo-Ogarjowo der Presse erklärte, man sei zusammengekommen, um den Unionsvertrag zu paraphieren. Dieser war in Wirklichkeit noch nicht zur Paraphierung vorbereitet, außerdem waren Leonid Krawtschuk aus der Ukraine und Präsident Mutalibow aus Aserbaidshan nicht zur Sitzung erschienen. Mutalibow hatte Gorbatschow mitgeteilt, er könne »wegen der komplizierten Situation in der Republik« nicht anwesend sein.

Gorbatschows Erklärung von der bevorstehenden Paraphierung war für die Führer der Republiken der Anlaß, weitere wesentliche Korrekturen am Wortlaut des Vertrages vorzunehmen. Sie betrafen vor allem die Übergabe der verbliebenen Rechte des Zentrums an die Republiken. Gorbatschow verlegte sich zunächst auf seine Überredungskünste, reagierte dann aber immer nervöser und gereizter. Alle seine Worte halfen nichts, die Führer der Republiken forderten hartnäckig immer größere Unabhängigkeit vom Zentrum. Weder Milde noch Beharrlichkeit oder Härte Gorbatschows halfen, nachdem sie einmal auf den Geschmack der eigenen Machtvollkommenheit gekommen waren. Als er weiter auf seiner Formulierung des Unionsvertrages bestand, diese aber von allen anderen Teilnehmern geschlossen abgelehnt wurde, riß ihm der Geduldsfaden. Er sprang auf und lief aus dem Saal.

Wir blieben allein zurück. In diesem Augenblick, als plötzlich schwere, drückende Stille auf uns lastete, wurde uns schlagartig bewußt, daß wir das letzte Mal an diesem Ort beisammensaßen. Der Versuch von Nowo-Ogarjowo war gescheitert. Auch in dieser Richtung gab es kein Weiterkommen mehr. Wir mußten einen anderen Ausweg finden.

Nachdem sich die Verwirrung gelegt hatte, kam das Gespräch allmählich wieder in Gang. Einen Skandal wollte niemand. Unten warteten die Journalisten mit Ungeduld auf Nachrichten von dieser Zusammenkunft, die ja immerhin eine historische Entscheidung bringen sollte. Daraus wurde nun ganz offensichtlich nichts mehr. Aber wir wollten zumindest das Gesicht wahren. Zunächst mußte der Präsident zurückgeholt werden. Das wollte niemand übernehmen. Schließlich bat man mich und Schuschkewitsch, zu ihm zu gehen. Wir gingen in sein Arbeitszimmer hinauf und sagten: »Michail Sergejewitsch, lassen Sie uns weiterarbeiten. Wir müssen doch gemeinsam einen Ausweg finden.« Er hatte offensichtlich auf uns gewartet, erhob sich sofort und folgte uns. Die Sitzung wurde fortgesetzt.

Den Kompromiß, auf den wir uns dann einigten, unterschrieb niemand. Das war im Grunde bereits das Todesurteil für das Dokument von Nowo-Ogarjowo. Die offizielle Erklärung lautete jedoch: Der Vertragsentwurf wird den Obersten Sowjets der Republiken zur Erörterung übergeben. Nach ihrer Zustimmung folgt die offizielle Unterzeichnung durch die Staatsoberhäupter der Republiken und den Präsidenten der UdSSR.

Im Unterschied zu früheren Treffen dieser Art erschien keiner von uns auf der Pressekonferenz. Gorbatschow sprach allein zu den Journalisten, berichtete vom Erfolg der Sitzung und sagte, er hoffe, der neue Unionsvertrag werde am 20. Dezember feierlich unterzeichnet.

Den politischen Beobachtern blieb jedoch nichts verborgen. Bereits am nächsten Tag erschienen in fast allen Zeitungen pessimistische Prognosen über das Schicksal des Vertrages von Nowo-Ogarjowo. Allen war aufgefallen, daß Gorbatschow allein vor der Presse erschienen war und die Führer der Republiken den Vertrag nicht paraphiert hatten. Warum sollten dann die Obersten Sowjets der Republiken dem Vertragsentwurf zustimmen?

In den folgenden Tagen spitzte sich die Lage weiter zu. Am 1. Dezember fand in der Ukraine ein Referendum statt, bei dem sich die Bevölkerung einmütig für die Unabhängigkeit entschied. Danach erklärte Leonid Krawtschuk mit Nachdruck, sein Land werde sich an den Vereinbarungen von Nowo-Ogarjowo nicht beteiligen. Damit setzte er einen entscheidenden Schlußpunkt unter die lange Geschichte der Versuche Gorbatschows, die zerfallende Sowjetunion noch zu retten.

Wir mußten einen anderen Weg suchen.

Aus dem Tagebuch des Präsidenten: 8. Dezember 1991

Als ich in die äußerlich ruhigen, aber sehr angespannten, ja sogar erregten Gesichter Krawtschuks und Schuschkewitschs blickte, wurde mir schlagartig klar, daß wir nun die Ukraine und Belorußland in vollem Ernst und wahrscheinlich für immer in die Unabhängigkeit »entließen« und ihnen mit diesem Vertragstext die Gleichstellung mit Rußland zugestanden.

Das Treffen fand unter größter Geheimhaltung statt; die Residenz wurde von einer Sondereinheit bewacht. Diese übergroße Vorsicht führte zu unerwarteten Vorkommnissen. So stellte sich plötzlich heraus, daß es in der Residenz kein Kopiergerät gab. Um die Dokumente zu kopieren, mußten wir auf zwei Telefaxgeräte zurückgreifen, die man – Gott sei Dank – installiert hatte.

Mir schien, daß Schuschkewitsch innerlich nicht auf diesen Schritt vorbereitet war. Er hatte sich dieses Treffen offenbar anders – nachdenklicher und ruhiger – vorgestellt. Er schlug vor, auf die Jagd zu gehen und durch den Wald zu spazieren. Danach stand uns aber nicht der Sinn. Wir arbeiteten nahezu ununterbrochen und unter großer Anspannung. Sie verstärkte sich mit jeder Minute. Von unserer Seite waren Burbulis, Schachrai und Iljuschin an der Formulierung der Dokumente beteiligt. Die Konzeption und die wichtigsten Formulierungen des Vertrages hatten sie enorme Anstrengungen gekostet. Uns war klar, daß man die Vereinbarungen sofort, ohne jeglichen Aufschub unterzeichnen mußte.

Der Gedanke an eine neue Unionsverfassung, die den Republiken mehr Selbständigkeit beließ, war Schuschkewitsch, Krawtschuk und mir nicht erst gestern oder heute in den Sinn gekommen. Er war auch nicht einfach aus der Luft gegriffen, sondern hatte eine lange Tradition. Schon in den Jahren 1917 und 1918, nach der demokratischen Februarrevolution, hatte unverzüglich eine Unabhängigkeitsbewegung eingesetzt. Auf dem Gebiet des russischen Reiches waren mehrere neue nationale Regierungen ausgerufen worden, darunter im Kaukasus und in Mittelasien. Auch die Ukraine hatte nach Unabhängigkeit gestrebt. Den Bolschewiki gelang es, die nationalen Aufstände zu unterdrücken, da sie die Bauern und Soldaten bewaffneten, obwohl die Revolution eigentlich vom Proletariat getragen gewesen war. Die Sowjets hatten den Befreiungskampf mit eiserner Hand unterdrückt, die nationale Intelligenz erschossen und die nationalen Parteien auseinandergejagt.

Als jetzt aber der Begriff »Souveränität« von neuem umging, setzte das Räderwerk der Geschichte sofort wieder ein, und alle Versuche, es noch zum Stehen zu bringen, waren zum Scheitern verurteilt: Die letzte Stunde des Sowjetreiches hatte geschlagen.

Ich war auf den Vorwurf gefaßt, ich betreibe meine persönliche Abrechnung mit Gorbatschow, die separate Übereinkunft sei lediglich ein Mittel, um ihn von seinem Posten zu verdrängen. Ich wußte auch, daß mich dieser Vorwurf wohl mein ganzes Leben lang begleiten würde. Deshalb fiel mir mein Entschluß doppelt schwer. Neben der politischen Verantwortung hatte ich auch noch die moralische auf mich zu nehmen.

Dort, in Beloweshskaja Puschtscha, fühlte ich mich dann von einem gewissen Zeitpunkt an dennoch frei und leicht. Mit der Unterzeichnung dieser Vereinbarung hatte Rußland eine neue Richtung eingeschlagen. Dabei war nicht in erster Linie wichtig, daß nun Gebiete von dem alten Imperium abfielen, die vor Jahrhunderten erobert und angeschlossen worden waren. Die alten Verbindungen in Kultur und Wirtschaft, Politik und Alltag würden früher oder später Wirkung zeigen und zu einer neuen Zusammenarbeit führen.

Entscheidender aber war, daß Rußland nun nicht mehr für eine imperiale, sondern für eine friedliche und demokratische Politik eintrat. Es hatte sich für eine neue Globalstrategie entschieden, sagte sich vom traditionellen Bild des »Herrschers über die halbe Welt« los, verzichtete auf die militärische Rivalität mit der westlichen Zivilisation und wollte nicht länger Gendarm bei der Lösung nationaler Probleme sein.

Möglicherweise waren mir damals die Perspektiven, die sich uns nun eröffneten, nicht in allen ihren Dimensionen bewußt. Aber ich fühlte im Herzen: Große Entscheidungen muß man mit Leichtigkeit fällen.

War mir bewußt, daß man ohne eine einheitliche Regierung in Moskau auch keinen Einheitsstaat erhalten konnte? Ja, durchaus. Zu dieser Zeit aber hatte das Schicksal Rußlands für mich längst nichts mehr zu tun mit dem Schicksal des ZK der KPdSU, des Ministerrates, des Kongresses der Volksdeputierten, des Staatlichen Komitees für Versorgung und anderer »historisch« gewachsener Behörden, denen das Schicksal Rußlands keinen Pfifferling wert war. Rußland interessierte sie lediglich als Lieferant von Rohstoffen, von Arbeitskräften und Kanonenfutter, als stärkster »Magnet« des Imperiums, der andere Staaten, selbst Kuba, anzog, denen man dann seine eigenen politischen Vorstellungen aufzwingen konnte!

Natürlich war es gerade die Einheit der Sowjetunion gewesen, die der Welt Respekt und Furcht eingeflößt hatte. Aber wie lange hätte das Imperium noch Bestand gehabt? Waren nicht alle Weltreiche irgendwann einmal auseinandergefallen – das spanische, das französische, das britische, ja vielleicht sogar auch das amerikanische? Es war noch gar nicht so lange her, da die USA vergeblich versucht hatten, eine ganze Reihe Staaten in Mittel- und Südamerika indirekt zu kontrollieren, was ihnen letzten Endes nicht gelang.

Alles in allem war dies kein »stiller Umsturz«, sondern eine legale Veränderung der bestehenden Verhältnisse, der Geschäftsgrundlage zwischen den drei wichtigsten Republiken der Union.

Besonders hevorgehoben und bewahrt wurde die Idee der Koexistenz dieser Staaten in einem einheitlichen wirtschaftlichen, politischen und militärischen Raum, für die wir sogar ziemlich strenge Regeln festlegten. Wir lösten uns jedoch von der alten Formel, die eine Unionsregierung und die Kontrolle Moskaus über alle Republiken vorsah. Nach unserer Auffassung ergab sich das aus dem Geist des Prozesses von Nowo-Ogarjowo, den die Putschisten unterbrochen hatten.

Vor allem wollten wir das politische Klima grundlegend verändern: Statt die übrigen Republiken gegen ihren Willen zur Unterzeichnung des neuen Dokumentes zu drängen, wollten wir demonstrieren, daß wir slawischen Staaten den Mechanismus der Vereinigung bereits in Gang gesetzt hatten, um andere daran zu hindern, lange zu schwanken und zu feilschen. Wir wollten ihnen gleichsam sagen: Wenn ihr wollt, dann schließt euch an, wenn nicht, dann eben nicht, das ist euer gutes Recht.

Die Vereinbarung von Beloweshskaja Puschtscha, so schien es mir damals, war vor allem notwendig, um die zentripetalen Kräfte in der zerfallenden Union wieder zu stärken und den Prozeß des Vertragsabschlusses voranzubringen.

Deshalb klingt es für mich schon seltsam, wenn ich heute höre, unsere Vereinbarung sei auf den Zerfall der Union, auf ihre plötzliche Zerstörung hinausgelaufen. Ich weiß, daß man gegen diese Legende nur schwer angehen kann, aber ich betone noch einmal: Die Gemeinschaft unabhängiger Staaten (GUS) war zu diesem Zeitpunkt die einzige Möglichkeit, um diesen einheitlichen geopolitischen Raum zu bewahren.

Unter den Kiefern von Beloweshskaja Puschtscha mußte ich an die Tragödien von Tbilissi und Baku, an die Besetzung des Fernsehturms in Vilnius und an die Provokation der OMON in Riga denken. All das war gerade erst geschehen! Der nächste dieser bewaffneten Zwischenfälle war der Augustputsch in Moskau gewesen. Sollten wir in aller Ruhe abwarten, bis sich eine weitere Tragödie dieser Art ereignete?

Schon seit 1990 waren in dem riesigen Raum der ehemaligen Union jene nationalen Auseinandersetzungen im Gange, die ein gewaltiges Konfliktpotential in sich bargen. Gorbatschow hatte versucht, der Gefahr mit einer Politik zu begegnen, der man den Namen »Gorbatschowsche Schaukel« gegeben hatte: Verbal gestand man den Nationalitäten größere Freiheiten zu und begrüßte es sogar, wenn diese sie nutzten und nationale Parteien entstanden, die sich an Wahlen beteiligten. In der Praxis jedoch versuchte die Union die Situation mit eiserner Faust zu kontrollieren. Aber diese Faust zitterte bereits! In Tbilissi wollte man »lediglich« einen Platz von Demonstranten räumen – dabei kamen neun Menschen ums Leben. Um in Baku »Pogromen ein Ende zu setzen«, die zu diesem Zeitpunkt bereits abgeklungen waren, ließ man Truppen in die Stadt einmarschieren. Von all diesen Aktionen hatte Gorbatschow vorher gewußt, mußte einfach davon gewußt haben.

Nach meiner Meinung hatte diese verhängnisvolle Politik des Doppelspiels und der trügerischen Kompromisse das Land an den Rand eines Krieges zwischen dem Zentrum und den Republiken gebracht. Dieser aber hätte mit Sicherheit ein entsetzliches Gemetzel bedeutet.

Um keinen neuen Putsch, keinen neuen Versuch zu provozieren, diese Situation mit Gewalt zu verändern, um die Lage zu entschärfen, mußte die gesamte Konstruktion, die Grundstruktur unserer Beziehungen verändert werden. Wenn man die Dinge im großen politischen Zusammenhang sah, bedeutete dies ein neues Verhältnis zwischen dem souveränen Rußland und der UdSSR. Ich war überzeugt, daß Rußland seine imperiale Mission aufgeben mußte, wenn es auch eine Politik der Stärke vertreten mußte, um sein außenpolitisches Gewicht und sein Ansehen in der Welt nicht endgültig zu verlieren. Denn ohne das war an innere Reformen nicht zu denken.

Ich war auch überzeugt, daß das moralische Ansehen und die Willenskraft Gorbatschows erschöpft waren und die Gefahr bestand, daß die »Kräfte des Bösen« erneut Einfluß auf ihn ausüben würden. So reifte die Entscheidung heran. Deshalb ging ich nach Beloweshskaja Puschtscha.

Als die Dokumente im wesentlichen fertiggestellt waren, beschlossen wir, uns mit Nasarbajew in Verbindung zu setzen, um ihn in den Kreis der Gründer der Gemeinschaft einzuladen. Er befand sich gerade auf dem Flug nach Moskau. Der Gedanke war verlockend, ihn zu bewegen, den Kurs der Maschine zu ändern und direkt bei uns zu landen. Wir suchten Funkkontakt. Dabei stellte sich heraus, daß die Funksysteme nicht übereinstimmten. Jemand schlug vor, die Verbindung über den Tower des Flugplatzes Wnukowo aufzunehmen. Das war technisch durchaus möglich. Nasarbajew hätte vom Cockpit aus mit uns sprechen und eine Veränderung der Flugroute anordnen können. Bald stellte sich jedoch heraus, daß das Unionsministerium für Zivilluftfahrt es dem Fluglotsen untersagte, diese Funkverbindung herzustellen. So mußten wir warten, bis Nasarbajew gelandet war. Vom Flughafen Wnukowo aus rief er uns an.

Wir sprachen alle drei einzeln mit ihm. Ich las ihm die zur Unterschrift vorbereiteten Dokumente vor. »Ich unterstütze den Gedanken, eine GUS zu gründen«, sagte er. »Warten Sie auf mich, ich werde bald bei Ihnen sein.«

Aber an jenem Tag erschien Nasarbajew nicht mehr. Später rief sein Sekretariat an und teilte mit, der kasachische Präsident könne nicht kommen. Wie wir später erfuhren, hatte Gorbatschow seine ganze Überzeugungskraft und seinen ganzen Einfluß eingesetzt und Nasarbajew schließlich davon abgebracht, zu uns zu reisen.

Für uns wäre es wichtig gewesen, Nasarbajew wenigstens als Beobachter dabeizuhaben. Aber Nasarbajew hatte sich anders entschieden. Ich glaube, nicht nur deshalb, weil er Gorbatschows Bitte nicht abschlagen wollte. In diesen Stunden mußte Nasarbajew in großen geographischen Dimensionen denken und den gesamten eurasischen Zusammenhang erwägen, in den seine Republik Kasachstan eingebunden war. Mit Rußland hat Kasachstan zwar eine lange Grenze, und viele gemeinsame Interessen verbinden beide Länder. Vorrang hat für Kasachstan jedoch die Region Mittelasien, haben die Nachbarn, denen es sich nach Herkunft und Geist verwandt fühlt. Nasarbajew hatte eine unabhängige, seine eigene Entscheidung getroffen. Er kam nicht, und so bekräftigten wir drei mit unseren Unterschriften die historische Vereinbarung von Beloweshskaja Puschtscha.

Hätte es eine andere Möglichkeit, einen anderen Ausweg aus dieser Lage gegeben? Vielleicht hätte ich den Versuch unternehmen können, Gorbatschows Platz auf legalem Wege einzunehmen, mich an die Spitze der Union zu stellen und noch einmal eine Reform »von oben« in Gang zu setzen. Ich hätte auf dem Wege weitergehen können, den Gorbatschow wegen des Verrats seiner unmittelbaren Umgebung nicht hatte vollenden können – die planmäßige Demontage des imperialen Apparates, wie es Michail Sergejewitsch vorgeschwebt hatte.

Diese Möglichkeit bestand in der Tat. Aber dazu hätte ich mich für die direkte Wahl des Präsidenten der UdSSR einsetzen müssen. Das russische Parlament wäre Rechtsnachfolger des aufgelösten Obersten Sowjets der UdSSR geworden. Ich hätte Gorbatschow dazu bringen müssen, mir die zeitweilige Ausübung seiner Pflichten zu übertragen. Dieser Weg war mir jedoch versperrt. Ich konnte mich nicht dazu überwinden, Gorbatschows Platz einzunehmen. Wahrscheinlich hätte er ihn mir auch nicht angeboten.

Zu nächtlicher Stunde

Ich mag kaltes Wasser sehr. Am liebsten eiskaltes. Ich bade noch im Spätherbst im Meer, wenn der Strand menschenleer ist. Ich liebe klare Waldseen und Bergflüsse mit Quellwasser, das einem auf der Haut brennt. Kälte macht mir wenig aus.

Besonders genieße ich es, nach einem Schwitzbad im Eisloch unterzutauchen. Das russische Schwitzbad ist meine Leidenschaft, nicht die finnische Sauna. Diese Art der Abhärtung hat mir mein Vater schon als Junge beigebracht – dieses feuchtheiße Vergnügen, da die Seele schwebt, jede Pore sich öffnet und man dem kalten Bad im Eisloch entgegenfiebert.

Ich zähle mich zu dem verbreiteten Schlag russischer Menschen, die ständig danach streben, ihre Körperkraft zu spüren, sich zu beweisen, daß sie noch Hindernisse überwinden können, die gern reine Luft atmen und sich bis zur Erschöpfung immer neue Lasten aufbürden.

Das kommt aus meiner Kindheit, einer Zeit, da der Mensch seine Vorbilder fürs Leben erwählt. Meine Kindheit aber war das Dorf, waren körperliche Anstrengungen und schwere Arbeit. Wer dort keine Kräfte entwickelt, geht unter. Zum Glück habe ich eine starke körperliche Konstitution. Stark zu sein heißt aber auch, stets siegen zu wollen. Diese Eigenschaft hat mir im Leben oft geholfen, denn an unangenehmen Überraschungen hat es nicht gefehlt.

Aber das ist ein Thema für sich. Hier nur als Beispiel folgender Zwischenfall: Ich mußte mich einer Darmoperation unterziehen. Als ich am nächsten Morgen langsam aus der Narkose erwachte, verspürte ich ein menschliches Bedürfnis. Ich hätte mit einem Knopfdruck die Schwester herbeirufen müssen. Davor aber genierte ich mich. Die Ärzte hatten angeordnet, mindestens eine Woche vollkommen ruhig zu liegen. Ich rappelte mich jedoch auf und tat einige Schritte. Die Beine versagten mir den Dienst und ich fiel. Ich versuchte, den Alarmknopf neben meinem Bett zu erreichen, mir wurde trübe vor Augen, ich spürte, wie mir die Sinne schwanden. Aber ich wußte, der Knopf mußte da irgendwo sein, und ich mußte ihn erreichen. Mit ungeheurer Anstrengung, nur noch halb bei Bewußtsein, schaffte ich es.

Danach lag ich die angeordnete Zeit brav in meinem Bett, ohne mich zu rühren. Es dauerte lange, bis ich wieder zu Kräften kam. Am Anfang fiel mir das Gehen ungeheuer schwer, ich kam bei jedem Schritt außer Atem. Aber schließlich brachte ich auch das hinter mich und trieb bald wieder Sport. Der Sport hat mich oft gerettet, er hat mir in meiner Jugend Kraft und Energie fürs ganze Leben gegeben.

Zuweilen gehe ich mit meiner Gesundheit sehr leichtsinnig um, denn ich traue meinem Organismus sehr viel zu. In Swerdlowsk wurde ich einmal von einer Ohrenentzündung geplagt. Jedes Kind weiß, daß hier Wärme wichtig ist, bis die Entzündung abklingt. Ich aber fuhr in den Nordural, bei Frost und Schneesturm. So eine Dienstreise hat ihre eigenen Gesetze – man kann nicht nur im Wagen sitzen, sondern muß sich umschauen, mit den Leuten reden, wird nach und nach von der Sache gepackt und vergißt alles um sich her. Ich kroch sogar noch in einen Tagebau, wo ein eiskalter Wind blies. Das gab mir den Rest. Als ich zurückkam, mußte ich sofort operiert werden. Diese Unvorsichtigkeit trug mir eine Schädigung des Gleichgewichtsapparats ein. Ich brauchte über einen Monat, um mich wieder zu erholen.

Richtigen Volleyball mit Netz und Feld habe ich zum letzten Mal im Jahre 1986 gespielt. Das war in Pizunda. Dabei klemmte ich mir einen Nerv ein. Mir ging es hundeelend, bis Moskau war es weit, und die Ärzte am Ort konnten mir nicht helfen. Schließlich fand man eine Masseuse, eine Heilpraktikerin. Eine zarte Frau, aber mit kräftigen Händen. Sie kannte jedes Knöchelchen. Als sie mich massierte, hätte ich vor Schmerzen schreien mögen. Aber sie stellte mich wieder auf die Beine.

Und dann die Geschichte meiner Operation in Spanien. Von dem Ort, wo das politologische Seminar stattfand, zu dem man mich eingeladen hatte, mußten wir mit einem kleinen sechssitzigen Flugzeug nach Barcelona zurückfliegen. Ich schlug dem Piloten auf die Schulter: »Na, fallen wir heute 'runter?« Die Flieger lachten, für sie war so ein Flug Routine. Kein Gedanke an ein Unglück. Suchanow und ich saßen auf den hintersten Plätzen. Wir hatten kaum die halbe Strecke zurückgelegt, als irgendwas kaputtging. Wir mußten umdrehen und flogen zurück. Das Flugzeug begann zu schaukeln. Vergeblich versuchten die Piloten, die Maschine zu stabilisieren. Die Passagiere wurden bleich, einem von uns wurde übel. Mich packt in solchen Augenblicken seltsamerweise Übermut.

»Jetzt hat keiner mehr Privilegien«, sagte ich zu Suchanow. »Jetzt sind alle gleich – und ohne Fallschirm!«

Unter uns überall Berge, der Pilot findet kein Fleckchen für eine Notlandung. Er zieht eine große Schleife, noch eine, wie ein Segelflugzeug. Dabei sackt die Maschine immer tiefer und wird kräftig durchgerüttelt. Der Pilot schaut sich nach uns um. Plötzlich erblicken wir einen Fluß. »Los!«, rufen wir in Richtung Cockpit, »runter aufs Wasser! Wir kommen raus, bevor die Maschine untergeht! Das wird eine lustige Sache werden.«

Schließlich kommt doch noch ein Flugplatz in Sicht. Der Pilot setzt zur Landung an. Aber das Fahrwerk läßt sich nicht ausfahren... Als die Maschine aufsetzt, ist das fast wie ein Absturz, und wir bekommen alle ordentlich etwas ab. Mich erwischt es an der Wirbelsäule. Ein unerträglicher Schmerz!

Später stellte sich heraus, daß die Scheibe zwischen dem dritten und vierten Wirbel zerschmettert war. Wir nahmen eine andere Maschine, um doch noch Barcelona zu erreichen. Wieder schüttelte es uns tüchtig durch, denn wir gerieten in ein Gewitter. In Barcelona angekommen, ging es mir zusehends schlechter. Mein ganzer Körper war wie gelähmt, ich konnte keine Bewegung machen. Man brachte mich ins Krankenhaus.

Aber so etwas gibt es auch: Vom Himmel fiel ich direkt einem der besten Neurochirurgen der Welt in die Hände! Das war Professor Josef Lieuvett, ein großartiger Arzt und wunderbarer Mensch. Auch das Krankenhaus war etwas Besonderes. Es wurde auf genossenschaftlicher Basis betrieben: Die Einwohner der Umgebung führten einen bestimmten Prozentsatz ihres Einkommens dafür ab und übernahmen gemeinschaftlich die Betriebskosten. Überall herrschte Ordnung, Sauberkeit, das Personal schien hervorragend ausgebildet. Die Schwestern hatten Computer zur Überwachung der Patienten. Selbst nachts war jeder an seinem Platz, Labor und Röntgenabteilung – alles funktionierte.

In dreißig, vierzig Minuten waren alle erforderlichen Untersuchungen erledigt. Der Chirurg kam zu dem Schluß, es müsse sofort operiert werden, sonst drohe dauerhafte Lähmung. »Bis nach Moskau kommen Sie nicht, die Beine werden absterben, und das ist dann nicht mehr reparabel.«

Man gab mir fünf Minuten, um mich zu entscheiden, und ich stimmte zu. Ich fragte nur: »Wie lange werde ich hier zubringen müssen?« Lieuvett antwortete präzise: »Drei Stunden dauert die Operation. Sie ist kompliziert und wird unter dem Mikroskop ausgeführt. Nach einem Tag, wenn die Narkose abgeklungen ist, können Sie aufstehen.« Ich antwortete: »Gut, fangen Sie an.« Mir war allerdings nicht ganz klar, wie lange ich danach noch würde liegen müssen. Ich wußte nur, wie lange das bei uns dauerte.

Die Operation war tatsächlich nach etwa drei Stunden überstanden. Ich erwachte in einem Einbettzimmer. Alle 400 Zimmer in diesem Krankenhaus waren gleich. Keine Sonderabteilung, kein Extraluxus für Privilegierte, wie das bei uns die Regel ist. Ich schlief einen Tag und eine Nacht durch.

Am nächsten Morgen erschien der Arzt, und hinter seinem Rücken drängten sich schon die Reporter. ›Jetzt kommt's‹, dachte ich, ›jetzt mußt du aufstehen.‹ Mir brach gleich der Schweiß aus. Sicher würde ich Krücken oder etwas Ähnliches zu Hilfe nehmen müssen …

»Keine Krücken. Stehen Sie auf und gehen Sie!«

Ich geriet in Panik: Sie hatten doch an mir herumgeschnitten, da mußte doch alles noch wund sein. Die Narbe habe ich heute noch, längs der Wirbelsäule. Schwer zu sagen, was sie da gemacht hatten, ihre Operationstechnik war offenbar anders als unsere. Bei uns jedenfalls liegt ein Patient nach einer solchen Operation sechs Monate lang im Bett. Aber ich sollte am ersten Tag aufstehen und gehen.

Völlig schweißdurchnäßt erhob ich mich und tat einen Schritt. Man stand natürlich bereit, um mich aufzufangen, wenn ich fallen sollte. Ich ging bis zur Wand. In Ordnung. Das Fernsehen machte schon Aufnahmen. »Das reicht für heute«, sagte man mir, »legen Sie sich wieder hin.« Das wiederholte sich dreimal, dann hatte ich keine Angst mehr.

Ich werde all diesen Menschen – den Schwestern, den Ärzten und meinem Chirurgen – mein Lebtag dankbar sein. Ich danke auch dem Präsidenten Kataloniens, der mich im Krankenhaus besuchen kam. Und nicht er allein. Menschen kamen, die ich nie gesehen hatte, und alle brachten Geschenke. Wo sollte ich mit so vielen Geschenken hin?

»In einem Monat können Sie wieder Tennis spielen«, sagte Lieuvett. »Schicken Sie mir ein Telegramm, wie hoch Sie gewonnen haben.«

Am fünften Tag flog ich nach Moskau zurück. Ich bewegte mich immer noch sehr vorsichtig. Aber die Schmerzen gingen allmählich zurück. Als ich das erste Mal wieder Tennis spielte, schickte ich dem Arzt ein Telegramm. Später rief ich ihn öfter an. Wir trafen uns wieder.

So wechselt das bei mir – Glück und Unglück, mal heißes, mal kaltes Wasser. Aber das härtet ab …

Abschied von Gorbatschow

Gorbatschows Wünsche für seine »Abfindung« waren mehrere Seiten lang. Er hatte fast ausschließlich materielle Forderungen: eine Pension in Höhe des Präsidentengehaltes, Miete für Wohnung und Landhaus des Präsidenten, persönliche Leibwache und einen Wagen sowohl für seine Frau als auch für ihn selbst, vor allem aber die Einrichtung einer Stiftung, die in einem großen Gebäude mitten in Moskau Unterkunft finden sollte – in der ehemaligen Akademie für Gesellschaftswissenschaften. Das Ganze sollte natürlich komplett eingerichtet und mit einem eigenen Wagenpark ausgestattet sein. Wenn ihr mich unbedingt los sein wollt, so dachte Gorbatschow offenbar, dann zahlt gefälligst dafür.

Ich erklärte Gorbatschow, ich würde dieses Problem dem Rat der

Staatsoberhäupter vorlegen. Dort sprachen sich viele dafür aus, dem Ex-Präsidenten überhaupt alles zu streichen und ihm lediglich das Einkommen zu gewähren, das Rentnern in unserem Land im Normalfall zusteht. Ich plädierte für eine würdige Absetzung des Staatsoberhauptes, ganz ohne Skandal. Ich wollte ein Beispiel für die Zukunft schaffen. So erhielt Gorbatschow fast alles, worum er gebeten hatte.

Am 24. Dezember trafen wir uns noch einmal in seinem Arbeitszimmer im Kreml. Das war meine letzte Begegnung mit dem Präsidenten der UdSSR. Wir führten ein langes und nicht sehr angenehmes Gespräch, das mehrere Stunden währte; in seinem Verlauf kamen Alexander Jakowlew und Gorbatschows enger Mitarbeiter Schachnasarow hinzu. Gorbatschow begriff durchaus, wohin die Entwicklung ging. Der Abschied kam für ihn nicht unerwartet; seine Forderungen hatte er lange und sorgfältig vorbereitet.

Über seine Abdankung hatten wir zum ersten Mal nach meiner Rückkehr aus Minsk gesprochen. Eben waren die Dokumente von Beloweshskaja Puschtscha unterzeichnet worden, und ich fuhr zum Gespräch mit Gorbatschow. Damals sagte ich: »Die Union existiert nicht mehr, verstehen Sie das nicht? Ein Zurück gibt es nicht. Deshalb mußten wir eine Lösung finden, und wir haben sie gefunden. Und ich bin sicher, auch die anderen Republiken werden dieser Lösung ihre Zustimmung geben.«

So kam es auch. Kurze Zeit später erklärten sich auch Nasarbajew und die anderen Führer der mittelasiatischen Republiken mit den Dokumenten einverstanden. Alle ehemaligen Sowjetrepubliken äußerten die Bereitschaft, sich der GUS anzuschließen. Eine Ausnahme bildeten die baltischen Republiken und Georgien, wo damals Gamsachurdia an der Macht war. So entstand die Gemeinschaft von elf unabhängigen Staaten. Wir waren der Meinung, zumindest für die erste Zeit seien gemeinsame staatliche Institutionen nicht erforderlich; die Staats- und Regierungschefs sollten einmal monatlich zusammenkommen und über die offenen Fragen entscheiden.

Nachdem Gorbatschow als Präsident zurückgetreten war, sah ich mir seine Dienstwohnung in der Kossygin-Straße an – das war keine Wohnung, das war eher schon ein Museum. Und die ganze Einrichtung vom Staat finanziert. Ich weigerte mich, dort einzuziehen.

In der Presse erregte unsere letzte Zusammenkunft vor allem deshalb gespannte Aufmerksamkeit, weil dort der Schaltknopf für den Einsatz für Atomwaffen übergeben werden sollte.

Heute weiß jeder mehr oder weniger, daß dies kein »Knopf«, sondern ein Köfferchen ist, das von zwei Offizieren gesichert wird. Diese müssen gemeinsam den richtigen Code eingeben, der die Atomraketen im Fall eines feindlichen Angriffs in Abschußbereitschaft versetzt.

Die Atomstreitmacht der ehemaligen Sowjetunion war eine Zeitlang nicht dem russischen Oberkommando, sondern Marschall Schaposchnikow, dem Oberkommandierenden der GUS-Streitkräfte, unterstellt. Heute ist das anders. Die Kontrolle über die Atomwaffen Rußlands übt Verteidigungsminister Gratschow aus. Überhaupt hat sich vieles verändert. So wurde auch die Zielrichtung unserer Raketen nach dem START-2-Vertrag verändert.

Die zwei Offiziere versehen allerdings nach wie vor rund um die Uhr ihren Dienst bei dem Köfferchen, das den atomaren Schaltknopf enthält. Sie begleiten den Präsidenten Tag und Nacht, auf jeder Dienstreise und an jeden Punkt des Erdballs; sie sind stets an meiner Seite.

Ich erinnere mich, wie Gorbatschow mir sein Geheimarchiv übergab. Er holte einen Stapel Mappen herbei und sagte: »Das stammt aus dem Archiv der Generalsekretäre, nehmen Sie, das gehört jetzt alles Ihnen.« Ich antwortete, ich würde die Papiere nicht anrühren, bis alles archiviert sei. Ich wußte, daß es sich nicht um strategisch wichtige Dokumente, sondern eher um interessante und wichtige Materialien für Historiker handelte. Darunter waren zum Beispiel die Briefe von Schriftstellern aus der Lagerhaft an Stalin, unbekannte Episoden aus dem politischen Leben Chruschtschows und Breshnews, die Geschichte der Katastrophe von Tschernobyl, Dokumente über den Krieg in Afghanistan und anderes mehr.

Übrigens wurden hier einige Monate später die Originale der berühmten Geheimprotokolle zum Molotow-Ribbentrop-Pakt gefunden, darunter Dokumente, die die Unterschriften Stalins und Ribbentrops tragen, von Stalin mit einem roten, von Ribbentrop mit einem blauen Stift unterschrieben. Man kann hier lesen, wie beide damals die Grenzen »korrigierten«. Der eine hier, der andere dort ... Darunter ihre Unterschriften in großen Buchstaben. Wir fanden zehn Geheimprotokolle. Sie belegen in allen Einzelheiten den ganzen Schmutz der Politik Hitlers und Stalins.

Der Kongreß der Volksdeputierten der UdSSR hatte Alexander Jakowlew zum Vorsitzenden der Kommission berufen, die den Molotow-Ribbentrop-Pakt analysieren sollte. Diese Kommission hatte nur Kopien der Dokumente gefunden, und diese nicht einmal vollständig. Von drei weiteren Dokumenten fehlte jede Spur.

Damals hatte Jakowlew Gorbatschow gebeten, bei der Suche zu helfen. Der jedoch hatte erklärt, in den fünfziger Jahren sei alles vernichtet worden. Nun stellte sich heraus, daß die Pakete mit den Originaldokumenten vom Leiter des Sekretariats Gorbatschows, Boldin, geöffnet worden waren. Natürlich hatte Boldin seinem Chef berichtet, die Originalpapiere seien gefunden worden, nach denen die Historiker der ganzen Welt suchten.

Ich rief sofort Jakowlew an: »Alexander Nikolajewitsch, die Dokumente sind gefunden.« Hocherfreut rief er aus: »Endlich! Ich habe immer geglaubt, daß sie noch existieren.« Dann folgten einige deftige Worte an Gorbatschows Adresse, die ich nicht wiedergeben möchte.

Mein Entschluß, in den Kreml umzuziehen, kam für einen großen Teil meiner Mitarbeiter ziemlich unerwartet. Man glaubte, das Weiße Haus, das wir verteidigt hatten, werde für immer das Symbol des russischen Staates bleiben.

Als der Sitz des Präsidenten Rußlands in den Kreml verlegt wurde, stellten die Journalisten alle möglichen Spekulationen über eine angebliche Kontinuität des russischen Großmachtdenkens an. Zugleich erhielt der Oberste Sowjet, der Apparat Chasbulatows, im Weißen Haus die Gelegenheit, eigene Wege zu beschreiten – was er dann auch bald zur Genüge tat. Hätte ich also besser nicht umziehen sollen?

Wäre es an der Zeit gewesen, den Kreml zu einem Denkmal der Geschichte und Kultur Rußlands zu erklären und ein Museum daraus zu machen? Nach sorgfältigem Überdenken allen Für und Widers hatte ich mich für den Umzug entschieden. Das war in gewisser Hinsicht eine prinzipielle, sozusagen strategische Entscheidung. Der Kreml ist eben nicht nur ein Kleinod der Architektur, sondern – damit verrate ich kein Geheimnis – ein strategisch entscheidend wichtiges Zentrum des Staates. Auf ihn sind die gesamte Verteidigung des Landes und das System der operativen Führung abgestimmt, hierher gelangen die chiffrierten Telegramme aus der ganzen Welt. Und nicht zuletzt verfügt der Gebäudekomplex über eine bis ins kleinste durchdachte Sicherheitsanlage. Auch aus heutiger Sicht halte ich deshalb meinen Entschluß zum Umzug nicht für einen Fehler.

Aber ich dachte nicht nur an die technische und wirtschaftliche Ausstattung des Kreml. In der Politik ist schließlich alles von Bedeutung. Seit meinem »berühmten« Urlaub in Sotschi im September 1991 (alle kritisierten damals, daß ich Urlaub machte, statt den Sieg über die Putschisten zu konsolidieren) habe ich Klarheit darüber zu gewinnen versucht, was eigentlich vorgegangen war. Ich fühlte, daß in unserer Geschichte wahrhaftig eine neue Epoche begonnen hatte. Was sie uns bringen würde, wußte noch niemand. Aber ich sah sehr klar, daß uns äußerst schwierige Zeiten bevorstanden; Höhen und Tiefen würden uns erwarten. Ein neuer, tiefgreifender Umschwung in der Politik war eingetreten. Er war ohne Beispiel, und er betraf mich ganz persönlich.

Der Kreml sollte nun zum Symbol dieses Umschwungs werden, zum Symbol für Dauerhaftigkeit und Stabilität einer neuen russischen Politik. Und wenn Reformen erforderlich waren, dann sollten sie von hier ausgehen. Das war die Botschaft, die ich meinen Gegnern mit diesem Schritt signalisieren wollte.

Gorbatschow und sein Apparat erhielten eine Woche vor unserem Einzug Mitteilung. Ihm blieb durchaus genügend Zeit zum Packen.

Wie stets, waren auch in diesem Falle Reibereien zwischen subalternen Beamten nicht zu vermeiden. Ich sah das zunächst gelassen. Weder wollte ich Gorbatschow und dessen Mannschaft (oder was davon noch übrig war) aus dem Kreml »hinauswerfen« noch ihnen gestatten, den Auszug einen Monat lang hinzuziehen. Ein langer Abschied bringt nur überflüssige Tränen. Wie im wirklichen Leben.

Deshalb hatte ich kein Verständnis für die Beschuldigungen in der Presse, wir hätten den ehemaligen Generalsekretär förmlich aus dem Kreml vertrieben. Noch weniger aber behagten mir manche Begleiterscheinungen des Umzugs, die einem historischen Ereignis wie diesem ziemlich unangemessen waren: Türgriffe wurden zwar beim Auszug nicht herausgerissen, aber manches Möbelstück wurde fortgeschleppt, und nicht einmal die goldenen Schreibfedern aus den Tintenfässern, die zur offiziellen Einrichtung gehörten, wurden übersehen. Wie das eben bei uns so vor sich geht...

Eine andere Zeit

In meinem Urlaub in Sotschi im September 1991 litt ich noch unter starker innerer Anspannung, gab mir allerdings nach außen einen Schein von Gelassenheit. Alles war so unerwartet gekommen.

Grundsätzlich glaubte ich, mir über unsere künftigen politischen Schritte im klaren zu sein: Wir mußten weitere Vertragsabschlüsse der Republiken vorbereiten und die Neuernennungen Gorbatschows korrigieren. Ich selbst aber mußte mich vor allem nach neuen Mitarbeitern umsehen, nach Männern suchen, die imstande waren, die Regierungsgeschäfte Rußlands ins Laufen zu bringen.

Die Zusammensetzung des Ministerrates, die noch von Gorbatschow vorgenommen worden war, sagte mir gar nicht zu. Bei aller Achtung vor Iwan Stepanowitsch Silajew war offenkundig, daß ein solcher Mann nicht länger auf diesem Posten verbleiben konnte. Es war an der Zeit, einen Ökonomen mit eigener Konzeption und vielleicht auch einer eigenen Mannschaft ans Ruder zu bringen. Nicht nur in der Politik, auch in der Wirtschaft galt es nun, entschlossen zu handeln.

Während der ersten Sitzungen des Obersten Sowjets Rußlands im Frühjahr 1990 hatten wir schon einmal versucht, einen erfahrenen Wirtschaftsexperten mit einer erfolgversprechenden Konzeption für den Posten des Ministerpräsidenten zu finden. Damals dachten wir an Botscharow oder Ryshow, hatten auch über Schatalin, Jassin und Jawlinski gesprochen. Daraus war nichts geworden. Wenn allerdings Rußland weiterhin ohne einen Architekten seiner Wirtschaftsreform blieb, war das ein strategischer Fehler. Es galt also erneut, Ausschau nach einem geeigneten Kandidaten zu halten. Wieder häuften sich Konzeptionen und Programme auf meinen Tisch.

Warum entschied ich mich für Gaidar? Im Unterschied zu vielen früheren Entscheidungen wollte ich die Wahl dessen, der das Ruder der Wirtschaft in der Hand hielt, selbständig, unbeeinflußt von anderen und ohne jede Eile treffen.

Natürlich gab es auch Einfluß von außen – wie sollte das anders sein? Für derart wichtige Entschlüsse braucht man Empfehlungen, und der Präsident hat in solchen Fällen einfach die Pflicht, aus einem großen Angebot von Kandidaten auszuwählen, die natürlich immer von irgend jemandem vorgeschlagen werden. Gaidar wurde von Burbulis protegiert. Das war sein Mann.

Gaidar fiel vor allem durch seine Selbstsicherheit auf. Auf den ersten Blick schon verriet sein Auftreten, daß er ein Mann war, der wußte, was er wollte. Er ist ein sehr selbständig denkender Mensch mit einem starken, aber nicht zur Schau getragenen Bewußtsein der eigenen Fähigkeiten, ein Intellektueller, der seine Zweifel, seine Skepsis, auch seine eigenen Schwächen nicht verhehlt, seine Prinzipien aber unbeugsam vertritt. Er handelt nicht nach der Losung »Die Partei befiehlt – der Komsomol steht stramm«, sondern entwickelt eigene Konzeptionen und setzt sich energisch für sie ein.

Ich wußte, er würde mir nicht nach dem Munde reden. Das zählte für mich sehr viel, denn die Verantwortung für die »Schocktherapie« fiel letzten Endes auf den Präsidenten zurück. Deshalb war es sehr wichtig, daß man nichts vor mir verbarg, ja, es gar nicht erst versuchte.

Überdies besitzt Gaidar die Fähigkeit, sich klar und verständlich zu artikulieren. Auch das hatte sehr großes Gewicht. Denn letzten Endes mußte vor allem er sich mit den Gegnern des neuen Kurses auseinandersetzen, weniger ich selbst. Darum war es wichtig, daß er seine Konzeption zwar nicht vereinfachte, aber es verstand, komplizierte Sachverhalte verständlich darzulegen. Das gelang ihm hervorragend. Er vermag es, anderen seine Ideen so überzeugend darzulegen, daß diese den Weg sehr deutlich vor sich sehen, der gegangen werden muß.

Und schließlich die beiden Faktoren, die letzten Endes alles entschieden: Die Konzeption Gaidars war genau die richtige, um das zu realisieren, wozu ich innerlich entschlossen war – den schmerzhaftesten Teil des Weges rasch hinter uns zu bringen. Ich konnte die Menschen nicht länger auf die Folter spannen, indem ich die wichtigsten Prozesse über Jahre hinzog. Wenn man sich entschlossen hat, muß man den ersten Schritt tun!

Gaidar gab mir zu verstehen, er habe eine ganze Mannschaft sehr junger und auf den verschiedensten Feldern beheimateter Fachleute um sich geschart. Nicht einfach eine Gruppe von Experten, sondern Männer mit Ideenreichtum, die nur darauf warteten, ihre wirtschaftlichen Reformvorstellungen in die Tat umzusetzen. Und eben solche Männer brauchte ich. Ich wollte es unbedingt mit ihnen versuchen, wollte sie am Werk sehen. Kurz gesagt, ich hatte den Wunsch, diesen Posten mit einem Mann von ganz neuem Schlage zu besetzen, eben mit Gaidar.

Die wichtigste verpaßte Gelegenheit in der Zeit nach dem Putsch ist für mich die grundlegende Umgestaltung des parlamentarischen Systems. Aber wäre die Gesellschaft damals schon dazu bereit gewesen, andere, »gute« Deputierte zu wählen?

Der Gedanke an die Auflösung des Volkskongresses und an Neuwahlen (selbst eine neue Verfassung für das neue Land war vorstellbar) hing damals durchaus in der Luft. Aber wir griffen ihn nicht auf.

Aber das ist es nicht, was mir die demokratische Presse in erster Linie vorhält. Der Hauptvorwurf besteht darin, daß ich das System der Staatssicherheit bewahrte und keinen Erlaß unterzeichnete, der eine automatische Vertreibung aller ehemaligen Mitarbeiter des ZK der KPdSU, der Gebietskomitees (einige meinten sogar, der Kreiskomitees) der Partei aus dem Staatsapparat zur Folge gehabt hätte.

Die Stimmung in der Gesellschaft war eindeutig: Alles niederreißen! Ich habe die Menschenmengen gesehen, die sich vor dem Gebäude des ZK der KPdSU und vor anderen Häusern der Partei versammelten. Die ersten Fensterscheiben gingen zu Bruch ...

Ich hingegen hatte meine Zweifel. Ich hatte das Gespenst des Oktober 1917 vor Augen: Pogrome, Unruhen, Plünderungen, endlose Kundgebungen, Anarchie, all das, womit jene große Revolution begann. Eine Handbewegung, ein einziger Federstrich, und der August 1991 wäre zum Oktober 1917 geworden. Dazu habe ich mich nicht hinreißen lassen. Und ich bedaure es nicht. In diesen siebzig Jahren waren wir müde geworden, die Menschen in »Reine« und »Unreine« zu teilen.

Außerdem sah ich auch, daß sich das neue Rußland in mancher Hinsicht auf die unter Chruschtschow und Breshnew gewachsenen Verwaltungsstrukturen stützen mußte. Auf bolschewistische Art alles zu zerstören, hatte ich durchaus nicht im Sinn. Und wenn ich auch neue, junge und vorwärtsdrängende Menschen in die Regierung holte, wollte ich doch zugleich erfahrene Organisatoren und Betriebsleiter wie etwa Skokow um mich haben, der Direktor eines großen Rüstungsbetriebes in Moskau ist, ein kluger und starker Mann.

Ist diese Entscheidung falsch gewesen? Vielleicht. Die Zeit hat jedoch gezeigt, daß die Hauptgefahr nicht von den Vertretern der »Nomenklatura« ausgegangen ist, die sich zu Demokraten gewandelt haben (auch sie richteten zwar großen Schaden an, aber die Demokraten waren in der Regel überhaupt nicht imstande, ordentlich zu arbeiten). Die Hauptgefahr ging von meinen engsten Mitkämpfern aus, von den neuen Führern, die im Parlament rasch aufstiegen, die an der Macht und ihren Attributen sehr rasch Geschmack fanden.

Fünftes Kapitel

Rußland und die Welt

Gesichter und Stimmen

Das Unvorstellbare ist geschehen. Was ich bis zum 19. August 1991 nicht zu glauben wagte: Das neue, das »Jelzinsche« Rußland, wie seine Gegner sagen, hat den Platz der Sowjets in der internationalen Politik eingenommen. Als Erbe ist ihm die ganze dramatische Geschichte der UdSSR seit 1917 mitgegeben worden, vom Erbe des Russischen Reiches ganz zu schweigen, das uns ebenfalls sehr klar vor Augen steht.

Ich hatte die ganze Tragweite der Veränderungen noch gar nicht recht erfassen können, als bereits die ersten Anrufe der westlichen Staatschefs eingingen – am 19. August 1991, in der Anfangsphase des Putsches, als wir noch gar nicht an Einschätzungen der neuen Lage denken konnten.

Angesichts von Chaos, völliger rechtlicher und politischer Verwirrung in unserem Lande erstaunte mich zutiefst, wie klar und eindeutig die Politiker des Westens reagierten. Offenbar hatten die meisten von ihnen die Lage augenblicklich erfaßt. Dabei mußte ihnen das viel schwerer fallen als etwa Nasarbajew oder Krawtschuk, die vorsichtig mit dem GKTschP verhandelten und auf meine empörten Vorhaltungen irritiert und zugleich schuldbewußt erwiderten: »Bei uns ist bisher alles ruhig, wir müssen erst allmählich begreifen, was vorgegangen ist.«

Natürlich ist es nicht ganz fair, die Reaktion der Führer des Westens und der führenden Vertreter »unserer« Republiken einander gegenüberzustellen. Die einen brachten einfach ihre Meinung zum Ausdruck und stärkten mir moralisch den Rücken. Die anderen mußten in die Kanonenrohre sowjetischer Panzer schauen.

Wer rief an? Zunächst der Premierminister von Großbritannien, John Major. Er brachte seine Unterstützung für das demokratische Rußland und seine Überzeugung zum Ausdruck, daß alles gut ausgehen werde. Die Briten bewiesen damit, daß sie zu Recht hohes moralisches Ansehen in der Weltpolitik genießen.

Das geopolitische Gleichgewicht in der Welt ruhte in der ganzen Nachkriegszeit aber auf der Achse UdSSR-USA. Und als Politiker Nummer eins in der Sowjetunion galt für die Amerikaner immer noch Gorbatschow. Wenn er nun wirklich krank war? Oder wenn er das

GKTschP unterstützte, das damit seine »Mannschaft« gewesen wäre? Wenn nun Jelzin nichts anderes war als ein Kalif für eine Stunde und die Situation jede Minute wieder umschlagen konnte? Moral hin, Moral her - dann hätte man es mit den ehemaligen Gorbatschow-Anhängern, zum Beispiel mit Janajew, zu tun gehabt. Diese Möglichkeit mußte der Präsident der USA natürlich in Betracht ziehen. Aber George Bush rief nicht nur an, sondern organisierte auf der Stelle internationale Unterstützung für Rußland, nahm Verhandlungen mit den Führern der NATO-Staaten auf und gab politische Erklärungen ab. »Wenn Sie die Panzerblockade durchbrochen haben«, sagte er mir am Telephon, »wird das der endgültige Sieg sein. Für Rußland ist der Weg dann frei in die Gemeinschaft der zivilisierten Staaten.«

Mr. Bush bewies, daß er vor allem ein Politiker mit klaren moralischen Prinzipien ist. Seine Unterstützung war für mich auch menschlich von unschätzbarem Wert.

Helmut Kohl war an jenem Tag weit weg, irgendwo in den Bergen. Viele sagen, wir seien uns ähnlich - beide groß und kräftig, mit ähnlichen Gewohnheiten, Lebensauffassungen und Verhaltensweisen. Er war mir immer besonders sympathisch.

Ungeachtet aller Schwierigkeiten stellte Helmut Kohl schließlich Verbindung zu mir her. Ich glaube, er hätte das in jedem Falle getan, auch wenn in Moskau bereits die Panzer geschossen hätten.

Weitere Anrufe kamen von den Ministerpräsidenten Italiens, Spaniens und Frankreichs, von den Staatschefs Argentiniens, Japans und Kanadas. Ihnen allen meinen herzlichen Dank. Sie alle bewiesen ihre Solidarität, nicht erst nach langen diplomatischen Sondierungen, sondern augenblicklich, als man sich binnen kürzester Zeit festlegen mußte.

Daß die westlichen Länder eindeutig Stellung bezogen, kam für das GKTschP überraschend. Auf der Pressekonferenz am Abend desselben Tages murmelte man undeutlich etwas von »verfrühten Reaktionen« und »Einmischung in die inneren Angelegenheiten«.

Jetzt, im nachhinein, verstehe ich die Gründe für diese rasche und eindeutige Reaktion. Zunächst hatten westliche Beobachter seit längerem mit einem Putsch »gerechnet«, er kam für sie nicht unerwartet. In unserem Land hingegen wollte das keiner glauben, allein der Gedanke daran schien ungeheuerlich. Von außen sieht man die Dinge eben oft deutlicher. Und obwohl um die Rolle Gorbatschows Unklarheit herrschte (die die westlichen Geheimdienste aber nach meiner Meinung binnen Stunden aufklärten), nahm sich der Putsch aus westlicher Perspektive zwar furchterregend, aber so dilettantisch aus, daß zu der selbsternannten Führung der UdSSR wohl kaum Vertrauen entstehen konnte.

Das war der Prolog zu einer neuen internationalen Politik gegenüber Rußland.

Eine Episode in Camp David kommt mir in den Sinn. An den Verhandlungen nahmen die Spitzen der amerikanischen Administration teil - der Präsident, der Außenminister, der Sicherheitsberater und weitere vier oder fünf Personen. In einer Ecke des Raumes, wo das Gespräch stattfinden sollte, stand ein kleiner Tisch mit Erfrischungsgetränken und einer Kaffeemaschine. Baker war im »Hausanzug« - in Rollkragenpullover und einem Sakko mit Lederflicken auf den Ellenbogen. Mr. Cheney bat Mr. Baker: »Jimmy, gieß mir doch bitte einen Saft ein.« »Jimmy« goß ihm und sich selbst ein, ganz natürlich und ungezwungen, ohne jede Koketterie. Bei uns hätte in dieser Situation ein Kellner in Smoking und Fliege bereitgestanden, die Chefs hätten in ihren Sesseln gesessen, und er hätte ihnen den Saft mit einer Verbeugung serviert.

Warum ist man hier so anders?, ging es mir damals durch den Sinn. Weil man persönlich unabhängiger ist, unabhängiger vom Präsidenten, souveräner auch im Umgang mit der Macht. Man engagiert sich für die Idee, dient der Sache, unterwirft sich nicht in blindem Gehorsam.

Wir dagegen sind noch zu sehr voneinander und von der Macht abhängig. Wir sind abhängig von Datschen, von Autos, Telefonzentralen und gepanzerten Türen, die diese Macht uns gewährt. Aus dieser Abhängigkeit befreien wir uns nur unter großen Mühen.

Wovon ist nun Präsident Jelzin persönlich abhängig? Oder von wem? In erster Linie natürlich von seinem eigenen »Ich«, von dem Bild, das er selbst und seine Umgebung geschaffen haben. Dem Bild eines willensstarken, entschlossenen, harten Politikers. Dies zum ersten. Zum zweiten bin ich sehr abhängig von der Meinung der Menschen, die meine Achtung genießen. Davon gibt es viele, aber zuweilen können ein beiläufig geäußertes Wort oder eine einzige Zeile in einem mehrseitigen Zeitungsartikel meine Gedanken in eine völlig neue Richtung lenken.

Zum dritten bin ich schließlich von meinen eigenen Vorstellungen und Prinzipien abhängig, die ich - wie die meisten normalen Menschen - nicht einfach abstreifen kann. Ich habe sie von Kindheit an in mich aufgenommen. Sie sind stärker als ich.

Margaret Thatcher und Helmut Kohl

Unter denen, die mich am 19. August anriefen, habe ich Margaret Thatcher noch nicht genannt. Menschen wie sie sind in der Weltpolitik rar geworden. Gleichwohl wird ihre Stimme immer Gewicht haben, ganz gleich, welchen Posten sie gerade bekleiden. Selbst aus dem engen Kreis, von dem hier die Rede ist, ragte Margaret Thatcher heraus.

In dem Sommer, als man mich nach Spanien zu dem unglückseligen

Seminar einlud, das für mich auf dem Operationstisch endete, hatte ich mit Mrs. Thatcher vereinbart, nach England zu kommen und sie zu treffen. Ich war damals in der Opposition, weder Vorsitzender noch Präsident. Trotzdem lud sie, eine unabhängige Frau, mich von sich aus ein, und das zu einem Zeitpunkt, als unter den Führern der westlichen Welt kaum jemand darauf brannte, mich, den Oppositionellen, zu treffen.

Ich war damals nach London geflogen und hatte mich zur Residenz in der Downing Street Nr. 10 begeben. Das Treffen dauerte nur fünfundvierzig Minuten, aber es war ein so interessantes Gespräch, wie ich es kaum je geführt habe.

Meine Eindrücke von dieser Begegnung sind mir ganz deutlich in Erinnerung geblieben. Margaret Thatcher kam herunter, begrüßte mich und bat mich ins Haus. In ihrem Arbeitszimmer standen zwei Sofas, dazwischen ein Tischchen. Ich nahm Platz, sie setzte sich mir gegenüber, so daß wir ziemlich weit voneinander entfernt saßen. Plötzlich erhob sich Mrs. Thatcher und rückte ihr Sofa näher an den Tisch heran. Und obwohl drei Männer – der Dolmetscher, der Chefberater der Premierministerin und ich – ihr zu Hilfe hätten springen können, geschah alles so schnell, daß wir nicht dazu kamen. Ganz einfach und leicht. Und so rasch und kraftvoll, daß es mich ziemlich verwirrte. Auch ich stand auf und schob mein Sofa heran. Es war ein massives Möbelstück, ziemlich schwer für eine Frau. Interessant. Was für eine spontane und vollkommen natürliche Person! Wir saßen einander nun Auge in Auge gegenüber, und es entspann sich ein äußerst lebhaftes Gespräch.

Margaret Thatcher wollte wissen, wie der Hauptrivale ihres Lieblings Gorbatschow dachte. Von einem erstaunlichen Wissensdrang angetrieben, stellte sie ständig Fragen, formulierte dann ihre eigene Position und fragte weiter. Ich folgte wie gebannt dem Gedankengang und der Logik einer der großen Politikerinnen des Westens.

Gegen Ende des Gesprächs fragte ich die Premierministerin eindringlich: »Frau Thatcher, ich möchte Ihnen nun das Wichtigste sagen: In der Welt ist eine neue Realität aufgetaucht – Rußland. Es existiert nicht nur die Sowjetunion, mit der Sie gute Beziehungen unterhalten. Jetzt haben Sie es auch mit Rußland zu tun. Es ist mir wichtig, daß Sie das wissen. Sind Sie bereit, Handels- und Wirtschaftskontakte mit dem neuen, freien Rußland aufzunehmen?«

Margaret Thatcher hatte bisher auf alle Fragen rasch geantwortet. Jetzt jedoch machte sie eine Pause und dachte nach. Dann antwortete sie: »Mr. Jelzin, warten wir ein wenig ab. Soll Rußland erst einmal neu und frei werden. Dann... ist alles möglich.« Sie lächelte.

Als ich die Downing Street Nr. 10 verließ, dachte ich bei mir: »Sie hat nicht nein gesagt. Für die erste Begegnung ist das schon viel.« Und daß Frau Thatcher wie auch alle anderen Politiker der Welt bald vom neuen Rußland hören sollten, daran zweifelte ich keinen Augenblick.

Übrigens begleitete die Premierministerin mich bis zum Wagen, und ich bemerkte, daß man ihr zuflüsterte, das verstoße gegen das Protokoll. Sie winkte nur ab und ging mit mir hinaus. Am Wagen verabschiedeten wir uns. Ich spürte, daß sie mir wirkliche menschliche Anteilnahme entgegenbrachte, und war sehr gerührt.

Mrs. Thatcher hat die Politik ihres Landes entscheidend geprägt. Eine Frau, die das politische Diktat der Männer durchbrach. Die erste Lady, mit der Aufrichtigkeit in der Diplomatie Einzug hielt. Für mich ist die Persönlichkeit von Margaret Thatcher aber noch aus einem anderen Grund wichtig: Sie ist ein Beispiel dafür, wie ein Politiker viele Jahre lang trotz aller Prüfungen sich selbst treu bleiben kann. Die Probleme veränderten sich, das Land erlebte eine politische Krise nach der anderen – wieviele harte Schlachten mußte die Premierministerin in diesen Jahren im Parlament bestehen! Sie entbrannten um jedes neue Gesetz, von den Steuern gar nicht zu reden, begleitet von Pressekampagnen und Demonstrationen. Die Regierung blieb jedoch beharrlich auf Kurs. Und all das vollbrachte Margaret Thatcher, ohne ihr Lächeln dabei zu verlieren, das mit jedem Jahre fraulicher und zauberhafter wird.

Dann Helmut Kohl. Wenn ich ihn »meinen Freund Helmut« nenne, ist das keine familiäre Vertraulichkeit. Kürzlich waren wir zusammen am Baikal, ich hatte ihn dorthin eingeladen. Für mich war es faszinierend, ihn persönlich zu erleben, ihn angeln zu sehen und lachen zu hören, seinen präzisen und dennoch leicht formulierten Gedanken zu folgen. Wir gingen zusammen ins russische Schwitzbad, am Ufer der Angara, ein prächtiges russisches Badehaus aus gewaltigen hundertjährigen Baumstämmen. Das Holz duftete herrlich. Nach dem Schwitzen sprangen wir in den Fluß, dessen kaltes Wasser auf der Haut brannte. Dann führten wir ein langes Gespräch. Kohl schien fasziniert von der Natur, von der Landschaft des Baikal. Solche Weiten gibt es in Deutschland kaum.

Die Begegnungen zwischen Kohl und mir fanden oft an ungewöhnlichen Orten statt. Zu einem der für mich wichtigsten Treffen kam es bei einem kurzen Transitaufenthalt des Kanzlers Anfang 1993 in Moskau. Wir kamen in einer Regierungsvilla im Südosten der Hauptstadt zusammen, die früher dem KGB gehört hatte. Im Vorfeld des Augustputsches hatte Krjutschkow die geheimsten Treffen der Putschisten hierher einberufen.

Helmut Kohl belustigte diese Tatsache, und er sah sich mit großem Interesse um. Die Vertraulichkeit des Gesprächs entsprach durchaus der Tradition dieses Ortes. Ich wollte mit ihm eine für mich sehr wichtige Frage erörtern: Wenn ich das Parlament auflösen würde – wie würde der Westen nach seiner Auffassung darauf reagieren? Mir war klar, daß für den Westen bestimmte demokratische Werte unerschütterlich sind, und ich hatte nun vor, einen dieser Werte zu verletzen. Ich hatte aber keine Scheu, dem deutschen Bundeskanzler diese Frage zu stellen. Unsere Beziehungen waren offen und ehrlich. Und ich wußte, daß Helmut Kohl meine Absicht nicht falsch deuten würde.

Er bestärkte mich in meinem Vorhaben und zeigte sich davon überzeugt, daß auch die anderen Führer der G-7 harte, aber für die Stabilisierung der Lage in Rußland notwendige Maßnahmen mit Verständnis aufnehmen würden.

Einige Monate später zeigte sich, wie präzise Helmut Kohls Prognose war. Im September und Oktober 1993 unterstützten der Bundeskanzler und alle anderen führenden Politiker der westlichen Länder vorbehaltlos meine Schritte zur Überwindung der schweren politischen Krise in Rußland.

Wir sprachen miteinander übrigens nicht nur von Politik. Ich erzählte auch aus meinem Leben. Im Mai 1986 war ich noch als Mitglied des Politbüros offiziell von der Deutschen Kommunistischen Partei zum Parteitag eingeladen worden. Nach der Tagung fuhr man zur Besichtigung in irgendeinen Betrieb im Ruhrgebiet. Beim Rundgang kam ich auch in den Erholungsraum der Arbeiter. Ich war fasziniert. Viele Jahre hatte ich in Swerdlowsk darum gekämpft, daß die Betriebe solche Räume einrichteten – mit Sauna und mit Sesseln, wo man miteinander reden und Musik hören konnte. Als ich dies sah, schoß mir der Gedanke durch den Kopf, daß wir wohl nie so leben werden.

Es nicht nur der materielle Reichtum, sondern vielmehr die Gewohnheit, alles »mit Köpfchen« zu tun, eine Eigenschaft, die vor allem die Deutschen auszeichnet, sozusagen unsere Antipoden, was ihre Genauigkeit bis in die kleinsten Dinge, was den Alltag und die praktische Seite des Lebens betrifft. Wenn ich den Eindruck habe, daß in unserem Lande sich etwas in dieser Hinsicht ändert, muß ich immer an Herrn Kohl denken...

Bill Clinton und George Bush

In der richtigen Reihenfolge müßte ich eigentlich zunächst George Bush erwähnen. Auch nach der zeitlichen Abfolge unserer Beziehungen. Aber heute ist Bill Clinton Präsident der USA. Von ihm hängt in der Weltpolitik so viel ab, daß ihm in meiner Erzählung der Vorrang gebührt.

Mir fiel folgendes auf: Im Wahlkampf entspann sich zwischen Bush und Clinton eine scharfe Polemik, man könnte sogar sagen, eine Konfrontation. Aber die Wahlen sind vorüber, der Sieger steht fest – und schon hilft Bush Clinton, Clinton hilft Bush.

In unserem Lande wären beide Todfeinde bis an ihr Lebensende. Sie aber telefonieren miteinander und geben sich Ratschläge. So erklärte Bill Clinton nach der Unterzeichnung des Vertrages über die Reduzierung der strategischen Rüstungen im Januar: »Ich unterstütze den Vertrag nicht nur, sondern gratuliere Ihnen und Bush zu diesem riesigen Erfolg.« Bush verließ zwei Wochen später das Weiße Haus, und Bill Clinton wurde ins Präsidentenamt eingeführt.

Während des Wahlkampfes hatte Bush mit psychischen Problemen zu kämpfen, die so schwerwiegend gewesen sein mußten, daß man sogar in Moskau davon erfuhr. Man berichtete mir, er sitze zuweilen da und starre stundenlang auf einen Punkt. Ich rief ihn an und versuchte ihn aufzumuntern.

Das Gefühl drückender Einsamkeit kenne ich ja sehr gut. Zuweilen hält der Organismus die Anspannung, die ständige extreme Selbstbeherrschung einfach nicht mehr aus. Man muß die Zähne zusammenbeißen und sich zusammenreißen, um nicht alles hinzuwerfen und zurückzutreten. Ich glaube, ich kann Bush verstehen.

Ich hatte damals den Eindruck, er werde die Wahl gewinnen, und der amerikanische Konservatismus werde sich durchsetzen. Die Republikanische Partei begann ihren Wahlkampf immer ziemlich spät und hatte dann in der Regel ein starkes Finish.

Diesmal aber war es nicht so. Das ist vielleicht nicht zuletzt auf Clintons ungewöhnliche Erscheinung zurückzuführen. Er ist jung und für sein Alter ungewöhnlich gutaussehend. Er gefällt den Frauen. Er hat eine hervorragende Bildung genossen. Wird es diesem Präsidenten gelingen, Amerika zu einem neuen Aufschwung zu führen?

George Bush hatte eigentlich drei Amtsperioden zu bestehen. Zwei als Vizepräsident und die dritte als Präsident. Zwölf Jahre. Das ist sehr viel. Wenn meine Amtsperiode abgelaufen ist, werde auch ich immerhin acht Jahre in der großen Politik gewesen sein; wenn ich die Zeit im Politbüro mitzähle, sogar zehn Jahre. Meine eigentliche politische Karriere begann allerdings erst, als man mich aus dem Politbüro vertrieben hatte.

George Bush und ich haben uns mit der Zeit sehr angefreundet. Auch Barbara Bush ruft zuweilen an. Ich hoffe, daß sie uns besucht und sich mit Naina gut versteht. Mit Bush will ich unbedingt Tennis spielen. Das wird ein sehr spannendes Match werden.

Lech Walesa und Vaclav Havel

Lech Walesa und Vaclav Havel. Der Präsident Polens und der Präsident der Tschechischen Republik.

Ich habe beide mehrfach getroffen. Und ich gestehe, wir tun uns etwas schwer miteinander. Uns bedrückt das verfluchte Erbe der

Der Parteichef aus einer östlichen Provinz wurde spät zu einer nationalen, erst in den letzten Jahren zu einer internationalen Figur. Seine ersten Reisen in die Metropolen des Westens wurden wenig beachtet, aber dann wurde Jelzin als die zentrale Figur Rußlands begriffen. Als erste nahm ihn die britische Premierministerin Margaret Thatcher ernst, und noch heute verbindet beide sozusagen eine Sonderbeziehung.

Der G 7-Gipfel war ein Höhepunkt der Anerkennung Jelzins auf dem diplomatischen Parkett und für Jelzin auch innenpolitisch eine wichtige Station.

George Bush, der amerikanische Präsident, hatte ursprünglich seine Sympathie Gorbatschow zugewendet, aber nach dem ersten Putsch mußte auch er erkennen, daß Jelzin der Mann des Schicksals war.

Sehr bald schon nach der Wahl Bill Clintons kam es zu einem ersten Treffen mit Boris Jelzin, und alle Augenzeugen berichten, daß die offenkundige Herzlichkeit nicht nur diplomatischer Natur war.

UdSSR, die der selbsternannte »große Bruder« dieser Länder war. Havel und Walesa fühlen sich ihren Völkern verpflichtet, eine gewisse Distanz zu Rußland zu wahren. Das kann ich verstehen.

Uns verbindet aber nicht nur das gemeinsame Schicksal – das osteuropäische Lager und der Sozialismus. Uns verbindet auch, daß erstmals einstige Dissidenten so kühne Schritte in die Weltpolitik gewagt haben. Havel saß lange im Gefängnis, er ist Schriftsteller, war einer der Wortführer des »Prager Frühlings«. Walesa kämpfte jahrelang an der Spitze der Arbeiterorganisation »Solidarnosc«. Sie sind nicht nur politische Symbolfiguren, sondern auch nationale Führergestalten. Um sie schloß sich zu einem bestimmten Zeitpunkt die ganze Gesellschaft ihrer Länder zusammen. Sie wurden zu Symbolen großer historischer Ereignisse.

Mein erster Besuch in Polen fand in einer sehr gespannten Atmosphäre statt. In den Verhandlungen vertraten die Polen hartnäckig ihre grundsätzliche Position: Die Militärzüge Rußlands, die Polen durchqueren mußten, um die Truppen aus Ostdeutschland abzutransportieren, würden angeblich der Wirtschaft Polens schaden. Dafür müsse Rußland eine Kompensation zahlen.

Ich konnte durchaus verstehen, warum Walesa in dieser Frage so wenig Entgegenkommen zeigte. Wahrscheinlich hatten die Polen in all den vergangenen Jahren stets das Gefühl gehabt, die UdSSR verhindere die selbständige Entwicklung ihres Landes und seines Wirtschaftspotentials. Dieses Gefühl kam nun in übertriebenen, uns kaum verständlichen Forderungen zum Ausdruck.

Mein zweiter Besuch in Polen verlief völlig anders. Nun gelang es mir, den wunden Punkt in unseren Beziehungen zu finden, wie ich das immer versuche. Es ist bekannt, daß das KGB versucht hatte, die Zerschlagung von »Solidarnosc« zu steuern. Ich brachte Lech Walesa Kopien von Dokumenten der Kommission mit, die Suslow (die graue Eminenz im Breshnewschen Politbüro) geleitet hatte. Dort hatten wir eine umfangreiche Akte über »Solidarnosc« gefunden. Polnische und sowjetische Geheimdienstler hatten alle Geheimnisse der Führer der polnischen Arbeiterbewegung ausgespäht und gesammelt. Es lief einem noch nachträglich kalt den Rücken herunter, so detailliert waren die Erkenntnisse des KGB. Ich klopfte sachte auf die Mappe und sagte: »Hier ist alles drin. Nehmen Sie es.« Walesa erblaßte leicht.

Der polnische Präsident teilte mir mit, daß in nächster Zeit Neuwahlen zum Sejm stattfinden sollten; das sei nach der Verfassung möglich. Als er bemerkte, wie sehr mich das Thema interessierte, sagte er im Scherz: »Lösen Sie Ihren Obersten Sowjet doch auch auf und lassen Sie einen neuen wählen. Sollen die alten Deputierten doch da sitzen bleiben, wo sie sind. Sie werden bald vergessen sein.« Ich mußte über diesen in der Tat verlockenden Gedanken schmunzeln.

Auch in Prag hatten wir alte Schulden zu begleichen. Für Vaclav Havel war es äußerst wichtig, von uns das Eingeständnis zu bekommen, daß der Einmarsch der UdSSR im Jahre 1968 eine Aggression gewesen war. Ein solches Eingeständnis sei für das ganze tschechische und slowakische Volk von Bedeutung.

Später zeigte mir Havel das alte Prag. Als wir in einer Kneipe beim Bier saßen, ging es mir durch den Sinn: Nun sitzen wir, zwei nicht mehr junge, müde Männer einfach hier und trinken zusammen Bier wie gute Freunde. Dabei können wir uns sogar für einige Minuten entspannen. Aber wenn wir herauskommen, stürzen wieder alle Probleme dieser Zeit auf uns ein, in der alles im Umbruch ist. Welch schweren Weg haben wir zu gehen - wir, die ersten Führer der postkommunistischen Welt.

Als ich im Herbst 1989 von meiner ersten USA-Reise zurückkehrte, ging die bekannte Kampagne durch alle unsere Zeitungen und das Fernsehen. In Amerika hatte ich in einem Interview gesagt: »Als ich über die Freiheitsstatue flog, fühlte ich mich selbst innerlich frei.« Das löste in Moskau helle Aufregung aus. Ein Sonderausschuß des Parlaments befaßte sich mit meiner Reise.

Meine Mitarbeiter und Freunde, Iljuschin und Suchanow, schleppten mich in ein ganz normales Schwitzbad irgendwo in Moskau. Sie wissen, wie sehr ich das mag. Die Schwitzkammer war brechend voll – etwa vierzig Mann. Bald waren wir mitten in einer politischen Diskussion. Man stelle sich vor: Vierzig nackte Männer, alle schreien, fuchteln mit den Birkenreisern in der Luft herum und klatschen aufeinander ein. »Halten Sie sich tapfer, Boris Nikolajewitsch!« »Wir sind mit Ihnen!« Und wie sie mir dabei den Rücken mit Birkenzweigen bearbeiteten! Ein toller Anblick muß das gewesen sein.

Daß all dies im Schwitzbad geschah, hat für mich symbolische Bedeutung. Das Schwitzbad reinigt. Dort sind alle Gefühle rein, die Menschen aber sind nackt und bloß. Damals veränderte sich meine Weltanschauung. Ich begriff, daß ich meiner sowjetischen Erziehung nach und aus Gewohnheit Kommunist gewesen war, aber nicht aus Überzeugung. Dieses Schwitzbad ist mir bis heute unvergeßlich geblieben.

Schewardnadses Rückkehr

Eduard Schewardnadse flößte mir bei vielen Gelegenheiten Achtung ein. Seine Ernennung zum Außenminister im Jahre 1985 löste bei vielen Verwunderung aus. Bisher war er der Führer einer nicht sehr großen Republik gewesen und hatte keinerlei Erfahrung in der Diplomatie.

Nun zeigten sich seine geistige Überlegenheit und die vielen Georgiern eigene enorme Anpassungsfähigkeit. In der Weltpolitik hinterließ er einen nicht weniger starken Eindruck als Gorbatschow. Mit einer gewaltigen Arbeitsleistung setzte er die Prinzipien der neuen sowjetischen Politik in die Praxis um und schuf so die Grundlage neuer Außenbeziehungen.

In aller Erinnerung ist auch Schewardnadses Rücktritt – die mutige Tat eines Mannes, der damit noch einmal bewies, daß er ein selbständiger Politiker und unabhängiger Mensch war, der den Mut besaß, die Gesellschaft vor der Gefahr eines Militärputsches zu warnen. Ich glaube, seine größte Tat vollbrachte Schewardnadse jedoch erst später, als er die Führung des georgischen Parlaments und des Staates Georgien übernahm. Ein Politiker, der es gewohnt war, unter zivilisierten Bedingungen und mit Menschen zusammenzuarbeiten, die nach den Gesetzen einer traditionellen Gesellschaft, nach traditionellen Werten handeln, wurde plötzlich in die blutigen Wirren eines Bürgerkrieges gestürzt.

Der Bürgerkrieg verändert die Psyche der Menschen. Er zwingt sie in extrem anomale Existenzbedingungen. Haß ist wie ein Waldbrand. Er erlischt erst, wenn das Feuer alles verzehrt hat. Schewardnadse wurde zur Geisel dieses Hasses. In einem Bürgerkrieg kann man nur mit militärischen Mitteln, um den Preis großer Opfer und nicht ohne Blutvergießen den Sieg erringen. Darauf hatte sich übrigens Lenin gut verstanden. Ein Sieg mit friedlichen Mitteln ist unmöglich. Alle Friedensinitiativen Schewardnadses, dem einst die Präsidenten der größten Staaten des Westens, die NATO-Generäle und der UNO-Sicherheitsrat Gehör schenkten, prallen nun an den bis an die Zähne bewaffneten Partisanenabteilungen in den kaukasischen Bergen hoffnungslos ab. Das Land wird im Blut ertränkt. Welchen Mut, welche Geduld braucht hier der Mensch! Und kann Eduard Amwrossiewitsch in dieser Lage etwas ausrichten?

Ich glaube ja, vor allem, weil er so große Erfahrungen besitzt und den Kaukasus so gut kennt. Kürzlich ging er mit dem Beitritt Georgiens zur GUS einen weiteren entschlossenen Schritt. Schewardnadse wußte, daß die Georgier auf diese Entscheidung unterschiedlich reagieren würden. Menschen mit stärker ausgeprägtem Ehrgefühl als die Georgier kann es kaum geben.

Außerdem hält sich in Georgien hartnäckig der Mythos, das Russische Reich wolle mit seiner imperialen Politik den georgischen Staat zerstören. Betäubt von ihrem Unglück, sehen die Georgier nicht, daß Rußland in den nationalen Wirren für niemanden Partei ergreifen kann. Würde sich Rußland im Konflikt mit Abchasien auf die Seite Georgiens stellen, stünde der ganze Nordkaukasus auf, die Auseinandersetzungen würden neue Regionen erfassen, und es käme schließlich zu einem lang andauernden, schweren Partisanenkrieg bis zur völligen Erschöpfung.

In das Geschick eines anderen Staates darf man – und sei es um des lieben Friedens willen – nur strikt nach den Prinzipien des Völkerrechts eingreifen. Schewardnadse verstand dies, als es noch nicht zu spät war. Er faßte den Entschluß, der GUS beizutreten.

Die Zukunft wird zeigen, ob dieser Schritt ebenso sorgfältig erwogen und richtig war wie alle bisherigen. Ich glaube an einen guten Ausgang.

Fenster zur Welt

Meine offiziellen Besuche im Ausland sind natürlich nicht der wichtigste Teil der Tätigkeit des Präsidenten. Aber auch sie sind unbedingt notwendig, dabei ermüdend, sehr kraft- und zeitraubend.

Das viele Repräsentieren. Anfangs machte es mir ungeheure Mühe. Ich mag Begegnungen nicht, bei denen alles vorher bekannt und geplant ist, selbst das Ergebnis. Wo man nicht improvisieren darf. Wo kein Risiko zugelassen ist. Wo man, bildlich gesprochen, auch keine scharfen Kurven nehmen darf.

Meine Besuche im Ausland als Führer der legalen Opposition der UdSSR waren eine gewisse Vorbereitung auf internationale Begegnungen. Mir wurde klar, wieviel davon abhängt, wie man als Verfechter eines eigenen politischen Stils und einer eigenen Linie in der Welt wahrgenommen wird. Das trifft auf jeden Politiker zu, welches Land er auch vertreten mag.

An diesen schleppenden, komplizierten Rhythmus mußte ich mich erst gewöhnen. Ich mußte mir Autorität erwerben, genauer gesagt, sie mir im Schatten Gorbatschows erkämpfen, der viele Jahre lang der Liebling der westlichen Öffentlichkeit, ja geradezu eine Idolfigur der Menschen gewesen war. Von allen meinen Besuchen kann ich hier nicht berichten. Es waren sehr viele – hohe Staatsbesuche und weniger spektakuläre Arbeitstreffen. Sie alle waren Teil unserer Gesamtstrategie, die wir auf den Bruchstücken der imperialen Politik der ehemaligen Union neu aufzubauen entschlossen waren. Deshalb berichte ich hier nur von einigen Reisen, um sozusagen einen Blick hinter die Kulissen zu ermöglichen. Ich möchte zeigen, wie ein solcher Besuch konzipiert und technisch vorbereitet wird, wie die Arbeitsatmosphäre entsteht.

Besuch in Japan – ein verhinderter Skandal

Mein Besuch in Japan wurde in langer und anstrengender Arbeit vorbereitet. Ich kann mich nicht erinnern, daß sich jemals so viele Bewerber danach gedrängt hätten, an einer Reise teilzunehmen. Nach Japan begleiteten mich sowohl Poltoranin als auch Burbulis und Rumjanzew. In die Vorbereitung waren ein ganzer Ausschuß des Obersten Sowjets und eine Kommission beim Präsidenten einbezogen. Sie alle wetteiferten darum, wem die aussichtsreichste Lösung für den Territorialstreit um die Kurilen einfiel.

Auch die japanische Seite nahm diese Verhandlungen sehr ernst. Die Japaner sondierten im Vorfeld lange, sorgfältig und peinlich genau, organisierten inoffizielle Treffen, luden Geschäftsleute, Journalisten und Politiker zu sich ein. Wir sahen daran, daß wir sehnlichst erwartet wurden.

Bevor ich Präsident und Vorsitzender des Obersten Sowjets gewesen war und ohne die Last der Verantwortung hatte reisen können, hatte ich Japan schon einmal besucht. Ich hatte dort etwa folgendes gesagt: Die heutige Politikergeneration solle die Verantwortung für die endgültige Lösung des Inselstreits nicht auf sich nehmen. Mögen zunächst die in den angrenzenden Gebieten lebenden Bürger Rußlands und Japans ohne Hindernisse einander besuchen können. Führen wir in dieser Region den visafreien Reiseverkehr ein. Die juristische Lösung der Frage sollten wir auf später verschieben, damit unsere Nachkommen, die vielleicht nüchterner denken, eine gerechte Regelung finden.

Inzwischen waren drei Jahre vergangen. Wie weit waren wir mit der Lösung des Problems gekommen? Ich zählte anhand der verschiedenen Vorschläge und Konzepte nach, wieviele Varianten eigentlich auf dem Tisch lagen. Ich kam auf vierzehn. Delikat war die Situation dadurch, daß die Japaner selbst unerschütterlich an nur einer einzigen Verhandlungslösung festhielten: Die Inseln hätten ihnen immer gehört und müßten ihnen zurückgegeben werden.

Eine Lösung des Problems war nicht in Sicht. Das sagte ich auch ganz offen den japanischen und russischen Journalisten. Ich hätte mehr als zehn Varianten für die Regelung dieser Frage. Das bedeute im Klartext, daß keine einzige annehmbar sei.

Je näher der Besuch heranrückte, desto mehr erhitzte sich sowohl in Rußland als auch in Japan der Streit darüber, wie sich Jelzin aus dieser Lage herauswinden werde. Ich aber mußte mich für eine dieser vielen Varianten entscheiden und diese dann weiterverfolgen.

Zunächst legte ich eine Pause ein. Mir war klar geworden, daß es wenig Sinn hatte, die Nuancen der einzelnen Varianten durchzugehen – der Fehler steckte irgendwo ganz am Anfang. Sowohl unser Außenministerium als auch alle früheren Delegationen waren stets von der

Frage der »nördlichen Territorien« ausgegangen und hatten dieser eine Schlüsselstellung beigemessen. Beide Seiten bemühten sich, die Positionen einander anzunähern. In beiden Außenministerien wurde Tag und Nacht gearbeitet. Man feilte an Formulierungen und suchte nervös nach Kompromissen. Aber je näher der Tag der Abreise nach Tokio heranrückte, desto deutlicher wurde mir, daß dieser Besuch nicht gelingen konnte. Ich bin es nicht gewohnt, Reisen als Selbstzweck zu betrachten, Gespräche nur der diplomatischen Etikette halber zu führen. Ich zähle immer sehr genau nach, wie viele Dokumente bereits unterzeichnet sind und wie viele mir noch bevorstehen. Auch diesmal hatten die Diplomaten ein ganzes Paket von Verträgen vorbereitet. Aber bei der Hauptfrage steckten wir nach wie vor in der Sackgasse.

Der Besuch war aber nun einmal vorbereitet. Weiter aufschieben konnte man ihn nicht. Japan erwartete den russischen Präsidenten. Das Programm war vom Protokoll, von den Vertretern des Sicherheitsdienstes und den Mitarbeitern des Außenministeriums nach Stunden vorbereitet und abgestimmt worden. In Tokio arbeitete bereits die Vorausabteilung auf vollen Touren, dorthin hatte man bereits die großen Staatskarossen vom Typ SIL, die gesamte Technik und die Kommunikationsmittel transportiert.

In der internationalen Praxis werden offizielle Besuche, wenn sie einmal angekündigt sind, äußerst selten verschoben, es sei denn, außergewöhnliche Umstände treten ein – Katastrophen, Erdbeben, tragische Ereignisse im Lande oder ähnliche Vorkommnisse. Nichts dergleichen war geschehen. So rang ich mich zwei Tage vor dem Besuch zu der Entscheidung durch, diesen auch ohne einen triftigen äußeren Grund abzusagen. Ich rief Premierminister Miyazawa an und entschuldigte mich für die Absage des Besuches. Dann telefonierte ich mit dem Präsidenten von Südkorea Roh Tä Wu, denn außer Japan hatte ich auch Südkorea einen offiziellen Besuch abstatten wollen. Der Präsident nahm meine Bitte nach einer Verschiebung des Besuches mit Verständnis auf.

Dieses Hin und Her schockierte sowohl Teile der russischen Öffentlichkeit als auch viele im Kreml. Unsere Zeitungen reagierten mit Verwunderung, einige mit Spott und Hohn. Und an die Kommentare der japanischen Presse möchte ich mich lieber gar nicht erst erinnern.

Der Lärm hielt ganze zwei Wochen an. Dann legte er sich, und wie mir schien, entschloß sich die japanische Seite zur Besonnenheit. Die Japaner studierten das Problem nun ohne die nervöse Aufregung, die dieser nicht stattgefundenen Reise vorausgegangen war.

Große Geheimnisse

Neben den offiziellen staatlichen Dokumenten und Abkommen ist der unmittelbare Kontakt zu anderen Ländern, die Achtung der nationalen Gefühle wichtig. Wenn man voreinander unangenehme Geheimnisse hat, sollte man sie früher oder später offenlegen.

Die Amerikaner erhielten die Erlaubnis, nach ihren Kriegsgefangenen zu forschen. Den Ungarn übergaben wir die Protokolle von 1956, die über jene tragischen Tage Auskunft gaben. Wir beschlossen, Südkorea die Flugschreiber der von sowjetischen Kampfflugzeugen abgeschossenen Boeing zu überlassen, die unsere Spezialtruppen vom Meeresgrund geborgen hatten. Sie wurden im Verteidigungsministerium aufbewahrt. Zwei oder drei Tage vor dem Besuch rief ich Verteidigungsminister Gratschow an. Er teilte mir mit, für die orangefarbene Kugel, in der sich die Aufzeichnungsgeräte befinden, hätten seine Mitarbeiter bereits eine Spezialverpackung angefertigt. Zur Übergabe der »Black Box« an die südkoreanische Seite sei alles bereit.

Die Überreichung der Geräte an Präsident Roh Tä Wu wurde zum Höhepunkt des Besuches. Indem wir eines der Schlüsselgeheimnisse der Katastrophe übergaben, demonstrierten wir nicht nur der ganzen Welt, daß wir nun eine offene Haltung zu derartigen Problemen hatten, sondern entschuldigten uns indirekt auch für diese Tragödie.

Nach unserer Abreise aber öffneten koreanische Fachleute die schwarzen Kästen und stellten fest, daß sie nur Kopien enthielten, die noch dazu zusammengeschnitten worden waren. Wahrscheinlich hatte noch das alte KGB die Originale ausgetauscht – im guten sowjetischen Stil.

Gratschow jedenfalls hatte die Anordnung präzise erfüllt: Er hatte die schwarzen Kästen mit den orangefarbenen Kugeln übergeben, die seit Jahren in seinem Ministerium lagerten. Was sie enthielten, war nicht seine Sache.

Die Originale wurden schließlich doch gefunden und der internationalen Kommission zur Untersuchung der Ursachen des Zwischenfalls übergeben. Zu einem internationalen Skandal kam es nicht oder nur teilweise.

Heute sollen diese Aufzeichnungen mit den Ergebnissen des Besuches in Japan ergänzt werden, der im Oktober 1993 stattfand.

Ich wurde das Gefühl nicht los, daß die Vorsehung selbst meine Begegnung mit der Führung Japans verhindern wollte. Diesmal waren es die Japaner, die mir vorschlugen, den Besuch zu verschieben. Zu dem geplanten Zeitpunkt aber brach dann die Oktoberrebellion aus. Das wäre durchaus ein triftiger Grund zur Absage gewesen – eine außergewöhnliche Situation. Ich aber verletzte die Etikette erneut, diesmal im umgekehrten Sinne. Wieder Unverständnis und bissige Kommentare in der Presse: Gestern haben in Moskau noch die Panzer geschossen, und heute fährt der Präsident zu einem Besuch ins Ausland!

Wenn es nicht um Japan gegangen wäre, hätte ich den Besuch abgesagt. Aber Tokio zweimal zu brüskieren, hätte bedeutet, das Verhältnis für längere Zeit zu trüben. Denn Ereignisse in einem anderen Land empfindet man nicht so dramatisch wie in der eigenen Umgebung. Und die Japaner erwarteten mich.

Für uns Russen sind die Verbrechen Stalins ein gigantisches schwarzes Loch, das gleichsam die ganze Geschichte verschlang. Bis heute wissen wir noch nicht in allen Einzelheiten, was damals wirklich geschehen ist. Faktisch hat jedes Land mit dem Stalinschen Rußland eine besondere Rechnung offen. Auch Japan. Das Massensterben japanischer Kriegsgefangener in sibirischen Lagern (wo sie unter wahrhaft elenden Bedingungen dahinvegetieren mußten) ist für die Japaner eine ähnliche Katastrophe wie die Tragödie von Hiroshima.

Für die Japaner, die zur Einhaltung von Ritualen, Sitten und der Etikette, zur Achtung vor der Vergangenheit und den Symbolen der Moral erzogen sind, war eine Geste Rußlands äußerst wichtig. Deshalb hielt ich es für notwendig, dieses Zeichen zu setzen und mich zu entschuldigen. Dabei war es nicht wichtig, daß Japan im zweiten Weltkrieg auf der Seite des Aggressors gestanden hatte.

Dieser Schritt veränderte die Atmosphäre unserer Begegnungen grundlegend. Der Dialog wurde nun in anderem Ton geführt und nahm einen anderen Verlauf. An die Stelle jenes Verhandlungsprinzips nach der Devise »Wie du mir, so ich dir« trat nun der Wille zu baldiger Verbesserung der Beziehungen. Wir traten für wirtschaftliche Zusammenarbeit ein und hatten dabei das langfristige Ziel im Auge, das für die japanische Seite so wichtige und bedeutsame Problem der nördlichen Territorien zu lösen.

Die Tücken des Protokolls

In Rußland hält man sich bekanntlich gar nicht gern an Regeln, Gesetze, Vorschriften und Anweisungen, folgt man nicht gern einem in den Details vorher festgelegten Verfahren. Wir sind ein unpünktliches Volk, und Regeln sind für uns wie ein scharfes Messer.

Oft werde ich gefragt, ob mir die Feinheiten des Protokolls Schwierigkeiten machen – etwa, wohin ich mich zu stellen, wo ich stehenzubleiben und wo ich weiterzugehen habe. Natürlich fühlte ich mich am Anfang in all diesen Dingen überhaupt nicht sicher. Im Protokoll ist auch nicht jede Kleinigkeit festgehalten – ob man rechts oder links stehen, einen Schritt vorwärts tun, vor der Nationalflagge stehenbleiben, den Kopf wenden oder senken muß. Hier habe ich mir stets an anderen ein Beispiel genommen, um das Richtige zu tun.

Heute fühle ich mich sicher. Ich habe mich eingespielt. Im Gespräch geht allerdings zuweilen das Temperament mit mir durch. Wahrscheinlich bin ich zu spontan. Die Zahl der Fragen, die man zu erörtern hat, ist in der Regel auf beiden Seiten gleich, und man muß darauf achten, selbst nicht länger zu reden als der Gesprächspartner. Sonst sind die Verhandlungen zu Ende, und man hat seinem Gegenüber kaum Gelegenheit gelassen, seinen eigenen Standpunkt darzulegen. Darauf muß man achten und sich zurückhalten.

Jeder offizielle Staats-, aber auch jeder Arbeitsbesuch verläuft nach einem genau berechneten Zeitplan. Und selbst wenn der Besuch drei Tage währt – das Programm ist stets gedrängt voll. Soviel ich weiß, haben sowjetische Delegationen früher Pausen von bis zu zwei Stunden zwischen den einzelnen Veranstaltungen eingelegt. Bei mir liegen zwischen den einzelnen Punkten des Programms höchstens fünf bis zehn Minuten. So kann es geschehen, daß ich vom frühen Morgen bis zum späten Abend unterwegs bin und erst um Mitternacht in meine Residenz zurückkomme.

Und doch müssen all diese Dinge durchaus ernst genommen werden. Das Protokoll, oder wie es früher hieß, das Zeremoniell, ist eine uralte Sache. Seine Regeln bestehen seit Hunderten von Jahren, auch wenn nicht alle schriftlich festgehalten sind. Ich meine hier die ganzen Umgangsformen auf dem diplomatischen Parkett. Wenn man zum Erfolg gelangen will, kommt es nicht nur darauf an, Persönlichkeit zu zeigen, sondern auch sich an die Regeln des Protokolls zu halten und sein Temperament zu zügeln.

Anfangs hatte ich keinen Protokollchef. Das führte zu zahlreichen Pannen. Wir verspäteten uns oder kamen zu früh an, ich stand nicht an der richtigen Stelle oder auf der richtigen Seite – alles peinliche und für mich nicht sehr angenehme Situationen.

Heute ist alles einfacher. Wenn sich ein Gespräch über Gebühr hinzieht, erscheint Protokollchef Wladimir Schewtschenko und sagt: »Meine Herren, es tut mir leid, die Zeit ist abgelaufen.«

Wladimir Nikolajewitsch hat bereits unter Gorbatschow gearbeitet. Dutzende seiner Besuche bereitete er vor und konnte dabei viele Erfahrungen sammeln. Er ist mir noch aus der Zeit in Erinnerung, als Michail Sergejewitsch und ich zu offiziellen und inoffiziellen Treffen zusammenkamen. Schewtschenko fiel mir in der Mannschaft Gorbatschows durch seine Zurückhaltung, sein freundliches Wesen und seine Unaufdringlichkeit sofort auf. Nach meinem Abschiedsgespräch mit Gorbatschow mußte Schewtschenko auch seine Mitarbeiter entlassen. Gemeinsam mit seinen Kollegen begann er seine Sachen zu packen.

Damit kam er jedoch nicht zu Ende. Ich ließ ihn rufen und bot ihm an, bei mir zu arbeiten. Zunächst war er ein wenig irritiert. »Immerhin habe ich für Gorbatschow gearbeitet«, sagte er. »Das geht in Ordnung«, antwortete ich. »Sie haben Erfahrungen, und genau das brauche ich.«

Ich weiß, daß Schewtschenko über die von ihm organisierten Besuche genau Buch führt. Er hat schon über ein halbes Hundert beisammen. Bei mir bekam er viel zu tun. In der Regel versuche ich auf einer Reise zwei oder drei offizielle Besuche miteinander zu verbinden, zum Beispiel London und Budapest, Washington und Ottawa oder Warschau, Prag und Bratislawa.

Zu den Geschenken. Offizielle Geschenke bei Besuchen sind meist symbolischer Art, in der Regel haben sie vor allem künstlerischen Wert. Meist überreichen wir unseren Besuchern Arbeiten unserer Volkskünstler. Dabei wählen wir nicht nur mit Sorgfalt die schönsten unter vielen interessanten Unikaten aus, sondern versuchen auch stets, die Persönlichkeit, den Charakter und die Interessen des Empfängers zu berücksichtigen. Denn Protokoll hin, Protokoll her - es bleibt ein Geschenk. George Bush zum Beispiel ist Marineflieger. Ihm schenkten wir kleine, aus Knochen geschnitzte Schiffsmodelle. Andreotti ist Schachspieler. Er erhielt von uns Schachfiguren aus Gshel-Porzellan. Helmut Kohl schenkten wir Steine aus unseren Bergen, weil ich weiß, daß er Mineralien sammelt.

Wenn ich auf Reisen gehe oder nach Hause zurückkehre, sind bei meiner Abreise oder Ankunft wesentlich weniger offizielle Vertreter anwesend, als das früher üblich war. Ich war immer peinlich berührt, wenn bei Verabschiedung und Rückkehr eines Generalsekretärs alle Mitglieder und Kandidaten des Politbüros sowie eine Menge anderer Leute auf dem Flugplatz erschienen. Sie sollten arbeiten, statt dessen aber trieben sie sich auf dem Flugplatz Wnukowo herum. Heute bitte ich nur diejenigen zum Flugplatz zu kommen, mit denen ich vor der Abreise noch unaufschiebbare Dinge zu besprechen habe.

Am tiefsten beeindruckt hat mich wegen seines festlichen Charakters, seines Prunks, wie man früher gesagt hätte, der Besuch bei der britischen Königin im Buckingham-Palast. Königin Elizabeth II. machte auf uns einen unvergeßlichen Eindruck. Diese erstaunliche Natürlichkeit, Weiblichkeit, Einfachheit und Eleganz zugleich. Mit ihr fühlten wir uns frei und leicht; zugleich vergaßen Naina und ich keinen Augenblick, daß wir bei der Königin von Großbritannien zu Gast waren. Das ist mit dem langweiligen Wort »Protokoll« nicht zu erfassen.

Und dann der Besuch in Südkorea. Hier habe ich zum ersten Mal mit vollem Bewußtsein empfunden, was östliche Eleganz bedeutet. Diese wunderbaren Farben, diese weiche, fließende Ästhetik.

Ich glaube, auch Naina Jossifowna sollte sich mehr in der Öffentlichkeit zeigen. Sie wirkt einfach, natürlich, ruhig und sehr weiblich, wodurch sie andere für sich einnimmt. Sie ist keine Modenärrin, sieht aber immer sehr gut aus, ohne daß sie dafür auf Beratung angewiesen ist.

Eine wirkliche Frauenbewegung, die sich auf Wohltätigkeit, auf die Sorge um die Kinder und auf die Interessen der Frauen orientiert, steckt in unserem Lande noch ganz in den Anfängen. Alle diese Probleme interessieren Naina Jossifowna sehr, und die »First Lady« sollte da nicht untätig bleiben.

Wenn Naina und ich zu offiziellen Besuchen ins Ausland fahren, bleibt mir in der Regel keine Minute freie Zeit. Trotzdem behalte ich stets im Blick, was meine Frau tut. Und ich bin immer froh zu sehen, wie leicht und natürlich sie in die ihr eigentlich völlig fremde Rolle in der offiziellen Politik geschlüpft ist.

Naina spielt sich niemals als Politikerin auf, mischt sich nicht ein und gibt mir natürlich auch keine politischen Ratschläge. Im Ausland absolviert sie stets ein Programm, das Familienfragen gewidmet ist, Problemen also, die sie heute am meisten interessieren. Sie hat intuitiv erfaßt, wie sie sein und wie sie nicht sein sollte. Dabei bleibt sie stets sie selbst und imponiert mir sehr durch ihre Natürlichkeit.

Das Protokoll nimmt sie sehr ernst. Noch niemals ist sie auch nur eine Sekunde zu spät gekommen. Ehrlich gesagt, hätte ich nicht gedacht, wie leicht sie die kompliziertesten Situationen zu meistern vermag. Bei Museumsbesuchen bekennt sie in aller Ruhe: »Diesen Künstler sehe ich zum ersten Mal, jenen kenne ich, er gefällt mir, von dem habe ich gehört, und das ist mein Lieblingsbild.« Die Komplimente, die ich über sie zu hören bekomme, lauten meist, sie sei eine bewundernswert natürliche Frau, die sich nicht scheue, sie selbst zu sein und stets aufrichtig zu bleiben. Sie kann sich offen über etwas freuen, das ihr gefällt, und ebenso ehrlich Anteilnahme oder Entrüstung zeigen, wenn von einem Unglück oder einer Ungerechtigkeit die Rede ist. Diese Aufrichtigkeit macht sie den Menschen sympathisch, hilft ihnen, rasch eine gemeinsame Sprache zu finden.

Im Ausland finde ich in der Regel kaum Gelegenheit für ausführliche Begegnungen mit einfachen Menschen, für Gespräche über ihr Leben, ihre Sorgen und Probleme. Solche Informationen sammelt für mich meine Frau. Sie hat ein sehr scharfes Auge, bemerkt Tausende von Kleinigkeiten, die einem Mann entgehen. Meine eigene Vorstellung von den Problemen, mit denen wir konfrontiert waren, wird vollständiger. Plötzlich erkenne ich, worüber wir nicht gesprochen, was wir versäumt und nicht zu Ende gebracht haben. Das heißt, auch bei jenen protokollarischen Reisen ist mir meine Frau eine wirkliche Hilfe. In die Heimat zurückgekehrt, wendet sie sich wie selbstverständlich wieder ihren häuslichen Pflichten zu.

Der Marxismus hatte die Religion als »Opium fürs Volk« diffamiert; die Kirchenverfolgung gehörte zum Staat Lenins und Stalins, und erst der zweite Weltkrieg brachte als »Großer Vaterländischer Krieg« ein allmähliches Geltenlassen der verschiedenen Kirchen, die aber jeden politischen und gesellschaftlichen Einfluß verloren hatten. Jelzin räumt offen ein, daß ihm selber die Religion auch heute noch nichts bedeute, aber er respektiert ihre Tradition und ihre Bräuche. Der Besuch bei Papst Johannes Paul II. in Rom war das sichtbare Zeichen dieser Aussöhnung, denn der polnische Papst war lange Zeit als gefährlicher Feind des kommunistischen Blocks begriffen worden. Allmählich schritt auch die Verständigung mit der russisch-orthodoxen Welt immer weiter, und Treffen mit dem Metropoliten wurden nicht mehr als sensationell empfunden. Während des zweiten Putsches suchte Jelzin sogar den Metropoliten als Vermittler für die Verhandlungen mit den Frondeuren zu gewinnen.

Welche Vorbereitungen gehören eigentlich zu einem Besuch im Ausland?

Zunächst werden Materialien gesammelt. Das können Bücher, Zeitschriften oder auch historische Untersuchungen über bestimmte Geschichtsperioden sein. Und natürlich erhalte ich auch detaillierte Informationen über alle bedeutenden Politiker des jeweiligen Landes – das Staatsoberhaupt, den Ministerpräsidenten, den Oppositionsführer. Diese Informationen enthalten außer dem Lebenslauf auch ein Psychogramm, in dem sich, einschließlich einer Beschreibung seiner Frau und seiner Kinder, alle möglichen Angaben finden. Beim Lesen dieser Materialien dringe ich gedanklich allmählich in die Atmosphäre des betreffenden Landes ein, stelle mir Gespräche mit meinen künftigen Partnern vor, führe mit ihnen in Gedanken bereits den Dialog über Themen, die unerwartet auftauchen können. Ich frische meine Kenntnisse der Geschichte und Geographie des Landes auf und verschaffe mir Klarheit über bestimmte Einzelheiten unserer bisherigen Beziehungen.

Das nächste ist eine Vorbereitung der offiziellen Dokumente, die unterzeichnet werden sollen. In den USA waren das zum Beispiel zwanzig, in Ungarn neun. Das sind Verträge, Wirtschaftsabkommen, Vereinbarungen über Großprojekte, die die Regierung und einzelne Ministerien gemeinsam realisieren wollen.

Wenn der Reisetermin herannaht, machen sich auf beiden Seiten Vordelegationen auf den Weg. Sie besprechen den gesamten Plan des Besuches. Dazu gehören die Zusammensetzung der sogenannten offiziellen Begleitung, der Leibwächter, Experten und anderen Mitarbeiter. Ich nehme nur diejenigen mit, die ich unbedingt für die Arbeit brauche. Natürlich gehören hierzu auch die Protokollanten, Beamte des Außenministeriums, der Sicherheit und häufig auch des Ministeriums für außenwirtschaftliche Zusammenarbeit. Meist nehmen wir zwei Flugzeuge vom Typ IL-62, eine Voraus- und eine Hauptmaschine.

Fragenkataloge für die Gespräche und Verhandlungen werden ausgearbeitet. Dabei geht es vor allem um die innenpolitische Lage in dem jeweiligen Land und um die Positionen zu strittigen Fragen. Die Außenministerien beider Länder und die Mitarbeiter der Staatschefs für internationale Fragen sind bemüht, alle umstrittenen Formulierungen optimal abzustimmen. Wenn das nicht gelingt, was häufig genug der Fall ist, müssen die Staatschefs selbst während des Besuches versuchen, zu einer Übereinstimmung zu kommen.

In den Beziehungen fast aller Länder existieren bestimmte historische Probleme, die ewig für Unruhe sorgen. Soweit es meine Kräfte erlauben, versuche ich, diese bei jedem Besuch abzumildern. Wie schon erwähnt, nahm ich nach Ungarn Kopien von Dokumenten aus unseren Archiven mit, die die ungarische Revolution von 1956 betrafen. Korea lebt bis heute mit der Erinnerung an die Tragödie vom Jahre 1985, als über Sachalin eine Boeing der koreanischen Zivilluftfahrt abgeschossen wurde. Ich hielt es für meine Pflicht, bis dahin geheimgehaltene Unterlagen mitzubringen, die Licht in diese Tragödie bringen. Dem polnischen Präsidenten Lech Walesa übergab ich Kopien von Geheimdokumenten über die polnische »Solidarnosc«, die in unseren Archiven lagerten.

Vor einer Reise sammelt sich meist soviel Material an, daß es einen großen Koffer füllt. Um mein Gedächtnis aufzufrischen, sehe ich es auf dem Flug noch einmal durch. Während der Verhandlungen schaue ich nicht gern in meine Papiere, auch wenn sie direkt vor mir liegen. Mein Zahlengedächtnis ist nicht das schlechteste.

Am Vorabend des Besuchs reist ein Vorauskommando in das Gastgeberland, um die letzten Vorbereitungen zu treffen. Ihm gehören Mitarbeiter des Außenministeriums, des Protokolls und der Sicherheit an, die die letzten Details des Besuchsprogramms absprechen.

Jeder Staat hat sein eigenes Protokoll. In den meisten Ländern ist es nicht üblich, daß das Staatsoberhaupt den Gast an der Gangway begrüßt. Dort trifft man meist auf den Außenminister. In Frankreich, wo das Protokoll am ausgefeiltesten ist, läßt es sich der Präsident nicht nehmen, ein ausländisches Staatsoberhaupt persönlich am Flugzeug zu begrüßen. Die Ehrenwache ist ebenfalls zur Stelle, und der offizielle Besuch beginnt sofort.

Das französische Protokoll ist überhaupt recht bemerkenswert. Meine Residenz lag im Trianon-Palais in Versailles. Von einem Gebäudeflügel bis zum anderen, wo das offizielle Bankett mit fünfhundert Teilnehmern stattfinden sollte, waren es nur einige Dutzend Meter zu Fuß. Dem Protokoll zuliebe mußte ich mich jedoch in einen Wagen setzen und damit zu einem anderen Eingang fahren. Laut Protokoll begrüßen die Staatsoberhäupter alle geladenen Gäste. Die fünfhundert Personen betreten den Saal, wir aber werden so postiert, daß wir jedem einzelnen die Hand drücken können. In den meisten Ländern gibt es so etwas nicht. Dort betreten der Präsident mit seiner Gattin den Saal, in dem alle Gäste bereits Platz genommen haben. Diese erheben sich und begrüßen das Präsidentenpaar.

Zu Hause werde ich oft gefragt: »Erzähl' doch mal was über die Sehenswürdigkeiten!« Leider bekomme ich in der Regel weder Städte noch Sehenswürdigkeiten zu Gesicht. Von früh bis spät offizielle Begegnungen, Essen, Gespräche. Manchmal wäre ich für mein Leben gern ein einfacher, unscheinbarer Tourist. Wenn ich wieder Privatmann bin, dann fahre ich mit meiner Frau noch einmal in alle Länder, in denen wir zu Besuch waren, aber im Grunde fast nichts gesehen haben. Dann werden wir schauen, was die Wimper hält, wie Goethe sagt.

Vancouver. Ein warmer Regen tröpfelte hernieder. Wir kamen um sechs Uhr abends an. Bei unserer Hymne nieselte es leicht. Als jedoch die ersten Töne der kanadischen Hymne erklangen, begann es wie aus Kannen zu gießen. Leute mit Schirmen eilten herbei; ich lehnte jedoch ab. Ich konnte schlecht der eigenen Hymne ohne Schirm, der der Gastgeber aber mit Schirm lauschen. Das war mir unangenehm. Ich wurde naß bis auf die Haut. Im Hotel mußte ich Anzug, Hemd, Schlips und sogar die Schuhe wechseln. Ich hatte keinen trockenen Faden mehr am Leib.

Am nächsten Morgen stand eine Hafenrundfahrt mit dem Schiff des Bürgermeisters auf dem Programm. Eine wunderbare Jacht, der Kapitän in seiner Uniform wie aus dem Ei gepellt, die Kellnerinnen hübsch und adrett, alles blitzte, ein Schiff wie aus dem Bilderbuch.

Wir besichtigten die Verladehäfen, wo der berühmte kanadische Weizen verladen und verschifft wird – auch in unser Land. Dann der Königin-Elizabeth-Park. Auf einem Hügel ein bekanntes Restaurant mit Blick auf die ganze Stadt. Hier lernte ich den Präsidenten der USA eigentlich erst richtig kennen. Das erste freundschaftliche Essen. Wir waren uns schon einmal in Washington begegnet, als Bill Clinton noch Präsidentschaftskandidat war. Damals hatten wir ein kurzes Frühstück zusammen eingenommen, hatten aber nur einige Höflichkeitsfloskeln gewechselt. Jetzt sollten wir uns bei der Arbeit kennenlernen. Wie sich das persönliche Verhältnis der beiden Präsidenten gestaltet, wird für die Beziehungen zwischen beiden Ländern sehr wichtig sein. Ich hatte mich auf eine kurze improvisierte Rede von etwa fünf bis sieben Minuten vorbereitet, mit der ich auf Clintons Rede antworten wollte. Ich wußte, daß auch er stets frei spricht und gern improvisiert. Ich hatte das große Bedürfnis, mit dem neuen Präsidenten der USA in Kontakt zu kommen, um herauszufinden, was er für ein Mensch ist. Ich glaube, das ist mir gelungen.

Nach dem Essen fuhr unsere Wagenkolonne als erste ab. Der Abend war still und warm. Es war bereits dunkel, und das abendliche Vancouver funkelte zu uns herauf. Es schien, als stünden die Menschen an unserer Fahrtroute noch genau so da wie am Vormittag, als wir an ihnen vorbeigefahren waren. Hatte ich mich richtig verhalten? Hatte ich meinen Wunsch nach Offenheit nicht übertrieben? Das passiert mir manchmal. Ich glaube, diesmal nicht. Clinton hatte alles richtig verstanden. Ein freundschaftliches Frühstück zu dritt in der Universität von British Columbia: Mulroney, Clinton und ich. Das obligate Erinnerungsfoto. Noch einmal Reden. Abschied von Mulroney. Bill Clinton und ich spazierten über den Rasen, schauten auf das Meer und gingen weiter – alles für die Presse und das Fernsehen. Ein Spaziergang von fünf Minuten, nicht mehr. Der Dolmetscher blieb außerhalb des Bildes – die Fernsehzuschauer auf der ganzen Welt sollten sehen, wie leicht und ungezwungen die Präsidenten miteinander umgingen. Die ganze Rasenfläche hatten die Sicherheitsdienste vorher Schritt für Schritt abgegangen und überprüft. Die Strecke, die wir zu gehen hatten, war mit hellblauen Bändchen abgesteckt, die fremden Blicken verborgen blieben. Nur Clinton und ich konnten sie sehen. Wir gingen genau an diesen Bändchen entlang, unterhielten uns, lächelten in die Objektive, gaben uns fröhlich und natürlich.

Kinder haben mir einige Zeichnungen geschenkt. Bald wird im Kreml eine Ausstellung der Geschenke an den Präsidenten Rußlands eröffnet werden. Dort wird man unter vielen teuren und wertvollen Dingen auch diese liebenswürdigen und natürlichen Zeichnungen der Kinder von Vancouver bewundern können.

Wir stiegen in den Wagen und fuhren zur Residenz, wo dann das eigentliche Gespräch unter vier Augen stattfand - nur in Anwesenheit der Präsidenten und ihrer Dolmetscher. Wir erörterten zahlreiche Fragen. Das fiel uns leicht, weil wir persönlichen Kontakt hergestellt und den richtigen Ton gefunden hatten, der während des ganzen Treffens anhielt.

Am Ende der Verhandlungen erwartete uns eine Pressekonferenz. Die Journalisten hatten detaillierte Fragen vorbereitet. Die amerikanische Presse interessierte, ob es Clinton gelungen war, die Stafette in den amerikanisch-russischen Beziehungen von Präsident Bush zu übernehmen, ob die amerikanische Regierung der russischen Wirtschaft helfen werde und so weiter.

Clinton schien vor der Pressekonferenz etwas Lampenfieber zu haben. Er schlug mir vor, die Begegnung mit den Journalisten gemeinsam vorzubereiten. Unsere Delegationen trennten sich für vierzig Minuten und kamen dann erneut zusammen. Sie arbeiteten die acht schwierigsten Fragenblöcke heraus, zu denen man gemeinsame Positionen abstimmte.

Während der Pressekonferenz stellten die Journalisten dann in der Tat vor allem diese Fragen. Natürlich improvisierten wir auch recht erfolgreich, aber die vorherige Abstimmung erwies sich als außerordentlich wertvoll. Während der Pressekonferenz entstanden keine peinlichen Pausen, die zuweilen mehr sagen, als jede Antwort. Wir gingen mit Leichtigkeit aufeinander ein. Die Pressekonferenz endete mit zustimmendem Beifall der anwesenden Journalisten.

Nachts im Hotel fühlte ich mich schlecht. Ich war erschöpft. Die psychische Belastung war wohl doch zu groß gewesen: das Protokoll, die Gespräche, die Presse. Ich versuche immer, ein hohes Tempo beizubehalten und mich nicht zu verplaudern. Früher konnten unsere Politiker sich erlauben, statt der vorgesehenen zwanzig Minuten fünfzig Minuten lang zu sprechen. Sollten die verdammten Kapitalisten nur zuhören. Ich hingegen bin eher bemüht, statt zwanzig nur achtzehn Minuten in Anspruch zu nehmen.

Ein Staatsbesuch ist stets schwere Arbeit. Einem unbeteiligten Beobachter kann es scheinen, daß ständig Leute um mich sind, mir helfen, mich geleiten, mir Dokumente zur Unterschrift vorlegen und Antworten zuflüstern. Die psychische Belastung nimmt dadurch jedoch eher zu. Mir scheint, daß diese große Zahl von Menschen, die an solchen Ereignissen beteiligt sind, mich geradezu erdrückt.

Reisen ohne klares Ziel gehen mir völlig ab. Das ist eine Arbeit, die auch konkrete Ergebnisse bringen muß. Deshalb schlafe ich dann auch meist schlecht. Kaum bin ich eingenickt, werde ich mitten in der Nacht wieder wach.

Zu nächtlicher Stunde

Es gab Situationen, da hätte mich die Menschenmenge vor Begeisterung fast erdrückt. Das geschah während der Kampagne zu den Präsidentschaftswahlen öfter. Hunderttausende Menschen hatten sich versammelt. Zum Wagen war kein Durchkommen. Keine Kette der Leibwächter hielt mehr stand.

Zu schweren Zwischenfällen kam es jedoch nirgendwo. Ich habe bisher auch keine Anschläge erlebt, obwohl mich ständig Drohungen erreichen. Das ist wohl nichts Ungewöhnliches.

Ich steige stets sehr rasch aus dem Wagen aus. Das ist so eine Eigenart. Es liegt wohl an meinem Charakter, ich kann nichts dagegen tun. Ich springe aus dem Wagen, weil ich Menschen auf der Straße gesehen habe, die mich interessieren. An Gefahr denke ich dabei überhaupt nicht. Meine Wache hält die Leute hinter mir auf Sicherheitsabstand. Seit dem Flugzeugunglück in Spanien kann jeder Stoß, besonders wenn er unerwartet kommt, starke Schmerzen auslösen. Deshalb gehen die Leibwächter stets dicht hinter mir, halten mir den Rücken frei und treten mir dabei fast auf die Fersen.

Leiter des Personenschutzes ist Alexander Wassiljewitsch Korshakow. Er ist seit 1985 bei mir, als ich nach Moskau übersiedelte. Er war an meiner Seite, als ich Sekretär des ZK der KPdSU und später Erster Sekretär des Moskauer Stadtparteikomitees war. Er gehörte der 9. Hauptabteilung des KGB an und war einer meiner wenigen persönlichen Schutzbeamten. Als man mich aus dem Politbüro »vertrieb«, entließ man auch meine bisherigen Sicherheitsbeamten. Korshakow blieb jedoch bei mir. Er rief an und sagte: »Wenn es Ihnen recht ist, möchte ich Sie auch ohne Gehalt bewachen.« Als ich Volksdeputierter der Sowjetunion war, fuhr er mich in seinem »Niwa« herum. Sonntags besuchte ich ihn manchmal in seinem Dorf, das er »Prostokwaschino«

(Sauermilchdorf – der Übers.) nennt. Dort besitzt er ein kleines Holzhaus. Da wir nicht alle darin Platz fanden, stellten wir daneben ein Zelt auf, angelten gemeinsam und badeten im Fluß.

Jetzt trennt sich Korshakow überhaupt nicht mehr von mir. Auf Reisen sitzen wir manchmal sogar nachts beisammen. Er ist ein sehr zuverlässiger, kluger und mutiger Mann. Äußerlich wirkt er eher unscheinbar, ist jedoch ein heller Kopf mit scharfem Verstand.

Schon viele Jahre lang habe ich auch Viktor Wassiljewitsch Iljuschin, meinen persönlichen Mitarbeiter, bei mir. Unsere Zusammenarbeit reicht bis nach Swerdlowsk zurück. Er verfügt über ein enormes Gedächtnis und eine erstaunliche Arbeitsfähigkeit. Er ist sehr belesen, kennt sich in ungeheuer vielen Bereichen aus, kann überzeugend argumentieren und seine Meinung verteidigen. Auf den ersten Blick scheint er eher trocken, pedantisch und ganz und gar von seiner Aufgabe in Anspruch genommen. Viele sehen in Iljuschin nichts anderes als einen leidenschaftslosen, nüchternen Beamten. Das kommt aber daher, daß nur sehr wenige Menschen Kontakt zu ihm bekommen und wirklich in sein Innerstes schauen.

Iljuschin erscheint jeden Morgen um 8.30 Uhr in meinem Arbeitszimmer. Damit beginnt mein Arbeitstag. Er legt mir eine Mappe mit den dringendsten Dokumenten vor. Wir besprechen den Tagesplan und bringen Korrekturen an. Ganz spät am Abend, wenn ich den Kreml verlassen will, erscheint Viktor Wassiljewitsch erneut mit einer dicken Mappe, die er tagsüber vorbereitet hat. Das ist meine Arbeit für die Nacht.

Iljuschin deckt mich mit Arbeit regelrecht ein und manchmal übertreibt er damit auch ein bißchen. Zuweilen werde ich ärgerlich, weil ich nicht jede Angelegenheit und nicht jedes Gespräch in den fünf bis zehn Minuten erledigen kann, die er mir dafür zugesteht. Mehr Zeit will mir Viktor Wassiljewitsch nicht geben. Ich werde nervös, mich packt die Wut, und sie entlädt sich natürlich über meinem engsten Mitarbeiter. Er hört sich meine wütende Tirade geduldig an und geht. Bald darauf kommt er zurück, um mich daran zu erinnern, daß ich mich an die nächste Sache machen muß, denn mein Wutausbruch hat bereits einige wertvolle Minuten gekostet.

Einmal bat ich darum, der Hubschrauber des Präsidenten sollte an einem Flüßchen landen, das mir sehr gefiel. Wir waren auf dem Rückflug nach Moskau von einer Reise durch mehrere Regionen.

Mir schien eine solche Zwischenlandung durchaus möglich, aber es war eine Verletzung der Dienstvorschrift, denn zunächst einmal bedeutete das eine Unterbrechung des Kontakts mit dem Atomschaltknopf. Und im Falle einer Landung durfte der Aufenthalt nicht länger als eine Stunde dauern, denn die Luftverteidigung mußte den Luftkorridor für unseren Hubschrauber freihalten. Dies sind so die Zwänge, die mein Amt mit sich bringt.

Und wenn ich mit dem russischen Ministerpräsidenten gemeinsam in einem Hubschrauber fliegen will, erfahre ich, daß das nicht gestattet ist. Wir müssen uns in verschiedenen Maschinen befinden. Für alle Fälle.

Das schlimmste ist das Gefühl, gleichsam unter einer Glasglocke, in einer Druckkammer zu sitzen und nur gefilterte Luft zu atmen. Ständig versucht jemand, mich an die Hand zu nehmen, mir etwas zu empfehlen, mir es bequem, noch bequemer und immer noch bequemer zu machen. Allmählich entsteht bei mir auf diese Weise der beklemmende Eindruck von Isolation – das Gefühl, wie in Watte gepackt zu sein.

Aber all das ist eben unumgänglich. Wozu daraus ein besonderes Problem machen? So geht das schließlich allen Präsidenten – das ist unser Leben.

Hier soll schließlich noch ein Mann erwähnt werden, der mich seit den Zeiten des Politbüros begleitet. Dmitri Samarin, der Koch, den mir der Personenschutz zugeteilt hat. Auch seine Arbeit ist sehr wichtig. Nicht deshalb, weil ich soviel vom Essen halte. Eigentlich esse ich wenig, tagsüber in der Regel überhaupt nichts. Und das Abendbrot kann ich auch zu Hause einnehmen.

Es geht um etwas anderes. Er begleitet mich auf allen Reisen, denn essen ist auch ein Teil des Wohlbefindens. Wenn man etwas Unverträgliches zu sich nimmt und danach auch noch schlecht schläft, dann kann man die ganze Arbeit vergessen.

Das ist schon vorgekommen. Wir flogen nach Jakutien. Schon an der Gangway servierte man mir Kumys, das Nationalgetränk der Jakuten. Ich trinke und spüre schon nach wenigen Minuten den Alkohol – das war's, denke ich, von Staatsangelegenheiten kann keine Rede mehr sein. Nur noch dieser Gedanke beherrscht mich. Auf der ganzen Reise war ich, gelinde gesagt, sehr nervös.

Dima Samarin konnte sich danach lange nicht beruhigen. »Wie konnten Sie nur fremden Kumys trinken? Von unserem wäre so etwas nie passiert.« »Präsidentenkumys« anstelle des lokalen Gebräus zuzubereiten, gehörte fortan auch zu Samarins Pflichten.

Der Präsident soll Entschlüsse fassen, der Präsident soll denken, doch manchmal scheint es, daß seine Umgebung ihn mit ihrer großen Fürsorge und Aufmerksamkeit fast zu einer Marionette macht. Wie soll ich damit umgehen?

Erst zu Hause bei der Familie fällt dieses quälende Gefühl von mir ab. Aber zu Hause bin ich selten.

Aus dem Archiv der Generalsekretäre

Die hier veröffentlichten Materialien machen nur ein Tausendstel des geheimsten aller Geheimarchive aus. Diese Dokumente lagen viele Jahre lang in den Panzerschränken, die ein Generalsekretär dem anderen übereignete. Jedes Mal, wenn einer der Besitzer das Zeitliche segnete, erschienen neue Mappen mit der Aufschrift »Geheim«, »Streng geheim« und »Geheime Staatssache« in diesen Safes.

Vielleicht wird mancher enttäuscht sein, daß ich aus all den Geheimnissen des Kreml, die mir in die Hände fielen, für die Veröffentlichung gerade diese Dokumente ausgewählt habe, die sich auf die Vergangenheit beziehen und nicht gerade Sensationen enthüllen.

Natürlich enthält das Archiv, das mir Gorbatschow bei unserer letzten Begegnung übergab, auch Material, das wesentlich sensationeller ist. In über siebzig Jahren haben die Führer der Sowjetunion so viele schreckliche Geheimnisse angehäuft, daß Historiker und Journalisten jahrelang damit beschäftigt wären. Es wird die Zeit kommen, da diese Dokumente von den Archivaren gründlich durchgesehen und dann für jedermann zugänglich sein werden. Und wenn die Journalisten dann noch wollen, können sie Sensation um Sensation in die Öffentlichkeit tragen.

Dieses Buch verfolgt jedoch einen ganz anderen Zweck. Ich habe ganz gewöhnliche Dokumente zur Veröffentlichung ausgewählt, die eine Vorstellung von der alltäglichen bürokratischen Routine des KGB geben. Ich muß gestehen, daß diese Dokumente mich persönlich gerade wegen ihres so alltäglichen Charakters beeindruckt haben.

Auszüge aus einem Brief des Vorsitzenden des KGB, Semitschastny, vom 23. November 1963 an das ZK der KPdSU: Darin berichtet er von Informationen, die das KGB über Lee Harvey Oswald, den Mörder Präsident Kennedys, gesammelt hat:

»Als er (Oswald) im Oktober 1959 als Tourist in die UdSSR kam, stellte er beim Präsidium des Obersten Sowjets der UdSSR den Antrag, die sowjetische Staatsbürgerschaft zu erhalten und seinen ständigen Wohnsitz in der UdSSR nehmen zu dürfen.

Da dieser Antrag abgelehnt wurde, versuchte Oswald seinem Leben ein Ende zu setzen, indem er sich die Pulsader aufschnitt.«

Die Staatsbürgerschaft wurde Oswald verweigert »eingedenk dessen, daß Amerikaner, die früher die sowjetische Staatsbürgerschaft erhielten, nur kurze Zeit in der UdSSR lebten und danach unser Land wieder verließen«. Er erhielt jedoch eine (einjährige) Aufenthaltserlaubnis in der UdSSR.

»Auf Beschluß des Ministerrates der UdSSR vom 1. Dezember 1959 wurde Oswald in Minsk untergebracht, wo er eine eigene Wohnung

und auf seinen Wunsch eine Arbeit im Minsker Rundfunkwerk erhielt. Aus Mitteln des Roten Kreuzes erhielt Oswald eine materielle Hilfe in Höhe von 70 Rubel monatlich.«
Ungeachtet dessen folgte Oswald nach wenigen Monaten dem Beispiel seiner Vorgänger und »forderte beharrlich die Genehmigung zur Ausreise aus der UdSSR, zu welchem Zweck er mit der Botschaft der USA in Moskau in offiziellen Briefwechsel trat«.
Im Juni 1962 reiste Oswald, der zu dieser Zeit bereits »mit der Bürgerin der Sowjetunion Marina Nikolajewna Prussakowa, geboren 1941« verheiratet war, gemeinsam mit seiner Ehefrau in die USA aus. Aber nach knapp einem Jahr beantragte das Ehepaar erneut die Rückkehr in die UdSSR.
»Im Oktober 1963 suchte Oswald die sowjetische Botschaft in Mexiko auf und stellte wiederum den Antrag, ihm in der UdSSR politisches Asyl zu gewähren. Dabei berief er sich darauf, daß er als Sekretär einer prokubanischen Organisation von FBI-Agenten verfolgt werde.«
Dieser Antrag wurde abgelehnt.
Am Ende des Briefes empfiehlt Semitschastny, »in einer progressiven Zeitung eines westlichen Landes einen Artikel zu veröffentlichen, in dem die Versuche reaktionärer Kreise der USA entlarvt werden sollen, die Verantwortung für den Mord an Kennedy von den wirklichen Tätern – Rassisten und ultrarechten Elementen – abzuwälzen, die für die Verbreitung und Zunahme von Gewalt und Terror in den Vereinigten Staaten verantwortlich sind. In dem Artikel soll die Absicht dieser Extremisten bekannt gemacht werden, die mit Provokateuren und Mördern aus den Kreisen der konterrevolutionären Exilkubaner zusammenarbeiten, eine Wende in der Innen- und Außenpolitik der USA herbeizuführen.«

Information Semitschastnys an die Internationale Abteilung des ZK der KPdSU vom 10. Dezember 1963, in der mitgeteilt wird, daß nach Aussage von Brooks (bekannter Funktionär der Kommunistischen Partei der USA und Agent des KGB) »Oswald nach seiner Rückkehr aus der UdSSR einen Brief an Funktionäre der KP der USA richtete, in dem er sich für die Organisierung illegaler Tätigkeit zugunsten der KP der USA und Kubas anbot. Dieser Vorschlag wurde als Provokation des FBI eingeschätzt. Er erhielt die Antwort, Amerika sei ein freies Land, in dem jede illegale Tätigkeit ausgeschlossen sei. Die KP der USA benötige seine Dienste nicht.«
Im selben Bericht heißt es: »Nach Meinung Gus Halls wäre es zweckmäßig, daß ein offizieller Vertreter der sowjetischen Botschaft in den USA die Witwe Oswalds besucht, da man von ihr als Russin und Bürgerin der UdSSR interessante Angaben über die Ereignisse in Dallas erhalten kann.«

Jedoch »nach Meinung des Residenten des Komitees für Staatssicherheit beim Ministerrat der UdSSR (volle Bezeichnung des KGB – der Übers.) in New York wäre die Reise eines Mitarbeiters der sowjetischen Botschaft zur Ehefrau Oswalds unzweckmäßig, da sie von rechten Elementen in den USA für antisowjetische Propaganda benutzt werden könnte und Oswalds Frau gegenwärtig außerdem von der Polizei scharf überwacht wird«.

Bericht an die Internationale Abteilung des ZK der KPdSU, unterzeichnet von Semitschastnys Stellvertreter Sacharow, mit »einigen von der Aufklärung beschafften Angaben über die politischen Ziele und unmittelbaren Folgen des Mordes am Präsidenten der USA, John F. Kennedy«.
»Nach vorliegenden Informationen wurde der Mord an Präsident Kennedy von einer Gruppe von Ölmagnaten in Texas organisiert, die nicht nur im Staate Texas, sondern auch in anderen Südstaaten der USA über große wirtschaftliche und politische Macht verfügt. Eine vertrauenswürdige Quelle der polnischen Freunde, ein amerikanischer Unternehmer, Besitzer mehrerer Betriebe, der enge Verbindungen zu Kreisen des Ölbusiness im amerikanischen Süden unterhält, teilte Ende November dieses Jahres mit, daß die tatsächlichen Drahtzieher dieser verbrecherischen Aktion die drei führenden Ölmagnaten des amerikanischen Südens – Richardson, Merkinson und Hunt – sind, die die größten Ölvorkommen in den Südstaaten besitzen und seit langem enge Verbindungen zu profaschistischen und rassistischen Organisationen des Südens unterhalten.«
»Der diplomatische Korrespondent der Zeitung ›Baltimore Sun‹, Ward, erwähnte in einem persönlichen Gespräch Anfang Dezember dieses Jahres, der jetzt festgenommene Ruby habe Oswald im Auftrage einer Gruppe texanischer Finanziers und Industrieller unter Führung des Millionärs Hunt für die Ermordung Kennedys eine hohe Summe angeboten.«
»Oswald war die geeignetste Figur für den Terrorakt gegen Kennedy, weil er mit seiner Vergangenheit die Möglichkeit bot, eine großangelegte Propagandakampagne zu entfalten und die Sowjetunion, Kuba sowie die Kommunistische Partei der USA der Beteiligung an diesem Verbrechen zu bezichtigen.
Ruby und die hinter ihm stehenden wirklichen Drahtzieher des Mordes an Kennedy, betonte Ward, bedachten jedoch nicht den Umstand, daß Oswald psychisch krank war. Als nach längeren Verhören Oswalds klar wurde, er könnte vor Gericht alles gestehen, liquidierte Ruby Oswald unverzüglich.«

Bericht des KGB an das ZK der KPdSU vom 12. Dezember 1963:
»Am 6. Dezember 1963 traf der Mitarbeiter der Staatlichen Verwaltung für Aufklärung (Struktureinheit des KGB – der Übers.), Oberst G. N. Bolschakow, der in der Presseagentur Nowosti angestellt ist, auf einer amerikanischen Graphikausstellung den Künstler William Walton, Freund des ermordeten Präsidenten der USA, John F. Kennedy. Genosse Bolschakow hatte William Walton im Hause Robert Kennedys 1951 kennengelernt und sich mit ihm mehrmals in Washington getroffen. Am 9. Dezember 1963 rief William Walton Genossen Bolschakow an und lud ihn zum Essen ein...
Für die künftige Nutzung des Kontaktes des Genossen Bolschakow zu Robert Kennedy wäre es zweckmäßig, eine Begegnung W. Waltons mit Genossen A. I. Adshubej (dem Schwiegersohn Nikita Chruschtschows – der Übers.) im Beisein des Genossen Bolschakow zu organisieren.
Eine Niederschrift des Gesprächs des Genossen Bolschakow mit W. Walton wird beigelegt.
Anlage: Niederschrift des Gesprächs des Genossen Bolschakow mit W. Walton – fünf Blatt.«

Niederschrift des Gesprächs in der Fassung Bolschakows:
Walton analysiert ausführlich die politische Lage nach der Ermordung Kennedys, spricht über mögliche Kandidaten für das Präsidentenamt, charakterisiert Johnson, äußert die Befürchtung, daß »durch den Machtantritt Johnsons Vertreter des Big Business in die Regierung vordringen könnten«, übermittelt Chruschtschow einen »herzlichen Gruß« von Robert und Jacqueline Kennedy und empfiehlt, durch ihn »Robert Kennedy und dessen Familie kleine Weihnachtsgeschenke zu überreichen. Das würde Robert Kennedy nach seiner Meinung sehr freuen, der Sie als seinen Freund betrachtet.«
»Die Ermordung Präsident Kennedys hat uns gezeigt, sagte Walton, daß auch der Vizepräsident unser Mann sein muß. Die Wahl Johnsons war ein Fehler John Kennedys. Mir ist bis heute unklar, fuhr Walton fort, wie er auf diesen Texaner kam. Als John Kennedy sich den Kandidaten für das Amt des Vizepräsidenten aussuchte, standen nur zwei Personen zur Wahl – die Senatoren Symington und Johnson. Robert Kennedy schrieb ihre Namen auf Zettel, die er in einen Hut warf. John Kennedy zog dann den Zettel mit dem Namen Symington. Warum er seine Meinung änderte, ist unklar. Das ist eine bittere Lehre für uns alle.«
Walton bat Bolschakow, ihm dabei zu helfen, eine Begegnung mit Adshubej zustande zu bringen, und sagte, »er wolle nicht, daß man in der Botschaft von diesem Treffen erfahre. Er sagte, wenn er nach Washington zurückgekehrt sei, werde er lediglich Robert Kennedy über das Treffen mit mir informieren.«

Diese Dokumente und auch das nächste, das unsere Rolle im Nordirland-Konflikt erhellt, behandeln das in jenen Jahren aktuelle Thema der »sowjetischen Bedrohung«.

Die Papiere sind aber auch aus einem anderen Grunde interessant. Der künftige Mörder Kennedys – ob nun der wahre oder nur der vorgeschobene – bot dem KGB selbst seine Dienste an und kam auf eigene Initiative in unser Land. Das KGB schreckte davor zurück, sich seiner zu bedienen.

Auch Linksextremisten aus Irland bedrängten uns aus eigenem Antrieb Jahr um Jahr, ihnen Waffen zu liefern.

Das Europa der sechziger Jahre wurde von verschiedenen Ereignissen erschüttert, die Welt war damals insgesamt wie elektrisiert. Überall gärte es. In Frankreich gab es eine ganze Serie von Anschlägen auf de Gaulle, und die Studentenbewegung, die Gesellschaft war wegen der algerischen Krise gespalten. In Großbritannien brach der schwere Nordirland-Konflikt aus. Ägypten und Israel führten Krieg gegeneinander. Wir marschierten in die Tschechoslowakei ein. Das Ende der sechziger Jahre markierten der Krieg in Vietnam und die Kulturrevolution in China.

Mit einem Wort, die Welt stand gefährlich nahe an der Schwelle zu einem großen Krieg. Aber etwas rettete die Menschheit vor dieser Katastrophe. Mir scheint, wir sollten jene Zeit nicht schwarz-weiß sehen, die Welt nicht in die »gute« westliche und die »böse« kommunistische Seite einteilen. Die Dinge lagen viel komplizierter. Die gespaltene Welt konnte sich auch wieder zusammenschließen. Das Netz der Kontakte zwischen Menschen und Ländern war wesentlich dichter, als wir uns das heute vorstellen. Die Zivilisationen – die westliche und die kommunistische – durchdrangen einander. Die Bereitschaft zum Frieden war größer geworden. Man stelle sich vor, was in den dreißiger Jahren geschehen wäre, wenn irische Kommunisten damals die UdSSR um Waffen gebeten hätten. Sie hätten sie binnen einer Woche von Stalin erhalten. Man hätte das mit großem Enthusiasmus getan.

In späterer Zeit verhält sich das anders. Beschlüsse kommen erst nach langem Zögern und vielen Zweifeln zustande. Das ZK der KPdSU führt eine lange, zähe Debatte über die Bitte der Terroristen. Die Jahre vergehen, und man denkt immer noch darüber nach, wie man den Iren diese verdammten Waffen zukommen lassen soll, denn eigentlich will man das überhaupt nicht.

Die UdSSR war durchaus nicht darauf erpicht, sich mit dem damals ultralinken China oder mit ultralinken Terroristen in der Welt einzulassen. Allerdings faßte die sowjetische Führung eine ganze Reihe von Beschlüssen zur Unterstützung kommunistischer Regime in der Welt. Unsere Politik sollte vor allem den Amerikanern Ärger bereiten. Die beiden Großmächte nutzten die Widersprüche und Tragödien der

»dritten« Welt. Man faßte angesichts der mit dem Namen Dubcek verbundenen Prager Entwicklungen den höchst gefährlichen Beschluß, Truppen in die Tschechoslowakei einmarschieren zu lassen. Und doch setzten sich insgesamt die Bemühungen um Stabilität immer wieder durch. Sie gewannen die Oberhand trotz der unübersehbaren Realitäten des Kalten Krieges.

Ich sage noch einmal: Die Lage in der Welt war damals wesentlich explosiver als heute. Aber die große Furcht der Menschen vor einem neuen Krieg brachte die Politiker dazu, letzten Endes verantwortungsvolle Entscheidungen zu treffen.

Heute gehört die politische Konfrontation auf unserem Planeten der Vergangenheit an. Aber die Lage hat sich stark verändert: Die Kriegsgeneration ist alt geworden, die in unserem Unterbewußtsein tiefsitzende Furcht vor einem atomaren Inferno ist geschwunden. Die Hauptgefahr geht heute nicht von den Supermächten, sondern von kleinen lokalen Kriegen, von nationalen Konflikten aus. Die ethnischen Konflikte sind die Bedrohung des neuen Jahrhunderts. Ebenso der Waffenhandel. Und so müssen wir uns heute gegen die Gefahr eines neuen Krieges zusammenschließen.

Wenn es nicht gelingt, ein System der kollektiven Sicherheit zum Kampf gegen die Entstehung kleiner Kriege, gegen den unkontrollierten und zügellosen Waffenhandel, gegen den politischen Terrorismus und die Verletzungen des Völkerrechts zu errichten, dann wird es im neuen Jahrhundert keinen Frieden geben.

Die Menschen wollen in Frieden leben und führen doch Kriege zur Durchsetzung ihrer Interessen. Dieser Widerspruch ist Teil der menschlichen Natur. Absolut friedliche Zeiten gibt es leider nicht – trotz aller unserer Verträge. Das heißt aber, daß der Frieden verteidigt werden muß. Zu allen Zeiten.

Die Bedrohung spitzt sich angesichts neuer politischer Konstellationen heute zu. Die nationalen Kriege auf dem Balkan und im Kaukasus drohen von zwei Seiten aus auf die Türkei überzugreifen, die ihrerseits dem Schicksal ihrer Landsleute in Europa durchaus nicht gleichgültig gegenübersteht. In Deutschland haben rassistische Unruhen eingesetzt. Auch in anderen europäischen Ländern häufen sich ausländerfeindliche Vorkommnisse. Ähnliches ist auch in Rußland zu beobachten. Das dürfen wir nicht zulassen.

Wenn wir einer Eskalation rassischer, ethnischer und religiöser Wirren tatenlos zusehen, wird die Welt wie in den sechziger Jahren erneut an den Rand eines globalen Krieges geraten. Zu dieser Einsicht müssen wir uns heute durchringen. Für den Frieden ist keine Mühe zu groß.

Brief M. O'Riordans an das ZK der KPdSU:
»Moskau, 6. November 1969.
Teure Genossen,
1. Ich möchte die schriftliche Bitte an Sie richten, Hilfe beim Erwerb folgender Waffen zu gewähren: 2000 Maschinenpistolen (7,62 mm) mit 500 Patronen pro Stück; 150 leichte Maschinengewehre (9 mm) mit 1000 Patronen pro Stück..«

In dem Brief wird die Entstehungsgeschichte der IRA dargelegt und darauf hingewiesen, daß »zwischen der IRA und den irischen Kommunisten stets mehr oder weniger gute Beziehungen bestanden«. »Wir führen gemeinsam nicht nur viele Aktionen sozialer und antiimperialistischer Art durch, sondern seit mehreren Jahren besteht und funktioniert bereits ein interner Konsultationsmechanismus zwischen der Führung der IRA, dem Vereinigten Rat der Irischen Arbeiterpartei und der Kommunistischen Partei Nordirlands. Sie berücksichtigen stets unsere Empfehlungen zu den taktischen Methoden im gemeinsamen Kampf für die Bürgerrechte und die nationale Unabhängigkeit Irlands.«

O'Riordan schreibt, daß die IRA beim »Augustpogrom« in Belfast »ihre Rolle einer bewaffneten Schutztruppe nicht spielte, weil ihr Kampfpotential dadurch geschwächt war, daß sie ihre Anstrengungen bisher auf den sozialen Protest und auf Aufklärungstätigkeit konzentriert hat«.

O'Riordan schließt die Möglichkeit eines Bürgerkrieges in Nordirland und Zusammenstöße der katholischen Minderheit mit den britischen Truppen nicht aus.

»Die Bitte nach Waffenlieferungen wurde im Licht dieser durchaus möglichen Entwicklung geäußert.«
»Zwei führende Vertreter der IRA (Catal Golding und Shomus Costello) haben diese Bitte offiziell an mich herangetragen.«
»Die Waffen können auf einem Hochseeschlepper mit einer kleinen ausgesuchten, verläßlichen Mannschaft aus IRA-Mitgliedern nach Irland befördert werden.«

Bericht an das ZK der KPdSU vom 18. November 1969:
»Die IRA-Führung verspricht, die Tatsache der Übergabe von Waffen an sie durch die Sowjetunion streng geheimzuhalten und auch die volle Geheimhaltung des Transports nach Irland zu sichern.«
»Im Gespräch mit Genossen M. O'Riordan wurde darauf hingewiesen, daß die Lieferung von Waffen sowjetischer Produktion unzweckmäßig sei, da diese den Vorwand liefern könnte, die IRA zu bezichtigen, sie agiere auf Weisung Moskaus.

Es wird für zweckmäßig erachtet, das Komitee für Staatssicherheit beim Ministerrat der UdSSR und das Verteidigungsministerium der UdSSR zu beauftragen, die Bitte des Genossen M. O'Riordan zu erörtern und die Möglichkeit zu prüfen, ob der IRA mit Waffen ausländischer Produktion geholfen werden kann. Entsprechende Vorschläge sind innerhalb von zwei Wochen an das ZK der KPdSU zu richten.
Der Entwurf für einen Beschluß des ZK der KPdSU ist beigefügt.«
Aus dem Entwurf:
»Die Internationale Abteilung des ZK der KPdSU, das Komitee für Staatssicherheit beim Ministerrat der UdSSR und das Verteidigungsministerium der UdSSR werden beauftragt, die Bitte des Generalsekretärs der Irischen Arbeiterpartei, Genossen M. O'Riordan, zu prüfen und ihre Vorschläge innerhalb von zwei Wochen an das ZK der KPdSU zu richten.
Der Sekretär des ZK«.

Darauf folgen acht Berichte Andropows an das ZK der KPdSU zu dieser Frage – der erste vom 8. Januar 1970, der letzte vom 9. März 1973.

8. Januar 1970:
»Angesichts der Tatsache, daß es sehr kompliziert ist, bei der Lieferung von Waffen und Munition nach Nordirland die notwendige Konspiration zu wahren, und daß in der letzten Zeit in der irischen und englischen bürgerlichen Presse (Irish Press, Times) provokatorische Berichte über angebliche Waffenlieferungen der Sowjetunion an ultrarechte protestantische Elemente in Nordirland erschienen sind, halten wir es für zweckmäßig, vor der endgültigen Entscheidung über die Bitte des Genossen M. O'Riordan mit ihm Kontakt aufzunehmen und zu klären, über welche realen Möglichkeiten er verfügt, bei der Übergabe der Waffen und der Geheimhaltung ihrer Herkunft für die notwendige Konspiration zu sorgen.«

7. April 1970:
»Genossen O'Riordan wurde gesagt, bevor diese Frage entschieden werden könne, müßten alle Aspekte sorgfältig geprüft werden. Vor allem gelte es, ernsthaft abzuwägen, welcher Nutzen von der Waffenlieferung zu erwarten sei und welcher Schaden beim Mißlingen der Operation entstehen könnte.
Außerdem wurde Genosse O'Riordan darauf aufmerksam gemacht, welch große technische Schwierigkeiten bei der Durchführung der Operation entstehen können und wie groß das Risiko ist, daß sie aufgedeckt wird. Genosse O'Riordan war davon sichtlich beeindruckt.«
»Genosse O'Riordan zeigte Verständnis für die Vorsicht, die wir bei der Entscheidung über diese Frage an den Tag legen.«

21. Oktober 1970:
»Angesichts der nachdrücklichen Bitte des Genossen O'Riordan und seiner Versicherung, daß die Freunde bei der Beförderung der Waffen an den Bestimmungsort die notwendigen Maßnahmen zur Geheimhaltung und Sicherung treffen werden, hat das Komitee für Staatssicherheit einen prinzipiellen Plan für die Übergabe der gegenwärtig zur Verfügung stehenden 100 erbeuteten Maschinenpistolen, 9 Maschinengewehre und 20 Pistolen mit Munition an die irischen Freunde in neutralen Gewässern ausgearbeitet.
Granatwerfer, Granaten, Gewehre und andere Handfeuerwaffen ausländischer Produktion haben wir nicht zur Verfügung.«

21. März 1972:
»Genosse O'Riordan bemüht sich seit über zwei Jahren um eine positive Lösung der Frage der illegalen Lieferung einer beliebigen Menge von Waffen nach Nordirland...
Die versenkten Waffen werden ausschließlich von Vertretern der Irisch-Republikanischen Armee aufgenommen. Die Kommunistische Partei Irlands wird sich an der Übernahme der Waffen und ihrem Einsatz in keiner Weise direkt beteiligen. Die Einzelheiten der Durchführung der Operation sind allein Genossen O'Riordan bekannt.
Beschluß: Im Archiv aufbewahren – Weisung des Genossen K. U. Tschernenko.«

25. Mai 1972:
»Am 22. Mai dieses Jahres ist Genosse O'Riordan einzig mit der Absicht nach Moskau gekommen, eine Entscheidung in dieser Frage zu beschleunigen...
Da die Sowjetunion die einzige Quelle ist, von der konspirativ Waffen beschafft werden können, erklärte Genosse O'Riordan, daß er auch künftig nachdrücklich auf einer positiven Entscheidung in dieser Frage bestehen wird.
Angesichts dessen wird es für zweckmäßig erachtet, die Bitte des Genossen O'Riordan nach illegaler Übergabe einer geringen Zahl von Beutewaffen an die irischen Freunde erneut aufzugreifen.«

Brief O'Riordans an das ZK der KPdSU vom 3. Juli 1972:
»Teure Genossen,
im November 1969 habe ich um Hilfe in Form von militärischer Ausrüstung gebeten...
Die Tatsache, daß es in zweieinhalb Jahren nicht den geringsten Informationsabfluß gegeben hat, zeugt nach meiner Meinung davon, wenn man es so ausdrücken darf, daß ein hohes Verantwortungsbewußtsein für die Geheimhaltung besteht.«

»Sobald Ihrerseits eine politische Entscheidung gefällt ist, werde ich mich in keiner Weise am Transport beteiligen; meine Rolle wird lediglich darin bestehen, die technische Information darüber an Shomus Costello zu übergeben. Der Transport und alle weiteren Operationen werden von Mitgliedern der offiziellen IRA durchgeführt, die nichts darüber wissen werden, woher die Militärausrüstungen kommen und wo sie beschafft wurden.«

Anlage zum Bericht (Postskriptum)
1. In den zweieinhalb Jahren seit November 1969 habe ich mit Ihren technischen Experten zahlreiche ausführliche Gespräche über die Beförderung militärischer Ausrüstungen nach Irland geführt...
Ich sehe keine wirksamere, sicherere und zuverlässigere Methode als diejenige, die Ihre Experten vorgeschlagen haben.
Die einzige mögliche Alternative ist folgende:
- Die KPdSU wendet sich an die kubanischen Genossen;
- die versprochenen Militärausrüstungen werden nach Kuba befördert; von dort bringt sie ein kubanisches Schiff zum Treffpunkt irgendwo auf dem Ozean, wo sie auf ein irisches Schiff umgeladen werden, das Fischern und Mitgliedern der offiziellen IRA gehört...
So werden weder die KPdSU noch ich in Erscheinung treten, und die Sache kann in Direktverhandlungen Costellos mit den Kubanern geregelt werden.«

Information Andropows an das ZK der KPdSU vom 21. August 1972:
»Das KGB kann eine solche Operation organisieren und durchführen...
Einen Plan zur Durchführung der Operation lege ich bei.
Andropow.«

Plan zur Durchführung einer Maßnahme der illegalen Übergabe von Waffen an die irischen Freunde (Codename der Operation: »Wsplesk« (Geplätscher – der Übers.):
Die illegale Übergabe der Waffen an die irischen Freunde erfolgt, indem diese Waffen nachts in neutralen Gewässern im Bereich der Stanton Bank, 90 Kilometer vor der Küste Nordirlands, in eine Tiefe von 40-42 Metern versenkt werden.
Das Aufklärungsschiff »Reduktor« hat auf unsere Bitte den Ort der die Operation bereits aufgesucht, eine erste Erkundung und Tiefenmessungen durchgeführt.
Die für die Versenkung vorbereiteten Waffen werden von Mitarbeitern des KGB unmittelbar vor Auslaufen eines Aufklärungsschiffes der Seekriegsflotte in Murmansk angeliefert und auf das Schiff verla-

den. Sie werden von einem Mitarbeiter des KGB begleitet, der die Operation »Wsplesk« nach dem bestätigten Plan organisiert und durchführt.
Zur festgesetzten Zeit begibt sich das Aufklärungsschiff in den Bereich der Stanton Bank, versenkt die Ladung nach Erkundung der Gegend mit visuellen und technischen Mitteln an dem vereinbarten Punkt und entfernt sich daraufhin unverzüglich.
Ein Fischfangschiff der Freunde erreicht den festgelegten Punkt erst zwei bis drei Stunden später, findet die Leuchtboje, wie sie von Fischern aller Länder zur Kennzeichnung von Netzen verwendet werden – in diesem Falle japanischer oder finnischer Produktion –, hebt die versenkte Ladung und befördert sie in einen irischen Hafen, wo nach Versicherung des Genossen O'Riordan die konspirative Entladung vom Schiff und der Transport an geheime Orte erfolgen.
Diese Methode zur Durchführung der Operation schließt einen direkten Kontakt unseres Schiffes mit dem irischen Schiff aus; die Mannschaft des letzteren wird nicht erfahren, wer die Ladung versenkt hat.
Die deutschen Beutewaffen – 2 Maschinengewehre, 70 Maschinenpistolen und 100 Pistolen, Marke Walter, geschmiert mit Fett westdeutscher Herkunft, sowie 41 600 Patronen zu diesen Waffen werden in 14 Paketen zu je 81,5 Kilogramm verpackt sein.
Das Verpackungsmaterial und anderes Zubehör, das bei der Operation Verwendung findet, ist über die Residenturen des KGB im Ausland erworben worden.
Die dem KGB zur Verfügung stehenden Beutewaffen werden von einem Speziallabor des KGB zur Übergabe an die Freunde vorbereitet.
In einem speziellen wissenschaftlichen Forschungsinstitut wird eine Verpackung allseitig darauf untersucht, ob eine mögliche Herkunft der Ladung und der Verpackung aus der Sowjetunion feststellbar ist.
Niemand auf dem Aufklärungsschiff wird etwas über die Art der Ladung wissen. Gegenüber der Schiffsbesatzung wird die Ladung als Unterwasserforschungsapparatur ausgegeben, die in einem bestimmten Gebiet des Atlantik versenkt wird und sich dort später selbst vernichtet.
Für die Absprache organisatorischer Einzelheiten zur Durchführung von Operation »Wsplesk« ist ein Treffen mit Genossen O'Riordan außerhalb der Sowjetunion vorgesehen.«

Das ist das letze Dokument in der Mappe, mit dem die Geschichte dieser Waffenlieferung endet. Ob es M. O'Riordan schließlich gelang, das ZK der KPdSU dazu zu bewegen, unseren »irischen Freunden« wenigstens einige erbeutete Granaten und Maschinengewehre zur Verfügung zu stellen, ist nicht bekannt. Es ist aber durchaus wahrscheinlich, daß seine Hartnäckigkeit schließlich belohnt wurde und die »Freunde« auch weiterhin mit Sprengstoffattentaten und Morden auf sich aufmerksam machten, die die ganze Welt erzittern ließen.

Die Festlegung des Kurses

Andrej Kosyrew war von Anfang an eine umstrittene Figur, und ich wurde von mehreren Seiten vor ihm gewarnt: Kosyrew sei ein Anhänger des Westens, ein Proamerikaner, behauptete man.

Aber ich hatte den Außenminister über einen längeren Zeitraum hinweg sehr aufmerksam beobachtet und glaube, ich habe mit ihm die richtige Wahl getroffen.

Kosyrew steht vor der Aufgabe, mit Taten und nicht nur mit Worten das Modell einer friedlichen Diplomatie Rußlands zu schaffen. Seine Bemühungen zielen nicht nur auf eine Begrenzung der strategischen Rüstungen oder auf die Verbesserung der Kontakte Rußlands zum Westen. Er hat auch Aufgaben ganz anderer Art zu lösen. In verschiedenen Regionen gilt Rußland als Garant des Friedens: bei den Konfliktherden innerhalb der GUS, in Jugoslawien, im arabisch-israelischen Konflikt. All das erfordert eine ganz andere Schule der Diplomatie. Gebraucht werden flexible, modern denkende Menschen.

Es war eine Sache, wenn die UdSSR und der Westen, zwei hochentwickelte Zivilisationen, Vereinbarungen trafen. Es ist etwas anderes, die Beteiligten an zwischenstaatlichen und nationalen Konflikten oder die kämpfenden Seiten in einem Bürgerkrieg, die Gegner in einem lang anhaltenden Partisanenkampf an den Verhandlungstisch zu bringen. Meist sind dies kleine Staaten oder kleine Völkerschaften.

Das ist eine ungewöhnlich komplizierte, zuweilen fast unlösbare Aufgabe. Eine solche Aufgabe ist den USA und Rußland, der NATO und der GUS kürzlich gestellt worden. Wenn du selbst in Frieden leben willst, dann lösche die Flammen der lokalen Konflikte und versuche die kämpfenden Seiten auszusöhnen.

Kosyrews Jugend, seine Ausdauer und sein überlegtes, professionelles Vorgehen helfen ihm, kühlen Kopf zu bewahren, in diesem ununterbrochenen, zuweilen schwindelerregenden Strudel von Verhandlungen, Initiativen, Gegeninitiativen und Friedensplänen nicht unterzugehen. Mir ist noch gut in Erinnerung, wie er nach einer zermürbenden dreitägigen Reise auf der Route Moskau-London-New York-Washington-Ottawa-Moskau nach einem neunstündigen Flug, als wir alle schon zum Umfallen müde waren, wie immer mit einem zurückhaltenden Lächeln, tadellos rasiert die Gangway der Präsidentenmaschine herunterstieg und sich sofort zur nächsten Regierungsmaschine vom Typ

TU-134 begab. Ohne erst nach Hause zu fahren, flog er sofort in den Nahen Osten weiter. Als ich ihn bedauerte, winkte er ab und antwortete nur: »Schade, daß ich erst in zehn Stunden im Hotel duschen kann. Ansonsten – alles in Ordnung.«

Wenn es heißt, die Jelzin-Regierung habe die jahrhundertealten Prioritäten der russischen Politik, der Politik des Russischen Reiches verraten, dann ist das blanker Unsinn.

Rußland hat in seiner ganzen Geschichte niemals versucht, sich der westlichen Welt entgegenzustellen. Im Gegenteil, es fühlte sich von Europa stets angezogen. Seit dem 18. Jahrhundert schloß es mit den Staaten Westeuropas Vereinbarungen und Allianzen. Natürlich blickte man auf das mächtige Rußland mit seinen endlosen Weiten zu Recht voller Respekt und sogar nicht ohne Sorge. Aber man fürchtete es nicht! Die Geschichtsauffassung, die heute die »Unversöhnlichen« in Rußland propagieren, ist ahistorisch. Sie ist etwas für Analphabeten. Rußland schloß Bündnisse mit England und Österreich, mit Deutschland und Frankreich – jeweils nach den gegebenen Umständen.

Nur einmal, im Krimkrieg, schlossen sich alle diese Mächte gegen Rußland zusammen.

Wir kehren dorthin zurück, wo wir immer waren – in die Entente, wenn man so will, in das Konzert der Westmächte. Aber wir kehren stärker und weiser dorthin zurück, weil wir die bitteren Lehren des Totalitarismus (des Stalinschen kommunistischen Faschismus) am eigenen Leibe verspürt haben.

Es gab eine Zeit, da sich die UdSSR in Konfrontation mit der ganzen westlichen Welt befand, vielen Ländern ihren Willen aufzwingen, sie in ihre Einflußsphäre ziehen wollte. Damals spielte sie die Rolle des Weltgendarmen. Das war eine angemaßte Rolle in einer Posse. Heute sind wir nur noch ein starkes Land – aber mit einem komplizierten, besonderen Schicksal.

Der Mann in der feldgrauen Uniform, der Mann mit der Maschinenpistole über der Schulter, der in schweren Soldatenstiefeln über die Erde stapft, seine grobe und zuweilen grausame Arbeit verrichtet – er ist ebenso zu einem Symbol unseres Jahrhunderts geworden wie die Atombombe, der Kaugummi, die Jeans, die Rockstars und vieles andere mehr.

Wir haben in unserem Lande lange Zeit in seliger Unwissenheit gelebt. Obwohl unser Land eine militaristische und aggressive Politik betrieb, war es für das Volk ein großes Geheimnis, an welchen Schauplätzen unsere jungen Soldaten eingesetzt waren, wohin unsere Militärfachleute flogen und wo unsere Raketen standen. Unsere Armee war nicht im eigenen Land im Einsatz, sondern irgendwo weit weg, in den Ländern der Dritten Welt.

Es fragt sich, ob Rußland nun nicht selbst zu einem Land der Dritten Welt geworden ist, da es einen Umsturzversuch nach dem anderen erlebt, da Soldaten (unsere Sondereinheiten und Fallschirmjäger) bereits in Moskau eingesetzt werden, da es nur dank ihres Eingreifens gelungen ist, den Bürgerkrieg zu verhindern, der in den Mauern des ehemaligen Parlaments auszubrechen drohte?

Auf diese Frage kann es keine einfache Antwort geben. Wo die Welt am Rande der Stabilität balanciert, werden auch in Zukunft russische Soldaten auftauchen. Es kommt darauf an, wessen Befehl sie gehorchen, wer sie kommandiert - die Kräfte des Friedens oder des Krieges? Es hat den Anschein, als sei ihre Sache in den letzten Jahren mehr die Friedenssicherung und die Stabilisierung gewesen - ob es nun um UNO-Truppen oder die Streitkräfte Rußlands geht, die in der GUS immer häufiger diese Funktion übernehmen. Soldaten sind auch die Hauptakteure im Kaukasus, wo die Kinder bereits mit dem Eindruck aufwachsen, Krieg habe es immer gegeben und werde es immer geben. Heute jedenfalls ist der Armee eine andere Aufgabe gestellt - Gott sei Dank.

Aber für die Sicherung des allgemeinen Friedens mußten wir einen unerwartet hohen Preis zahlen. Das Gespenst des Krieges erwachte in unserem eigenen Haus. Es ist kein Zufall, daß es schließlich auch nach Moskau und nach Rußland kam. In ein völlig friedliches Land, das nicht kämpfen wollte. In ein Land, das jetzt ausschließlich mit den eigenen wirtschaftlichen Problemen befaßt ist. Die Sowjetunion, die heute anders heißt, ist trotz allem ein einheitlicher Raum geblieben. Wir können uns nicht von dem abschotten, was in den Republiken geschieht.

Daß Länder wie Georgien und Rußland förmlich aneinander gekettet sind, haben die Ereignisse in Abchasien gezeigt. Die schreckliche Tragödie der Georgier, die zu Hunderten aus dem sonnigen Abchasien flüchten mußten. Diese Instabilität hat in Rußland sofort den Bruch von Friedensvereinbarungen und eine Eskalation des Konflikts nach sich gezogen.

Terrorismus und Extremismus sind internationale Erscheinungen. Die politischen Hasardeure im ehemaligen russischen Parlament konnten in der Armee keine Unterstützung finden; sie fanden sie aber in den Regionen, wo heute der Krieg tobt. Sie fanden dort bewaffnete Unterstützung, ausgebildete Kampfeinheiten. Für kurze Zeit züngelte das Feuer des Krieges in den ehemaligen Randgebieten Rußlands auch nach seinem Herzen.

Wie kann heute Frieden im Kaukasus erreicht werden? Ich glaube, eine friedliche Koexistenz der Völker kann nur durch wirtschaftlichen Wohlstand gewährleistet werden. Denn heute kämpfen keine Diktaturen, sondern demokratische Regime gegeneinander. Alle Staatsoberhäupter müssen sich zur Wahl stellen. Sie müssen den Menschen mehr anbieten als militante Losungen. Man muß wieder beginnen, Waren zu produzieren und Handel zu treiben. Man muß wieder beginnen, sich um den eigenen Wohlstand zu kümmern (darauf hatte man bei der Entstehung unabhängiger Staaten alle Hoffnungen gesetzt). Man muß Kontakte zu denen suchen, die ihr Geld im Land anlegen wollen. Dafür muß aber zunächst Frieden unter den Konfliktparteien geschaffen werden.

Es geht heute darum, auf dem ehemaligen Gebiet der UdSSR die wirtschaftliche Integration voranzubringen, die kollektive Sicherheit zu gewährleisten und die politische Zusammenarbeit zu entwickeln. Zugleich stehen wir vor der Aufgabe, hier einen einheitlichen geistigen Raum zu schaffen. Genauer gesagt, seine weitere Zerstörung nicht zuzulassen, dasjenige an Gemeinsamkeit zu bewahren und zu retten, was noch erhalten geblieben ist.

Heute sind die Kontakte zwischen den Völkern, zwischen unseren Kulturen und den Menschen dem Selbstlauf überlassen. Statt diese Kontakte zu fördern, erschweren wir sie durch Zölle, Grenzen und Paßkontrollen. Statt die einheitliche Kultur zu erhalten, zerstören wir sie unwillkürlich (in verschiedenen Republiken kann man zum Beispiel Moskauer Zeitschriften nicht mehr abonnieren). Warum verstehen wir nicht, daß man eine menschliche Gemeinschaft, selbst eine, die im totalitären Sozialismus entstand, bewahren muß, wie wir die Wälder, die Flüsse und die saubere Luft bewahren müssen, daß wir diese Probleme nicht nur vom politischen, sondern auch von einem moralischen Standpunkt aus betrachten müssen.

Ich wünschte, die GUS-Staaten fänden die eben beschriebene Einstellung zu den Problemen des Kaukasus. Der Kaukasus ist eine ganz eigene, unverwechselbare Region. Hier leben – ohne Übertreibung – Hunderte von Nationalitäten. Der Kaukasus ist gleichsam ein Naturschutzgebiet, das winzigen Bergvölkern mit ihrer Sprache und Kultur, mit ihren Traditionen und Bräuchen, mit ihrer Lebensweise ein Überleben ermöglicht hat und damit alle Epochen, faktisch die ganze Entwicklungsgeschichte dieses Erdteils verkörpert.

Gerade deshalb ist der Kaukasus auch unkontrollierbar. Die Bergbewohner, die kleinen Völker weisen jeden friedlichen Kompromiß zurück, wenn sie einmal vom Feuer des Krieges erfaßt sind. Die Zentralregierung ist nicht imstande, das ganze Territorium zu kontrollieren, selbst wenn sie dies wollte. Die Menschen kämpfen weiter, nicht mit Dolchen und Flinten wie in früheren Jahrhunderten, sondern mit Panzern und Raketen. Sie zerstören ihre einmalige Zivilisation, dieses ganze wunderbare Gebiet mit seinem unverwechselbaren Gepräge.

Die Brüderlichkeit im Geiste, von der eben die Rede war, die Strategie der Stabilität in der gesamten GUS, von der auch die Stabilität Rußlands abhängt, zwingt uns, nach einem Ausweg aus dieser ethnischen

Katastrophe zu suchen. Wir können nicht zulassen, daß eine ganze Region untergeht. Diese Gefahr besteht, denn eine tragbare Atombombe im Kaukasus ist längst nicht mehr nur ein Sujet aus einem Science-Fiction-Thriller

Mit Bitterkeit muß ich feststellen, daß dieses Problem trotz der insgesamt recht häufigen Treffen der Staatsoberhäupter der GUS-Staaten bis heute nicht gelöst ist, sondern sich eher kompliziert hat. Entfremdung breitet sich in unseren alltäglichen traditionellen Beziehungen aus. Das dürfen wir nicht länger zulassen.

Die Mechanismen der gegenseitigen Durchdringung und Beeinflussung, die in der Breshnewschen »Stagnationszeit« unter administrativem Druck wirkten, müssen durch neue, wirtschaftliche Beziehungen ersetzt werden. Überflüssige Barrieren, die den zwischenmenschlichen Kontakten im Wege stehen, sind zu beseitigen. Wir müssen immer daran denken, daß die Bewohner dieses Sechstels der Erde, deren Leben sich bisher kaum verändert hat, ihre Heimat immer noch als einheitliches Land empfinden. Seine Teilung geht ihnen wider die Natur.

Der Krieg im ehemaligen Jugoslawien ist eine Tragödie für Europa und die ganze Welt. Heute ist dies wahrscheinlich die komplizierteste Frage der russischen Außenpolitik. Minister Kosyrew sitzt Tag und Nacht, wo er auch sei, am Telefon, konsultiert sich mit den Vermittlern, verhandelt mit den streitenden Seiten.

Für uns hat dieser Konflikt einen vielschichtigen Hintergrund. Die erste Schicht ist mit bloßem Auge sichtbar: Jugoslawien wurde nach dem Modell der Union geformt. Auch hier ein Knäuel historischer Probleme. Ein ganzes »Bukett« von Nationen, das in Europa seinesgleichen sucht (unser »Bukett« reicht allerdings bis nach Asien). Auch hier verschiedene Menschen unter einem Dach. Tito war einer der Diktatoren des 20. Jahrhunderts, die heute in einem eher günstigen Licht erscheinen (ein zweiter könnte Franco sein). Unter seiner Herrschaft blühte das Land förmlich auf. Aber die künstlich konstruierte Politik ließ die in den Völkern angelegten Konflikte außer Acht. Die Probleme Jugoslawiens begannen gleichsam als Kettenreaktion auf die Ereignisse in der Sowjetunion. Und schon stand das Land in Flammen. Deshalb sind wir so vorsichtig, was ein militärisches Eingreifen in den Jugoslawienkonflikt betrifft. Die Probleme sind zu ähnlich.

Die zweite Schicht: Die Frage unseres internationalen Führungsanspruchs. Warum bestehen die USA so darauf, daß wir uns an bewaffneten Sanktionen gegen den Aggressor (für den sie Serbien halten) beteiligen? Um einen internationalen Präzedenzfall zu schaffen. Es gibt ihn im Grunde genommen schon – unsere Unterstützung von »Wüstensturm«, jener kollossalen Aktion des US-Präsidenten Bush und der UNO gegen Irak. Wenn sich unsere beiden Staaten auf gemeinsame

Schritte einigen, dann macht das in der Welt Eindruck. Konturen einer Weltregierung werden sichtbar. Wer das Gesetz verletzt, muß unweigerlich mit Sanktionen rechnen. Dieses Vorgehen in der Weltarena ist erst dank der neuen russischen Politik möglich geworden.

So sehr wir aber diese Bedeutung gemeinsamen Handelns verstehen, möchten wir doch nicht zu gehorsam und beeinflußbar wirken - und es schon gar nicht sein. Das schadet unserem Ansehen, dem Vertrauen in unsere Politik, dem Kräftegleichgewicht in Europa und in der Welt. Vor allem aber schadet es dem ehemaligen Jugoslawien. Schließlich wird auch ein Anwalt gebraucht, der sich für die Interessen des Landes einsetzt, dem Sanktionen drohen. Sonst bleibt nur noch der Krieg bis zum siegreichen Ende oder bis zum Untergang.

Sechstes Kapitel

Die Schocktherapie

Die Philosophie des Schocks

Keine einzige Reform in Rußland wurde je zu Ende geführt. Peter der Große wollte mit seinen Reformen »russische Europäer« schaffen. Das war natürlich ein zu weitgestecktes Ziel, das man zu Lebzeiten einer Generation nicht erreichen konnte. In gewissem Sinne ist dieses Ziel der Reformen Peters bis heute nicht erreicht. Wir sind zwar Europäer geworden, dabei aber wir selbst geblieben.

Man kann verschiedene Geschichtsepochen betrachten – stets folgte auf radikale Reformen ein Rückschlag, zumeist ein schwerer. Dies gilt besonders für das 20. Jahrhundert: Weder zwei Landreformen noch drei Revolutionen, die Neue Ökonomische Politik Lenins, die Stalinsche Industrialisierung, die Chruschtschowsche oder die »stille« Kossyginsche Reform haben zu grundlegenden Veränderungen geführt.

Lediglich die drei Jahrzehnte im letzten Viertel des 19. Jahrhunderts und am Anfang des 20. Jahrhunderts waren in gewissem Sinne eine Zeit wahrer Reformen in Handel, Industrie und Gesellschaft, obwohl sie im Zeichen des »Zarenjochs« standen (wie es der Intelligenz damals schien).

Die Reform unumkehrbar machen – dieses Ziel stellte ich der Regierung. Kraft und Dynamik des wirtschaftlichen Umschwungs sollten ebensolche Resonanz finden wie die grandiosen politischen Veränderungen. Dann würde uns nichts mehr aufhalten. Dann würden andere uns nachfolgen, die Reform zu Ende führen und das Land zum Erblühen bringen.

Welche Rolle hatte ich Gaidar zugedacht? Für mich war er natürlich kein Wunderdoktor, der unsere Wirtschaft von einem Tag zum anderen gesunden ließ. Aber auch kein Kurpfuscher, der sie endgültig zugrunde richtete.

Um im Bild der Medizin zu bleiben: Mir fällt jener Morgen im Krankenhaus in Spanien ein, als man mich unters Messer genommen und sofort nach der Operation gezwungen hatte aufzustehen. Ich erhob mich tatsächlich und tat, schweißnaß vor Angst und Anspannung, ohne Krücken einige Schritte. Gaidars Aufgabe bestand darin, unsere gelähmte Wirtschaft in Bewegung zu bringen, ihre Zentren, ihre Ressourcen und ihren ganzen Organismus wieder zum Leben zu erwecken. Würde sie in Gang kommen?

Gaidars Maßnahmen waren ziemlich brutal. Aber sie waren notwendig. Während die anderen Ärzte noch über die Heilmethode stritten, hatte er den Patienten bereits aus dem Bett geholt. Und ich glaube, der Patient hat die ersten Schritte getan. Diesen Schluß ziehe ich nicht aus den wirtschaftlichen Kennziffern, die objektiv schlecht sind. Genau genommen sind es aber Kennziffern einer früheren, der sowjetischen Wirtschaft, die nicht mehr existiert.

Hoffnung schöpfe ich aus der Tatsache, daß in unserem Lande Menschen mit einem völlig neuen Denken aufgetaucht sind. Menschen, die nicht auf fremde Hilfe warten und sich auf niemanden verlassen, weder auf die Regierung noch auf das Parlament oder auf Jelzin. Sie schimpfen ein bißchen auf jeden und gehen dann ans Werk. Schauen Sie sich um, und Sie werden auf solche Menschen, vorwiegend junge, in der Geschäftswelt, in der Presse, in Kunst, Wissenschaft und Kultur, in allen Bereichen des Lebens treffen. Sie fallen noch nicht sehr auf, dafür sind sie viel zu beschäftigt. Aber es gibt sie schon. Kurz gesagt, in unserem Lande tauchen die ersten normalen Menschen auf, die man früher einfach unterdrückte.

Was bei uns geschieht, gleicht meiner Ansicht nach der Schockreaktion eines kranken Organismus, der seine letzten Kräfte mobilisiert, sich zusammenreißt und allmählich wieder an Selbstsicherheit gewinnt.

Natürlich kann man das Land mit dieser Schocktherapie auch in die Katastrophe, in den vollständigen Kollaps führen. Dann geht es nur noch ums Überleben; der Mensch verliert alle menschlichen Züge und wird zum Tier, weil er um seine nackte Existenz fürchten muß. Wir aber leben in einem reichen Land mit einer gewaltigen, wenn auch rückständigen Wirtschaft.

Rußlands Unglück war niemals ein Mangel oder ein Überfluß an Reformatoren. Sein Unglück bestand darin, daß niemand eine konsequente Politik zu realisieren vermochte. Ob Zar oder Generalsekretär – alle wollten in die Geschichte eingehen. Jeder lud sich eine zu schwere Bürde auf. Jeder hatte sein eigenes Sendungsbewußtsein. Und jeder warf das Ruder jäh herum. Meist gleich um hundertachtzig Grad.

In den letzten zwei Jahrhunderten gab es in der Geschichte Rußlands lediglich zwei Herrscher, die wegen ihrer persönlichen Unauffälligkeit und Mittelmäßigkeit eine rein konservative und sehr ausgeprägt reformfeindliche Haltung einnahmen. Unter ihrer Herrschaft bekam die Gesellschaft tatsächlich das Joch, den Stiefel der Macht zu spüren. Die Macht war in höchstem Maße zentralisiert. Es herrschte eine rigide Staatsideologie. Andersdenkende wurden verfolgt.

Ich spreche von Alexander III. und von Breshnew. Beide waren ungewöhnlich lange Zeit an der Macht. Als sie starben, waren sie in der Gesellschaft, im Urteil der Zeitgenossen tief verhaßt. Weshalb eigentlich?

Die sprunghafte Entwicklung der Industrie unter Alexander III. ist unbestritten. Aber sie hat dem Volk keinen Wohlstand gebracht – sonst hätte es keine Revolutionen gegeben. Immerhin entwickelte sich in Rußland endlich der Mittelstand. Die materielle Grundlage für das Erblühen von Wissenschaft und Kultur entstand. Der russische Staat fand endgültig Eingang in den Kreis der zivilisierten Nationen.

Unter Breshnew blieb das menschenfeindliche Sowjetsystem erhalten. Die politischen Verfolgungen gingen weiter. Die UdSSR nahm Kurs auf eine gefährliche militärische Konfrontation. All das ist bekannt. Ich will hier keine Banalitäten wiederholen.

Aber es zeigte sich auch eine andere Tendenz. Die Reformen wurden zwar eingestellt (wie auch unter Alexander III.), aber Breshnew wendete das Staatsschiff durchaus nicht um 180 Grad, wie es damals vielen schien. Das Kernstück der Chruschtschowschen Veränderungen blieb erhalten. Die Administration ließ bei aller stumpfsinnigen und sehr konsequenten Härte durchaus einen gewissen Raum für positive Veränderungen. Die Breshnewsche Konzeption vom »entwickelten Sozialismus« und der »unablässigen Steigerung des Wohlstandes der Werktätigen«, die während der Perestroika tausendfach verlacht wurde, hatte durchaus eine gewisse Grundlage. Die »sozialistischen Verhältnisse« wurden, wie wir heute sehen, relativ weit vorangetrieben. Sie reichten bis in die Tiefen der Volksseele. Was den Wohlstand betrifft, so blieb er natürlich aus. Wenn es in den Geschäften an Butter und Fleisch fehlte, wirkten die sozialistischen Losungen vom »unaufhaltsamen Fortschritt« wie Hohn. Da jedoch ein bestimmtes Gleichgewicht in der internationalen Politik erreicht war, forderte man vom Volk nicht mehr, alle Kraft dem Staate zu opfern und für das hohe Ziel auch das Letzte hinzugeben, wie man es früher getan hatte.

Schritt für Schritt und mit dem schrillen Kreischen rostigen Metalls versuchten wir uns auf administrativem Wege dem westlichen Lebensstandard zu nähern. Eine eigene Wohnung. Soziale Sicherheit. Garantien für gewisse Lebensbedingungen. Elektrische Haushaltsgeräte. Minimaler Grundbesitz. Sogar Privatautos. Mehr oder weniger erträgliche Bedingungen in Kultur und Bildung für den kleinen Mann, für den Normalbürger. Ich gehe hier nicht auf die komplizierten Prozesse ein, die in jener Zeit – von Mitte der sechziger bis ungefähr Mitte der siebziger Jahre – in unserer Gesellschaft abliefen. Ich hebe lediglich die Tendenz der allmählichen, kaum spürbaren Ansammlung bestimmter Güter des Lebens hervor. Diese war bekanntlich nicht das Ergebnis effektiverer Arbeit, sondern eines barbarischen Verschleuderns der Ressourcen unseres Landes.

Dann wurde der Mann an der Spitze immer hinfälliger. Der verfallende Generalsekretär geriet zum Symbol einer verfallenden Wirtschaft, die gewaltig, ja sogar gigantisch organisiert war, aber auf tönernden Füßen stand.

Wieviel Kritik hat mir der Erlaß über den freien Handel, über die Aufhebung aller Beschränkungen für Handelsgeschäfte eingebracht! »In Rußland schießt die Spekulation ins Kraut!«, schrie die Presse. Und tatsächlich, auf welcher Metrostation man auch ankommt, überall unzählige Stände, wo man, wie scharfe Zungen behaupten, mit »Kolonialwaren« handelt – mit importiertem Wodka, Zigaretten, Konfekt und anderen Dingen. Gott ist mein Zeuge, so ist es wirklich.

Erinnern wir uns der Klassiker. Wann genoß das Handelskapital in Rußland je einen ehrbaren Ruf? In den Stücken Ostrowskis – nur Bankrotte, Machenschaften und Schulden. Alles Themen aus dem Alltag der Kriminalpolizei. Aber gerade bei den Kaufleuten von Samoskworetschje (einem Stadtteil des alten Moskau – der Übers.) liegt der Ursprung der russischen Großindustrie, begann die Geschichte des russischen Kapitals.

Das heißt nicht, daß wir das Verbrechen fördern wollen. Dafür haben wir eine Miliz und eine Staatsanwaltschaft, um gegen diese bedrückenden Erscheinungen zu kämpfen. Für Spekulation muß es eine Schranke geben – das Gesetz. Allerdings ist wahr, daß sich Polizei und Justiz nur sehr langsam und mit großer Mühe auf die neue Situation einstellen. Aber das ist typisch russischer Stil.

Im September 1992 legte man mir die wirtschaftlichen Zahlen der ersten neun Monaten des Jahres vor. Mir standen die Haare zu Berge. Das Land bewegte sich unaufhaltsam auf eine Hyperinflation zu; der Zusammenbruch der Produktion und der Wirtschaftsbeziehungen drohte.

Dabei gab es nur einen Hoffnungsschimmer – die grundsätzlich veränderte Nachfrage der Bevölkerung nach Konsumgütern. Es war uns gelungen, das Warendefizit in wenigen Monaten zu beseitigen, und das bei allen Positionen, ausgenommen die billigsten Lebensmittel, nach denen man in Rußland wie in jedem anderen Land der GUS noch immer Schlange steht.

In Rußland trat nun ein ganz anderes Defizit auf den Plan – das Defizit des Geldes. Wovor gerade Gaidar gewarnt hatte.

In einem Interview für die Fernsehstation »Ostankino« stellte Alexander Solshenizyn dem Interviewer, den Zuschauern, dem ganzen Volk und auch dem Präsidenten die rhetorische Frage: »Würden Sie Ihre Mutter mit einer Schocktherapie behandeln?«

Die Mutter ist Rußland. Wir sind ihre Kinder. Die Mutter mit einer

Schocktherapie zu behandeln, ist natürlich grausam und gar nicht Sohnesart.

Ja, in einem gewissen Sinne ist Rußland unsere Mutter. Zugleich sind Rußland aber auch wir selbst. Sein Fleisch und Blut, seine Menschen. Mich selbst behandle ich durchaus mit einer Schocktherapie; ich habe es schon öfter getan. Nur wenn er zuweilen alles auf eine Karte setzt, schreitet der Mensch voran und kann sein Überleben sichern.

Als ich den Weg der Schocktherapie wählte, habe ich sie nicht einem unterentwickelten Rußland oder dem Volk, sondern auch mir selbst verordnet. Wenn einer als erster den Schock auf sich nehmen, dabei ungeheure Schmerzen ertragen und alle Reserven mobilisieren mußte, dann war das ich, der Präsident.

Zermürbende Depressionsanfälle, quälende Gedanken bei Nacht, Schlaflosigkeit und Kopfschmerzen, Tränen und Verzweiflung, Trauer beim Anblick Moskaus und anderer Städte Rußlands, massive Kritik tagtäglich in den Zeitungen und im Fernsehen, Hetzjagen auf den Kongressen, die ganze Verantwortung für getroffene Entscheidungen, die Enttäuschung durch gute Freunde, die mich im notwendigen Augenblick nicht unterstützten, nicht standhielten oder betrogen – all das habe ich erlebt. Ganz zu schweigen vom Oktoberputsch.

Die folgenden Seiten dieses Kapitels sind der Wirtschaftsreform gewidmet. Ihrer verborgenen Seite. Auch diese muß der Leser meines Buches kennen. Ich möchte aber nicht, daß diese Dinge das Wichtigste verstellen – die Notwendigkeit, nach dem Zerfall des Landes einen entschlossenen Schritt nach vorn zu tun.

Als wir die Reform in Angriff nahmen, war die Lage im Lande alles andere als beruhigend. Die ohnehin von Krisenstimmung erfaßte Gesellschaft erwartete den Beginn der radikalen Reformen mit Bangen. Den Menschen war klar, was nun drohte: Preissteigerungen und Arbeitslosigkeit. Im Herbst heizte die Rationierung aller Waren die Lage bis zum äußersten an. Die Regale in den Geschäften waren leer. In vielen Städten wurden dicke Talonhefte ausgegeben, mit denen man einkaufen ging. Salz, Zucker, Brot und Streichhölzer – all das war nun Mangelware.

Es herrschte eine düstere Atmosphäre. Im Verhältnis der ehemaligen Unionsrepubliken zueinander und besonders zu Rußland zeigten sich ernste Anzeichen von Mißtrauen.

In dieser sehr gespannten Situation erhielt ich den ersten Anruf von Ruzkoi. Am 18. Dezember, zwei Wochen vor dem Beginn der Reformpolitik, hatte er in der »Nesawissimaja Gaseta« geäußert, der Kreml sei ein führungsloser, unorganisierter Ort von Intrigen, niemand wisse, wohin wir gehen und welche Ziele wir verfolgen werden. Der Präsident wolle allein und despotisch regieren. Wenn man die Freigabe der Preise nicht zurücknehme, werde er, Ruzkoi, zurücktreten.

Unter den ausländischen Beobachtern hielt sich hartnäckig das Gerücht, die über den Zerfall der Union erbosten Militärs bereiteten einen neuen Umsturz vor. Ihr politischer Führer sollte Ruzkoi werden. Bis zu einem Umsturz war es noch weit, aber daß der Name Ruzkois in diesem Zusammenhang fiel, war durchaus kein Zufall. Bei Besuchen in Rüstungsbetrieben Sibiriens hatte Ruzkoi die Mannschaft der Reformer in der Regierung Gaidars »kleine Jungen in rosafarbenen Höschen« genannt. Damit war ein Präzedenzfall für politische Unverfrorenheit geschaffen. Diese Stafette nahm bald darauf Chasbulatow bereitwillig auf...

Der Sonderstatus

Gennadi Eduardowitsch Burbulis lernte ich durch die Tätigkeit der interregionalen Deputiertengruppe (im Kongreß der Volksdeputierten der UdSSR – der Übers.) kennen. Schon damals beeindruckte mich seine immense Bildung.

Bald erkannte ich aber auch: Gennadi Eduardowitsch war niemals ein Schreibtischtheoretiker oder ein seinen Vorgesetzten willfähriger Beamter. Das heißt, er war nicht der flexible und nachgiebige Mann, als der er zunächst erschien wie viele andere Intellektuelle auch. Er war, im Gegenteil, ein ausgesprochen dynamischer Mann mit einem sehr ausgeprägten Willen.

In Swerdlowsk kannten wir uns nicht, wir kreisten sozusagen auf verschiedenen Umlaufbahnen. Aber die gemeinsame Wurzel, die Erinnerungen an Swerdlowsk, bedeuteten für unser Verhältnis sehr viel. Und schließlich hatte auch er sich in seiner Jugend für den Fußball begeistert, in einer Armeemannschaft gespielt und liebte wie ich ganz allgemein den Sport – Gemeinsamkeiten, die in solchen Situationen nicht ganz unwichtig sind.

Seine erste unmittelbare Aufgabe als mein Mitarbeiter war die Leitung des Stabes bei den Wahlen der Volksdeputierten für das russische Parlament in Swerdlowsk (wie später auch bei der Wahl des russischen Präsidenten). Bald wurde Burbulis zum bevollmächtigten Vertreter des Vorsitzenden des Obersten Sowjets Rußlands ernannt. Einen solchen Posten hatte es bisher nicht gegeben. Er wurde eigens für Burbulis geschaffen, um seine Sonderstellung hervorzuheben.

Besonders eng gestaltete sich unser Kontakt, als wir in Archangelskoje lebten. Ich verbrachte dort sehr gern meine Zeit. Und ich verhehle nicht, daß die Gespräche mit Gennadi Eduardowitsch mich in jener Zeit auf neue Ideen brachten.

Er sah weit in die Zukunft und bewertete die Ereignisse des Tages aus strategischer, globaler Sicht. Die Konzeption einer neuen Politik, einer neuen Wirtschaft, eines neuen Staatsaufbaus und einer neuen Lebensweise für Rußland trat immer deutlicher hervor.

Meine endgültige Entscheidung aber traf ich während des Urlaubs im September 1991 in Sotschi, wo mich Silajew und Burbulis besuchten. In diesen spannungsreichen Tagen hatte ich die Möglichkeit, den vorsichtigen, zu Kompromissen neigenden Silajew und den vor Energie berstenden jungen Burbulis miteinander zu vergleichen. Ich spürte das starke Bedürfnis, meine Verantwortung mit jemandem zu teilen. Mir selbst wollte ich die gesamte Strategie und Taktik des politischen Kampfes vorbehalten; die programmatische Arbeit, die Entscheidung über die Vorgehensweise und die Auswahl der Mitarbeiter gedachte ich jedoch einem anderen zu überlassen.

In diesem Moment setzte ich auf Burbulis. Mir gefielen seine originellen Ideen und seine Dynamik, aber auch seine Fähigkeit, fremde Gedanken und fremde Konzeptionen zu durchschauen,; auch daß er mit vielen jungen Politikern und Praktikern seiner Generation bekannt war, begrüßte ich. Er wußte, auf wen man sich stützen konnte. Und darin irrte ich, Gott sei Dank, nicht: Ich nenne nur zwei Männer, für die sich Burbulis leidenschaftlich einsetzte und die er in dieser Zeit »heranholte« - Gaidar und Kosyrew.

So wurde Gennadi Burbulis zum Staatssekretär und zum ersten Stellvertreter des Ministerpräsidenten der Russischen Föderation.

In der Presse nannte man ihn häufig die graue Eminenz. Das ist natürlich Unsinn, denn eine graue Eminenz ist in meinen Augen eher eine willenlose, schlaffe und apathische Figur im Präsidentensessel (»graue Eminenzen« scheinen mir heute aus zeitlicher Entfernung Suslow und Breshnew gewesen zu sein).

Burbulis hatte aber zwei ernste Nachteile - ein sehr empfindsames Ehrgefühl und die Unfähigkeit, sich der Gesellschaft von seiner günstigen Seite zu zeigen. Es war geradezu lächerlich: Fernsehjournalisten luden Gaidar zum Gespräch ein. An seiner Stelle kam Burbulis (der von der Sendung erfahren hatte), nahm in einem Sessel Platz und begann mit gespreizten Worten ziemlich langweilige Dinge vor den Kameras zu verkünden.

Das war zwar ein Einzelfall, gleichwohl endeten alle Versuche Burbulis', zu einem Mann des Volkes zu werden, erfolglos.

Bereits in den ersten Tagen des neuen Jahres 1992 wurden im politischen Leben der GUS die Probleme der Krim und der Schwarzmeerflotte auf beunruhigende Weise aktuell.

Zunächst unternahmen das Verteidigungsministerium und der Oberste Sowjet der Ukraine einseitige Schritte, um die Angehörigen der Schwarzmeerflotte auf den ukrainischen Staat einzuschwören. Der Oberste Sowjet Rußlands fand keine bessere »Antwort« darauf als den

Hinweis, daß die Abtretung der Krim an die Ukraine im Jahre 1954 unrecht gewesen sei.

Warum waren diese Spannungen so gefährlich? Sie bewiesen, daß die Führung der Ukraine und deren Parlament bereit waren, ohne jede Abstimmung mit uns in der Frage der Schwarzmeerflotte zu provozierenden Maßnahmen zu greifen.

Ich muß zugeben, die Zeit war für einen Skandal äußerst ungünstig gewählt. Das ukrainische Parlament mußte wissen, daß in Rußland eine wirtschaftliche Schockreform mit völliger Preisfreigabe vorbereitet wurde. Nach der Bildung der GUS traten augenblicklich die lokalen nationalen Probleme in den Vordergrund – Autonomie für die Deutschrussen, die Forderung der Balten nach unverzüglichem und bedingungslosem Truppenabzug, die Bemühungen der früher unterdrückten Völker des Kaukasus, das historische Unrecht wiedergutzumachen, ebenfalls unverzüglich und bedingungslos.

Überall war vom »Zerfall der Armee« die Rede. Es ging aber lediglich darum, daß die Republiken eigene Streitkräfte aufstellen wollten.

Allein die Aufzählung aller unserer Bemühungen der letzten beiden Jahre zur Regelung des Problems der Schwarzmeerflotte würde mehrere Seiten füllen: endlose Delegationen, Konsultationen, Begegnungen auf verschiedenen Ebenen, schließlich bestimmte provisorische Vereinbarungen, Pressekonferenzen und Erklärungen...

Vor meiner Rede im UNO-Sicherheitsrat Anfang 1992 flog ich kurzentschlossen auf die Krim, um dort Offiziere der Schwarzmeerflotte auf dem Schiff »Moskwa« zu treffen, das vor Noworossisk auf Reede lag.

Diese eher ungewöhnliche Begegnung hatten vor allem die Offiziere der Flotte sehnlichst erwartet. Mir war sehr wichtig, den Seeleuten das Gefühl zu nehmen, wir hielten sie auf Distanz von Rußland, von seiner Führung und von Moskau. Als ich jedoch auf einem der Kriegsschiffe dieser Flotte weilte, dieser gigantischen Kampfmaschine, die allein durch ihre Stärke und Größe imponiert, spürte ich, wie sehr auch ich eine solche Begegnung nötig hatte. Die besorgten Gesichter der Matrosen sind mir im Gedächtnis geblieben. Sie stellten mir gleichsam die Frage: Bleibt Rußland eine Seemacht, werden wir uns auch weiterhin als starkes Land fühlen können? Brauchen wir die Kontrolle über die Weltmeere und werden wir auch in Zukunft noch eine respektierte Weltmacht sein?

Ja, wir werden es sein.

Warum schreibe ich über das Problem der Flotte in einem Kapitel über die Schocktherapie? Dieses Problem existierte im Grunde genommen ja gar nicht. In Wirklichkeit ging es dem ukrainischen Parlament nur darum, seine Unabhängigkeit zu demonstrieren. Keiner wollte die Kriegsschiffe von einer Basis in die andere verlegen (und wenn es einer gewollt hätte, hätte er es nicht gekonnt). Niemand gab der mit Atomwaffen ausgerüsteten Flotte etwa den Befehl, russische Ziele ins Visier zu nehmen. Gleichwohl gelang es in wenigen Tagen, die von den Medien ins Leben gerufene Legende zu verbreiten, eine solche Gefahr bestehe doch!

Ebenso verhielt es sich auch mit dem »Anheizen der Hyperinflation«, mit der »Massenarbeitslosigkeit« und den anderen Schrecken der Wirtschaftsreform Gaidars, insbesondere mit der »Verelendung des Volkes«. Der psychologische Schock, den die Reformen auslösten, übertrifft aber bei weitem die tatsächlichen Auswirkungen der Krise auf das Leben der Menschen. Kurz gesagt, es wird nichts so heiß gegessen, wie es gekocht wird.

Eine Chronik der Reformen erweist eindeutig: Die Regierung Gaidar mußte vom ersten Tage an in einer erschreckend feindseligen Atmosphäre arbeiten. Von allen Seiten hagelte es Schläge; Presse und Parlament erhoben ein ohrenbetäubendes Protestgeschrei, man ließ Gaidar faktisch keinerlei Spielraum und relativ wenig Handlungsfreiheit. Nach Gaidars Planung hätte die unumgängliche Inflation bereits 1992, allerspätestens im ersten Halbjahr 1993 zum Stillstand gebracht sein müssen.

Warum gelang das nicht? Betrachten wir die Dinge näher.

Ich bin oft gefragt worden, meist mit Befremden, warum in der unmittelbaren Umgebung des Präsidenten kein Mann der alten demokratischen Elite, einer der (in den Jahren Gorbatschows) so beliebten Politiker wie Popow, Sobtschak oder Afanassjew zu finden sei.

Sie waren tatsächlich in den Jahren 1989/90 die führenden Köpfe der demokratischen Bewegung gewesen. Was geschah dann mit ihnen?

Popow und Sobtschak sind starke, unabhängige Politiker. Beide haben ihren eigenen Weg gewählt. Ihr Schicksal gestaltete sich jedoch unterschiedlich. Gawriil Charitonowitsch Popow tat bald nach seiner Wahl einen sehr weisen Zug, indem er zu seinem ersten Stellvertreter Juri Lushkow, einen erfahrenen Wirtschaftsmann und ehemaligen stellvertretenden Vorsitzenden des Exekutivkomitees der Stadt Moskau (stellvertretender Bürgermeister – der Übers.), ernannte.

Juri Michailowitsch Lushkow, der zunächst nicht weiter auffiel und sich im Schatten einer Persönlichkeit wie Popow hielt, entfaltete später sehr rasch ungeahnte Fähigkeiten. Nach dem August 1991 geriet die demokratische Bewegung in eine offene Vertrauenskrise. Zu dieser Zeit führten solche Qualitäten wie Erfahrung, Zuverlässigkeit, die Fähigkeit, den komplizierten Mechanismus einer modernen Megapolis zu leiten, Lushkow in die erste Reihe der Politiker, denen man viel zutraut und von denen man viel erwartet. Allmählich, Schritt für Schritt, brachte der neue Moskauer Bürgermeister die Exekutive in der ganzen

Moskauer Region in Gang. An seiner Seite stehen sowohl junge Stellvertreter, die gerade erst dreißig geworden sind, als auch erfahrene Männer wie Wladimir Ressin, der Moskau seit Jahrzehnten kennt. Lushkow bewies, daß nicht die Demokratie an den schwerwiegenden Problemen der postkommunistischen Zeit schuld ist, daß auch bei der neuen Ordnung in unserer Gesellschaft die kommunalen Strukturen normal funktionieren können.

Popow hat es verstanden, den »heißen Stuhl« des Bürgermeisters rechtzeitig und in Würde zu räumen. Er ist in sein Lehramt und zur reinen Politikwissenschaft zurückgekehrt. Dabei ist er der Gawriil Popow geblieben, wie wir ihn kennen. Das ist Anatoli Sobtschak übrigens nicht gelungen, der auf dem Posten des Petersburger »Stadthauptmanns« gezwungen war, sein früheres Image in vielem aufzugeben. Aus einem geachteten Politiker und Rechtsprofessor ist ein harter, machtbewußter Administrator geworden.

Afanassjew ist der ewige Oppositionelle geblieben, was ihn mir übrigens ungeheuer sympathisch macht. Er kann sich mit keiner Macht arrangieren. Solche Menschen werden überall gebraucht, aber nicht in der Regierung. Etwas mehr abseits, auf einem Hügel, von wo aus man den besseren Überblick hat.

Unter den Leuten dieses Schlages, meinen Mitkämpfern in der interregionalen Deputiertengruppe, war Burbulis nahezu der einzige, der einen so riesigen Berg Arbeit – nicht im Apparat, sondern in der Politik – zu bewältigen vermochte.

Im Herbst 1991 lernten sich Burbulis und Gaidar kennen. Burbulis bat damals den Direktor des Wirtschaftsinstitutes, Jegor Gaidar, eine Konzeption für den Bericht des Präsidenten über wirtschaftliche Fragen auszuarbeiten. Burbulis ist ein Mensch von ausgesprochenem Teamgeist. Als er auf einer Datsche bei Moskau Gaidars Mannschaft kennenlernte, gefiel ihm dieser enge Kreis von Gleichgesinnten, die beruflich und menschlich fest zusammenhielten, auf den ersten Blick. Die Wahl war getroffen.

Jegor Gaidar wuchs in einer Familie auf, die zur Elite der sowjetischen Literatur gehörte. Eine sehr interessante Familie. Arkadi Gaidar, sein Großvater, war ein berühmter Kinderbuchautor, eine legendäre, schillernde Gestalt. Sein Urgroßvater mütterlicherseits ist der berühmte Erzähler vom Ural, Pawel Bashow, ein Meister der russischen Prosa. Sein Vater, ein Konteradmiral, war der bekannte Journalist Timur Gaidar, der viele Jahre lang Auslandskorrespondent der »Prawda« war. Mit seinem Vater lebte Jegor auf Kuba und später in Jugoslawien. Die Mittelschule schloß er in Belgrad ab. 1978 absolvierte er die Wirtschaftswissenschaftliche Fakultät der Moskauer Universität. In seiner ganzen Studienzeit hatte er nur die besten Noten bekommen. Sein Dekan war Gawriil Popow.

Gaidar arbeitete in akademischen Instituten, in der Zeitschrift »Kommunist« und war schließlich Redakteur des Wirtschaftsteils der »Prawda«. Als wir uns kennenlernten, hatte er den akademischen Grad eines Dr. habil. rer. oec. erreicht, leitete ein Akademieinstitut und hatte drei Kinder. All das mit kaum dreißig Jahren.

Wesentlich später schrieb Gaidar in einem Artikel: »Wir begannen die Reformen in einer sehr merkwürdigen Situation, als man lediglich aufzählen konnte, was wir nicht hatten und warum Reformen undurchführbar waren. Auch ich hätte genau begründen können, warum sie im Jahre 1992 unmöglich durchgeführt werden konnten. Wir hatten keine stabile Unterstützung im Parlament, keine handlungsfähigen Machtorgane (Armee, Zoll, Miliz), denn diese litten noch an der Krise der Macht, die Anfang der neunziger Jahre eingesetzt hatte.

Sechzehn Zentralbanken statt einer, keinerlei Tradition des privaten Unternehmertums, kein Bereich der Privatwirtschaft wie in Polen. Keine Kopeke in ausländischer Valuta, keine Goldreserven, keine Möglichkeit, auf dem internationalen Finanzmarkt Kapital zu erschließen. Dennoch war es uns unmöglich, länger zu warten, nichts zu tun und zu erklären, warum wir nichts unternahmen.«

Nachdem ich mir die Konzeption Gaidars für die Wirtschaftsreformen genauer angesehen und danach auch den Autor selbst kennengelernt hatte, stimmte ich Gennadi Eduardowitsch zu. Einige Tage später unterzeichnete ich den Erlaß über die Ernennung Gaidars zum stellvertretenden Ministerpräsidenten und Wirtschaftsminister. Mit ihm erhielten einige seiner Gleichgesinnten weitere wirtschaftliche Schlüsselposten in der Regierung.

Für die Mannschaft Gaidars war Burbulis damals eine absolute Autorität. Alle Probleme, die den Präsidenten angingen, besprachen die Minister mit Burbulis. Sie kamen zu ihm, und wenn nötig, griff er zum Telefon und sprach direkt mit mir.

Damals sah kaum jemand, daß Gaidar ein nicht weniger starker Politiker ist als Burbulis. Seine Minister und Jegor Timurowitsch selbst gingen davon aus, daß Burbulis' Sache die politische Führung, ihre jedoch die Wirtschaft war. »Mischen Sie sich nicht ein und lassen Sie uns arbeiten, dafür stecken wir unsere Nase nicht in Ihre höheren Sphären, in Ihre Trickküche, von der wir nichts verstehen«, das war die Maxime, die man befolgte.

Burbulis, der den Posten des ersten stellvertretenden Ministerpräsidenten innehatte, war zu dieser Zeit der eigentliche Chef des Ministerkabinetts. Er schlug genau das richtige taktische Konzept vor: Damit das politische Spiel um den zukünftigen Ministerpräsidenten sich nicht weiter zuspitzte, sollte eine Abstimmung auf dem Kongreß vermieden und die Führung der Regierung in der Übergangsperiode Präsident Jelzin persönlich anvertraut werden. Das ging im Parlament durch.

In höherem Maße als alle seine Vorgänger ist Boris Jelzin ein Mann des Volkes; sein Besuch bei den Bergarbeitern im Osten des Imperiums brachte ein Ende der Streikwelle, was alle Appelle aus Moskau nicht erreicht hatten.

Volkstümlichkeit braucht der Präsident nicht zu spielen; er ist ein Mann des Volkes und wird von den Arbeitern als solcher angenommen. Jelzin hier bei der Inspektion eines Kolchos, wo er die Standfestigkeit der Halme mit seinem Jackett prüft.

Jelzins persönliches Erscheinen in Krisengebieten besänftigt viele Konflikte, auch in der immer wieder notleidenden Ölindustrie.

Die für wirtschaftliche Fragen zuständigen Mitglieder des Kabinetts trafen sich dienstags unter Leitung von Burbulis und entschieden dort in ungezwungener Atmosphäre, die Gennadi Eduardowitsch seit der Zeit der interregionalen Deputiertengruppe so liebte, bei Tee und belegten Broten über strategische und taktische Fragen, aber auch über personelle Veränderungen. So wurde der ehemalige Mitarbeiter des Exekutivkomitees von Wolgograd, Macharadse, der sich dort in keiner Weise ausgezeichnet hatte, stellvertretender Ministerpräsident. Alexej Golowkow, ein ehemaliger wissenschaftlicher Mitarbeiter des Institutes, an dem Gaidar und Schatalin tätig gewesen waren, wurde Geschäftsführer des Ministerrates, eine Funktion, die eine harte Hand und viel Erfahrung, vor allem auf administrativem Gebiet, erfordert. Das Ergebnis ließ nicht lange auf sich warten: Die innere Organisation wurde immer verworrener.

Warum erwähne ich alle diese Einzelheiten? Weil sie für den Arbeitsstil Gennadi Burbulis' typisch sind – ihm war die Beamtenschaft als Klasse zuwider, er verachtete die Arbeit des Apparates. Ganz nach seinem Geschmack war der zerstörerische Elan der Minister Gaidars, die diese ganze morsche Welt der Kriecherei und strengen Hierarchie buchstäblich in Stücke reißen wollten. Erst später wurde mir klar, daß Gaidar im Unterschied zu Burbulis dem Staat durchaus zugeneigt war.

Was Gaidars Minister betrifft, nicht alle, aber einige, so wurde ihnen die völlige Unfähigkeit zum Verhängnis, ihre eigenen Programme in die Tat umzusetzen. Als ihnen der scharfe Wind der Praxis ins Gesicht blies, ließen sie sich für einen Augenblick schrecken und waren nicht imstande, diese Hürde zu nehmen. Burbulis mit seiner tief ausgeprägten Antipathie für die Alltagsarbeit im Apparat war ihnen keine Hilfe. Gaidar hatte seine Rolle noch nicht erkannt, war noch nicht vollständig in sie hineingewachsen.

Und Rußland wehrte sich gegen die Experimente der Reformer, denn es ist in diesem Land zwar schwer, etwas aufzubauen, aber noch schwieriger, etwas abzuschaffen. Bald wurde klar, daß die Regierung Gaidar, die rasch eine Entscheidung nach der anderen fällte, völlig isoliert war.

Durchs Land fuhren die Minister nicht, dafür hatten sie keine Zeit. Das Parlament Chasbulatows betrachteten sie von Anfang an als Opposition, als Symbol alles Reaktionären, gegen das sie angetreten waren. Genauso sahen sie auch Ruzkoi.

Die negativen Folgen dieser Konstellation zeigten sich vor dem sechsten Kongreß der Volksdeputierten in aller Deutlichkeit. Zu diesem Zeitpunkt wurde klar, daß man die Regierung Gaidar nicht als selbständige Wirtschaftsführung, sondern als Burbulis' Mannschaft sah. Dieser aber hatte nicht nur ein schlechtes, sondern quasi gar kein Verhältnis zu allen Fraktionen des Parlaments, zum Vizepräsidenten, zum Präsidentenapparat. Auf fast krankhafte Weise sah er nur noch »eigene Leute« und »Gegner«. Hinzu kamen bei Burbulis nun auch Eifersucht, das ständige Bestreben, starke Konkurrenten aus dem Wege zu räumen, mit einem Wort, alle Eigenschaften einer krankhaft ehrgeizigen Natur.

»Aber Burbulis hatte doch letzten Endes recht!«, werden mir manche entgegenhalten. Ja. Aber wenn ich heute auf das damalige Verhalten Gennadi Eduardowitschs zurückblicke, muß ich sagen: Das kindliche Streben, klare Fronten zu schaffen und mit politischen Gegnern abzurechnen, hatte verhängnisvolle Folgen. Viele Monate später beklagte sich Ruzkoi öffentlich, er habe sich in einem Vakuum befunden und keine konkrete Aufgabe gehabt. Daran ist durchaus ein Körnchen Wahrheit. Hätte dieser energische Mann ein vernünftiges Betätigungsfeld gefunden und dort seine Energie einsetzen können, wäre vielleicht alles anders gekommen. Statt dessen verfaßte er eine fundamentale Arbeit über die Landwirtschaft. Aber auch das befriedigte ihn nicht lange. Er wandte sich anderen Dingen zu – inzwischen ist klar, welcher Art sie waren.

Ziehen wir eine erste Bilanz. Burbulis hatte Vollstrecker für die neue Wirtschaftspolitik der Führung Rußlands gefunden. Bald stellte sich jedoch heraus, daß sie begabter waren als er selbst. Die auf den ersten Blick so intelligent erscheinende Absprache der Mannschaft Gaidars, sich aus der »schmutzigen« Politik rauszuhalten und die gesamte politische Initiative ihrem Chef Burbulis zu überlassen, erwies sich als taktischer Fehler, der uns alle teuer zu stehen kam.

Ich glaube, Gaidar hätte noch ein ganz klein wenig Zeit gebraucht, um die Vorurteile gegen sich selbst, seine Mannschaft und sein Programm auszuräumen. Seine Regierung und er selbst gewannen rasch an Erfahrung. Endlich reisten sie auch durchs Land. Gaidar traf sich beispielsweise in Togliatti mit Betriebsdirektoren. Dort wurde die gegenseitige Fremdheit gebrochen. Wichtig ist auch, daß diese Regierung in kein normales Verhältnis zu den Deputierten kam, wo sich ebenfalls ein Umschwung zugunsten Gaidars abzeichnete.

Es fehlte ihnen nur ein ganz klein wenig Zeit.

Ein weiteres wichtiges Moment: Gennadi Burbulis' Charakterzüge, die mir zunächst nebensächlich erschienen waren, paßten sich allmählich dem Bild an, daß die Öffentlichkeit von ihm besaß.

Burbulis war nach dem Präsidenten der erste Vertreter der neuen russischen Nomenklatura, der eine Staatskarosse vom Typ »Sil« fuhr. Er hatte zahlreiche Leibwächter. Ich glaube, er genoß es, wenn das Begleitfahrzeug mit Blaulicht und Martinshorn für seinen »Sil« den Weg frei machte. Das war der typische Drang eines Provinzlers nach den Insignien der Macht. Burbulis brachte es fertig, zu jeder beliebigen Beratung, ganz gleich welchen Inhalts und welcher Zusammensetzung, ohne Einladung zu kommen und den Platz zur Rechten des Präsidenten einzunehmen. Er wußte, daß ich dazu nichts sagen würde.

Ich verhehle es nicht, es kam die Zeit, da ich dieses Menschen auf irrationale und unterschwellige Weise müde war. Ständig dasselbe Gesicht im Kabinett, auf Sitzungen und Empfängen, zu Hause, auf der Datsche, auf dem Tennisplatz und in der Sauna...Auf den Präsidenten soll und muß man Einfluß nehmen – zum Nutzen der Sache und der Idee. Aber alles in Maßen! Das war kein Verfolgungswahn. So ungeniert, wie Gennadi Burbulis sich zu jeder Beratung Eingang verschaffte, so begann er auch in mich selbst zu dringen. In unserem persönlichen Verhältnis war eine Grenze erreicht.

So etwas kommt vor.

Ich schätzte auch weiterhin und schätze heute noch sehr, was Burbulis für Rußland getan hat. Aber die Arbeit ist nur die eine Seite. Sie ist alltägliche schwere Mühe. Im Leben eines begabten, schöpferischen und impulsiven Menschen gibt es Augenblicke, da ihm Flügel wachsen – extreme Situationen. Die gehen jedoch vorüber. Plötzlich möchte man wieder der sein, der man früher war – ein Wunsch, den die Menschen in unserer Umgebung nicht immer verstehen.

Zu nächtlicher Stunde

Früher einmal habe ich kurz berichtet, wie Naina und ich uns kennengelernt, wie wir geheiratet haben.

Nachts denke ich oft an unser Leben in Swerdlowsk, damit mir leichter wird, damit ich abschalten und vergessen kann...

Als ich Erster Sekretär des Gebietsparteikomitees war, kam Naina zuweilen völlig verstört von der Arbeit nach Hause. Kaum zeigte sie sich in der Mittagspause auf dem Korridor ihres Betriebs, schon erhoben sich ringsum lautstarke Beschwerden, die vor allem für ihre Ohren bestimmt waren: Denken Sie nur, was für Schweinereien passieren, Wohnungen werden nicht rechtzeitig übergeben, in den Geschäften gibt es keine Butter mehr! Und immer so weiter.

Borja, sagte sie, ich bin in den großen Geschäften gewesen, dieses fehlt, jenes ist nicht da. Und das im Zentrum. Wie sieht es dann erst am Stadtrand aus?

Was konnte ich tun? Ich mußte selbst am Telefon manchmal Tage und Nächte lang um Waggonladungen mit Fleisch bitten. Ich versuche auch beim Bauministerium Druck zu machen. Immerhin ist die Wohnung für den Menschen das Allerwichtigste. Wir belegten die Großbetriebe mit einem Wohnungssoll, und tatsächlich wurde von da an viel gebaut.

Meine Frau nimmt sich alles viel zu sehr zu Herzen. Als sie aus dem Fernsehen erfuhr, daß man Gaidar abgesetzt hatte, konnte sie sich gar nicht beruhigen. Sie rief ihn zu Hause an, und als sie seine Stimme hörte, brach sie in Tränen aus.

Seltsamerweise gab es bei uns nie Streit über meine große Arbeitsbelastung. Ich verausgabte mich immer bis zum letzten – schon seit den ersten Tagen auf dem Bau. Ich kam bis spätnachts von der Arbeit nicht los, als ich gerade erst als Meister und als Brigadier begann. Naina hatte damals bereits ihre Entscheidung getroffen. Das heißt nicht, daß unser Familienleben verödete, ganz im Gegenteil. Wenn ich manchmal nach einer Sitzung im Gebietskomitee nach Hause kam, nahmen wir unsere Töchter an die Hand und fuhren nachts um elf mit dem Taxi zu Freunden zum Geburtstag.

Meine Überraschungen liebte sie sehr. Kurz vor der Geburt unserer Tochter Lena brachte ich sie in eine Klinik in Berjosniki. Nach der Entbindung sollte sie eine Weile bei meiner Mutter bleiben. Ich arbeitete damals in Swerdlowsk und konnte nicht bei ihr sein. Als alles vorüber war, brachte man ihr einen riesigen Blumenstrauß mit einem Gedicht von mir. So etwas hatte sie im Traum nicht erwartet. Ich aber hatte alles vorher eingefädelt.

Übrigens kam auch unsere »Verlobung« für sie überraschend. Als Naina und ich uns nach dem Institut trennten, vereinbarten wir, uns in einem Jahr unbedingt wiederzutreffen, aber gleichsam auf neutralem Boden. Das schien uns romantischer.

Dann kamen die Regionalwettkämpfe, und ich hatte ein Spiel in Kuibyschew. Zunächst versuchte ich anzurufen, dann dachte ich: Vielleicht kommt sie nicht? Ich werde ein Telegramm schicken. Lange quälte ich mich herum, was ich schreiben sollte. Schließlich beschloß ich, etwas zu schreiben, das mir die Sicherheit gab, sie würde nicht nur zu mir fahren, sondern geradezu fliegen. Ich schrieb: »Komme bitte, Boris hat Schwierigkeiten mit dem Herzen.« Ohne Unterschrift.

Obwohl sie mich genau kannte, kam sie Hals über Kopf, fand unser Hotel und traf mich auch sofort an. Unsere »Verlobung« war ein langer Nachtspaziergang im Park. Noch heute sagt sie: Ich weiß nicht, wie kann man nur eine ganze Nacht lang spazierengehen? Ich glaube, Naina war nicht darauf gefaßt, daß dieses irrwitzige Telegramm und diese Begegnung ihr Leben so verändern sollten, aber ich fuhr nach diesem Treffen wirklich zu ihr nach Orenburg, führte sie nach Swerdlowsk aufs Standesamt und fuhr dann mit ihr nach Berjosniki, um ihre Eltern kennenzulernen.

Denn als wir im Studentenheim des Instituts mehrere Jahre lang Wand an Wand wohnten, gab es zwischen uns keine »Liebe« im modernen Sinne dieses Wortes. Anfangs gefiel mir sogar ein anderes Mädchen aus ihrer Gruppe. Dann verliebte ich mich in Naja. Aber ein wirkliches Verhältnis kam nicht zustande. Wir hatten ein stürmisches, ereignisreiches, überschäumendes Leben im Kollektiv. Unsere beiden Zimmer, das der »Mädchen« und das der »Jungen«, wurden nur Kolchos genannt. Mich wählte man zum Vorsitzenden, Naja zur Sanitäterin. Darin war sie sehr akkurat. Ein Mädchen war der Kassenwart. Das Geld kam in einen Topf, davon bestritten wir gemeinsam, unsere Ausgaben, trieben Unsinn, gingen ins Kino und feierten viel – das war unser Leben. Und natürlich der Sport – Volleyball ohne Ende. Ich auf dem Platz, Naja auf der Bank – Spiele und Training. Noch heute sehe ich ihren ruhigen, strahlenden Blick.

Wir lebten in reiner Freundschaft, in einer fröhlichen, etwas überspannten Romantik, wie man es sich heute überhaupt nicht mehr vorstellen kann. Solch überschäumende Energie – und dies vor dem Hintergrund einer ärmlichen, asketischen, kasernenähnlichen Lebensweise – habe ich später nie wieder erlebt. Und wir schwärmten für ausgesprochen große Dinge – für den Weltraum, den Kommunismus, das Neuland, stets unbedingt etwas Unwahrscheinliches und Unfaßliches.

Kurz gesagt, mein Verhältnis zu Naina war platonisch und etwas geheimnisvoll. Wie es sich damals gehörte. Vielleicht (oder bestimmt) war es bei anderen anders, aber bei uns war das eben so. Als wir heirateten, waren unsere Gefühle deshalb auch völlig unverbraucht. Das war der Stil meiner Generation – leicht und offen.

Ich sehe mein gequältes Lächeln vor der Entbindungsklinik, als unsere zweite Tochter geboren wurde. Ich stand draußen, schaute durchs Fenster, hinter dem ich Najas Gesicht erblickte. In meinem Inneren sah es trübe aus. Auch sie litt sichtlich. Sie wußte, wie sehr ich mir einen Sohn gewünscht hatte. Erst später begriff ich, welches Glück es ist, zwei Töchter zu haben. Die ältere kommt nach mir, die jüngere nach ihrer Mutter.

Kürzlich kam unser Enkel Borka aus Frankreich zurück, wo er an einem Tennisturnier teilgenommen hatte. Ich frage ihn: »Du hast also zwei Spiele verloren?« Er antwortet: »Na und? Am Ende habe ich doch gewonnen.« »Das beweist«, erklärte ich ihm, »daß du dich im entscheidenden Augenblick nicht zusammennehmen kannst, wenn du gegen denselben Partner erst verlierst und später gewinnst. Geh' unter die kalte Dusche und härte dich ab. Abhärtung ist wichtig für volle Konzentration.« Er tut so, als gehe er ins Bad, dann aber ist er plötzlich wieder da und fragt herausfordernd: »Und du, Opa, hast du noch nie verloren?« Dann ergänzt er verlegen: »Im Sport, meine ich.«

Naina. In unserem ersten Ehejahr war ich nach der Arbeit immer schnell zu Hause. Eine glückliche Zeit. Zunächst bewohnten meine Frau und ich einen Raum in einer Zweizimmer-Gemeinschaftswohnung im Chimmasch (Werk für Chemieanlagen – der Übers.). Als Lena geboren wurde – ich war schon Leiter einer Verwaltung –, erhielten wir eine Zweizimmerwohnung im Wtortschermet (zweites Eisenhüttenwerk – der Übers.). Solche furchteinflößenden Namen trugen damals alle Stadtbezirke von Swerdlowsk.

In der Gemeinschaftswohnung verbrachten wir wie viele Menschen unserer Generation wohl unsere glücklichste Zeit. Wie viele Gelage, ausgelassene Feste und wunderbare schlaflose Nächte gab es da. Wie viele Freunde besuchten uns.

Dann begann meine lange Zeit im Gebietskomitee, als ich manchmal selbst nicht mehr wußte, wohin mich mein Schicksal führen würde. Vielleicht bin ich ein Machtmensch. Ich stürzte mich in die Parteikarriere genauso, wie ich es früher beim Volleyball und in meinem Beruf getan hatte. Ein schweres Los hat die Ehefrau eines solchen Mannes zu tragen.

Wahrscheinlich habe ich etwas an mir, wofür sie mir alles verzeiht.

Allerdings gibt es Dinge, die sie nur schwer erträgt, wie etwa diesen leisen, versteckten Druck, der von außen auf die Frau des »ersten Mannes« ausgeübt wird. Ein Druck, der überaus prosaische Ziele verfolgt.

Ich glaube, in Rußland war es zu allen Zeiten üblich, über die Frau und die Verwandten des Landesvaters auf den Gang der Dinge Einfluß zu nehmen. Insbesondere unter Breshnew und bei dessen Charakter konnte sich dieser Stil voll entfalten. Mir scheint, daß er leider durch Raissa Maximowna Gorbatschowa einen unerwarteten Auftrieb erfahren hat.

Ich will nicht schadenfroh sein und üble Nachrede betreiben. Aber ich weiß genau, daß sich seit Gorbatschows Zeit das Verhältnis zur First Lady verändert hat – man führte amerikanische Sitten ein. Nun wird Naina, ob sie das will oder nicht, daran gemessen.

Worin besteht der Hauptunterschied? Wenn Gorbatschow von der Arbeit auf die Datsche kam – das berichteten mir die Leibwächter –, erwartete Raissa Maximowna ihn an der Tür und führte ihn zu einem Spaziergang ums Haus. Sie zogen einen Kreis, noch einen und einen dritten, allmählich fiel die Spannung von ihm ab. Das ist ein sehr wichtiges Detail. Während dieser Spaziergänge berichtete er ihr minutiös von seinem Tagesablauf. So war Gorbatschows Frau nicht nur auf dem laufenden, sie war einfach in alles eingeweiht. Es blieb gar nicht aus, daß sich dies früher oder später auswirkte – auf sein Verhältnis zu anderen Menschen, auf Personalentscheidungen und auf die Politik insgesamt.

Wenn ich nach Hause komme, geschieht es auch zuweilen, daß Frau und Töchter, vom Fernsehen aufspringend, mich mit Fragen und Ausrufen bestürmen: Papa, wieso denn das, wie konnte er, und wie konntest du... Ich muß ihnen dann ziemlich energisch Einhalt gebieten und ihnen klarmachen: Laßt mich in Ruhe, zu Hause bitte keine Politik.

Was Bittsteller betrifft, die Bitten, Briefe und verschiedene Projekte an Naina Jossifowna herantragen, so kann sie unbekannten Menschen einfach nicht begreiflich machen, daß ihr Mann sie in diesen Fragen gar nicht anhören würde.

Politisches Schach

Auf dem sechsten Kongreß der Volksdeputierten Rußlands, der im April 1992 stattfand, unternahmen die reformfeindlichen Kräfte ihren ersten vergeblichen Versuch, unsere Politik des »raschen Umschwungs« (eine möglicherweise nicht sehr gelungene, aber kurze Definition) jäh zu stoppen.

Ich verhehle nicht, daß ich damals ein anderes Verhältnis zu diesem Kongreß hatte als heute. Einfach gesagt, ich war noch sehr an seiner Arbeit interessiert. Ich sah dieses »Forum des ganzen Volkes« vor dem Hintergrund der bisherigen Gorbatschowschen und unserer russischen Kongresse, die in unserem Lande stets »grandiose« Ereignisse waren. Daß Kongresse auch zu Schauplätzen der politischen Hexenjagd entarten können, wußte ich damals noch nicht.

Daher fühlte ich mich von der harschen Kritik an der Regierung und den ersten drei Monaten ihrer reformerischen Tätigkeit schwer getroffen. Ich erhielt damals bereits Informationen von zwei, drei Analyseinstituten, und auch diese neutralen Berichte enthielten nichts Gutes. Als unerfahrener Politiker gab Gaidar Versicherungen ab, die Lage werde sich bald stabilisieren. Gegen meinen Willen mußte ich das gleiche tun. Im April und Mai kam aber die erste Preisfreigabe für Energieträger heran. Das bedeutete die zweite Inflationsspirale nach der Preisfreigabe im Januar. Im Sommer sollte die dritte folgen. All das versprach keine baldige Stabilisierung. Die Stimmung war gereizt, um nicht zu sagen, düster. Unsere einzige Hoffnung war das Versprechen der G7, uns bald in größerem Umfang finanzielle Hilfe zu gewähren. Damit aber gerieten wir in Abhängigkeit von westlichen Wirtschaftsexperten, die heute das eine und morgen etwas ganz anderes sagten. Eine derart unklare Situation war nicht gerade erfreulich.

Ich hatte nicht die Absicht, die Regierung fallenzulassen, ging aber zum sechsten Kongreß der Volksdeputierten in dem Bewußtsein, daß ich ihr Beine machen mußte. Das klingt etwas grob, traf aber genau den Kern der Dinge. Ich war mit der Arbeit einiger Minister unzufrieden. Konsultationen mit den Fraktionen der Deputierten in den ersten Tagen des Kongresses ergaben, daß sie dieselben Namen nannten – Lopuchin, Dneprow, Worobjow und Awen.

Diese Liste ließ ich Gaidar über Burbulis zukommen, denn ein persönliches Zusammenkommen mit der Regierung hielt ich für verfrüht.

Gaidars Mannschaft war von meinem Vorschlag, die Zusammensetzung der Regierung zu ändern, tief betroffen. Sie fühlten sich sicher und glaubten, den Rücken absolut frei zu haben. Für viele von ihnen war es sicher ein regelrechter Schock. Im persönlichen Gespräch mit Gaidar hatte ich diese vier Namen bereits genannt. Danach fand eine außerordentliche Sitzung der Regierung statt. Offenbar wurde bereits dort über einen Rücktritt des gesamten Kabinetts gesprochen, aber es fiel den Ministern Gaidars schwer, einen solchen Entschluß in der entscheidenden Phase der Reformen zu fassen. Deshalb baten sie mich dringend, mit ihnen zusammenzukommen.

Mir war klar, daß ich ihnen einen moralischen Schlag versetzt hatte. Aber auch ich hatte es schwer. Der Kongreß bereitete eine negative Resolution zur Tätigkeit der Regierung vor. Wenn der Kongreß einen solchen Beschluß faßte, bedeutete dies kurzfristige Verfassungsänderungen auf dieser oder der nächsten Tagung. Das wäre das Ende der Reform gewesen, bevor sie richtig begonnen hatte. Ich versuchte, sehr ruhig zu sprechen. Aber die empfindlichen jungen Leute hielten meine Ruhe für Kälte und Distanz.

Am nächsten Tag kam Gaidar zum Kongreß, nahm das Wort und bot den Rücktritt der ganzen Regierung an. Das war ein Blitz aus heiterem Himmel!

Zum ersten ist festzustellen, daß dies die erste wichtige Entscheidung Gaidars war, die dieser völlig unabhängig von Burbulis gefällt hatte. Niemand hatte sie erwartet. Sie kam unerwartet, obwohl sie so logisch, einfach und selbstverständlich war, daß ich mich heute sogar frage, warum die Deputierten damals mit solcher Irritation reagierten. Zweitens traf diese Entscheidung auch mich unvorbereitet. Ich wiederhole, dieser Entschluß war mit niemandem abgestimmt worden. Es war im ersten Augenblick eine unangenehme Überraschung. Aber bald flößte mir dieser Schritt Achtung ein. Gaidars Erklärung setzte ein sehr wichtiges Zeichen: Jegor Timurowitsch hatte das Wesen des Kongresses intuitiv erfaßt – es war ein großes politisches Schauspiel, ein großer Zirkus, wo man nur mit solchen unerwarteten und scharfen Ausfällen, mit großen Gesten auf Erfolg hoffen konnte.

Es wurde ein voller Sieg. Der Kongreß widerrief seinen Beschluß. Man nahm Verfassungsänderungen an, die dem Präsidenten zusätzliche Vollmachten verliehen. Der nächste turnusmäßige Kongreß sollte erst im Herbst zusammentreten. Der Rücktritt Gaidars und seiner Minister wurde nicht angenommen.

Ich hielt es als Chef der Regierung allerdings nach wie vor für erforderlich, entschiedene Korrekturen an der Tätigkeit des Kabinetts vorzunehmen. Denn es ging nicht nur um den Druck der Deputierten. Deshalb kam ich einen Monat nach dem Kongreß erneut auf diese Frage zurück. Ich rief das Ministerkabinett zusammen und verkündete dort die Entlassung Lopuchins als Minister für Brennstoffe und Energie.

Vor mir sehe ich zwei Gesichter – Gaidar, hochrot angelaufen, und Lopuchin, weiß wie die Wand. Der Anblick war kaum zu ertragen. Die jungen Minister hatten sicher den Eindruck, ich hätte ihnen wie ein schlechter Lehrer einen Streich übelgenommen und ließe sie wegen ihres Ungehorsams die Rute spüren. Das traf natürlich nicht zu. Für die Entlassung Lopuchins gab es einen ganz konkreten Grund. Gaidar hatte ihn als Rammbock gegen mich benutzt, um zu erreichen, daß die Preise für Energieträger schlagartig und ohne jede Einschränkung freigegeben wurden.

Künftige Historiker werden darüber urteilen, wer von uns recht hatte. Aber das kreidebleiche Gesicht Wladimir Lopuchins werde ich wohl nie vergessen.

Anfang und Mitte 1992 war ständig von einer bevorstehenden Streikwelle die Rede. Die Ökonomen warnten, der Rückgang der Produktion werde zu Massenarbeitslosigkeit führen. Die politischen Gegner der Reformen im Parlament behaupteten, die Bevölkerung werde den lawinenartigen Preisanstieg nicht hinnehmen und zu einem Marsch der leeren Töpfe auf die Straße gehen. Unerwartet zeigte sich eine beängstigende Bargeldknappheit. In ganzen Regionen konnten mehrere Monate lang keine Löhne und Renten ausgezahlt werden.

Aber im Jahre 1992, vom dem hier die Rede ist, traten nur zwei Gruppen der Bevölkerung geschlossen für ihre Forderungen ein – die Lehrer und Kindergärtnerinnen sowie die Bergleute.

Was die Erzieherinnen der Kindergärten betrifft, so befanden sie sich wirklich in einer beklagenswerten Lage. Selbst in Moskau waren ihre Gehälter so lächerlich niedrig, daß man kein Wort darüber zu verlieren brauchte. Und nur ihr Verantwortungsgefühl für die Kinder hinderte die Erzieherinnen – junge Mädchen und Frauen – daran, die Kindergärten zu bestreiken, was wiederum gravierende volkswirtschaftliche Verluste in jenen Bereichen zur Folge gehabt hätte, in denen Frauen tätig waren. Ähnliches galt für die Lage der Lehrerinnen und Lehrer, wenn sie vielleicht auch nicht ganz so zugespitzt war. Zwar gab es einige Demonstrationen von Lehrern in mehreren Städten, aber auf eine offene Konfrontation ließen sie sich nicht ein. Wahrscheinlich war auch das auf Verantwortungsbewußtsein zurückzuführen.

Wir bereiteten ein einheitliches Tarifsystem für alle Staatsangestellten vor, darunter auch für die Lehrer. Es entstand ein kompliziertes System von Zuschlägen. Die Gehälter stiegen. Natürlich kann das Anheben der Minimallöhne, worauf das ganze Tarifsystem aufbaut, nicht so flexibel und effektiv erfolgen, wie man das gern möchte. Aber ich hoffe, daß wir bald stabilere Zeiten erleben werden.

Die Bergleute. Alle wissen, daß Jelzin zu ihnen ein besonderes Verhältnis hat. Für den Donbass muß allerdings jetzt Krawtschuk geradestehen. Aber in Workuta und im Kusbass bin ich oft gewesen und werde auch in Zukunft häufig dort sein. Ich bekam harte Worte zu hören, erhielt aber mehrfach gerade von dort auch Unterstützung.

Die Forderungen der Begleute paßten nicht in das von Chasbulatow gezeichnete Bild von den wirtschaftlichen Spänen, die fielen, als sich Gaidars Mannschaft ans Hobeln machte. Den Bergleuten drohte nicht der Hungertod. Sie waren nicht gegen die Reform. Aber sie verteidigten ihre wirtschaftlichen Interessen und bestanden darauf, daß ihre Arbeit ihnen auch einen Teil des Gesamtgewinns einbringen mußte. Leider hatten wir damals noch keine Mechanismen zur Umwandlung solcher Unternehmen wie Kohleschächte in Aktiengesellschaften. Lange und schwierige Verhandlungen mußten geführt werden.

Als im Frühjahr und Sommer 1992 das Wort »Stopp« über dem Lande schwebte – Stopp der Kohlezüge, Stillstand in den Werkhallen, Stopp des Verkehrswesens –, bewies Juri Skokow in den Verhandlungen mit den Bergleuten, daß er ein mutiger Mann ist.

Der innere Kreis: Skokow

Juri Skokow lernte ich kennen, als ich im Moskauer Stadtparteikomitee arbeitete. Er war damals Direktor des Unternehmens »Quant«, eines großen Rüstungsbetriebes.

Skokow trat bei den Wahlen zum Kongreß der Volksdeputierten der Union gegen den bekannten Schriftsteller und Publizisten Witali Korotitsch an, der damals Chefredakteur der Zeitschrift »Ogonjok« war. Dank verschiedener Raffinessen und Tricks der Partei trug er den Sieg davon. Er erwies sich als disziplinierter Erfüllungsgehilfe der Partei.

Skokow ist ein kluger Mann – das ist das erste, was man über ihn sagen muß. Er ist sehr hart und verschlossen. Sowohl Silajew, zu dessen Zeit er Vorsitzender des Obersten Wirtschaftsrates war, als auch Gaidar, während dessen Amtsperiode er die Leitung des Sicherheitsrates übernahm, fühlten sich von Skokow insgeheim bedroht und stritten mit mir mehrfach über ihn.

Welche Rolle spielt Juri Skokow in der Umgebung Jelzins? fragt man mit Recht. Skokow ist der wirkliche Schatten-Ministerpräsident, den ich stets in der Hinterhand hatte.

Ich habe noch nicht von der Rolle Juri Skokows während des Augustputsches gesprochen. Sie hatte großes Gewicht und war wahrscheinlich bedeutsamer als die mancher offizieller Führer bei der Verteidigung des Weißen Hauses. Skokow verhandelte in meinem Namen mit den Vertretern der Armee und des Innenministeriums Gratschow und Gromow. Diese Zusammenkünfte fanden hinter verschlossenen Türen statt und hatten für uns entscheidende Bedeutung, vor allem in moralischer Hinsicht. Skokow hielt sich damals im Hintergrund, womit er mir ebenfalls imponierte.

Zugleich war mir klar, daß die politische Grundposition Skokows sich – vor allem in den Wirtschaftsfragen – von meiner eigenen, aber auch von Gaidars oder Burbulis' Haltung stark unterschied. Diese beiden Seiten seiner Person beunruhigten meine Anhänger immer sehr. War er auch nur der Schatten-Ministerpräsident, so hatte Skokow doch als Politiker beträchtliche Autorität bei den leitenden Angestellten in Partei und Wirtschaft und konnte damit dem wirklichen Premierminister eine Stütze sein. Übrigens beließ die Führung des Obersten Sowjets Skokow als einzigem Vertreter der Exekutive ein großes Büro im Weißen Haus.

Ende 1992 zeigte sich ein seltsamer Zug in seinem Verhalten, der fast krankhaft wirkte. Wenn er mir begegnete, wiederholte er immer wieder mit großer Eindringlichkeit: »Boris Nikolajewitsch, ich allein stehe loyal zu Ihnen, Sie sind von Feinden umgeben.« Ich überlegte hin und her: Vielleicht litt er an Verfolgungswahn?

Ich glaube, es fiel diesem sonst so entschiedenen Mann einfach sehr schwer, die richtige Wahl zu treffen. Denn sein Dienst für die demokratische Regierung Rußlands war letzten Endes eine »Vernunftehe«. Derartige Schritte fallen immer schwer. Skokow wußte, was im Parlament vorbereitet wurde, er verfügte über umfassende Informationen aus den verschiedensten Quellen. Aus diesem Grunde konnte er sich nicht festlegen, was ihm schließlich auch zum Verhängnis wurde oder ihn doch zumindest in große Schwierigkeiten brachte.

Vielleicht sehen wir diesen halboffiziellen Schatten-Ministerpräsidenten noch in der großen Politik wieder? Ich hoffe, er möge dann offener sein.

Als ich im Sommer 1992 in die USA flog, verkündete ich auf dem Flugplatz die Ernennung Gaidars zum amtierenden Vorsitzenden des Ministerrates Rußlands.

Das hieß, der Stuhl des Ministerpräsidenten sollte nun nicht länger leer bleiben. Burbulis und Gaidar selbst hatten mich in eine schwierige Lage gebracht. Das bisherige System, wonach an der Spitze des Kabinetts ein politischer Funktionär stand und dessen erster Stellvertreter die realen Prozesse in der Wirtschaft leitete, war offensichtlich gescheitert.

Keiner der neu ernannten stellvertretenden Ministerpräsidenten konnte Anspruch auf die Führung in der Mannschaft Gaidars erheben. Gaidar selbst nahm die Zügel immer fester in die Hand; man fürchtete und respektierte ihn jetzt auch im Parlament, ungeachtet der unausgesetzten »psychischen Attacken« Chasbulatows.

Zudem rückte im Sommer 1992 eine weitere wirtschaftliche Frage in den Mittelpunkt des politischen Lebens – die Gewährung umfangreicher Kredite des IWF und der Aufbau eines Stabilisierungsfonds für den Rubel. Westliche Experten hoben die Rolle Gaidars dabei stets besonders hervor.

In dieser Situation traf ich meine Entscheidung gleichsam unter dem Druck der Umstände, unerwartet und sehr rasch. Das hinderte die Gegner Gaidars daran, den Generalangriff gegen ihn zu organisieren. Sie hatten den richtigen Zeitpunkt verpaßt, was viele mit Freude und Hoffnung erfüllte.

Gegen Ende des Sommers wurde klar, daß die Wirtschaft in großen Schwierigkeiten steckte. Brüche zeigten sich in zweierlei Hinsicht: Es war unmöglich, Wirtschaftsreformen durchzuführen oder zu planen, wenn ständig alle Preise davonliefen. Und es war unmöglich, die Inflation aufzuhalten, wenn der Oberste Sowjet eine einheitliche Strategie verhinderte.

Nun wurde immer deutlicher, daß die galoppierende Inflation jahrelang anhalten konnte. Ganze Bevölkerungsschichten gerieten an die Armutsgrenze. Und dabei entstanden unerträgliche soziale Gegensätze. Der Reichtum der einen stand im eklatanten Kontrast zur Armut der anderen. Die Gesellschaft geriet in eine schwere Zeit der sozialen Entfremdung.

Das war das düstere Bild, das sich uns nach der Schocktherapie darbot. Hätte man all dieses Elend vermeiden können? Ich glaube nicht.

Jedes Land kennt solche Zeiten. Das ist wie eine wirtschaftliche Quarantänestation, ein »cordon sanitaire« auf dem Wege zur Prosperität. Selbst Amerika, das reichste aller reichen Länder, hatte seine große Depression. Der Weg der Amerikaner zu ihrem jetzigen Lebensstandard war lang und schwierig.

Rußland ist jedoch wie immer ein ganz besonderer Fall. Am Ende des vergangenen Jahrhunderts machte es sich auf den Weg zur Marktwirtschaft und kehrt erst jetzt, am Ende unseres Jahrhunderts, auf diesen Weg zurück. Nach Argentinien und Polen, nach Chile und Brasilien, Ungarn und Singapur. Aber in dem inzwischen herausgebildeten System der Weltwirtschaft hat Rußland keine Nische gefunden. In den fünfundsiebzig Jahren, da wir uns aus der zivilisierten Welt zurückzogen und eine gigantische sozialistische Industrie aufbauten, ging uns ein wichtiger Vorteil verloren – wir wurden kein natürlicher Bestandteil des Marktes. Dort wartet man nicht auf uns. Nun müssen wir wieder über unseren Schatten springen, ein weiteres Mal in unserer Geschichte die Scheinstabilität aufgeben, die Stabilität eines halbfreien und halbarmen Lebens. Wieder einmal müssen wir aufholen, uns anstrengen, über uns selbst hinauswachsen – um so zu werden wie alle anderen.

Gegenwärtig folgt auf den zweiten Sommer der Wirtschaftsreformen wieder ein Winter voller Besorgnis und düsterer Vorahnungen.

Konnte man eine solche Wendung der Ereignisse voraussehen, konnte man erkennen, daß die Reformen Gaidars nicht zu dem erwarteten Ergebnis einer raschen Stabilisierung führen würden?

Natürlich konnte man das. Ein nüchterner Blick auf die Pläne, ihre ständige Korrektur und Realismus in der Sache müssen von erwachsenen Menschen erwartet werden, erst recht von solchen, die hohe Posten in der Regierung einnehmen.

Aber die Wirtschaft wurde zur Geisel der Politik. Die wütenden Attacken der Konservativen auf die Reformen und die haßerfüllte Propaganda der Altkommunisten, die glühende Verteidigung der Gaidar-Anhänger – all das machte normale Arbeit fast unmöglich. Man darf auch nicht übersehen, daß der Oberste Sowjet sich gegen stabilisierende Maßnahmen vehement zur Wehr setzte, schon als die Inflation noch nicht den Siedepunkt erreicht hatte, als das Einfrieren der Löhne und die Beschränkung der Kreditausgabe noch etwas hätte bewirken können. Im Parlament, wo man glaubte, die Exekutive erobern zu können, forderte man die Ablösung der Regierung und die Einsetzung eines Koalitionskabinetts.

Ein Wechsel der Regierung hätte an sich nichts Schlimmes bedeutet. Schlimm ist es, das Vertrauen der Menschen zu verlieren. Schlimm, eine inkonsequente Politik zu betreiben. Schlimm, von einem Extrem ins andere zu fallen.

Eine normal funktionierende Regierung mit einer linken, sozialistischen Orientierung konnte ich mir nicht vorstellen. Eine Koalitionsregierung wäre bei den unüberbrückbaren Gegensätzen in unserem politischen Spektrum eine explosive Mischung, eine tödliche Angelegenheit gewesen.

Und eine am Pragmatischen orientierte Regierung der Direktoren? Hier kam ich einen Augenblick lang ins Schwanken. Ich hatte eine prinzipielle Aussprache mit Juri Skokow. Er gab sein Einverständnis, Gaidar abzulösen, wenn die Lage kritisch würde. Es war möglich, daß ich dem massiven Druck der Parlamentsfraktionen, der Parteien, politischen Bewegungen und wirtschaftswissenschaftlichen Schulen, der Ökonomen und Unternehmer nicht würde standhalten können. Wieder und wieder wurde gefordert, Gaidar abzulösen.

Die Schadenfreude der Opposition über die uneingelösten Versprechen drohte auf dem Kongreß in eine erneute Hexenjagd auszuarten, die die Lage im Lande weiter destabilisiert, das Ansehen unserer Politik und unserer Ideen noch mehr untergraben hätte.

Im Sommer 1992, am 12. Juni, dem ersten Jahrestag der Unabhängigkeit Rußlands, kam es zu einer skandalösen Aktion wütender Anpilow-

Anhänger, die versuchten, das Fernsehzentrum Ostankino mit Gewalt zu besetzen.

Viktor Anpilow ist ein ehemaliger Journalist, der als Korrespondent des staatlichen Rundfunks und Fernsehens in Nicaragua tätig war. Man sagt, die revolutionäre Romantik sei ihm seit seiner Jugendzeit geradezu zur Manie geworden.

Nun hatte er eine gefährliche Rolle gewählt – die eines Führers der Straße und Generals der Barrikaden. Sie ist gefährlich für ihn selbst, aber auch für uns, die wir neben ihm leben. Er persönlich riskiert wenig, aber unsere Gesellschaft könnte ihre erste russische Schule des organisierten Terrorismus bekommen.

Besonders abstoßend wirkt, daß Anpilow militante Greise unter seinen Bannern versammelt. Ich kann ihre Gefühle verstehen, ihre grundsätzliche Ablehnung all dessen, was heute ringsum geschieht. Aber diese Ewiggestrigen gegen die Gummiknüppel der Miliz führen und ihnen dafür noch eine Aufbesserung ihrer Rente zahlen? Das ist keine revolutionäre Romantik, das ist einfach Zynismus.

Nichts Derartiges hatte es bei den Demonstrationen der Demokraten mit Millionen Teilnehmern gegeben. Keine Opfer. Überall Ordnung. Die Volksdeputierten trugen die volle Verantwortung für die Sicherheit der Marschkolonnen und trennten sie, wenn nötig, von den OMON-Abteilungen. Alles wurde vorher mit den Behörden genau besprochen.

Anpilows Kämpfer haben eine ganz andere Haltung. Sie wollen Blut sehen. Denn das zeigt die Unfähigkeit der Behörden, mit der Situation fertig zu werden, es demonstriert Chaos und Anarchie. Sie wollen dieses Blut um jeden Preis.

Hier nun wurde das Wesen dieser »Volksaktionen« deutlich, wie sie der Oberste Sowjet und Chasbulatow nennen. Ungeachtet einer großen Zahl alter kommunistischer Kämpfer, revolutionärer roter Fahnen und ähnlicher Attribute verfolgten Anpilows Anhänger hier eine rein faschistische Taktik. Eine Taktik brutaler Überfälle, wie sie die Neonazis in der ganzen Welt anwenden. In Ostankino mußten sich damals ältere Frauen, technische Mitarbeiterinnen des Fernsehens, unflätige antisemitische Beschimpfungen anhören. Fernsehingenieure, die nach der Nachtschicht nach Hause gingen, wurden zusammengeschlagen. Junge Milizionäre, die die Gebäude absperrten, wurden brutal angegriffen. Hier zeigte sich: Bei Anpilow und seinen Männern handelt es sich um gefährliche Menschen. Genauer gesagt, gefährliche Menschen stehen hinter diesen wütenden Demonstranten – Provokateure vielleicht, die insgeheim von einflußreichen Drahtziehern unterstützt werden, ohne deren Hilfe derartige Situationen in Moskau nicht möglich waren. Zehn Minuten am Fernsehapparat füllten mein Herz mit großer Sorge. Die Gesichter in Ostankino prägten sich mir ein. Das war kein spontaner Ausbruch der Empörung. Das war ein gezielt geplanter

Versuch, auf die Behörden Druck auszuüben. Man wollte den wunden Punkt des »Populisten Jelzin« treffen – seine Abhängigkeit von der Stimmung der Menschen. Irgend jemand schien zu glauben, dieser künstlich herbeigeführte Ausbruch sei die richtige und wirksame Taktik.

Ich spürte, daß man mich einschüchtern wollte. Ich sah, wie gefälscht diese »Volksempörung« war. Ich erkannte die Handschrift des KGB.

Zu nächtlicher Stunde
Wer sind meine Freunde?

Eine sehr komplizierte Frage, wenn sie auch einfach erscheint. Ich bin von Natur aus ein ziemlich offener Mensch, liebe sehr die Gesellschaft, den Kreis von Freunden, Scherze, Fröhlichkeit, Gesang.

Aber alle meine wirklichen, sozusagen »klassischen« Freunde sind in Swerdlowsk, dem heutigen Jekaterinburg, geblieben. Mischa Karassik, Jascha Olkow, Andrej Mogilnikow und viele andere, mit denen ich in meiner Jugend alles geteilt habe. Aus diesem Kreis, von den Menschen meiner Generation, ist mir allein meine Frau geblieben, die mir sehr nahesteht. Wir haben beide das gleiche Alter, und unser Lebensweg begann auf sehr ähnliche Weise. Wahrscheinlich ist sie die einzige, die mich ganz versteht.

Häufig werden die Namen von Menschen aus Swerdlowsk genannt, deren Karriere angeblich mit meiner persönlichen Sympathie zu tun haben soll: Dazu gehören mein Mitarbeiter Iljuschin und auch Burbulis, den ich in Swerdlowsk überhaupt nicht kannte, Lobow, Petrow. Das sind aber ganz andere, eher berufliche Beziehungen, die darauf beruhen, daß ich ihre fachlichen Qualitäten schätze und stets bestrebt war, Gleichgesinnte um mich zu scharen.

Als ich in Ungnade gefallen war, besuchten mich übrigens vor allem die Freunde meiner Studentenzeit aus Swerdlowsk. Meine Stellvertreter im Parteikomitee von Swerdlowsk dagegen hielten sich sehr zurück oder mieden mich ganz. Ich habe ihnen das niemals übelgenommen. Und manchen von ihnen habe ich ohne jeden Hintergedanken aufgefordert, wieder mit mir zusammenzuarbeiten, als die Zeit dafür gekommen war.

Ich erinnere mich gut daran, wie elend ich mich fühlte, als man mich aus Swerdlowsk nach Moskau versetzte und zum stellvertretenden Abteilungsleiter für Bauwesen im ZK der KPdSU machte, eine unbedeutende Funktion im Apparat des ZK. Und wie befreit ich aufatmete, als Gorbatschow mich an die Spitze von Moskau stellte. Nur wenn ich beruflich voll gefordert werde, lebe ich wirklich.

Diese Eigenschaft bringt eine Menge Nachteile mit sich. Erstens leidet das normale Familienleben darunter. Zweitens verdirbt sie leicht den eigenen Charakter und den anderer. Und drittens – darüber spricht man wenig – hat der »Erste« in der Regel keine Freunde. Er erwirbt eine Art Abschottungssyndrom und wird im Umgang mit anderen ungeheuer vorsichtig.

All das ist auch mir nun widerfahren – diese Verschlossenheit und Vorsicht im Umgang mit neuen Menschen. Trotzdem habe ich Freunde. Schamil Tarpischtschew zum Beispiel habe ich im Sommer 1987 in Jurmala im Baltikum kennengelernt. Er bereitete damals die Auswahlmannschaft unseres Landes (deren Cheftrainer er war) auf das Spiel gegen die Niederlande um den Davis-Cup vor. Er lud mich zum Spiel ein und brachte mir die Karten. Wir sprachen darüber, warum in unserem Land der Tennissport nicht entwickelt ist, warum er nicht so beliebt ist wie in anderen Ländern, woran das liegen mag. Ich lud ihn ins Stadtparteikomitee ein, aber er kam nicht; dafür tauchte ein anderer Sportfunktionär auf. Diese Zurückhaltung ist mir aufgefallen.

Ein Jahr später begegneten wir uns zufällig in Jurmala wieder; wir stießen förmlich aufeinander. Damals galt ich bereits als Oppositioneller, und viele scheuten den Kontakt mit mir.

Er spielte mit seinen Zöglingen am Strand Fußball, lief nach dem Ball und rannte mich dabei fast um. Überrascht reichte er mir die Hand. Wir freuten uns beide über die unerwartete Begegnung, wechselten einige Worte. Er fragte, womit ich beschäftigt sei, und lud mich zum Tennis ein. Das war das erste Mal, daß Schamil mir anbot, mit ihm ein Doppel zu spielen. Ich lehnte ab. Ich wußte gar nicht, woher er erfahren hatte, daß ich Tenniskurse nahm. Ich hatte mit ihm darüber nicht gesprochen. Möglicherweise erriet er es an dem Interesse, mit dem ich beobachtete, wie er einen Jungen auf dem Tennisplatz des Sanatoriums trainierte.

Damals fing alles an.

Später begegneten wir uns im »Drushba«, wohin Schamil mit seinen Sportlern zum Training gefahren war. Schließlich sah ich ihn im Herbst 1990 wieder, da war er bereits Präsident des Tennisverbandes. Ich scherzte, er sei bereits Präsident, ich noch nicht. Ich lud Schamil ein, mich in Sotschi im Urlaub zu besuchen. Dort wollten wir trainieren und spielen.

Das erste, was ich am Doppel schätzen lernte, ist die ungeheure emotionale Entspannung. An diesem Spiel ist nichts monoton. Jeder Mensch schließt sich dabei auf seine Weise auf, und es ist ein großartiges Gefühl, diesen fast schweigenden Dialog der Bälle und Schläge zu erleben. Wo Persönlichkeiten und Charaktere sich messen und wo man immer weiß, daß man einen verläßlichen Mitspieler an seiner Seite hat.

Als ich Präsident wurde, forderte ich Schamil Tarpischtschew sofort auf, Präsidentenberater für Sport zu werden. Schamil nahm mein Angebot an und gab damit devisenträchtige Verträge, eine einträgliche Arbeit im Ausland auf.

Wie viele unglückliche Sportler, wie viele hervorragende, aber kaum bekannte Persönlichkeiten hat es in unserem Sport gegeben? Wie viele zerstörte Schicksale? Schamil war der Meinung, kein Funktionär, kein Beamter, sondern ein ehemaliger Berufssportler sollte sich um diese Probleme kümmern.

Er hat es in dieser Funktion zuweilen schwer. Manchmal scheitert er, weil er den Bürobetrieb und die Mentalität der Beamten nicht kennt, mit denen er es tagtäglich zu tun hat. Ich versuche ihm zu helfen. Nicht nur als Präsident, sondern auch als Freund.

Es sind viele Gerüchte darüber in Umlauf, daß bestimmte, in der Öffentlichkeit unbekannte Leute, düstere, anonyme Gestalten beim Tennis, im Schwitzbad oder in einem anderen privaten Kreis zum Präsidenten vordringen, ihn beeinflussen und zu bestimmten Beschlüssen drängen.

Solche Gerüchte werden hartnäckig im Volke verbreitet. Ich denke, das ist kein Zufall. Man nutzt meine Abneigung gegen öffentliche Fernsehauftritte aus und versucht der Gesellschaft das Bild eines schwachen, manipulierbaren Politikers zu suggerieren.

Siebentes Kapitel

Dunkle Zeit

Das Parlament als Falle

Dieses Kapitel habe ich nicht zufällig »Dunkle Zeit« genannt. Die Ereignisse des 3. und 4. Oktober, die die Welt erschütterten, haben ihren Ursprung in dieser dunklen Zeit, als das Land endlose Kongresse und Tagungen erlebte, als die Abstimmungsergebnisse über Mißtrauensanträge gegen den Präsidenten auf den Titelseiten der Zeitungen prangten, als die legale, zum Gesetz erklärte Instabilität das Land in ihren Bann schlug.

Von außen entstand der Eindruck, als habe die Demokratie triumphiert. Wie in Italien hatten wir eine langwierige Regierungskrise, bemühte sich das Parlament, den Ministerpräsidenten auszuwechseln, bemühte sich der Präsident, sich mit dem Parlament zu einigen. Alles, wie anderswo auch.

Am Ende dieser Zeit der offenen Konfrontation stand das Referendum. Es verlief, wie mir schien, zivilisiert und ganz legal. Danach hatten wir uns nur noch über Neuwahlen zu einigen. Das geschah aber nicht. Wir konnten zu keiner friedlichen Einigung gelangen.

Es war also doch nicht wie anderswo auch. Und es handelte sich auch nicht nur um eine parlamentarische Auseinandersetzung, um den Kampf für diese oder jene Gesetze, für diese oder eine andere Regierung, für diese oder eine andere Politik.

Nein, dies war ein Kampf gegen den Präsidenten. Man führte ihn zunächst verdeckt, allmählich aber immer offener. Es war ein Kampf um die Veränderung der Grundlagen des Staates. Um es noch genauer zu sagen – dies war ein von langer Hand vorbereiteter und sorgfältig durchdachter Umsturzversuch.

Wäre mir früher klargeworden, daß dieses Parlament die neue Verfassung unter keinen Umständen annehmen werde, daß mit ihm keine Einigung möglich und es nicht imstande war, Gesetze zu schaffen, dann hätte es kein Blutvergießen gegeben. Es wäre nicht zu den unschuldigen Opfern und nicht zu dem moralischen Schock gekommen, den wir alle erlitten. Schließlich hätte diese Spaltung der demokratischen Gruppierung in der Gesellschaft nicht stattgefunden, die jetzt zu einem neuen Problem zu werden droht.

Wer hat uns in diese Situation gebracht, wann formierten sich die Hauptkräfte, und wann verschworen sich die Hauptbeteiligten des kommenden Putsches?

Zum ersten ist hier die zweideutige Verfassungswirklichkeit zu nennen: der Eid des Präsidenten auf die Verfassung, seine verfassungsmäßigen Pflichten und zugleich die enorme Einschränkung seiner Rechte.

Zweitens – das Syndrom des Augustputsches. Das neue Rußland war ungeachtet des Ausnahmezustandes auf der Woge der Verteidigung der Demokratie entstanden. Das Gesetz verletzen? Dagegen stand nicht nur eine rechtliche, sondern vor allem eine schwere moralisch-psychologische Barriere.

Drittens hatte es nur aus weiter Ferne den Anschein, als seien sich Präsident und Parlament stets nur als Gladiatoren in der Kampfarena begegnet. Viele Deputierte waren in die Regierung gegangen und besetzten dort recht hohe Posten. Die Tätigkeit der Ausschüsse und Kommissionen des Parlaments brachte viel Nützliches, wenn auch die Gesetze nicht immer in der ursprünglichen Form angenommen wurden.

Die politische Spaltung trat nicht sofort und unvermittelt ein, sondern entwickelte sich unterschwellig und langsam. Das war ein sehr komplizierter und zuweilen kaum spürbarer Prozeß.

Ein weiterer nicht unwesentlicher Faktor ist schließlich all das, was mit dem russischen Wort »awos«, dem Glauben an den glücklichen Zufall, ausgedrückt wird. Ich verbinde mit diesem uralten Begriff nicht in erster Linie Unbekümmertheit, Leichtsinn oder gar Faulheit, sondern ganz andere Dinge. Dieser Zug unseres Nationalcharakters ist wohl vor allem der feste Glaube an das Gute, die Hoffnung auf einen guten Ausgang, darauf, daß Gott alles sieht.

Daher fragte ich mich: Werden wir wirklich nach 75 Jahren Sowjetmacht, einer so langen und qualvollen Zeit, mit der Waffe in der Hand klären, wer die Hauptrolle spielt – das Parlament oder der Präsident? Sind es all diese Verfassungsänderungen, Kongresse, Resolutionen und Abstimmungen wirklich wert, daß man deshalb das Land erschüttert, seine Stabilität untergräbt, die wir mit so viel Mühe erreicht haben?

Will jemand tatsächlich schon wieder eine Revolution?

Eineinhalb Jahre lang konnten die Menschen am Fernsehapparat Kongresse und Sitzungen verfolgen. Eineinhalb Jahre lang sprachen auf diesen Kongressen und Sitzungen Deputierte, die vor allem eines einte – Jelzin und seine Politik zu entlarven, zu beweisen, daß er nicht in der Lage sei, das Land zu regieren. Wenn nun aber selbst diese monatelange Agitation nichts nützte, wenn die Vollmachten des Präsidenten von einem Referendum bestätigt wurden, welche Fragen konnte es dann noch geben? Nun mußte man sich über Neuwahlen verständigen und gemeinsam nachdenken, was weiter zu tun war.

Eine solche Verständigung war jedoch nicht möglich.

Aus dem Tagebuch des Präsidenten: 6. November 1992

Im Kreml traf ich mit Chasbulatow zusammen. Das Gespräch dauerte von halb sieben bis halb zwölf Uhr nachts. Dabei gingen wir nicht systematisch vor, sondern behandelten die verschiedensten Fragen.

Chasbulatow sog die ganze Zeit an seiner Pfeife, ohne sie aus dem Munde zu nehmen. Er war vom Rauchen schon ganz grün im Gesicht. Wir tranken trockenen weißen »Zinandali«. Dabei sprachen wir auch über persönliche Dinge. Er erzählte von seinen familiären Sorgen: Seine Mutter lebte jetzt in Tschetschenien zusammen mit vielen seiner nächsten Angehörigen. Dudajew hielt sie im Grunde genommen als Geiseln fest.

Ich fragte, warum er kein gutes Verhältnis zu seinem ersten Stellvertreter Filatow habe. Er schob die ganze Verantwortung Filatow zu. Ich glaube, daß er diesem damit unrecht tat, denn Filatow ist ein intelligenter, anständiger Mann, der lediglich die despotische Art des Vorsitzenden nicht ertragen kann.

Ich mußte an die Zeit zurückdenken, da ich mich für Chasbulatow entschieden hatte. Leider war dabei der Zufall im Spiel gewesen. Ich hatte Chasbulatow vorher nicht gekannt. Als Schachrai bei drei Abstimmungen über den Parlamentspräsidenten durchfiel, weil der konservative Teil des Volkskongresses ihn ablehnte, berief ich die Schiedskommission ein. Dort wurden sehr viele Anwärter genannt, etwa fünfzehn. Mir war klar, daß wir einen Kompromißkandidaten finden mußten, der wenig bekannt war und den deshalb bisher weder die Demokraten noch die Konservativen aufgestellt hatten. So kamen wir auf Chasbulatow. Daß er kein Russe war, hatte durchaus politische Vorteile, denn so konnte er die Unterstützung der Republiken gewinnen. So errang er die Gunst der Schiedskommission und wurde ohne Probleme gewählt. Als ich noch Vorsitzender des Obersten Sowjets Rußlands war, unterstützte er mich sehr eifrig, beriet sich über jede Frage mit mir und mischte sich nicht in die große Politik ein.

In unserem Gespräch wurden zuweilen deutliche Worte gesprochen. Ich kannte Chasbulatow nun schon länger und hatte mich mit seinem orientalischen Charakter intensiv beschäftigt. Er hält für eine Frage stets gleich mehrere Standpunkte bereit. Einen spricht er aus, die übrigen hat er in Reserve. Äußerlich erweckten wir den Eindruck, als führten zwei Partner ein geschäftliches Gespräch. Wir standen jedoch beide unter Hochspannung. Jeder wollte die Führung übernehmen. Ich war sozusagen von Amts wegen dazu verpflichtet. Ihn dagegen trieb sein angeborener Ehrgeiz.

Ich eröffnete das Gespräch mit einem harten Vorwurf: »Ins Gesicht sagen Sie mir das eine und tun etwas ganz anderes. Kürzlich habe ich auf einem Seminar in Tscheboksary in Tschuwaschien, wo die Leiter der Legislativ- und Exekutivorgane ganz Rußlands eingeladen waren, einen Versuch unternommen, diesen Konflikt zu lösen. Ich schlug dem Obersten Sowjet Zusammenarbeit vor, bot ihm meine Hand an und kam ihm einen Schritt entgegen. Bei Eröffnung der Sitzung ging ich noch einen Schritt weiter. Die Antwort war tiefes Schweigen. Warum das?«

Chasbulatow erwiderte: »Ja, wir haben uns geirrt, wir hätten sofort offiziell reagieren müssen. Ich werde das in den nächsten Tagen tun. Der Oberste Sowjet wird eine politische Erklärung annehmen, daß er den Präsidenten und dessen Erklärung in Tscheboksary unterstützt. Das Parlament wird beweisen, daß es ebenfalls zum Entgegenkommen bereit ist...«

Es ist doch nicht normal, wenn zwei Behörden sich nicht einigen können. Man muß die Spannung von den Menschen nehmen. Deshalb stimmte ich seinem Vorschlag zu. Und ich fand nichts dabei, daß dies erst einen Monat später geschehen sollte, als es möglich gewesen wäre. Mir kam es vor allem darauf an, die Atmosphäre vor dem Kongreß zu bereinigen.

Ich sagte: »Wir wollen uns doch nicht die Blöße geben, uns vor den Augen des russischen Volkes und der ganzen Welt in die Haare zu geraten. Wenn also Deputierte oder Gruppierungen sich nicht so verhalten, wie es sich im Parlament gehört, dann muß der Parlamentspräsident dies sofort unterbinden, das Mikrofon abschalten und die Unruhestifter in die Schranken weisen.«

Damals hatte ich den Eindruck, Chasbulatow stimmte mir zu.

Eigentlich möchte ich diese unangenehme Niederschrift am liebsten abbrechen. Chasbulatow und ich besprachen jedoch noch Abänderungen der Verfassung. Außerdem das schwierigste Problem – die Zusammensetzung der Regierung. Namen für Namen. Die Liste, die Chasbulatow vorlegte, enthielt zehn Namen und stimmte mit dem Vorschlag der Bürgerunion überein. Sie lief auf folgenden Schachzug hinaus: Gaidar sollte bleiben und weiterarbeiten, man wollte jedoch neue Minister in die Regierung holen. Das war der reine Hohn! Dem würde Gaidar niemals zustimmen. Eine Debatte über Burbulis vermied ich tunlichst.

Mir wird erst jetzt klar, daß Chasbulatow mich ganz bewußt in dieses komplizierte und ermüdende Netz von Beziehungen verwickelte. Sein wichtigster Schachzug: Er drohte mir mit Konfrontation und versuchte mich Stück für Stück zum Rückzug und zu Zugeständnissen zu zwingen. Irgendwann mußten wir heftig aneinandergeraten. Denn er konnte nicht im Ernst erwarten, daß ich mich von dem passiven und amorph zusammengesetzten Parlament einschüchtern ließ, das sich nur noch dem Willen Chasbulatows, ja, einem Zucken seiner Augenbrauen unterordnete. Er konnte nicht erwarten, daß ich mich davon abschrecken ließ und meinen strategischen politischen Kurs entscheidend änderte. Kurz gesagt, das war nicht die Suche nach einem Kompromiß, wie ich damals glaubte, sondern lediglich ein Scheinmanöver.

Einmal fuhr mein Wagen an einer Kundgebung der Nationalpatrioten oder der Kommunisten vorbei – ich weiß nicht mehr, wer dort in der Mehrzahl war. Ich glaube, die Kommunisten. Ich ließ anhalten. Eine ältere Frau hielt eine große rote Fahne in den Händen, die sie hin und her schwenkte. Ihre Bewegungen waren wie die einer Marionette an Fäden – träge und monoton. »Nieder, nieder...« kam es dabei aus ihrem Mund. Ich bat Korshakow, sie zu fragen: Nieder mit wem? Als Antwort schickte sie ihn mürrisch zum Teufel...

Leider ist Chasbulatow ein Mann, den die Natur dafür geschaffen hat, an solchen Fäden zu ziehen. Man muß diesen Mann getrennt vom Obersten Sowjet in seiner damaligen Zusammensetzung sehen. Dort waren durchaus auch kluge Köpfe versammelt, die sich über Gesetze, über den Haushalt, über die Innen- und Außenpolitik Gedanken machten. Aber in den Jahren, in denen Chasbulatow ihr Vorsitzender war, ist es ihnen nicht gelungen, eine überzeugende Konzeption für die Entwicklung Rußlands vorzulegen, obwohl sie sich im Grunde genommen mit nichts anderem befaßten. Chasbulatow blockierte zwei Jahre lang die politische Opposition; von dort kam nur noch heiße Luft – Menschen, die entweder brüllten oder mit glasigen Augen erschreckende Dinge sagten.

Das ist eine bittere moralische Lehre, und mir tut es aufrichtig leid um unser erstes Parlament. Doch man muß feststellen: Chasbulatow deformierte durch seine Führung dessen Entwicklung und schmiedete aus einem Parlament mit zum Teil gutwilligen Abgeordneten sein politisches Instrument.

Das ist bedauerlich.

Zuweilen trifft man auf die Meinung, unser ehemaliges Parlament sei eine Mißgeburt in der wunderbaren Familie der Parlamente verschiedener Länder gewesen – allesamt weise, wohlanständig und ausnahmslos demokratisch. Das trifft nicht ganz zu. Die Worte »Congressman«, »Abgeordneter« oder »Senator« erscheinen in den verschiedenen Sprachen dieser Welt durchaus nicht immer ohne einen üblen Beiklang. Man denkt an Mark Twain und weiß, daß diese Ämter von den Menschen im Westen seit langem auch mit Korruption, mit offizieller Untätigkeit oder mit aufgeblasener, hohler Wichtigtuerei assoziiert werden.

Darüber kann man streiten. Unstrittig ist indessen, daß jede parlamentarische Tätigkeit ständig von irgendwelchen Skandalen und Enthüllungen begleitet wird.

Der Kongreß, den sich Gorbatschow ausgedacht hatte, ist allerdings eine andere Geschichte. Denn dieser Kongreß war eigentlich kein Parlament mit all den Eigenschaften, die zu diesem gehören. Als Produkt der Perestroika sollte der Kongreß die Struktur der Sowjetgesellschaft widerspiegeln - mit der besonderen Stellung der Kommunistischen Partei, mit Gewerkschaften, Organisationen der Sportler und Briefmarkensammler, mit den Künstlerverbänden und vielen anderen.

Das Hauptproblem war jedoch, daß zum Zeitpunkt der Wahlen außer der damaligen Führung niemand tatsächlich politisch engagiert war. So wurde dann natürlich für die alten Funktionäre gestimmt.

Unser Land ist groß, ohne Zweifel. Und trotzdem - 1500 Menschen in einem Saal -, das ist kein Parlament und kein Senat mehr, sondern eine Volksversammlung. Hier gewinnt der, der den anderen überschreit. Hier ist es sinnlos, mit leiser Stimme zu sprechen. Hier wirken die Gesetze des großen Raumes, die psychologischen Faktoren des Umgangs mit einer Menge, in diesem Falle mit einer Menge vom Volke gewählter Deputierter. Wenn nicht Jelzin, dann wäre ein anderer Präsident gezwungen gewesen, seine Stimme noch herrischer klingen zu lassen, um zu einem Beschluß zu kommen, bestimmte Schritte tun zu können oder zum Angriff überzugehen.

Einen Beschluß zu erreichen, ist ungeheuer schwer, denn es bildet sich eine riesige Zahl von Fraktionen, die um Anhänger werben, dazu kommt eine ebenso große Zahl unabhängiger Deputierter. Das ist eine Arena gnadenlosen politischen Hickhacks, der Gruppenkämpfe und Ambitionen. Das sind vor allem Gebrüll am Mikrofon, Hysterie und aufgeheizte Emotionen. Jeder möchte irgendein Problem ansprechen - ein nationales, ein wirtschaftliches oder ein außenpolitisches. Mit der Tagesordnung hat das häufig überhaupt nichts zu tun.

Auf dem Siebten Kongreß im Dezember 1992 sollte ein ständiger Regierungschef bestätigt werden; den Kandidaten hatte ich vorzuschlagen. Um diese Frage tobte eine harte Auseinandersetzung. Deshalb mußte ich außerhalb der Sitzungen mit Vertretern der Fraktionen, mit einzelnen Deputierten und mit den Chefs der Föderationsbehörden zusammenkommen. Auf diesen Kongreß verwandte ich leidenschaftliche Anstrengungen. Und alle nur mit einem Ziel - zu überreden. Die Deputierten zu bitten, anzuflehen und zu überreden, daß sie die Reformen in Rußland nicht zu Grabe trugen. Daß sie Gaidar im Amt bclicßen. Daß sie der russischen Regierung die Möglichkeit gaben, normal zu arbeiten.

Alle hatten erwartet, auf dem Siebten Kongreß werde der Entwurf der neuen Verfassung debattiert werden. Das geschah jedoch nicht. Die Dinge wurden in eine ganz andere Richtung gedrängt: Man erörterte Änderungen der bisherigen, noch geltenden Verfassung.

Auf den ersten Blick scheinen Änderungen der Verfassung ein ganz normaler und naheliegender Weg zu sein. So gingen wir auch anfangs vor, als ich noch Vorsitzender des Obersten Sowjets Rußlands war. Wir führten den Begriff der Souveränität, das Amt des Präsidenten und den grundlegenden Begriff des Privateigentums ein. Wir hatten damals keine Zeit, eine neue Verfassung anzunehmen. Wir hatten es eilig, die Wirtschaftsreformen voranzubringen, und verschoben die politischen Reformen auf später. Das war eine Fehlentscheidung.

Vom juristischen und politischen Standpunkt aus konnte dieser Prozeß der allmählichen, aber ständigen Untergrabung der bisherigen Verfassung jedoch nicht ewig weitergehen. Er stieß an eine logische Grenze. Ständige Abänderungen geraten schließlich außer Kontrolle, sie beginnen einander zu widersprechen, es kommt zu einer unkontrollierbaren Bewegung – die Abänderungen überlagern sich, die Logik geht verloren, niemand kennt sich mehr aus, und schließlich herrscht in der Gesetzgebung die reine Anarchie.

Der Kongreß forderte, daß alle wichtigen politischen und wirtschaftlichen Schritte unter seiner Kontrolle vollzogen würden. Das bedeutete, der größte Teil der Abänderungen, die ich vorgeschlagen hatte, wurde abgelehnt. Sie waren aber das Ergebnis eines langen und qualvollen Kampfes, aller jener zermürbenden Diskussionen, die uns der Oberste Sowjet aufgezwungen hatte.

Als ich sah, was vorging, begriff ich, daß das der kollektive Wahnsinn war. Ein solches Parlament konnte das Land nicht führen. Unbegreifliche Dinge gingen vor sich.

Es roch bereits nach Revolution, nach einer revolutionären Situation. Revolution aber riecht immer auch nach Blut.

Zu nächtlicher Stunde

Heute ist der 7. November. Ein Teil des Volkes feiert nach alter Gewohnheit diesen Tag, ein anderer Teil lacht verächtlich, wenn er die roten Fahnen sieht. Ich habe ein seltsames Verhältnis zu diesem Feiertag.

In Swerdlowsk war der 7. November für mich immer einer der anstrengendsten Tage. Große Feierlichkeiten in einer Stadt mit einer Millionenbevölkerung zu organisieren, ist eine verantwortungsvolle und kraftraubende Sache. Einmal befand ich mich am Vorabend des Feiertages auf der Rückfahrt nach Swerdlowsk, bis zur Stadt waren es noch etwa sechzig Kilometer. Der Fahrer verfuhr sich, kam von der

Straße ab, und schließlich landete der Wagen in einem Graben. Was tun? Ringsum war es stockdunkel, man konnte die Hand nicht vor den Augen sehen. Ich hatte kein Autotelefon und konnte die Stadt nicht benachrichtigen. Nach der Karte mußten es bis zum nächsten Dorf noch etwa achtzehn Kilometer sein. Inzwischen war es 11.00 Uhr nachts. Um 9.00 Uhr morgens wurde ich in Swerdlowsk erwartet. Wenn der erste Mann der Stadt am wichtigsten Feiertag des Landes, dem 7. November, nicht auf der Tribüne erschien, war das einfach eine Katastrophe. So etwas durfte nicht passieren. Man würde vermuten, ich sei entweder gestorben oder abgesetzt. Ich war aber weder gestorben noch abgesetzt, sondern versuchte eineinhalb Stunden lang, unseren Jeep aus dem Graben zu schieben. So gegen Mitternacht war uns klar, daß wir mit diesem Wagen an diesem Tage nicht mehr weiterkamen. Was sollte in Swerdlowsk werden?

Bei uns war das auch nicht wie in Moskau, wo nur Vertreter der Arbeitskollektive auf den Roten Platz zogen und die Demonstration genau eine Stunde und fünfundvierzig Minuten dauerte. Bei uns kamen ganze Familien, zog faktisch die ganze Stadt an der Tribüne vorbei. Das dauerte vier oder gar viereinhalb Stunden. Ich schloß die Augen und konnte den endlosen Zug der Menschen mit ihren Fahnen, Blumen und den fröhlichen Gesichtern vor mir sehen.

Zu dritt stapften wir nun, bis über die Knie im tiefen Schnee, bei stockdunkler Nacht dem nächsten Dorf zu. Ich rechnete nach: Unter normalen Bedingungen legt ein Mensch zu Fuß etwa fünf Kilometer in der Stunde zurück. Bis wir aber in diesem Schnee das Dorf erreicht hätten, wäre die Parade längst vorbei gewesen. Es herrschten etwa zehn Grad Frost, aber wir dampften vor Anstrengung. Hauptsache nicht hinsetzen. Nach einigen Stunden fielen wir fast um vor Müdigkeit. Am liebsten hätte ich mich in den Schnee gelegt und wäre eingeschlafen. Einmal gaben wir diesem Verlangen nach und setzten uns nieder. Wir ermatteten sofort, wären beinahe eingenickt und konnten nur mit großer Mühe wieder aufstehen. Es ging immer nur über freies Feld, kein Weg weit und breit.

Um 4.00 Uhr morgens hatten wir uns schließlich doch bis zum Dorf geschleppt. Wie zum Hohn aber war das ganze Dorf stockbesoffen. Wo wir auch anklopften, alle waren sternhagelvoll. Wir fragten, wo das Telefon sei, ob man einen Traktor bekommen könne, aber nirgends erhielten wir eine vernünftige Antwort. Die Leute hatten schon gefeiert, was das Zeug hielt.

Schließlich fanden wir einen Traktor. Den betrunkenen Fahrer setzten wir ins Fahrerhaus und stiegen mit ein. Inzwischen war es fast 6.00 Uhr. Ich bekam das große Zittern. »Wo ist bei euch das Telefon?« schrie ich den Kerl auf dem Traktor an. »Wo ist das Telefon?« Er begriff kein Wort. Schließlich öffnete doch jemand die Tür des Dorfsowjets, und ich erreichte den Gebietschef der Miliz. Ich sagte ihm: »Die Operation muß rasch und präzise durchgeführt werden, ihr könnt das doch. Schickt als erstes einen Hubschrauber auf kürzestem Wege hierher. Bringt einen nüchternen Fahrer mit, der den Traktor ins Dorf zurückfährt. Überlegt euch die kürzeste Strecke durch die Stadt, damit ich vom Flugplatz noch nach Hause komme. Immerhin konnten schon Straßen wegen des Demonstrationszuges gesperrt sein. Meine Wohnung lag nur drei Minuten Fußweg vom zentralen Platz entfernt. Führen Sie den Befehl aus! Ich muß halb zehn, spätestens aber zwanzig Minuten vor zehn an der Tribüne sein...«

Um 9.00 Uhr hatten wir mit unserem Traktor ohne Zwischenfälle die Straße erreicht. Der Hubschrauber kreiste bereits am Himmel. Um 9.15 Uhr - schon in Swerdlowsk - fuhren zwei Wagen, darunter einer der Verkehrspolizei, an den Hubschrauber heran. Die Verkehrspolizisten standen auf Posten - wir durchquerten die Stadt in wenigen Minuten. Die Miliz stoppte den Demonstrationszug für Sekunden und »schnitt« ihn damit gleichsam in Stücke. Wir schlüpften hindurch, und der Zug marschierte weiter. Als wir in vollem Tempo vor meinem Haus vorfuhren, war es bereits 9.45 Uhr. Der Zeitpunkt, zu dem ich auf der Tribüne hätte erscheinen müssen. Zu Hause wußten alle Bescheid, und als ich die Tür öffnete, stürzte mir die ganze Familie entgegen - mit Anzug, Hemd und Schlips. Während die Familie mich ankleidete, rasierte ich mich. Schlag zehn Uhr stand ich auf der Tribüne. Ich hatte es geschafft!

Heute ist der 7. November. Eigenartige Gefühle erfüllen an diesem Tag die Menschen der älteren und auch der mittleren Generation. Wo ist Weiß, wo ist Rot? Sind diese die Helden oder jene? Oder gibt es gar keine Helden mehr? Da kenne sich einer aus! Und was sind wir selbst in unserer Geschichte? Sklaven oder Kanonenfutter? Kann das sein?

Seinem Leben kann man aber nicht entfliehen. Das ist eine Geschichte, an die ich oft denken muß. Oder die ich im Traum sehe. Wenn mich plötzlich das Gefühl völliger Ausweglosigkeit überkommt - wie damals im Schnee, als wir in der Dunkelheit wie blind durch die Gegend tappten, wie in jenem Dorf, das uns gleichsam verhext erschien... Aus irgendeinem Grunde muß ich unbedingt die Tribüne erreichen, darf mich nicht blamieren und nicht fehlen. Schreckliche Angst.

Vielleicht ist das alles Aberglaube - ich weiß es nicht. Aber dieser in meinem Leben immer wiederkehrende Traum ist sicher kein Zufall. Und auch seine Überwindung nicht. Beim geringsten Anzeichen von Hilflosigkeit oder Ausweglosigkeit ist diese Angst wieder da.

So war es auch in jenen schweren Monaten.

Als ich vom Kongreß zur Datsche zurückkehrte, stand ich wie unter Schock. Etwas Derartiges war mir seit 1987 zum ersten Mal passiert.

Ich glaube nicht, daß die Vorgänge an diesem Tag auf dem Kongreß ein Zufall, ein unbeabsichtigtes Zusammentreffen verschiedener Auftritte waren. Meinen wunden Punkt so genau zu treffen, das konnte nur Berechnung sein.

Ich kann es nicht ertragen, wenn man öffentlich über einen Menschen herfällt, wenn alle gemeinsam auf ihn einschlagen. Worum es geht, ist dabei nicht wichtig. Am Ton und selbst am Gang eines Menschen, der zum Rednerpult läuft, erkenne ich diese brutale Gier, schmerzhaft zuzuschlagen, diesen Versuch, sich aufzuputschen, diesen rein negativen, schrecklichen Drang zum Angriff.

Alle diese kriegerischen Emotionen kann ich durchaus verstehen, wenn es um einen kompromißlosen Kampf geht. Wenn aber alle gemeinsam auf einen eindreschen und ihn mit Füßen treten... Und man kann nichts dagegen tun.

Später wurde mir klar, daß dies ein ähnlicher psychischer Zusammenbruch war, wie ich ihn nach dem Plenum des Moskauer Stadtparteikomitees erlebt hatte. Damals hatte man mich auf Befehl Gorbatschows direkt aus dem Krankenbett geholt und in gutem Parteistil mehrere Stunden lang auf mir herumgehackt. Aber das habe ich bereits beschrieben...

Ich sah die erschrockenen Augen meiner Frau und der Kinder. Ich stürzte ins Badehaus und schloß mich ein. Legte mich auf den Rücken und schloß die Augen. Alles mögliche ging mir durch den Sinn.

Schlecht, sehr schlecht.

Aus diesem Abgrund holte mich Alexander Wassiljewitsch Korshakow wieder heraus. Er brachte es irgendwie zuwege, das Badehaus zu öffnen. Er redete mir zu, ins Haus zurückzukommen. Er gab mir echte menschliche Hilfe.

Allmählich beruhigte ich mich.

Jemand aus der Familie sagte: Man muß die Menschen einfach vor die Frage stellen – entweder du oder sie. Das Volk wird das verstehen.

Diese Worte setzten sich in meinem Kopf fest. Seit langem hatten mir Politologen und Juristen zu einem Referendum geraten. Aber dabei war es stets darum gegangen, ob der Kongreß aufgelöst werden sollte oder nicht. Diesen Schritt hatte ich bisher vermieden.

Aber dies war eine ganz neue Fragestellung: Wollten die Menschen nun mit dem Präsidenten oder mit dem Kongreß weiterleben? Meine nächste Umgebung hatte an diesem Abend eine wahrhaft göttliche Eingebung.

Ich ließ mich sofort mit Iljuschin verbinden. Nachts schaltete man noch Schachrai und meine Redenschreiber ein. Schließlich arbeiteten wir zu fünft an einer kurzen Rede. Die Idee, mich mit einer Rede an das Volk zu wenden, traf genau ins Schwarze, denn in schwierigen Augenblicken brauche ich die Unterstützung der einfachen Leute, die keine politischen Ämter bekleiden und keine Privilegien genießen. Von ihnen strömt mir neue Lebenskraft zu, wenn ich es schwer habe. Wenn ich an eine Grenze stoße.

Jemand schlug vor, sofort nach der Rede ins Autowerk »Leninscher Komsomol« oder in die Kugellagerfabrik zu fahren. Ich entschied mich für das Autowerk.

Danach schlief ich zwei Stunden und kritzelte dann weiter an meiner Rede herum. Sie hörte sich allerdings immer noch recht holprig an.

Mir kommt jetzt in den Sinn, wer mich mit Chasbulatow bekanntmachte.

Das war Sergej Krassawtschenko, der Vorsitzende des Ausschusses für Wirtschaftsreform des Obersten Sowjets, der früher in der interregionalen Deputiertengruppe mitgearbeitet hatte.

Als Chasbulatow aus seinem Büro trat, sagte Krassawtschenko die Worte: »Mit diesem Menschen müssen Sie streng sein, Boris Nikolajewitsch. Man darf ihn nicht unbeaufsichtigt lassen, so einen Charakter hat er nun mal. Achten Sie immer darauf, daß er Ihnen folgt, verstehen Sie?«

Erst später fielen mir diese rätselhaften Worte wieder ein, denen ich damals, ehrlich gesagt, keine Bedeutung beigemessen hatte. Damals schien mir Chasbulatow ein kluger, intelligenter Mann zu sein. Und sehr still. Vor allem still. Professor Chasbulatow hatte nichts von der Selbstsicherheit und jenem dummdreisten Draufgängertum vieler Politfunktionäre, das ich nicht ausstehen kann.

Ganz anders war das mit Sorkin. Auch ein Professor. Waleri Dmitrijewitsch war Mitglied des Verfassungsausschusses. Das unauffälligste und bescheidenste Mitglied. Als im Obersten Sowjet der Vorsitzende des Verfassungsgerichts gewählt werden sollte, kam man auf ihn als Kompromißkandidaten, der allen zusagte.

Er war weder links noch rechts. Er war objektiv – ein Professor der Rechtswissenschaften, ein zurückhaltender, korrekter Intellektueller. Und was war dann binnen kurzer Zeit nur mit diesem Menschen geschehen? Woher kam dieser fast pathologische Drang zur Macht?

Ich weiß nicht, wie das Schicksal dieser Moskauer Professoren verlaufen wäre, wenn die neue Zeit sie nicht unerwartet auf die Höhen der Politik gehoben hätte. Offenbar steckt in jedem dieser »stillen« Menschen, die sich ihrer Umgebung mit Umsicht und voller Berechnung als loyal anbieten, ein Rätsel. Vielleicht hätten sie als Kinder für ihr Leben gern die Rolle des Anführers oder Bandenchefs gespielt. Und irgendwer hatte dieses Streben unterdrückt, sie erniedrigt. Vielleicht lebten sie mit dem ständigen Gefühl, daß ihre Umgebung sie unterschätzte, nicht begriff, mit welch bedeutender Persönlichkeit sie es zu tun hatte – in der Schule, im Institut. Auch die Mädchen achteten viel zu sehr auf das Äußere und hatten keinen Blick für innere Werte. War es das?

So könnte ich noch lange im Kaffeesatz lesen. Hier möchte ich nur eines sagen: Die vergangenen Jahre haben mich davon überzeugt, daß Menschenkenntnis und Lebenserfahrungen in der heutigen Politik nichts bedeuten. Selbst Erfahrungen aus den oberen Etagen der Macht wie dem ZK der KPdSU helfen heute nicht mehr! Damals waren das einfache – eben sowjetische – Verhältnisse. Jetzt aber wirken andere, sehr seltsame Mechanismen. Vielleicht lerne ich es noch, auch sie zu ergründen...

Das Duo Chasbulatow-Sorkin machte erstmals auf dem Siebten Kongreß der Volksdeputierten Rußlands von sich reden. Das war, ehrlich gesagt, ein harter und überraschender Schlag. Von einer gerichtlichen Instanz hatte ich bisher stets einen objektiven Blick auf die Dinge, Zurückhaltung in der Politik und Neutralität erwartet.

Aber das Leben lehrte mich, daß es auch anders sein kann. Als Sorkin am Rednerpult auftauchte, begann eine ganz neue Epoche in meinem Verhältnis zum Kongreß: Das war der Versuch, den Präsidenten auf legalem Wege von der Macht zu vertreiben.

Zu nächtlicher Stunde

Unfälle sind mir mit fast allen Verkehrsmitteln passiert. Mit Flugzeugen, Hubschraubern und Autos, darunter auch mit Lastwagen, und einmal sogar mit einem Pferd. Damals war ich noch klein. Bergab ging das Pferd durch, und in einer Kurve schleuderte es mich derart aus dem Schlitten, daß ich beinahe nicht mehr aufgestanden wäre.

Der nächste Unfall war ernster – ein Zugunglück. Ich studierte damals im Polytechnischen Institut des Ural und war im Sommer auf der Fahrt zu meinen Eltern. Das geschah meist ohne Fahrkarte, oder wir kauften nur ein Billett für einige Stationen, damit man uns in den Wagen ließ. Man mußte es eben verstehen, sich von den Kontrolleuren nicht erwischen zu lassen.

Der Zug näherte sich mit beträchtlicher Geschwindigkeit einem Bahnhof. Wir waren in einem Platzkartenwagen, der, wie gewöhnlich, ein unteres, ein oberes und darüber noch ein Bett »für die Studenten« hatte. Das Fenster gegenüber war geöffnet, und ich stand unten im Gang.

Ich wurde gegen die Wand geschleudert, als der Wagen umstürzte. Die Waggons stürzten einfach so – einer den anderen nach sich ziehend – den Bahndamm hinab. Der aber war ziemlich hoch.

Ich setzte zum Sprung an und warf mich dann zwischen die Pritschen unseres Waggons, der sich bereits senkte. Das war kompliziert, aber es gelang mir doch, etwas auszuholen und mit nach vorn gestreckten Armen aus dem Fenster zu springen.

Ich rollte mit eingezogenem Kopf und völlig zusammengekauert, wie wir es gelernt hatten, den ganzen Abhang hinab und landete in einem Sumpf. Ich war wie gelähmt vor Schreck, kam aber bald wieder zu mir. Ich betastete mich - alles war ganz, nur überall Beulen und blaue Flecke. Im Wagen aber gab es Tote und Verletzte. Ich half, sie herauszuholen. Wir zerrten die Trümmer auseinander. Der Anblick war entsetzlich. Erst tief in der Nacht kam ich zu Hause an.

Es war, als ob mir stets jemand seine hilfreiche Hand reichte. Ich begann schon selbst zu glauben, ich müsse eine Art Schutzengel haben. Es konnte eigentlich gar nicht sein, daß einem einzigen Menschen so viel passierte, und das in jedem Lebensabschnitt, buchstäblich in jedem! Jede dieser Situationen hätte tödlich ausgehen können.

Ob ich den Tod fürchte? Ich weiß nicht warum, aber ich spüre keine Furcht. In einem bunten Heftchen habe ich gelesen, daß ein Astrologe mir einen gewaltsamen Tod voraussagt. Soll er.

Aus dem Tagebuch des Präsidenten: 15. Dezember 1992

Eine Probeabstimmung - was hatte mich dazu bewegt, auf diesen Schritt einzugehen?

Mit meiner Rede auf dem Kongreß am 10. Dezember 1992 gelang es mir, die Situation spürbar zu verändern. Der von der Aussicht auf das Referendum geschreckte Kongreß lenkte ein. Wir trafen die Abmachung, daß die Parlamentsfraktionen Kandidaten für den Posten des Regierungschefs aufstellten. Meinetwegen konnten es fünfzig Namen sein. Ich wählte aus diesem Kreise fünf aus und stellte sie dem Kongreß zur Probeabstimmung vor. Von den drei Kandidaten mit der höchsten Stimmenzahl konnte ich wiederum einen auswählen und diesen dem Kongreß vorschlagen.

Die Idee für diese »weiche« Abstimmung stammte natürlich nicht von mir. Juristen schlugen sie mir vor und verwiesen dabei auf die internationale Praxis. Das war ein raffinierter, überraschender und durchaus flexibler Schachzug: einen Kandidaten nicht sofort zur Abstimmung zu stellen, sondern zuvor gleichsam eine Umfrage unter den Deputierten durchzuführen, um herauszufinden, wen sie favorisierten, wer der beliebteste war und welche Nuancen es dabei gab.

Und ich hatte die Auswahl. Das war für mich das Wichtigste.

Nach der Rede am 10. Dezember war mir leichter. Ich sah Licht am Ende des Tunnels. Ich bin durchaus für Entgegenkommen, aber nicht,

Die Lebensbedingungen der Moskauer werden immer schlechter. Die Arbeitslosigkeit wächst, die Lebensmittelläden zeigen leere Regale. Aber Boris Jelzin ist der Mann der Hoffnung, auch und gerade unter den kleinen Leuten. Wo immer er sich zeigt, wird er gerade von den Ärmsten der Armen umjubelt.

Genießt Boris Jelzin ein »Bad in der Menge«? Die Menschen jedenfalls scheinen seine Nähe, die Aufrichtigkeit, die er ausstrahlt, und die Volkstümlichkeit seines Auftretens zu lieben. Jedermann spürt, daß er sich nicht nur symbolisch zu Greisinnen und Kindern niederbeugt, wenn er ihnen Hoffnung zuspricht.

wenn ich mit dem Rücken zur Wand stehe. Dann geht es ja nicht mehr um Zugeständnisse, sondern nur noch um eine Hinrichtung. Die Schiedskommission war da schon besser. Sie bedeutete, ich hatte den Kongreß dazu gezwungen, die Konfrontation zu beenden, weil er Furcht vor der Stimme des Volkes hatte. Meinetwegen eine Probeabstimmung, wenn der Präsident so das Recht behielt, seine Wahl zu treffen. Das zeigte, daß er seine Position gestärkt und nun die Möglichkeit hatte, ohne Gesichtsverlust aus dieser Sackgasse herauszukommen.

Ich eile zwei Monate voraus. Auf dem nächsten Kongreß wurde den Deputierten klar, welchen Fehler sie begangen hatten. Sie begriffen, daß sie mir auf der letzten Sitzung die Pistole hätten auf die Brust setzen müssen. Daß mit dem Weggang Gaidars die Reform nicht beendet und Jelzin nicht gebrochen war. Aber nun war es zu spät. Ich sah das Licht am Ende des Tunnels deutlich vor mir. Und ich folgte weiter der Logik meiner Schritte.

Im Grunde genommen hatte ich nicht die Wahl zwischen Gaidar und einem anderen Ministerpräsidenten, sondern zwischen zwei Kampftaktiken: entweder den Kongreß sofort auflösen oder die Linie des Widerstandes ruhig weiterverfolgen, damit die gespannte Feder allmählich nachgab, bis die Gesellschaft schließlich begriff, daß der Präsident auch in dieser Verfassungskrise das Staatsoberhaupt blieb. Ich wählte den zweiten Weg.

Die Fraktionen stellten zwei Dutzend Kandidaten auf. Darunter Gaidar, Skokow, Tschernomyrdin, Kadannikow, Schumejko, Petrow, Chisha, Trawkin und einige andere.

Hinter Petrow stand die Fraktion der Kommunisten, wovon er mir nichts gesagt hatte. Auch hier eine klare Verletzung der elementaren Ethik unserer Beziehungen.

Aus diesem Spektrum wählte ich fünf Personen aus: Skokow, Tschernomyrdin, Gaidar, Kadannikow und Schumejko.

Dann begann, wie die Schachspieler sagen, ein Positionsspiel. Die erste Abstimmung. Zwei – Skokow und Tschernomyrdin – hatten einen großen Vorsprung. Sie erhielten 637 beziehungsweise 621 Stimmen. Gaidar konnte 400 Stimmen auf sich vereinigen – mehr als Kadannikow. Damit wurde er dritter.

Ich hätte ihn dem Kongreß vorschlagen können, aber das tat ich nicht. Ich überlegte folgendes: Wenn Gaidar einen Vorsprung von etwa zwanzig bis dreißig Stimmen gehabt hätte, das heißt, klar in die Spitzengruppe vorgestoßen wäre, dann hätte es für mich keinen Zweifel gegeben. Ich hätte ihn zum Kandidaten erwählt, ihm auf dem Kongreß noch einmal das Wort erteilt, und wir hätten gemeinsam versucht, die Deputierten zu überzeugen. Aber aus heutiger Sicht wäre auch das völlig aussichtslos gewesen.

So lud ich alle drei zu einem persönlichen Gespräch in den Wintergarten des Kreml-Palastes ein. Zuerst sprach ich natürlich mit Gaidar. Er trat wie üblich mit seinem sanften Lächeln bei mir ein. Er hatte bereits verstanden, sah meinen Entschluß voraus und war darüber sehr bedrückt. Das Gespräch war nicht einfach, aber mir schien, er hatte meine Zweifel verstanden und wußte, warum ich so und nicht anders handelte. Wenn ich ihn damals vorgeschlagen hätte, dann wäre er eben auf dem nächsten Kongreß mit Pauken und Trompeten durchgefallen. Das aber wollte ich nicht riskieren.

Auf meine Frage, was er von Tschernomyrdin halte, reagierte er augenblicklich. Das bedeutet, er war auch auf diesen Fall vorbereitet. Offenbar hatte er schon geahnt, welchen Verlauf das Gespräch nehmen würde. Gaidar sagte, Tschernomyrdin werde die Reformen unterstützen. Auch die jetzige Mannschaft werde er nicht auseinanderjagen. Dabei klang seine Stimme traurig.

Gaidar verabschiedete sich – und gab der Presse ein Interview.

Danach sprach ich mit Skokow. Juri Wladimirowitsch sah die Sache so: Er hatte die meisten Stimmen erhalten und deshalb auch die größten Rechte. Ich sagte ihm, da wir uns seit langem kennen würden, wolle ich mit ihm ganz offen reden. Er möge mich verstehen, diesmal gehe es wirklich nicht. »Sie stehen gegen die Demokraten in der Regierung, Ihr Name wird mit dem militärisch-industriellen Komplex in Zusammenhang gebracht. Kurz gesagt – ich kann nicht.« Er nahm dies äußerlich ruhig auf. »Das ist Ihr gutes Recht«, erwiderte er.

Aber die Miene verrät den Menschen. Juri Wladimirowitsch war tief getroffen. Ich konnte ihn kaum anschauen. Schade. Er war ein zu ehrgeiziger Charakter für dieses Gespräch.

Schließlich Tschernomyrdin. Er schwankte keine Minute...

Der innere Kreis: Tschernomyrdin

Ich weiß, daß der Westen auf die Ernennung Tschernomyrdins ziemlich kühl reagierte. Ebenso auch unsere Presse. Man nannte ihn einen typischen Parteifunktionär. Er ist allerdings nie Parteifunktionär, sondern ein Wirtschaftsfachmann gewesen, der sich in ganz Sibirien und im Ural umgetan hat. Ein Mann, der weiß, wo der Hammer hängt. Und zwar nicht nur aus der Sicht eines Rayon- oder Gebietskomitees. Ich habe Tschernomyrdin in hohen Stiefeln bis zum Knie im Schlamm waten sehen. Er weiß, was harte Arbeit ist.

Andererseits hatte mich Bush vor dem Kongreß angerufen und dafür plädiert, ich solle mich für Gaidar und Kosyrew einsetzen. In Gaidar sahen die westlichen Regierungen den Garanten der Wirtschaftsreformen, das war kein Geheimnis. Aber die Situation aus dortiger Sicht ist eine Sache. Eine ganz andere ist es, in Moskau arbeiten zu müssen. Gaidar hatte keine Chance, durch den Kongreß zu kommen.

In dieser Situation entschied ich mich für Viktor Stepanowitsch Tschernomyrdin. Schon wieder ein Kompromißkandidat? Wieder einer, der allen zusagte? Das Ergebnis einer traurigen Notwendigkeit? Wir hatten schon so oft erlebt, was bei solchen Lösungen herauskam. Nichts.

Diesmal aber lächelte das Schicksal Rußland gütig zu. Diesmal kam es anders; die düsteren Vorahnungen erfüllten sich nicht. Warum?

Erstens hatte Tschernomyrdin bereits in der Regierung Gaidar gearbeitet. Er sah, um welche Dimensionen es ging. Er erfaßte die Logik unseres Vorgehens nicht aus der Ferne, sondern von innen heraus. Er sah sich die Menschen genau an und war bemüht, bei den Personalentscheidungen einen möglichst weichen Übergang zu sichern.

Zweitens war dies auch nicht der Senkrechtstart eines Mannes der Nomenklatura. Es war keine Blitzkarriere wie im Falle Ruzkois oder Chasbulatows. Dieser Mann hatte sein Leben lang Erfahrungen in der Praxis gesammelt. Er wußte genau, daß er sich keinen Fehler leisten konnte. Daß er für jeden seiner Schritte geradestehen mußte.

Drittens hatte die Reform Gaidars bereits einen makroökonomischen Umschwung herbeigeführt. Die alte Wirtschaft war zerstört, nicht als Ergebnis eines glänzenden chirurgischen Eingriffs, sondern – im Gegenteil – dank einer Notoperation ohne Narkose, bei vollem Bewußtsein, unter qualvollen Schmerzen. Aber es war geschehen. Wahrscheinlich wäre das anders gar nicht möglich gewesen. In Rußland hat es nie etwas gegeben außer der Stalinschen Industrie, der Stalinschen Wirtschaft, die man an die Gegenwart angepaßt hatte. Dieses System aber war nicht anders zu zerstören. Wie es geschaffen wurde, so endete es auch – gewaltsam.

Gaidar hatte allerdings keine sehr genaue Vorstellung davon besessen, was Produktion bedeutete. Und schon gar keine von den einzelnen Problemen, vor denen die Stahlindustrie, der Energiesektor, die Verteidigungs- oder die Leichtindustrie standen. Alle seine Kenntnisse auf diesem Gebiet waren recht theoretischer Natur. Das war nicht ungefährlich.

Tschernomyrdin dagegen kennt die Produktion. Wenn er jedoch im makroökonomischen Sinne ins Schwimmen kommt und von der Strategie Gaidars abgeht, dann wäre das noch gefährlicher. Hundertfach gefährlicher. Deshalb steht er vor der hochkomplizierten Aufgabe, nicht nur an den bisherigen Prioritäten festzuhalten, sondern das zu erfüllen, was Gaidar versprochen hat – das Stabilisationsprogramm.

Grob gesagt, er muß eine nationale Währung schaffen, die nach wie vor »schwebt« und das auch noch relativ lange tun wird, sich dabei aber nicht in wertloses Papier verwandelt.

Was seine menschlichen Qualitäten betrifft, so hat Viktor Stepanowitsch das gehalten, was ich von ihm erwartete – er ist vollkommen zuverlässig. Er hat mich bisher nicht in einer einzigen kritischen Situation im Stich gelassen. Mir imponieren seine Wortkargheit und seine Zurückhaltung, sein nüchternes Denken. Er ist ein sehr männlicher Charakter.

Zwischen dem Siebten und dem Achten Kongreß traf ich ein paar taktische Maßnahmen: Ich entfernte einige Mitglieder der Regierung, deren Namen für den Kongreß zu Reizworten geworden waren. Dabei handelte es sich um Poltoranin, um Burbulis sowie um den Chef des Fernsehens, den bekannten Journalisten und Redakteur Jegor Jakowlew.

Mit Poltoranin hatte ich schon sehr viel früher darüber gesprochen, daß wir neben dem Ministerium mit den üblichen Kontroll- und Weisungsfunktionen eine ganz neue Struktur schaffen mußten, die dafür sorgen würde, daß die Presse frei blieb von Lügen, Halbwahrheiten und Bestechungsversuchen, vom Einfluß der Lobbys, vom Druck der Sicherheitsorgane und gewisser Einzelpersonen. Ein Informations- und Analysezentrum der Föderation sollte eingerichtet werden, das irgendwo zwischen einem wissenschaftlichen Forschungsinstitut, einer Nachrichtenagentur und einem soziologischen Zentrum angesiedelt war. Poltoranin war für eine solche Funktion sehr geeignet. Vor dem Kongreß nahm sich dieser Amtswechsel jedoch wie ein Rücktritt Poltoranins als Minister aus.

Mit Burbulis war alles klar. Auf dem Siebten Kongreß entstand rings um mich gähnende Leere. Auch in unserem Verhältnis, in unserer Zusammenarbeit entstand ein Vakuum. Ich schlug ihm vor, in seiner politischen Karriere eine Pause einzulegen, nachzudenken und sich umzuschauen.

Der komplizierteste Fall war Jegor Jakowlew. Später erklärte er, seine Ablösung sei die Vergeltung für seine Selbständigkeit gewesen, dafür, daß er kein Herdenmensch sei.

Jakowlew war in der Perestroika aufgestiegen. Die Gorbatschow-Zeit hatte ihn wie viele andere – so auch den ehemaligen Chefredakteur des »Ogonjok«, Vitali Korotitsch, den Historiker Juri Afanasjew, den Juristen Anatoli Sobtschak oder den Ökonomen Gawriil Popow – landesweit bekannt gemacht. Jegor Jakowlew leitete die Wochenschrift »Moskauer Nachrichten«. Nach dem Putsch ernannte ihn Gorbatschow mit meiner Zustimmung zum Leiter der Fernsehstation von Ostankino. Im Dezember 1991 trat Gorbatschow zurück, Jakowlew aber blieb weiter Chef des Zentralen Fernsehens. Das kam mir durchaus gelegen. Ich war bereit, mit einem so selbständigen und fähigen Mann zusammenzuarbeiten, um so mehr auf einem solchen Posten.

In meiner ersten Version des Dokuments zur Entlassung Jakowlews klang die Begründung sehr hart: »unbefriedigende Arbeit und Fehler bei der Berichterstattung über...« Wie in der guten alten Zeit. Mich hatte wirklich geärgert, daß sich der Führer Ossetiens, Galasow, wegen einer einzigen Fernsehsendung wie ein Wolf auf den Präsidenten Rußlands stürzen konnte. Wieviel Kraft hatten wir darauf verwandt, um zu den autonomen Regionen im Kaukasus gute, sachliche Kontakte aufzubauen! Die Formulierung über Jakolews Verabschiedung mußte ich natürlich ändern, denn das klang wirklich nicht gut. Aber mir war klar, daß ich die Entlassung selbst nicht mehr zurücknehmen würde. Der Entschluß war in mir gereift, obwohl es keinerlei sichtbare Unstimmigkeiten mit Jakowlew gegeben hatte.

Offenbar wirkte hier der Schock vom Sturm auf Ostankino am 12. Juni 1992 nach. Ich hatte begriffen, daß die Kontrolle über einen Fernsehturm fast so bedeutungsvoll wie die über den atomaren Schaltknopf war. An eine solche Stelle gehörte kein nervöser Intellektueller, sondern ein Mann ganz anderen Schlages, einer, der einen Stoß aushielt.

Natürlich wurde ich für diesen Schritt sehr kritisiert. Wenn ich ehrlich bin, hat sich allerdings im ersten Fernsehprogramm kaum etwas verändert. Dieselben Serien, dieselbe Politik, dieselbe Werbung. Das einzige, was ich mir selber vorwerfe, ist, daß ich keine Zeit und vor allem keine Kraft gefunden habe, mit Jakowlew zusammenzukommen und ganz normal und menschlich mit ihm über alles zu sprechen. Persönlich halte ich nach wie vor sehr viel von ihm.

Der Achte Kongreß der Volksdeputierten wurde mir im Grunde genommen von Chasbulatow und Sorkin aufgezwungen. Er war bei mir nicht vorgesehen, ich hatte ihn sozusagen »nicht bestellt«. Die Dinge zogen sich hin wie Gummi.

Aber die zweite Runde mußte wohl sein. Wieder galt es, um Verfassungsänderungen, um Minister, um zusätzliche Vollmachten und um das Referendum zu kämpfen. Die Dinge mußten endlich entschieden werden.

Und wieder kam ich mit den Fraktionen, mit Deputierten und politischen Bewegungen zusammen. In sehr kühler Atmosphäre fand die Begegnung mit den Vertretern der »Bürgerunion« statt. Man spürte, wie sie sich schon darauf einstellten, von einer Position der Stärke mit mir zu sprechen. Nur der Zeitfaktor hielt sie zurück, es war noch etwas früh. Nach dieser Begegnung beschlich mich das widerwärtige Gefühl, wie ein Schüler vor ihnen gestanden zu haben, der sich für irgendwelche Verfehlungen rechtfertigen mußte.

Ganz anders verlief das Treffen mit dem Block der demokratischen Parteien. Selbst Kritik konnte ich mir hier ruhig und entspannt anhören. Für mich kommt es auf den Tonfall an. Man konnte mich kritisieren, sollte mich aber wenigstens achten. In mir nicht nur den Präsidenten, sondern auch den Menschen sehen. Die Vorschläge, die man mir vorlegte, waren rigoros: Ohne den Kongreß abzuwarten, sollte ich das Präsidialregime einführen. Das war meiner Ansicht nach keineswegs die richtige Vorgehensweise. Vorläufig war der Staat noch stark genug, um mit verfassungsfeindlichen Kundgebungen, den wütenden Ausfällen gewaltbereiter Schläger oder rotem Terrorismus fertig zu werden. Darin bestand nicht das Problem.

Dann fand noch eine gemeinsame Begegnung mit allen Deputierten statt. Sie verlief ohne aggressive Untertöne, ohne Unverschämtheiten und Ausfälle. Wer kam, sprach ruhig mit mir.

Was ist der Grund dafür, daß die Deputierten auf dem achten Kongreß ihre endgültige Wahl trafen und beschlossen, Chasbulatow bis zum bitteren Ende Gefolgschaft zu leisten? War es meine mißglückte Rede? War es der Eindruck, die beginnende Pressekampagne sei inspiriert, der ihre Gegenreaktion auslöste? War es Chasbulatow gelungen, durch Intrigen größere Kräfte zu sammeln?

Offenbar trafen alle drei Gründe zu.

Aber es gab noch einen vierten. Kehren wir zum siebenten Kongreß der Volksdeputierten zurück.

Jeder weiß von Raufereien in der Kindheit, welche Wirkung ein fester Blick in die Augen des Gegners, geballte Fäuste in den Hosentaschen und eine ruhige Bewegung der Schulter erzielen können. Wie verborgene Kraft demonstriert wird. Aber wenn wir älter werden, gerät ein anderes Prinzip aus Kindertagen häufig in Vergessenheit, das durchaus auch für das Leben der Erwachsenen gilt: In der Politik zu häufig Stärke zu demonstrieren, ist sehr gefährlich. Man wertet sie ab. Stärke kann dann leicht zu Schwäche werden. Zum Beispiel bei einer Geste wie weggehen und die Tür zuschlagen. Ich denke an den Kongreß, wo ich das so oft nur allzugern getan hätte, wenn die Dinge unerträglich wurden.

Ich habe berichtet, wie Gaidar auf dem Sechsten Kongreß vorging. Das war ein genau berechneter und völlig überraschender Schritt. Es hätte bedeutet, daß der Kongreß das Land binnen einer Minute seiner gesamten Regierungsmannschaft beraubt hätte. Die Deputierten hätten sich damit selbst einen Bärendienst erwiesen.

Auf dem Siebten Kongreß der Volksdeputierten zwang man mich, den Saal zu verlassen. Man zwang mich einfach dazu. Damit nahmen die Dinge einen ganz anderen Verlauf.

Punkt zwei und sieben der Resolution, die Forderung nach dem Referendum und nach zusätzlichen Vollmachten für den Präsidenten, lehnte der Kongreß mit überwältigender Stimmenmehrheit ab. Hier zeigte er fast volle Einmütigkeit. Alles, worum ich gekämpft hatte, alle Mühen, alle Anläufe waren umsonst gewesen. Eine friedliche Einigung war nicht möglich.

In einer solchen Lage wird es kompliziert, wenn man einfach geht. Bedeutete das im Grunde nicht, hinausgejagt worden zu sein? Wesentlich besser wäre es gewesen, ruhig sitzen zu bleiben, erst später aufzustehen und zu gehen, als ob nichts geschehen wäre – Abstimmung ist schließlich Abstimmung –, und erst danach zu handeln.

Aber wenn eintausendfünfhundert Augenpaare direkt oder verstohlen auf dich blicken, ist eine besonnene Reaktion nicht immer leicht. Man hat keine Vorstellung davon, wie schwer das sein kann. Man verhält sich anders als sonst, reagiert spontan, unüberlegt.

Mir wird dann im ersten Augenblick leichter. Das Nervensystem mobilisiert sich, und ich atme freier. Offenbar hat mich die Natur nicht zum Abwarten, zum listenreichen, verdeckten Kampf geschaffen. Wenn die Situation eindeutig wird, bin ich ein völlig anderer Mensch. Das ist wahrscheinlich gut und schlecht zugleich.

In jenem Augenblick, auf dem siebenten Kongreß, faßte ich einen falschen Entschluß. Nach dieser überraschend harten Konfrontation hätte ich nicht sofort den Saal verlassen dürfen. Ich ahnte damals nicht, zu welchen Folgen dieser Schritt führen könnte.

Alle Anwesenden waren entsetzt: Was nun weiter? Impeachment? Sofortige Amtsenthebung?

Ich hatte gehofft, der Kongreß werde sich augenblicklich in zwei Teile spalten. Das wäre ihm eine gute Lehre gewesen.

Aber mein Abgang war wohl doch etwas übereilt gewesen. Ich ließ meinen Anhängern keine Zeit, sich zu fassen und zu reagieren. Ein Teil von ihnen blieb auf seinen Plätzen sitzen.

Bin ich ein starker oder ein schwacher Mensch?

In schwierigen Situationen bin ich stark. In gewöhnlichen eher träge. Manchmal bin ich dem Jelzin auch gar nicht ähnlich, an den man sich gewöhnt hat. Dann kann ich völlig die Beherrschung verlieren – ganz dumm und kindisch... Das ist sicher eine Schwäche.

Es heißt, Jelzins Eigenart bestehe darin, daß er sich selbst Hindernisse schaffe, die er später mit ungeheurer Mühe heroisch überwinde.

Das trifft nicht zu. Die Hindernisse sind immer von selbst auf mich zugekommen. Immer. Ich habe sie nicht gesucht.

Ein magerer Frieden

Nach dem achten Kongreß der Volksdeputierten sah ich mich vor eine schwerwiegende Wahl gestellt: Entweder der Präsident wurde zur blossen Repräsentationsfigur und die Macht im Lande ging auf das Parlament über, oder er mußte etwas unternehmen, um das entstandene Ungleichgewicht zu überwinden.

Eine Gruppe von Juristen unter Leitung Alexejews bereitete im Rahmen des Präsidialrates Konsultationen für mich vor. In der internationalen Praxis kamen solche Situationen vor. Selbst Gorbatschow hatte von einem Präsidialregime gesprochen. Der Präsident schränkt die Rechte des Parlaments ein oder löst es völlig auf. Die Verfassung tritt dann erst nach Neuwahlen wieder voll in Kraft.

Den Aufruf an das Volk bereitete der enge Kreis meiner Mitarbeiter vor. Sie hatten die Aufgabe, die Idee in Klartext umzusetzen. Alle grundsätzlichen Entscheidungen fällte ich selbst.

In dieser Gruppe arbeiteten die Redenschreiber Pichoja und Iljin, mein persönlicher Mitarbeiter Iljuschin, Sergej Schachrai und der Mitarbeiter des Präsidenten für Rechtsfragen, Baturin.

Schachrai und Baturin hatten den Erlaß abgezeichnet. Ich bereitete mich auf meine Rede vor und hielt sie dann vor den Fernsehkameras. Die Aufzeichnung fand um 12.00 Uhr statt; um 21.00 Uhr sollte gesendet werden.

Vorher hatte ich mit Ruzkoi gesprochen. Ich mußte seine Position kennen. Deshalb fragte ich ihn geradeheraus, was er von entschlossenen, harten Maßnahmen des Präsidenten, wie etwa der Ausrufung des Ausnahmezustands, halte. Ruzkoi antwortete bestimmt: »Ja, die Zeit dafür ist lange reif.«

Was den Sekretär des Sicherheitsrates, Juri Skokow, betrifft, so hatte er dieses Thema in persönlichen Gesprächen mehrfach angesprochen und auf Geheimdienstinformationen hingewiesen. Eine Verschwörung gegen den Präsidenten sei durchaus wahrscheinlich, man dürfe nicht länger warten.

Als der Erlaß unterzeichnet war, trat eine Unterbrechung ein.

Erlasse gibt Iljuschin zur Veröffentlichung frei. Er forderte mich nachdrücklich auf, vor Verkündung des Erlasses darauf zu bestehen, daß ihn auch Ruzkoi und Skokow abzeichneten. Ich fragte, warum. Er erwiderte: »Hier darf es keine Panne geben. Es stehen schwerwiegende Maßnahmen bevor, und es darf zu keinem Durcheinander kommen, wenn einige dies und andere jenes erklären.« Zwei so wichtige Figuren in der Mannschaft des Präsidenten dürften einen derartigen Erlaß, der das Kräfteverhältnis im Land grundlegend veränderte, nicht nur mit Worten unterstützen. Ohne ihre Unterschrift dürfe der Erlaß nicht erscheinen. Ich sah, daß Iljuschin aufs äußerste erregt war. Er konnte seine Aufregung nicht verbergen.

Mit einem Menschen in diesem Zustand zu sprechen, ist schwer. Seine Befürchtungen reizten mich zum Widerspruch. Aber ich bezwang mich und versuchte, mich in seine stets präzise und klare

Logik hineinzudenken. Ja, er hatte recht, es war durchaus sinnvoll, daß Ruzkoi und Skokow unterschrieben.

Iljuschin nahm ein Exemplar des Erlasses und schickte es Skokow.

Filatow, der neue Chef meines Apparates, ging zu Ruzkoi.

Das war nach der Mittagspause.

Bald meldete man mir, Ruzkoi und Skokow lehnten es ab, den Erlaß gegenzuzeichnen. Die Zeit der Fernsehübertragung rückte näher. Man mußte etwas unternehmen. Entweder die Übertragung absetzen oder Ruzkoi und Skokow herbeirufen und sie zu überreden versuchen. Oder...

Im Wagen ließ ich mich telefonisch mit Sorkin verbinden. Er wußte schon Bescheid. Ich glaube, auch er hatte den Wortlaut des Dokuments vor sich. Er wich aus: »Ja, Boris Nikolajewitsch, man muß allseitig abwägen, welche Folgen dieser Schritt haben kann, wir brauchen ein Gutachten von Verfassungsrechtlern.«

Schachrai fuhr zu Ruzkoi. Der schlug zehn Änderungen vor. Nach langen Verhandlungen stellte sich schließlich heraus, daß er das Dokument unter keinen Umständen unterzeichnen wollte. Auch Skokow lehnte weiterhin ab. Sein Argument lautete, das Land sei auf einen solchen Schritt nicht vorbereitet.

Einer von ihnen mußte das Dokument mit den Unterschriften auf der Rückseite kopiert haben, denn schon am nächsten Tag wurde Baturin für eine Aussage ins Verfassungsgericht bestellt.

Das Verhalten Sorkins war für mich, ehrlich gesagt, die unangenehmste Überraschung: Er stürzte sich in die Aufklärung der Herkunft des Erlasses wie der schärfste Staatsanwalt. Außerdem ist es äußerst unangenehm, wenn der Vorsitzende des Verfassungsgerichts, gelinde gesagt, nicht streng bei der Wahrheit bleibt: Abends im Fernsehen erklärte er, der Präsident habe nicht mit ihm gesprochen, er habe von dem Erlaß erst aus meiner Fernsehrede erfahren.

Ich glaube, es war das erste Mal in meinem Leben, daß ich nach einem einmal gefaßten Entschluß ins Zögern geriet. Nein, ich schwankte nicht, sondern ich legte eine Pause ein. Man kann auch sagen, ich hielt inne.

Die Reaktion auf den Erlaß beunruhigte mich. Er enthielt keinerlei Hinweis auf repressive Maßnahmen gegen Abgeordnete oder die Forderung, den Kongreß aufzulösen. Der Ausnahmezustand wurde nicht verhängt – auch nicht in abgeschwächter Form. Der im Wortlaut des Erlasses erwähnte »besondere Zustand« betraf die rein juristische Seite der Sache: Ich annullierte die Beschlüsse des Parlaments und des Kongresses, die die Vollmachten des Präsidenten Rußlands einschränkten.

Gegen halb zwölf Uhr nachts erschienen Ruzkoi, Woronin und Sorkin gemeinsam im Fernsehen. Nun wurde klar, daß sie dem Präsidenten den Krieg erklärten. Ihre weitschweifigen Reden ließen ihre nächsten taktischen Schritte durchaus erkennen: Sie wollten den Volkskongreß einberufen und den Präsidenten außerhalb des Gesetzes stellen. Die Macht sollte an Ruzkoi übergehen.

Das war eine beispiellos gefährliche Situation. Ich machte mich innerlich auf eine harte Auseinandersetzung gefaßt. Aber das Schlimmste stand noch bevor.

Kampf ist Kampf. Mir wurde klar, daß ich mit dem Erlaß die Frontlinie der politischen Konfrontation bloßgelegt hatte. Die Positionen waren nun vollkommen klar. Ruzkoi und Sorkin waren unter der Losung »Schutz des Rechts« zum Angriff angetreten. Und ihr Ziel war klar: die Erlangung der Macht.

Der faktisch bereits unterzeichnete Erlaß wurde zurückgehalten und noch einmal überarbeitet. Den Begriff »besonderer Zustand« ließen wir fallen.

Zu nächtlicher Stunde

Mutter starb um halb elf Uhr vormittags. Ich erfuhr dies aber erst am Abend. Morgens war ich mindestens dreimal an ihrem Zimmer vorbeigegangen, hatte Dokumente geholt, telefoniert... Beim letzten Mal sah der Sicherheitsbeamte, wie sie aus ihrem Zimmer trat und mir ein paar Worte nachschickte. Ich aber hörte sie nicht und ging weiter.

Das war an einem Sonntag.

Am Abend zuvor, dem 20. März, hatte sie mit der ganzen Familie beim Fernsehen gesessen. Man übertrug meine Erklärung über die Einführung des »besonderen Zustands«. Sie kam zu mir, küßte mich und sagte: »Gut gemacht, Borja«. Und ging in ihr Zimmer.

Am Sonntag begann die Außerordentliche Tagung des Obersten Sowjets, und in Moskau fanden Kundgebungen des »Demokratischen Rußlands« und der Kommunisten statt. Ich mußte mich mit all diesen Dingen befassen, bereitete weitere Schritte vor, erhielt Informationen von der Tagung, rief die Kommandeure der bewaffneten Organe an und danach Tschernomyrdin.

Zum ersten Mal sagte man mir irgendwann vormittags, meiner Mutter gehe es schlecht. Ich sagte: »Was zögert ihr, muß sie ins Krankenhaus?« Ich erhielt zur Antwort: »Die Ärzte sind bei ihr, man hat den Krankenwagen gerufen.« Ich beruhigte mich ein wenig und legte mich etwas nieder, denn ich war ungeheuer erschöpft; die Nacht zuvor hatte ich kein Auge zugetan. Ich machte mir große Sorgen um Mutter, fragte mehrmals, wie es ihr gehe. Man sagte nur: »Sie ist im Krankenhaus.« Meine Güte, und ich ahnte nicht, daß das schon das Ende war. Offenbar hatte dieser verdammte Kongreß alle meine Gedanken beansprucht.

Abends suchten mich sieben Mitglieder der Regierung auf. Sie wußten alle Bescheid. Nur ich nicht. Sie hatten sich stark gemacht. Offenbar hatten sie große Sorge, wie ich reagieren würde...

Ich bat sie aber alle hinauszugehen und mußte mich erst einmal hinlegen.

Mutter ist nicht mehr.

Warum gerade an diesem Tag? War das ein Zeichen? Ihr Abschied wirkte wie ein Segen, wie ein Opfer. Als ob sie ihrem Sohn sagen wollte: »Nun kann ich dir nicht mehr helfen.«

Still ist sie gegangen, ohne Schmerzen, im Schlaf, sagen die Ärzte.

Die Trauerfeier war am Dienstag. Nicht zu großartig, aber auch nicht zu bescheiden. Ein christliches Begräbnis. Die Totenmesse. Mutter liegt auf dem Friedhof Kunzewo in Moskau begraben.

Mir mißfiel, daß die Presse darüber spekulierte, warum Ruzkoi und Sorkin bei der Trauerfeier aufgetaucht waren. Mir war ihr Anblick unangenehm. Aber es gab keine Nadelstiche, keine mündlichen oder schriftlichen Äußerungen. Sie waren da; mehr ist dazu nicht zu sagen.

Der Kongreß reagierte nicht. Weder offiziell noch inoffiziell.

Im Grunde genommen wünschte ich auch nicht, daß er sich dazu äußerte.

Bereits am 9. März hatte ich eine Anweisung unterzeichnet, daß am Großen Kremlpalast mit planmäßigen Renovierungsarbeiten begonnen werden sollte. Man nahm bereits die Sitze auseinander, begann mit Malerarbeiten, hüllte die Leninstatue ein und baute Gerüste auf.

Ehrlich gesagt, ich hatte kaum noch die moralische Kraft, dieses Leninmonument zu ertragen. Manchmal fragte ich mich: Wo bin ich? In welcher Zeit lebe ich? Ist das alles nur ein Fieberwahn? Aber es gab auch andere Stimmen: Soll Lenin ruhig stehenbleiben. Das ganze Volk sieht den Kongreß im Fernsehen. Wenn Lenin weiter vor dem Hintergrund des Großen Kremlpalastes steht, kann das nur entlarvend wirken. Alle sehen, in wessen Geist man sich dort versammelt hat...

Die Instandsetzungsarbeiten wären ein sehr bequemer Vorwand gewesen, um damit Schluß zu machen. Aber wir nutzten ihn nicht. War es nicht gleich, vor welchem Hintergrund der Kongreß tagte?

Unsere Experten rechneten auf ihren Computern den möglichen Wahlausgang immer wieder durch. Dabei wandten sie verschiedene Methoden an. Nach ihrem Ergebnis durften die Stimmen für das Impeachment nicht ausreichen. Sie errechneten 618 plus minus 1... So kam es dann auch. Damals hatte ich allerdings kein rechtes Vertrauen zu dieser ausgeklügelten Mathematik. Immerhin wirkt Blutgeruch berauschend. Ich erinnerte mich, wie Chasbulatows Stimme auf dem Achten Kongreß plötzlich in einen kreischenden Ton verfiel, als er Tschernomyrdin zuschrie: »Sie, Viktor Stepanowitsch, wir wissen, Viktor Stepanowitsch...!«

Das hatte ich im Traum nicht erwartet. Ich war so an seine leise Stimme gewöhnt. Bei Chasbulatow aber geschah nichts aus Zufall. In diesem Augenblick versetzte er sich ganz bewußt in leidenschaftliche Erregung, um bei den ziemlich müden Deputierten den kollektiven Reflex auszulösen: »Los, auf ihn!« Und doch - was wäre, wenn das Impeachment durchkäme?

Was ist eigentlich so schrecklich an diesem Wort?

Ein solcher Beschluß des Kongresses hätte ohnehin keinerlei Gesetzeskraft gehabt. Ein vom Volk gewählter Präsident kann nicht von einem Kongreß abgesetzt werden, noch dazu von diesem, der das Vertrauen des Volkes längst verloren hatte. Aber das war hier nicht ausschlaggebend, wichtig war die juristische Seite des Problems - der Kongreß war nicht befugt, den Präsidenten abzusetzen, weil er ihn nicht gewählt hatte.

Aber das Wort war nun einmal heraus. Und für unser Volk haben Worte eine mystische, heilige Bedeutung. So ist unsere russische Natur beschaffen. Nicht das Impeachment fürchtete ich, sondern das einfache russische Wort - abgesetzt. Gestürzt. Oder noch schlimmer.

In der Geschichte wirken manchmal unerklärliche Faktoren. Mit ihnen muß man sehr vorsichtig umgehen. »Gestürzt« heißt: keine Macht mehr, alles ist entschieden. Irgendwo reiften seit langem Widerstand und die Bereitschaft zur Aggression heran, eine anarchistische oder terroristische Idee, die auf Taten drängte. Irgendwo rumorte es, und die nächste Aktion würde nicht auf sich warten lassen. Es war nun an der Zeit, das Militär ins Spiel zu bringen. Sollte die Armee das Recht außer Kraft setzen, um die Lage zu retten? Zeitweilig? Aber für wie lange?

Das war es, was ich fürchtete.

Was aber, wenn mich der Kongreß tatsächlich für abgesetzt erklärte? Ich fürchtete diesen Fall nicht. Ich war darauf vorbereitet. Wenn das Parlament einen solchen Beschluß faßte, sah ich nur einen Weg - mich direkt an das Volk zu wenden. Die Menschen würden mich nicht im Stich lassen, davon war ich absolut überzeugt.

Als die Stimmen ausgezählt wurden, befand ich mich im Kreml.

Für mich hatte es grundsätzliche Bedeutung, daß auch die Deputierten bei der Abstimmung alle im Kreml waren.

Es würde nicht gerade die pompöse Umgebung des Kremlpalastes sein, die sie einschüchtern würde. Aber es gibt doch eine Magie des Ortes und seiner Geschichte... Unterschwellig schaltet der Mensch Schutzmechanismen ein. Mechanismen seines kollektiven Gedächtnisses - das ist der Kreml, das ist Rußland, mein Land.

Diese Mechanismen unterdrückten den aggressiven Impuls, auf den meine Gegner setzten. Den Impuls des Angriffs der Horde. Der blutigen gegenseitigen Rückversicherung.

Ich trat zu einer improvisierten Kundgebung am Wassilewski Spusk hinaus. Die Basilius-Kathedrale. Es war kühl. Aber es atmete sich leicht in dieser feuchten Luft, im Licht der Scheinwerfer. Viele, viele Menschen, ein ganzes Menschenmeer auf diesem abfallenden Platz vor dem Kreml.

Was sollte hier gefeiert werden? Wir hatten doch noch nicht gesiegt! Wir hatten nur diesen Zug, diese Schachpartie nicht verloren.

Aber ich wußte: Nun würde alles in Ordnung kommen. In dieser (der wievielten?) Runde des Kampfes hatte sich meine Lebenstaktik bewährt: auf Sieg spielen. Nur auf Sieg. Keine Furcht haben und sich nicht abwenden.

Deshalb sprach ich ins Mikrofon das Wort »Sieg«. Und ich hatte dabei keine Gewissensbisse.

Noch einmal lese ich diese Seiten. Nein, ich habe keine Gewissensbisse. Ja, das war ein Sieg gewesen. Die Mehrheit der Volksdeputierten hatte gegen das Impeachment gestimmt.

Andererseits war es auch eine Niederlage. Im globalen, strategischen Sinne hatten wir diese »dunkle Zeit« vom siebenten Kongreß bis zum Referendum verloren, und zwar deswegen, weil wir uns in diesen Schlagabtausch, in eine Konfrontation hatten hineinziehen lassen. In diesen Kampf mit seinen Pyrrhussiegen und falschen Niederlagen. Wenn ich »wir« sage, meine ich die Mannschaft des Präsidenten.

Diese Auseinandesetzung hatte nicht ich mir ausgedacht. Sie war von denen begonnen worden, die eine Zerreißprobe für die Macht des Präsidenten wollten. Leidtragender war aber die ganze Gesellschaft. Der Gesellschaft, dem Volk ist es gleich, wer »als erster angefangen hat«.

Das war mir inzwischen klargeworden. Ich gab mir alle Mühe, diesen törichten Kampf, diese für die Demokratie so gefährliche Auseinandersetzung mit nackten Fäusten so rasch wie möglich zu beenden. Als die Verfassungsänderungen nicht durchgingen, schlug ich einen neuen Ministerpräsidenten vor. Als dieser nicht durchkam, stellte ich das Referendum zur Abstimmung. Aber auch diese Idee, die mir unstrittig erschien, wies der Kongreß zunächst zurück. Er ließ sich erst dazu herab, als er mit dem Impeachment scheiterte.

Zwei Monate lang mühte ich mich und wandte meine ganze Energie auf, um durchzuhalten, im Rahmen von Recht und Ordnung zu bleiben, nicht der Versuchung nachzugeben, das Problem mit Gewalt zu lösen.

Einmal war ich nahe daran, den Kongreß mit einem Willensakt in die Schranken zu weisen, hielt mich aber dann doch zurück. Ich hoffte auf einen friedlichen, ehrlichen und gerechten Ausgang des Kampfes durch das Referendum. Aber ich hatte mich geirrt. Denn unsere Differenzen waren nicht taktischer Art. Ich glaube, sie waren nicht einmal politischer Natur. Mit Hilfe eines demokratischen Instruments – des Kongresses – führte man einen elementaren Vernichtungskampf. Das wurde mir aber erst zu spät klar.

Die ersten öffentlichen Worte, die Chasbulatow nach Bekanntwerden des vorläufigen Ergebnisses des Referendums von sich gab, galten dem »Poltoranin-Goebbelsschen« Fernsehen. Einen Menschen mit Goebbels zu vergleichen, gilt in einer zivilisierten Gesellschaft als Beleidigung. Dies war aber noch ein »sehr literarischer« Vergleich des Parlamentsvorsitzenden.

Für eine Propagandakampagne sind nicht nur grober Druck und Aggressivität vonnöten. Diese stoßen bei der Bevölkerung zuweilen auf Ablehnung. Wir brauchten eine Idee, eine Konzeption für diese Kampagne. Mir schien, wir hatten diese Idee gefunden. Wir überwanden unsere Gegner vor allem dank dem Witz und Scharfsinn unserer Argumente. Der Geist sollte die Demagogie besiegen.

Die vier Fragen des Referendums waren vom Parlament selbst formuliert und vom Verfassungsgericht begründet worden. Wir nahmen nun das Spiel auf ihrem Feld und nach ihren Regeln auf. Man wird sich erinnern, daß ich die Wähler dazu aufforderte: Antworten Sie viermal mit »Ja!«...

In unserem Land hat man immer gern »Nein!« gesagt. Nein zum Krieg. Nein zum Imperialismus... »Die ganze Welt der Gewalt werden wir zerstören...«

Die Leute hatten es inzwischen satt, sich mit Propagandaformeln abspeisen zu lassen, und das nicht erst seit heute, sondern mindestens seit fünfzig Jahren. Sie wollten Ja sagen, Ja zu einem normalen Leben ohne ständiges Gezänk, ohne diese ermüdenden Kongresse, ohne ewigen politischen Kampf. Sie wollten Ja sagen – zu ihrem Präsidenten. Dieses Bejahen setzte ich dem Parlament entgegen, das bisher alles verneint hatte, und ich glaube, mit Erfolg.

Zweitens besaßen wir die Unterstützung berühmter Persönlichkeiten. Viel Kritik mußte sich Eldar Rjasanow wegen seiner Fernsehsendung über meine Familie anhören. Es sei schon unanständig, wie er krieche und schmeichle, sagten meine Gegner. Aber er schmeichelte nicht. Er kämpfte aufrichtig für den Sieg der Demokratie. Schließlich ist Rjasanow im Volke nicht weniger populär als Jelzin. Er sprach mit mir mit dem ihm eigenen Taktgefühl und Respekt; es war von Anfang an ein Gespräch unter Gleichen. Das war niemand mehr gewohnt.

Das gleiche kann ich auch von den übrigen Künstlern und Schriftstellern Rußlands sagen, von Jefremow, Sacharow, Uljanow, Tabakow, Chasanow, Astafjew, Mordjukow und anderen. Einen »gesellschaftlichen Auftrag« – also doch wohl von mir – habe ich aus ihrem Ton nirgendwo herausgehört. Menschen ihres Rangs und ihrer Leistung können es sich erlauben, zu sagen, was sie wollen – auch über den Präsidenten.

Wenn Sie es nicht glauben, schauen Sie in die Presse jener Tage. In den »Moskauer Nachrichten«, in der »Stoliza«, im »Ogonjok« und in der »Literaturnaja Gaseta« wurde in jenen Wochen heftig darüber gestritten, was man von Jelzin als politischer Figur halten solle. Viele Schriftsteller der Emigration wie Maximow oder Sinowjew wandten sich scharf gegen mich. Sie glauben nicht an die russische Demokratie. Sie halten an Gorbatschow fest, der sie einst rehabilitiert, zum Teil aus dem Archipel Gulag entlassen, zum Teil aus dem Exil zurückgeholt hatte. Sicher ist das Gefühl, das man empfindet, wenn man wieder in die Heimat zurückkehren darf und nicht mehr verfolgt wird, unvergeßlich. In diesem Sinne stehen manche Intellektuelle Jelzin fremd gegenüber. Wie viele Artikel haben sie geschrieben und Interviews gegeben! Das war aber nur ein Bruchteil der Kritik, die vor dem Referendum ertönte.

Am wenigsten hatte ich die Zustimmung auf die zweite Frage erwartet. Etwas mehr als die Hälfte, aber eben eine Mehrheit, die an der Abstimmung teilnahm, und das war ein beträchtlicher Prozentsatz der Bevölkerung, sagte »Ja« zu den Reformen, zu den neuen Preisen, zur Privatisierung. Das hatten meine Gegner nicht erwartet. Das war der einzige Trumpf, auf den sie gehofft hatten: Die Bevölkerung werde für Jelzin stimmen, um den Bürgerfrieden zu erhalten, werde aber seine Politik rundweg ablehnen. Dieser einzige Trumpf hatte nun nicht gestochen.

In den ersten Tagen nach dem Referendum herrschte im Lager der Opposition heillose Verwirrung. In der Presse führte man alles lediglich auf das Wort »Propaganda« zurück. Oder man griff zu unverschämten Verfälschungen: Zwei Drittel, und davon wiederum die Hälfte – das ist eine Minderheit. Die Mehrheit sei also gegen Jelzin! Eine seltsame Logik. Als ob diese Leute mit jedem gesprochen hätten, der nicht zur Wahlurne gegangen war. Wie viele waren darunter, die einfach nur auf ihre Datsche gefahren waren? Und wie viele, die sich einfach nicht entscheiden konnten und deshalb nicht abstimmen wollten?

Was also stand hinter dem Ergebnis der Abstimmung zur zweiten Frage? Im Grunde genommen war es eine zweite Präsidentenwahl. Zwei Jahre nach der ersten. In der Regel beginnt zu diesem Zeitpunkt die Vertrauenskrise des gewählten Staatsoberhaupts oder der gewählten Partei. Die Menschen erwarten von den Politikern immer viel mehr, als diese geben können – unverzügliche Veränderungen in ihrem ganz persönlichen Leben. Wofür hätte man sie sonst gewählt? Aber Veränderungen brauchen Zeit.

Was kann in Rußland vom Wähler erwartet werden, der unaufhörlich mit unerfüllbaren Versprechen von Reformen, von »Perestroika« gefüttert wurde? Tagtäglich wurde im Fernsehen behauptet, der Wohlstand wachse unentwegt, während doch jedermann sah, daß die Geschäfte leer waren.

Einen Mann, der eine solche Reform mit einer derartigen Preisexplosion durchzuführen beabsichtigte, hätte man eigentlich mit Pauken und Trompeten durchfallen lassen müssen. Man hatte darauf gesetzt, daß das Volk alles satt hatte. An Bretterzäunen hatte ich schon die Losung gesehen: »Am 25. April karr'n wir Jelzin auf den Müll!«

Aber es zeigte sich, daß die Menschen nicht einfach nur für Jelzin stimmten. Jelzin selbst war dabei vielleicht gar nicht so wichtig. Die Menschen stimmten dafür, daß endlich etwas geschah. Das war für mich die wichtigste moralische Lehre des Referendums.

Vielleicht ändert das Volk morgen seine Meinung und wählt ein anderes Programm. Vielleicht. Aber heute warten die Menschen vor allem darauf, daß die Politiker handeln.

Dieser Drang nach konkreten Taten, die man danach auch kritisieren und von denen man auch enttäuscht sein konnte, war dem Volk auch im zweiten Jahr der Reform nicht abhanden gekommen. Man darf das Volk aber nicht endlos warten lassen.

Wo mußten die Ergebnisse der Wahlen am bedenklichsten stimmen? Vor allem in den ländlichen Gebieten. Das ist verständlich. Erstens sind die Bauern von Natur aus konservativ und können sich an Neues nur schwer gewöhnen. Mit dieser Reform kamen sie überhaupt nicht zurecht. Wurde sie nicht auf ihrem Rücken ausgetragen?

Zweitens hatte man in einigen Regionen seinen Groll auf die lokale Führung: Entweder trat der örtliche Verwaltungschef selbstherrlich auf, ließ Korruption und Mafia gedeihen, oder er hatte nichts vorangebracht. Das konnte die Schließung eines Atomkraftwerkes, einer umweltschädigenden Fabrik oder, umgekehrt, der Bau von etwas Neuem sein.

Drittens in den Regionen, in denen Verhältnisse herrschen, die die besorgte Frage nahelegen, in welchem Land wir eigentlich leben. Zum Beispiel Tatarstan oder Baschkirien. Die Politiker dieser beiden Republiken möchten sehr gern Chefs von unabhängigen Staaten werden. Aber wollen die Menschen in einem solchen »unabhängigen« Staat leben, der weder zu geographischer noch kultureller, noch wirtschaftlicher Unabhängigkeit imstande ist? Ich hege da meine Zweifel.

Der Status vieler Regionen, darunter auch der traditionellen nationalen Gebiete im Norden, an der Wolga, in Sibirien und im Kaukasus, ist nach wie vor unklar. Können sie überhaupt auf sich gestellt existieren? Diese Klarheit muß die Arbeit an der neuen Verfassung bringen.

Hier geht dieses für mich schwierigste Kapitel zu Ende. Es bleibt der Epilog nach allen turbulenten Ereignissen der zurückliegenden Zeit. Der moralische Sieg im Referendum ist durch Blut, durch Menschenopfer, durch den Bürgerkrieg entwertet worden.

Wofür, wozu? Warum endeten unsere Scharmützel im Parlament mit Salven aus Panzern? Wessen böser Wille war das? Wessen Plan?

Die Nasen schlägt man sich zuweilen auch in den Parlamenten anderer Länder ein. Aber das endet dort doch niemals auf diese Weise.

Nein, einen solchen Sieg wollte ich nicht. Und doch mußte ich ihn um einen schrecklichen Preis erringen. Um wenigstens eine Grundlage für zukünftige Stabilität in der Gesellschaft zu legen. Die Hoffnung auf Ordnung. Auf einen wenn auch zerbrechlichen Frieden.

Für unsere Kinder, für unsere Alten, für alle, die uns nahestehen, mußte der schreckliche Schritt getan werden. Damit nicht noch mehr Blut floß. Um den Wahnsinn des Umsturzes aufzuhalten.

So rechtfertige ich vor mir und anderen mein Handeln in der schrecklichen Nacht vom 3. zum 4. Oktober. Und ich hoffe, daß auch die Mehrheit meiner Mitbürger das so sieht.

Wir alle müssen uns darüber klarwerden, was geschehen ist, wie wir dorthin gekommen sind, und was heute getan werden muß.

So blieb das Referendum die unerfüllte Hoffnung auf wirklichen Bürgerfrieden.

Und doch stellt sich mir die Frage: Hat diese mißlungene Etappe der Geschichte der russischen Demokratie einen historischen Sinn? Natürlich. Denn wer wußte in unserem Lande vor fünf Jahren, was ein Referendum ist? Was ein Impeachment? Wodurch sich ein parlamentarisches System von einem Präsidialsystem unterscheidet? Die legitime von der illegitimen Macht? Wahrscheinlich kannte sich darin außer den Juristen niemand aus. Jetzt beginnen die Menschen allmählich in alle diese »Geheimnisse« einzudringen.

Selbst das Wort Verfassung war unseren Ohren fremd gewesen. Auf dem Papier hatten wir zwar eine Verfassung gehabt. Aber im Grunde hatten wir keine, so wenig war von ihr in der Breshnew-Gorbatschowschen Gesellschaft zu spüren. Wir hatten unsere Obrigkeit, das war alles.

Unser Volk ist angeblich von Natur aus gesetzestreu, ruhig und langsam. Es ist, wie das schöne russische Wort sagt, gutmütig. Zumindest bis zu einem bestimmten Punkt. Worauf aber gründete sich diese Gesetzestreue? Auf Gesetze? Oder nur auf Furcht? Auf schrecklicher Furcht vor der Obrigkeit, unter den Zaren wie unter den Generalsekretären?

Gerade unsere heutigen Probleme führen dazu, daß uns der Aufbau der Gesellschaft ganz allmählich verständlicher wird. Wir fangen an zu begreifen, daß Grundregeln und Gesetze notwendig sind, ein bestimmtes System von Beziehungen zwischen den einzelnen Institutionen des Staates.

Allmählich versteht jeder seine Rolle in diesem Mechanismus besser, dem Mechanismus des Lebens.

Achtes Kapitel

Schwerer Sommer

Sonnabend, 24. Juli. Die Sonne schien, nach der ich mich in diesem verregneten Sommer schon so lange gesehnt hatte. Mein Atem ging leicht. Endlich war ich im Urlaub angekommen. Das ist dann der Fall, wenn die Moskauer Dinge mich noch verfolgen, ich aber selbst den Willen habe, von ihnen loszukommen.

Allerdings wurde ich an diesem Tag das Gefühl nicht los, mein Urlaub in Waldai, der gerade begonnen hatte, neige sich schon wieder dem Ende zu.

Die Nachrichten aus Moskau wurden immer alarmierender. Die endlich in Gang gekommene Ausarbeitung einer neuen Verfassung war unvermittelt wieder ins Stocken geraten. Chasbulatow weigerte sich während meiner Abwesenheit, den Obersten Sowjet in die Ferien zu schicken. Allein geblieben, erschöpft und dadurch offenbar noch gereizter, verloren die Deputierten nun jede Beherrschung.

Die demokratischen Parteien führten Notsitzungen durch und forderten, der Präsident möge seinen Urlaub abbrechen. Mehrmals täglich erhielt ich Anrufe von Sergej Filatow, der ebenfalls andeutete, ich sollte zurückkommen, sonst gerate die Situation außer Kontrolle.

Naina, die spätabends noch das Nachrichtenprogramm gesehen hatte, konnte kaum den Morgen erwarten, um mir beim Frühstück über den vergangenen Tag zu berichten. Aufgeregt wiederholte sie mehrmals: »Borja, ist denn so etwas möglich?« Was sie mir da erzählte, wußte ich bereits. Um 6.00 Uhr morgens hatte ich wie gewöhnlich alle Berichte des Sicherheits-, des Innen- und des Außenministeriums durchgesehen, die Lageanalyse meiner Experten und eine Presseübersicht gelesen. Deshalb runzelte ich nun die Brauen: »Ich bitte dich, laß doch wenigstens beim Essen die Politik beiseite. Wir wollen uns hier erholen.« Naina hielt inne, obwohl es sie offensichtlich drängte, über die Nachrichten aus Moskau zu sprechen. Lächelnd sagte sie, es sei wirklich genug mit der Politik, sie werde lieber in den Wald Beeren sammeln gehen. Und sie marschierte in den Wald wie irgendeine Pilzesammlerin – in Stiefeln, mit einem Körbchen in der Hand.

Ich beneidete sie. Im Wald hielt ich es jetzt nicht aus, die Stille wäre mir auf die Nerven gegangen, und meine Gedanken wären augenblicklich wieder in Moskau gewesen. Deshalb nahm ich das Fahrrad und fuhr zur Sporthalle, um dort mit Schamil Tarpischtschew Tennis zu spielen. Ich lasse mich von der Leidenschaft des Spiels packen und vergesse in solchen Augenblicken selbst politische Unannehmlichkeiten. Wir spielten zwei volle Matchs, ich war klatschnaß und ausgepreßt wie eine Zitrone. Dieses Gefühl der Erschöpfung nach dem Sport ist unvergleichlich. Wenn man am liebsten keine Hand mehr rühren möchte. Man sitzt mit geschlossenen Augen, spürt den Schweiß in jeder Pore, und ganz allmählich kehren die Kräfte wieder zurück. Man fühlt sich wie neugeboren.

Wieder zu Atem gekommen, fuhren wir nach Hause. Naina erwartete uns bereits mit einem Korb voller Beeren. Stolz führte sie uns das Ergebnis vor, und es war wirklich erstaunlich: In drei Stunden hatte sie so viele Blaubeeren gesammelt, daß es für zwei Dreilitergläser Konfitüre reichte.

Die Mittagszeit kam heran. Am Tisch nahmen außer Naina und mir Schamil Tarpischtschew, Alexander Korshakow und Valentin Jumaschew Platz, den ich nach Waldai gebeten hatte, mir bei der Niederschrift dieses Buches zu helfen. Ein leicht dahinplätscherndes Tischgespräch über Nebensächlichkeiten. Plötzlich trat der Diensthabende an meine Frau heran, flüsterte ihr etwas ins Ohr, sie entschuldigte sich und ging hinaus. In der Regel störte man uns beim Essen nicht. Nur in außergewöhnlichen Fällen. Offenbar war etwas geschehen.

Fünf Minuten später kam Naina zurück und konnte ihre Aufregung nicht verbergen. Ohne sich wieder zu setzen, sagte sie: »Borja, was ist passiert, was habt ihr euch da mit dem Geldumtausch ausgedacht?« Ich schwieg. Alle unsere Tischgäste wurden unruhig – was für ein Umtausch, welches Geld? Naina berichtete, eben habe unsere Tochter Lena angerufen. Sie und ihr Mann wollten am selben Abend nach Karelien zum Camping fahren. Walera, der als Pilot ein vergleichsweise hohes Einkommen hat, habe am Tag zuvor Urlaubsgeld erhalten. Heute morgen nun habe man gemeldet, in Rußland seien nur noch die neuen Banknoten gültig. Die alten könnten bis zu einer Höhe von dreißigtausend Rubel auf der örtlichen Sparkasse umgetauscht werden. Walera habe aber das gesamte Urlaubsgeld in alten Banknoten erhalten. Was sollten sie tun? Sie wollten in Urlaub fahren, das Geld sei nun jedoch wertlos, womit sollten sie also fahren? Wieder fragte Naina: »Borja, was habt ihr euch da ausgedacht? Weißt du überhaupt davon?« Aller Blicke richteten sich nun auf mich.

Ich wußte davon. Vor etwa sechs Wochen hatten wir uns eines Abends versammelt – Tschernomyrdin, Finanzminister Fjodorow, der Vorsitzende der Zentralbank, Geraschtschenko und ich. Wir hatten vereinbart, in Finanzfragen künftig nur noch gemeinsame Beschlüsse zu fassen. Keine der Seiten, weder der Präsident noch die Regierung oder die Bank werde einseitige Maßnahmen ergreifen, die die Finanzen aus dem Gleichgewicht bringen könnten. Seit diesem Treffen hatten alle diese wichtige Vereinbarung eingehalten, obwohl sie ständig unter Druck gesetzt wurden. Jeder brauchte Geld: der Oberste Sowjet, die Regionen, die Betriebe, die Landwirtschaft, die Armee. Immer wieder war man gezwungen, Anträge abzulehnen. Manchmal war das jedoch einfach nicht möglich, aber in solchen Fällen stimmten wir uns vorher ab.

Über den Banknotenumtausch hatte ich vor meinem Urlaubsantritt ein Gespräch mit Tschernomyrdin gehabt. Ich kannte das Datum, zu dem die Aktion beginnen sollte. Der Umtausch wurde notwendig, weil seit der Erstausgabe neuer Banknoten eine ungeheure Flut alten Geldes aus den ehemaligen Unionsrepubliken nach Rußland strömte. Diesem Druck konnte niemand standhalten. Die Zentralbank und die Regierung beschlossen deshalb, die alten Banknoten aus dem Verkehr zu ziehen. Finanzminister Fjodorow war prinzipiell stets für eine eigene Rubelzone Rußlands eingetreten; deshalb betrachtete ihn Zentralbankdirektor Geraschtschenko in dieser Frage als seinen Verbündeten.

Im Gespräch mit dem Ministerpräsidenten waren wir übereingekommen, daß die Zentralbank Rußlands die konkreten Bestimmungen des Umtauschs festlegen sollte. Nur ein sehr kleiner Kreis kannte diesen Plan. Wir wollten Panik und jeden Mißbrauch ausschließen, was in der Regel sehr kostspielig werden konnte. Und natürlich hatte ich verlangt, daß sich nicht die gleichen Pannen wiederholen würden, die beim Geldeinzug unter Ministerpräsident Pawlow im Jahre 1991 geschehen waren.

Nun war dieser Tag gekommen. Wir glaubten, die Bürger Rußlands verabschiedeten sich leichten Herzens von dem alten, wertlosen Geld mit dem Leninbild und akzeptierten voller Hoffnung die neuen Banknoten mit der Nationalflagge Rußlands. Aber wieder kam es überall im Land zum Aufruhr. Die Menschen erregten sich nicht über den Umtausch selbst – den nahm die Mehrheit gelassen hin. Wie dieser jedoch vonstatten gehen sollte, das brachte die Öffentlichkeit in Rage. Auch die Familie meiner älteren Tochter war davon betroffen.

Kehren wir zu unserem unterbrochenen Mittagessen zurück. Naina fragte mich, was Walera nun tun sollte. Ohne Geld könnten sie nicht einmal aus dem Urlaub zurückfliegen. »Wenigstens uns hättest du Bescheid sagen können«, entfuhr es meiner Frau. Das brachte mich aus der Fassung, und ich brüllte los: »Was!? Niemand darf etwas wissen, aber meine Sippe weiß Bescheid? Dreißigtausend reichen für den Urlaub. Wird es eben nichts mit dem Herumbummeln!«

Ich war wütend. Aber auch meine Frau spürte, daß sie einen Fehler gemacht hatte. Ich beruhigte mich langsam wieder und konnte nur verärgert feststellen, daß wieder einmal etwas falsch gelaufen war. Nun mußten wir unsere Vorgehensweise unter großem Getöse korrigieren. Dreißigtausend Rubel pro Person waren natürlich zu wenig. Eine noch größere Torheit war die kurze Frist von zwei Wochen für den Umtausch. Wer nun auf Dienstreise, krank oder im Urlaub war? Wieder mußten Ausnahmen für diesen und jenen gemacht werden, was die ganze Sache zu Fall bringen konnte.

In Moskau war zu dieser Zeit der Skandal schon in vollem Gange. Finanzminister Boris Fjodorow, der sich gerade in den USA aufhielt, gab eine scharfe Erklärung ab. Er forderte den sofortigen Rücktritt des Vorsitzenden der Zentralbank. Presse und Fernsehen stürzten sich mit solcher Wut auf die Behörden, daß die Fetzen flogen. Diesmal waren sich alle Blätter einig – die der Opposition, der Rechten, der Linken und der Zentristen. Die Meinungsunterschiede waren vergessen, denn diesmal betraf es die ganz persönlichen Belange aller. Die demokratische Presse stellte allerdings Spekulationen an, wonach Jelzin von der Provokation des Geldumtauschs nichts gewußt habe; das Ganze sei ein grandioser Plan Geraschtschenkos und Chasbulatows gewesen, um die Volksmassen gegen den Präsidenten aufzuhetzen.

Die Menschen, die sich vor den Sparkassen in die Schlangen einreihten, verfluchten Jelzin, Tschernomyrdin und die ganze stumpfsinnige Sowjetmacht. Der Ministerrat führte eine Sondersitzung durch, auf der die Regierung noch einmal bekräftigte, die Aktion sei im Interesse Rußlands notwendig. Die Leitung der Zentralbank erklärte den aufgebrachten Bürgern, der Geldumtausch beeinträchtige niemandes Interessen, alles verdiente Geld werde letzten Endes umgetauscht, die Erregung sei völlig überflüssig. Aber niemand hatte die Absicht, auf dieses »letzten Endes« zu warten. Die Menschen hielten Bündel alter Geldscheine in der Hand, ihre Ersparnisse für die Zukunft, die sich vor ihren Augen in wertlose Papierfetzen zu verwandeln drohten.

Ich mußte in dieses heillose Durcheinander eingreifen, das das ganze Land in Aufruhr versetzte.

Korshakow wies ich an, für den nächsten Morgen die Hubschrauber bereitzuhalten. Ich wollte am Sonntag nach Moskau zurückfliegen. Meine Frau seufzte nur und sagte mehr zu sich selbst als zu mir: »Borja, nun hast du dich wieder nicht erholt.« Auf eine Antwort hoffte sie kaum. Sie konnte sich selbst ausrechnen, daß ich es in dieser Situation nicht fertigbrachte, in Waldai zu sitzen, mich zu erholen, zu angeln, zu lesen und Tennis zu spielen. Dafür hatte ich nicht den Nerv, und alles wäre nur noch schlimmer geworden. Deshalb nickte meine Frau nur und machte sich ergeben ans Packen. Ich rief Tschernomyrdin in Moskau an und bat ihn, er möge trotz des Sonntags zu mir nach Hause kommen.

Daß wir uns vor den Waggonladungen alter Geldscheine aus den anderen Republiken irgendwie schützen mußten, bestritt niemand, denn der Rubel konnte diese Belastung nicht aushalten. Ich wies an, zwei unannehmbare Details zu korrigieren: Zum ersten erhöhte ich die Summe, die ohne Nachweis ihrer Herkunft umgetauscht werden konnte, auf hunderttausend Rubel. Zum zweiten verlängerte ich den Zeitraum auf einen Monat.

Mein Schwiegersohn Walera, der zum Opfer der schlecht durchdachten Geldreform zu werden drohte, fuhr, soviel ich weiß, mit dem alten Geld in den Urlaub. Irgendwie löste er das Problem. Wenn man im Freien lebt, jeden Tag baden kann und noch dazu jung ist - kann dann Geld ein Problem sein? Solche Sorgen wünschte ich mir.

Der Geldumtausch trug dann trotz allem seine Früchte. Im August, September und Oktober fiel der Rubelkurs nicht mehr. Er stieg sogar gegenüber dem Dollar wieder etwas an. Die Schwankungen waren nicht mehr sprunghaft und zweistellig, sondern mehr oder weniger normal. Es keimte Hoffnung auf, die Inflation (und damit auch der Produktionsrückgang) könnten unter Kontrolle gebracht und ihr Tempo gebremst werden.

In der Wirtschaft begann die »Tschernomyrdin-Zeit«. Der neue Ministerpräsident setzte in der Marktreform, die weiterging, unerwartete Akzente: Er spielte auf Sicherheit, Dauerhaftigkeit und Stabilität.

Als Tschernomyrdin im Frühjahr 1992 in die Regierung gekommen war, hatte keiner der Experten und Journalisten geglaubt, die Position der leidenschaftlichsten Verfechter der Gaidarschen Marktreform - Netschajew und Schochin, die Schlüsselpositionen innehatten - sei mit den Auffassungen der eisernen »Staatswirtschaftler« Soskowez, Geraschtschenko und Tschernomyrdin selbst vereinbar. Aber genau das trat ein. Mehr noch, einige Zeit später kehrte Gaidar selbst in die Regierung zurück! Es geschah das Unvorstellbare - der alte und der neue Ministerpräsident begruben ihren Konflikt und arbeiteten zusammen. Die Initiative dazu ergriff Viktor Stepanowitsch selbst. Mehrmals verteidigte er die Minister Gaidars, kämpfte um jeden einzelnen, so auch, als in der Regierung eine harte Diskussion um die Ernennung Oleg Lobows entbrannte.

Tschernomyrdins Mitarbeit hatte einen weiteren außerordentlich wichtigen Effekt: Der politische Druck auf die Regierung ging zurück. Die Atmosphäre reinigte sich. Man konnte wieder normal arbeiten.

Die Regierung jedes Landes muß aus kühlen Pragmatikern bestehen. Dafür werden willensstarke, arbeitsbesessene, intelligente Leute gebraucht, die wissen, worauf es in der Praxis ankommt.

Daß sich die Regierung Gaidar in einen heftigen ideologischen Streit, in zermürbende Diskussionen einließ und sich dabei dem Vorwurf aussetzte, sie verrate die »Interessen Rußlands«, hat uns nicht wiedergutzumachenden Schaden zugefügt; diese Regierung bot zahlreiche Angriffsflächen.

Das hat sich unter Tschernomyrdin grundlegend verändert. Er weiß, daß der Ministerpräsident vor allem Politiker sein muß. Wenn es notwendig ist, muß er seine Mannschaft in Schutz nehmen. Andererseits kommt er nicht darum herum, den Stimmungen in der Bevölkerung Rechnung zu tragen.

Die Rede des Ministerpräsidenten kam für die Deputierten, die auf dem Achten Kongreß wieder einmal zum Angriff ansetzen wollten, wie ein Blitz aus heiterem Himmel: ein abgewogener, selbstbewußter, ja ein mutiger Auftritt. Die Worte: »Lassen Sie uns arbeiten!« aus dem Mund eines Mannes mit diesem Lebenslauf ernüchterte für eine bestimmte Zeit selbst die schlimmsten Schreihälse. Aufrichtig bekannte Viktor Stepanowitsch auch die Fehler der Regierung und wies auf die Gefahren hin, die das Land in der Zeit der Reformen erwarteten.

Mit dem Auftauchen dieses Mannes verloren Ruzkoi und Chasbulatow, die als Politiker rein konjunkturelle Erscheinungen sind, völlig den Boden unter den Füßen. Ein standfester und angesehener Ministerpräsident ist eine starke Stütze für die Politik des Präsidenten. Dieses zweite Machtzentrum zementiert alle Gruppen der Regierung – die strategische, die für die Sicherheit des Landes verantwortlich ist, die ökonomische, die mitunter gezwungen ist, auch destabilisierende Schritte zu tun, und die politische, die die beiden übrigen vorantreibt.

Chasbulatow spürte sofort die Energie Tschernomyrdins und dessen Wirkung auf die Stimmung im Volk. Nicht zufällig hatten er und seine Leute im Kongreß während des Sommers den Gedanken einer parlamentarischen Republik mit einem starken Ministerpräsidenten verfochten. Sie versuchten, den Ministerpräsidenten zum politischen Kampf auf ihre Seite zu ziehen, indem sie andeuteten, er als Person sei für das Parlament durchaus annehmbar. Tschernomyrdin ging jedoch auf diese Allianz mit dem »revolutionären« Obersten Sowjet nicht ein.

Viktor Stepanowitsch und ich fühlen uns durch einen gemeinsamen Lebensstil verbunden, wenn man das so sagen darf. Prinzipienlose Opportunisten sind uns zuwider. Andererseits schweben wir nicht in den Wolken. Diese Mischung aus vernünftiger Erfahrung und mit den Jahren immer fester gewordenen Prinzipien ist Menschen unserer Generation eigen.

Jedenfalls haben Tschernomyrdin und ich uns bisher in den verschiedensten äußerst kritischen und schwierigen Situationen uneingeschränkt verstanden. Und ich möchte glauben, daß diese Übereinstimmung nicht nur auf Disziplin und der Einsicht in die Notwendigkeit beruht, sondern daß es dafür tiefere Gründe gibt.

Deshalb wurde mein Verhältnis zur Regierung Tschernomyrdin durch den Skandal mit dem Geldumtausch in keiner Weise belastet.

Aus dem Tagebuch des Präsidenten: 22. Mai 1993

An der Twerskaja, im Zentrum von Moskau, wurde das Palasthotel eröffnet. Dazu lud man viele bekannte Persönlichkeiten Rußlands, Staatsbeamte, Geschäftsleute und Diplomaten ein. Auf Bitten des Moskauer Oberbürgermeisters Juri Lushkow nahm auch ich an dem Empfang teil. Nach all den Formalitäten, die bei solcher Gelegenheit unumgänglich sind, wollte ich gerade abfahren, da bat mich unerwartet der ebenfalls anwesende Sicherheitsminister, Viktor Barannikow, auf ein Stündchen zu ihm nach Hause zu kommen. Seine Bitte klang sehr dringend. Ich erwiderte, wir würden uns doch ohnehin am Montag im Kreml treffen. Er aber sagte, er müsse außerhalb des offiziellen Rahmens mit mir sprechen. Es hätten sich viele Probleme angehäuft.

Ich bin für Improvisationen und überraschende Besuche gar nicht zu haben, aber Viktor Pawlowitsch bestand mit auffallender Entschiedenheit darauf. Ich hatte keinen triftigen Grund, um abzulehnen, also stimmte ich zu. Wir stiegen gemeinsam in meinen Wagen, wo ich dem Fahrer und Korshakow mitteilte, es gehe noch nicht nach Hause, sondern zu Viktor Pawlowitsch. Korshakow warf mir einen finsteren und sehr eindeutigen Blick zu. Auch er hat für unerwartete Veränderungen des Tagesplanes und der Fahrtrouten nichts übrig. Das gehört zu seinem Beruf.

Bald darauf fuhren wir vor Barannikows Datsche vor, gingen ins Haus, und ich begrüßte Viktor Pawlowitschs Frau. Anschließend stellte mir Barannikow einen älteren Mann vor, der mir lächelnd die Hand entgegenstreckte und sich vorstellte: »Boris Birstein«.

Das war nun gegen jede Regel. Daß er Gäste hatte, hätte er mir sagen müssen. Ich begriff sofort: Offenbar war Barannikow so von Birstein abhängig und so an dieser Begegnung interessiert, daß er dafür in Kauf nahm, alle Regeln des Anstands und des Protokolls zu ignorieren. Ich warf ihm einen finsteren Blick zu; er lächelte nur schuldbewußt und sagte, um die peinliche Situation zu überspielen: »Bitte zu Tisch!« Mir bot er den Platz in der Mitte an.

Nachdem wir uns gesetzt hatten, stellte Barannikow den Gast vor. Boris Birstein sei ein erfolgreicher Geschäftsmann und Politiker, ein Landsmann, der bereits sehr viel für Rußland getan habe. Ihm sei es zu verdanken, daß in Moldowa jetzt Frieden herrsche und nicht Krieg. Er sei einer der Hauptvermittler in den Verhandlungen gewesen und habe die russische Delegation mit seinem Privatflugzeug zu den Verhandlungen nach Kischinjow gebracht. Er sei auch der wirtschaftliche Hauptberater des kirgisischen Präsidenten Askar Akajew, und er habe »kolossale Möglichkeiten«, die weltweit größten Investoren nach Rußland zu holen. Viktor Pawlowitsch war erregt und hielt eine leidenschaftliche Rede. Offenbar lag ihm daran, daß sein Gast mir gefiel. Birstein lauschte diesen Worten mit dem Ausdruck eines Mannes, der sich zwar bescheiden gibt, aber durchaus weiß, was er wert ist. Als Barannikow die Komplimente gar zu dick auftrug, lächelte er milde und schüttelte leicht den Kopf.

Ich schwieg. Nun ergriff Boris Birstein das Wort. Zunächst berichtete er von seiner Mission in Moldowa. Dann erläuterte er mir, welch große Perspektiven sich seiner Ansicht nach für Rußland auftäten. Er schmückte seine Rede mit Namen von Präsidenten, Ministern und Firmenchefs, womit er mir zu verstehen gab, über welche Verbindungen zu Geschäftsleuten und Politikern der ganzen Welt er verfüge. Auch er wollte offenbar einen tiefen und zugleich angenehmen Eindruck hinterlassen, aber das will im Grunde jedermann. Ich allerdings hatte Schwierigkeiten mit diesem Gespräch. Wir plagten uns etwa vierzig Minuten lang miteinander ab. Schließlich begriff Barannikow, daß er den Bogen nicht überspannen durfte, hatte er doch bereits viel zuviel für seinen ausländischen Gast getan. Er gab Birstein einen Wink, daß es Zeit sei zu gehen. Dieser tat plötzlich, als sei er in Eile, und sagte, in einer halben Stunde starte sein Privatjet, deshalb könne er uns leider nicht länger Gesellschaft leisten.

Ich habe ihn niemals wiedergesehen. Eine kleine Einzelheit fiel mir auf. Als ich zu dem Schluß kam, daß es für diesen Tag an interessanten Begegnungen und neuen Bekanntschaften genug sei, und ich gehen wollte, sah ich, daß Birstein gar nicht weggefahren war. Ich tat so, als hätte ich es nicht bemerkt.

So machte mich Barannikow mit seinem Freund Boris Birstein bekannt.

In diesem Sommer wurde die Behauptung, in den höchsten Etagen der Macht habe sich Korruption ausgebreitet, zum Lieblingsthema der Presse, von dem sie gar nicht wieder lassen wollte. Den Boden dafür bereitete Ruzkoi mit dem von ihm in Umlauf gebrachten Gerücht von »elf Koffern«, die angeblich belastende Dokumente enthielten. Diese Koffer stellten sich jedoch im wesentlichen als leer heraus. Den Dokumenten über Machtmißbrauch in den Regionen, die der Staatsanwaltschaft seit langem bekannt waren, hatte Ruzkoi dreiste Fälschungen über Mitglieder der Regierung hinzugefügt.

Besteht ein Zusammenhang zwischen der Korruption und der Rebellion, die einige Zeit später ausbrach? Besteht ein Zusammenhang zwischen Politik und Verbrechen? Zwischen Wirtschaftsreform und Mafia? Was ist das überhaupt – die russische Mafia?

Die mysteriöse Begegnung mit Boris Birstein brachte mich ins Grübeln. Später erfuhr ich mehr über ihn und auch über den berüchtigten Konzern »Siabeko«. Anfangs schien mir diese nicht allzu angenehme Bekanntschaft ein Zufall gewesen zu sein, zumindest wies ich andere

Gedanken weit von mir. Aber dann holten sie mich ein, und das mit voller Wucht.

Ein reiches Land ohne reiche Menschen ist undenkbar. Aber Geld, viel Geld (übrigens ein relativer Begriff) ist unter Umständen eine Verführung für den Menschen, eine moralische Prüfung, eine sündhafte Verlockung. Davor ist keiner gefeit.

Bis in unserem Land ein normales Verhältnis zum Geld, eine Ethik des wirtschaftlichen Lebens einzieht, werden Jahre vergehen. Unsere Gesellschaft und ihre Menschen sind auf dieses Phänomen überhaupt nicht vorbereitet. Die öffentliche Einstellung zu Geschäftsleuten und Finanzmagnaten ist widersprüchlich. Bald werden sie verflucht, bald öffnet man ihnen alle Türen.

Unsere schwierige wirtschaftliche Situation bringt es mit sich, daß sich illegales Bargeld in Milliardenhöhe anhäuft, daß mit dem Dollar zur Zeit in Rußland spekuliert wird, daß man Rohstoffe außer Landes schmuggelt und Steuern hinterzieht. Die Mafia kann dort Fuß fassen, wo solche Verhältnisse herrschen. Wo Menschen gekauft werden. Wo sich schließlich die Auffassung breitmacht: Warum überhaupt Gesetze? Ganz weg damit! Und am Ende kauft man Menschen, die bisher die Gesetze achteten.

Überall bestehen Zusammenhänge. Die inflationäre Wirtschaft zwingt unsere Geschäftswelt, nach Wegen für einen außerordentlich schnellen Geldumlauf zu suchen, langfristige Investitionen zu meiden und Steuern zu hinterziehen. Ein ehrlicher Geschäftsmann vollzieht deshalb ständig eine Gratwanderung oder, genauer gesagt, der Grat zwischen sauberen und kriminellen Geschäften ist kaum noch zu erkennen. Jedes Geschäft kann unter bestimmten Umständen zu einem Verbrechen werden.

Daß ein Magnat wie Boris Birstein bei mir auftauchte, machte deutlich, wie zugespitzt das Problem bereits war. Um diese ethische Grenze zu überschreiten, um das rote Stopplicht zu ignorieren, muß man unter unseren russischen Bedingungen nicht unbedingt mit Rauschgift und Pornographie handeln oder andere miese Geschäfte machen. Warum sich mit Kleinigkeiten abgeben? Warum nicht gleich versuchen, einen Staatsbeamten nach dem anderen zu kaufen? Birstein versuchte, bis ganz an die Spitze zu gelangen. Und hätte es fast geschafft. Es fehlte nur eine winzige Kleinigkeit - der Präsident.

Allmählich beginnen wir aufzuklären, wen man wie gekauft oder wo man es versucht hat. Und weiter? Eine starke Regierung, die hart durchgreift und unter der Kontrolle des Parlaments, der Presse und des Gerichts steht, ist die einzige Barriere gegen Korruption.

Die unbeschränkte Macht des Parlaments, die Chasbulatow und Ruzkoi teils mit friedlichen, teils mit gewaltsamen Mitteln durchzusetzen suchten, die Unabhängigkeit der Regionen, die uns während des

Putsches eine kleine Gruppe von »Pseudosubjekten« der Föderation aufzwingen wollten – das war der beste Nährboden für die Mafia. Abgeordnete mit Kontroll- und Verteilungsfunktionen oder örtliche Beamte zu kaufen, ist immer leichter und einträglicher.

Auch das – die Korruption – ist ein Hintergrund des Putsches. Ein übler, schlüpfriger Hintergrund.

Unsere Freude über den Sieg beim Referendum im April, das verfrühte Frohlocken darüber, daß der Verfassungsprozeß endlich in Gang gekommen war, das ganze optimistische Klima verflüchtigten sich allmählich. Ruzkois »elf Koffer« ließen mich nachts nicht schlafen – wie immer mein Verhältnis zu diesem Mann in jenen Tagen auch gewesen sein mag. Ich spürte, daß hinter meinem Rücken irgend etwas in die falsche Richtung lief, das unser mit so großer Mühe erzieltes politisches Ergebnis in den Augen der Gesellschaft diskreditieren konnte.

Eine Kommission zum Kampf gegen die Korruption unter Leitung des bekannten Rechtsanwalts Andrej Makarow nahm ihre Tätigkeit auf. Ich erwartete, daß auch starke Kräfte des Sicherheitsministeriums sich dort einschalteten, daß Barannikow, an dessen Zuverlässigkeit ich keine Sekunde zweifelte, der Kommission bei der Entwirrung des komplizierten Knäuels aus Bestechung, Dokumentenfälschung und ähnlichen Attributen mafioser Strukturen Unterstützung gab.

Auf einer Sitzung dieser Kommission setzten sich einige ihrer Mitglieder, darunter der Vorsitzende Andrej Makarow und der Vorsitzende der Kontrollverwaltung des Präsidentenapparates, Alexej Iljuschenko, dafür ein, den in Rußland weithin bekannten jungen und sehr begabten Abenteurer Dmitri Jakubowski als Zeugen für Korruptionsfälle in den höchsten Etagen der Macht zu gewinnen. Ich schwieg dazu.

Auf Jakubowskis Namen war ich zum ersten Mal unter etwas verwirrenden Umständen gestoßen. Das war im Herbst 1992. Juri Skokow und Alexander Korshakow waren damals aufgeregt in mein Arbeitszimmer gekommen. Bei Juri Wladimirowitsch geschieht das selten, denn er ist ein eher zurückhaltender Mann. Es mußte also etwas Ernstes vorgefallen sein. Skokow legte mir einen Dokumentenentwurf vor, den eine ganze Reihe höchster Amtsinhaber unseres Landes abgezeichnet hatte – Schumejko, Barannikow, Jerin, der erste Stellvertreter des Verteidigungsministers Kokoschin, Primakow und Stepankow. Jemand hatte handschriftlich darauf vermerkt »Mit Gaidar abgestimmt«. Das Dokument war faktisch schon im Umlauf.

Es handelte sich um eine Weisung folgenden Inhalts: In der Regierung wird ein neuer Posten eingerichtet – der eines Regierungskoordinators der bewaffneten Organe mit außerordentlich breiten Vollmachten. Dieser Koordinator sollte über den zuständigen Ministerien stehen, diese vielmehr kontrollieren und allein dem Ministerpräsidenten rechenschaftspflichtig sein. Aus dem Dokument, das Skokow mir vorlegte, ging hervor, daß in diese märchenhafte Generalsfunktion ein neunundzwanzigjähriger junger Mann eingesetzt werden sollte, der vor einem halben Jahr noch Hauptmann gewesen war. Sein Name war Dmitri Jakubowski.

Ich rief natürlich sofort Gaidar an und stellte ihn barsch zur Rede. Nun stellte sich heraus, daß man auch ihn hinters Licht geführt hatte. Man hatte ihm das Dokument mit der Erklärung vorgelegt, das Problem sei mit dem Präsidenten bereits besprochen worden, Jelzin kenne die Konzeption für diesen Posten und auch den Kandidaten. Nun war klar, daß es sich hier um eine Affäre von größerer Tragweite handelte. Ich bat Gaidar, die Dokumente sofort einzuziehen, mit Schumejko und den betroffenen Ministern zusammenzutreffen, Klarheit in der Sache zu schaffen und mir dann zu berichten.

Drei Tage später wurde mir mitgeteilt, die Sache sei aufgeklärt, Jakubowski habe Rußland eiligst in Richtung Kanada oder Schweiz verlassen.

Etwa nach einem halben Jahr tauchte sein Name wieder in der Presse auf. In mehreren Zeitungen erschienen enthüllende Berichte Jakubowskis. Er verriet seine früheren Freunde und Gönner. Die ersten Dokumente aus seiner Hand erschienen. Nun wurde klar, welch grandiosen Skandal wir zu erwarten hatten und welche Figuren in der Affäre eine Rolle spielten.

Unser Problem bestand darin, daß darunter weiße und schwarze Schafe waren, Menschen, an deren Integrität ich seit langem nicht mehr glaubte, aber auch solche, an deren Ergebenheit und Aufrichtigkeit ich nicht gezweifelt hatte. Wir trafen uns, lächelten uns zu, erörterten für Rußland hochwichtige Probleme, faßten Beschlüsse, besprachen Ideen. Wenn sie mich aber verlassen und ihre staatlichen Aufgaben erledigt hatten, kamen ganz persönliche Geschäfte ins Spiel.

Ich sagte mir selbst und formulierte diesen Gedanken auch unmißverständlich auf der Sitzung der Kommission zum Kampf gegen Korruption: Mich interessiert nicht, ob eine Person für oder gegen Jelzin eingestellt ist, ob er zu »uns« oder zu »denen« gehört. Wenn er unehrlich ist und sein Amt mißbraucht hat, dann muß er zurücktreten, wo immer er politisch stehen mag. Über sein weiteres Schicksal werden Staatsanwaltschaft und Gericht entscheiden.

Iljuschenko und Makarow flogen in die Schweiz. Einige Zeit später kamen sie mit Dokumenten zurück, die ihnen Jakubowski übergeben hatte.

Die Informationen und Rechnungen, die man mir vorlegte – ein ganzer Haufen Papiere –, belegten ohne jeden Zweifel, daß der Sicherheitsminister Rußlands, Viktor Barannikow, Armeegeneral und einer meiner engsten Vertrauten, den ich als klugen Fachmann sehr geschätzt hatte, sich ganz erbärmlich hatte kaufen lassen.

Ich nahm mir vor, keine übereilten Schlüsse zu ziehen, denn die Dokumente konnten auch gefälscht sein. Das war durchaus möglich. Das Sicherheitsministerium war eine so wichtige Behörde, daß man durchaus versuchen konnte, den Minister zu kompromittieren. Ich wollte einfach nicht so schlecht von ihm denken. Es zeigte sich aber, daß die Dokumente bereits geprüft worden waren. Man hatte sie für echt befunden.

Die Affäre war banal genug: Die westliche Firma »Siabeko«, deren Chef Boris Birstein ist, hatte Viktor Barannikows Frau gemeinsam mit der Ehefrau des ersten stellvertretenden Innenministers Rußlands, Dunajew, für drei Tage in die Schweiz eingeladen. Dort hatten die beiden Frauen für eine Gesamtsumme von dreihundertfünfzigtausend Dollar Pelze, Uhren, Kosmetika und andere schöne Dinge zusammengerafft. Die Damen kehrten mit zwanzig Gepäckstücken nach Moskau zurück. Allein für das Übergewicht zahlte die Firma zweitausend Dollar, das Dreifache des Flugpreises. Ich glaube, auch die verwöhnteste Millionärin im Westen kann bei allem Einfallsreichtum in drei Tagen nicht so viel Geld ausgeben.

Was sollte ich tun? Wie mit Viktor Pawlowitsch darüber sprechen? Mein erster Gedanke war: Der Mann war das Opfer einer heimtückischen Intrige. Er hatte seine Frau für drei Tage in den Urlaub geschickt, dort hatte sich unerwartet ein Dollarregen über sie ergossen, dem sie nicht standhielt. Natürlich mußte er so oder so von seinem Posten entfernt werden, denn Barannikow war nun leicht zu manipulieren oder gar zu erpressen.

Wie sollte ich ihm das beibringen? Bevor ich nach Waldai in den Urlaub fuhr, sprach ich darüber mit dem Ministerpräsidenten. Wie ich, wollte Viktor Tschernomyrdin das zunächst einfach nicht glauben. Voller Entrüstung meinte er: »Was soll das, Boris Nikolajewitsch, wir beide kennen doch Viktor Pawlowitsch, das kann nicht sein.« Als ich ihn aber über Einzelheiten informierte, wurde seine Miene zusehends finsterer. Wir einigten uns auf folgendes Vorgehen: Zunächst wollte ich unverzüglich die Entlassung des ersten Stellvertreters des Innenministers, Dunajew, anweisen. Innenminister Viktor Jerin kam mit seinem ersten Stellvertreter ohnehin seit längerem nicht zurecht und hatte darüber auch bereits mit mir gesprochen. Barannikow hatte jedoch darauf bestanden, Dunajew auf seinem Posten zu belassen. Ich hatte Jerin um etwas Geduld gebeten. Jetzt zeigte sich, daß Viktor Fjodorowitsch im Recht gewesen war.

Zum zweiten vereinbarten wir, daß ich mit Barannikow sofort nach der Rückkehr aus dem Urlaub sprechen würde. Ich wollte von ihm eine Erklärung fordern. Schließlich hatte man seine Frau nicht einfach so in die Schweiz eingeladen. Zweifellos erwartete man von Barannikow, daß er sich erkenntlich zeigte und kleinere, vielleicht auch große Aufträge erledigte. Nach dem Gespräch wollte ich ihn auffordern, von seinem Posten zurückzutreten. Er konnte nicht länger Minister bleiben.

Dunajews Ablösung sollte ein harter Schlag und zugleich eine Warnung für Barannikow sein. Er mußte daraus schlußfolgern, daß auch ihm in Kürze Unannehmlichkeiten drohten. Ich erwartete nicht, daß er etwas Unüberlegtes tun würde. Der Sicherheitsminister hatte zwar nach wie vor sehr viel Macht, und vielen lief beim Namen seiner Behörde, der Nachfolgerin des KGB, immer noch ein Schauer über den Rücken. Aber an eine Verschwörung wollte ich trotz allem nicht glauben.

Ich fuhr in Urlaub. Meine Enkel, meine Töchter und auch meine Frau gaben sich alle Mühe, mich von meinen Moskauer Geschäften abzulenken. Und doch mußte ich immer wieder an Barannikow denken. Ich wurde mit dieser Geschichte nicht fertig.

Bald darauf erreichten Barannikow die ersten Gerüchte, und er versuchte, mich zu sprechen. Ich lehnte ab. Etwa eine Woche später wurde der Erlaß über die Absetzung Dunajews bekannt. Die Presse war überrascht und stellte viele Spekulationen über diesen Rücktritt an. Dunajew war ein zu starker Mann, als daß man ihn so ohne weiteres in die Rente schicken konnte. Aber man konnte keine einleuchtenden Erklärungen finden. Schon einen Tag später brachte mir ein Eilbote einen dicken Brief von Barannikow. Auf dem Umschlag stand »Persönlich zu übergeben«. Offenbar versuchte Viktor Pawlowitsch, seine eigene Haut zu retten.

Der Brief kam am Morgen, aber bis zum Abend konnte ich mich nicht überwinden, ihn zu öffnen. Ich nahm ihn in die Hand, legte ihn wieder weg, ging spazieren, badete, sah mir einen Film an, ging wieder ins Haus, setzte mich in mein Arbeitszimmer, griff nach dem Brief und legte ihn wieder weg. Dieses Zögern war natürlich dumm und führte zu nichts, aber mir schnürte es fast das Herz ab. Schließlich öffnete ich den Umschlag und las. Barannikow schrieb, man wolle ihn kompromittieren. Ihm sei bekanntgeworden, daß bestimmte Leute Informationen gegen ihn verbreiteten. Es handele sich dabei um ehemalige Agenten des KGB und auch um einen Agenten des Sicherheitsministeriums (Jakubowski). Es seien Homosexuelle, denen man durchaus zutrauen könne, daß sie im Auftrage der Geheimdienste anderer Länder den Sicherheitsminister Rußlands zu diskreditieren suchten. Ihren Informationen dürfe man natürlich keinen Glauben schenken. Das Ganze sei eine sorgfältig geplante Aktion, ein Schlag gegen die Sicherheit des Landes.

Ich brach meinen Urlaub vorzeitig ab. Am Sonntag fuhr ich nach Moskau zurück. Von Barannikow hörte ich nichts. Er schien abzuwarten, wie ich reagieren würde. Doch wir trafen uns am Dienstag auf der Sitzung des Sicherheitsrates, wo ein Zwischenfall an der Grenze zwischen Tadshikistan und Afghanistan zur Debatte stand. Einer unserer Grenzposten war von einer gutbewaffneten Bande afghanischer Extremisten überfallen worden. Auf unserer Seite hatte es Tote gegeben. Es mußten unverzüglich Maßnahmen eingeleitet werden, denn auf der afghanischen Seite wurden bereits weitere bewaffnete Einheiten zusammengezogen.

Die Grenztruppen unterstehen nach wie vor dem Sicherheitsministerium. Sie haben einen Oberkommandierenden, der zugleich stellvertretender Sicherheitsminister ist. So trug Barannikow ebenfalls Verantwortung für die groben Fehler, die sich bei der Untersuchung dieses Grenzzwischenfalls herausstellten. Nach Anhören des Berichts und der Debatte der Ratsmitglieder wurde beschlossen, den Kommandeur der Grenztruppen, Schljachtin, abzulösen und Barannikow wegen erwiesener Versäumnisse in seiner Arbeit eine Rüge zu erteilen.

Einige Mitglieder des Rates wußten, wie es um Barannikow stand. Sie warteten gespannt darauf, ob ich an diesem Tag das Problem der bei der »Kommission zum Kampf gegen die Korruption« eingegangenen Dokumente ansprechen würde. Tatsächlich wäre das eine durchaus passende Gelegenheit gewesen. Trotzdem entschloß ich mich, die Sache vorerst nicht zur Sprache zu bringen. Erstens wollte ich nicht beide Probleme miteinander vermischen. Und zweitens mußte ich zunächst selbst mit Barannikow sprechen. Was er im großen Kreise sagte, war eine Sache. Was aber würde er mir sagen, dem er ganz persönlich Treue geschworen hatte? Welche Worte würde er finden?

Wir vereinbarten, am nächsten Vormittag zusammenzukommen. Schon auf der Ratssitzung und auch als wir unser Gespräch vereinbarten, wich Barannikow meinem Blick aus. Ein schlechtes Zeichen.

In meinem Terminkalender war für den nächsten Tag die Begegnung mit Barannikow um 11.00 Uhr vorgesehen. Vorher bat ich Justizminister Kalmykow zu mir, der direkt mit der »Kommission zum Kampf gegen die Korruption« zusammenarbeitete. Von ihm wollte ich nur eines wissen: Hatte Barannikow noch eine Chance? Vielleicht sollte man die Echtheit der Dokumente noch einmal nachprüfen, vielleicht waren die Fakten ja tendenziös zusammengestellt. Aber Kalmykow konnte mir nichts Beruhigendes sagen. Die Dokumente, die er studiert hatte, ließen nur einen einzigen Schluß zu: Das war Korruption reinsten Wassers.

Ich verabschiedete mich von Kalmykow. Einige Minuten später trat Barannikow ein. Er war blaß. Wir begrüßten uns. Ich bat ihn, Platz zu nehmen, und begann ohne Umschweife, über die gegen ihn erhobenen Vorwürfe zu sprechen. Ich fragte ihn: »Ist es wahr, daß Ihre Frau auf Kosten einer Schweizer Firma ins Ausland gefahren ist und dort in drei

Tagen gemeinsam mit Dunajews Frau Hunderttausende von Dollar ausgegeben hat?« Er antwortete mit gesenktem Kopf: »Ja.«

Das genügte. Der Rest des Gesprächs gab nicht viel her. Er machte sich schwere Vorwürfe, beteuerte, etwas Derartiges werde sich nie wiederholen, er sei mir stets loyal ergeben gewesen, wovon ich mich mehrfach habe überzeugen können. Man könne doch nicht wegen Informationen, die irgendwelche Homosexuelle geliefert hätten, sein Leben zerstören. Ich konnte kaum noch zuhören. Ich hatte nur den bitteren Gedanken: Das ist nun der Abschied von einem Mann, auf den du dich verlassen hast.

Als Barannikow endlich mit seinem Rechtfertigungsversuch zu Ende war, sagte ich, um 15.00 Uhr werde er vor dem Kollegium seines Ministeriums aus dem Amt entlassen. Er habe das nur sich selbst zu verdanken.

Barannikow war am Boden zerstört, aber ich konnte keinerlei Mitleid aufbringen. Ich schämte mich nur für ihn.

Um 15.00 Uhr rief ich die Leitung des Sicherheitsministeriums im Kreml zusammen. Ich teilte den Anwesenden kurz mit, daß Sicherheitsminister Barannikow wegen erwiesener Mängel in seiner Arbeit und moralischer Verfehlungen mit dem heutigen Tage von seinem Posten abgesetzt sei und Nikolai Michailowitsch Goluschko seine Pflichten übernehmen werde. Für die Mehrheit der Kollegiumsmitglieder kam dies offenbar nicht unerwartet. Wenn Vorgesetzte abgelöst werden, wissen ja ihre Untergebenen oft früher davon als diese selbst. Nach meinen Worten trat Stille ein. Dann nahm ganz unerwartet Barannikow das Wort. Vor kaum drei Stunden hatte ich ihn niedergedrückt, am Boden zerstört und um Verzeihung bittend um seinen Posten flehen sehen. Nun aber erklärte er ruhig und fest, der Präsident könne ihn natürlich absetzen, er aber halte sich für unschuldig, denn die Anklage beruhe auf einer Verdrehung der Tatsachen. Er bestehe auf einer offiziellen Untersuchung seines Falls durch den Staatsanwalt und werde sich mit Angaben irgendwelcher »Schwuler« nicht zufriedengeben.

Ich sah ihn einigermaßen erstaunt an und sagte, natürlich würden alle Fakten sorgfältig überprüft, darunter auch durch die Staatsanwaltschaft. Dann verabschiedete ich mich von den Anwesenden. Meine Stimmung war mir für längere Zeit gründlich verdorben.

Die Presse konnte sich keinen Reim auf die Vorgänge machen. Eine Meldung nach der anderen erschien, eine Spekulation folgte der anderen: Barannikow sei zu Chasbulatow übergelaufen, er habe Belastungsmaterial über den Präsidenten gesammelt und sei von intriganten Kollegen im allmächtigen Sicherheitsministerium ausmanövriert worden.

Barannikow aber hüllte sich in Schweigen. Es konnte nicht in seinem Interesse liegen, vor der Presse die wahren Gründe seines Rücktritts offenzulegen. So ging das einige Tage.

Plötzlich aber druckte die »Nesawissimaja Gaseta« einen offenen Brief Viktor Barannikows an den Präsidenten Rußlands, B.N. Jelzin, ab. Dieser lief auf folgendes hinaus: An der Seite des Präsidenten habe ein ehrlicher Mann – Barannikow – gestanden, der die Abenteurer und Extremisten in der Umgebung Jelzins mit allen Mitteln daran zu hindern suchte, Einfluß auf den Präsidenten auszuüben. Die Extremisten hätten jedoch letzten Endes den Sieg davongetragen; nur deshalb sei der Sicherheitsminister abgelöst worden.

Das war von Anfang bis Ende erlogen. Barannikow wußte, warum ich ihn in den Ruhestand geschickt hatte, und er wußte auch genau, was es mit den angeblichen Extremisten und Abenteurern auf sich hatte. Offenbar wollte er nun das letzte Wort haben und in der Pose eines Kämpfers für moralische Sauberkeit und die Interessen Rußlands von der politischen Bühne abtreten.

So hatte sich für mich der ehemalige Sicherheitsminister Rußlands, Viktor Barannikow, zum zweiten Mal erledigt. Sein Arbeitsleben beendet er im Gefängnis von Lefortowo, das ihm noch vor kurzem selbst unterstellt war. Während ich diese Zeilen schreibe, befindet er sich dort. Sein Prozeß wird bald eröffnet werden. Welche Strafe er erhält, kann ich nicht sagen. Ich weiß nur, daß er sich dieses Schicksal von Anfang bis Ende selbst bereitet hat.

Einige Zeit später griff der Putsch in den Alltag und auch in diesen »normalen« Skandal ein. Diese beiden Prozesse – den strafrechtlichen und den politischen – bringe ich in meinem Kopf einfach nicht zusammen. Als ich an die Reform der Regierungsmacht ging, konnte ich nicht erwarten, daß kompromittierte Politiker diese Reform nutzen könnten, um ihre eigene Haut zu retten. Das schien mir ganz unmöglich zu sein.

Aber es ist geschehen. Barannikow, Dunajew und andere führende Verschwörer des Oktober stürzten sich Hals über Kopf in den Putsch. Die Mine, die für die russische Regierung gelegt war, ging hoch, wenn auch mit ganz unerwarteter Wirkung. Die russische Reform hatte sich in den Netzen einer banalen und schmutzigen Affäre verfangen. In dieser Lage war ich sehr darauf bedacht, eine Atmosphäre der Hexenjagd, der Denunziation, ein Gezerre um kompromittierendes Material zu vermeiden. All das hatte unser Land unter Stalin erlebt. Außerdem zeigten die Dokumente (was die Staatsanwaltschaft später bestätigte), daß man viele Mitglieder der Regierung grundlos verdächtigt hatte.

All diese Vorgänge in jener Zeit waren mir einfach unerträglich. Ich wünschte mir sehr, loyale und verläßliche Männer um mich zu haben. Mit einem Wort, ich hätte gern ein Leben wie alle anderen Menschen geführt. Um diesen Gedanken zu illustrieren, leiste ich mir eine kleine Abschweifung von dem trüben Thema Politik und Verbrechen.

Als ich bemerkte, daß sich unter dem Hemd des hochgewachsenen, schlanken Wladimir Schumejko ein Bäuchlein abzuzeichnen begann, wurde mir klar, daß es so nicht mehr weitergehen konnte.

Ich mußte wohl die alten »bolschewistischen« Methoden wieder hervorholen, um meine Mitarbeiter auch körperlich in Schwung zu bringen. Ich mußte offenbar alle mit Gewalt zwingen, Sport zu treiben und damit dem persönlichen Beispiel des Präsidenten zu folgen. In Swerdlowsk hatte ich auf diese Weise fast den ganzen Apparat des Gebietskomitees nahezu mit Gewalt auf den Volleyballplatz getrieben. Als die Mitarbeiter auf den Geschmack gekommen waren, wurden sie solche Volleyballfans, daß ich sie wiederum fast vom Platz jagen mußte. Ich hatte den Eindruck, daß ich mit meinen Moskauer Kollegen ähnlich verfahren mußte.

Als ich einmal bemerkte, wie sehr der Chef meiner Wachmannschaft, Alexander Korshakow, außer Atem geraten war, als er im Kreml zu Fuß in den dritten Stock hatte gehen müssen, sagte ich zu ihm: »Alexander Wassiljewitsch, was ist los, Sie sind doch Sportler, Volleyballer. Sie müssen wieder jeden Tag Sport treiben.« Korshakows Miene verfinsterte sich – er litt wohl selbst unter diesem Zustand –, und er antwortete: »Ich weiß, ich habe fünf Kilo zugenommen. Aber wann soll ich Sport treiben? Ich bin von halb acht Uhr morgens bis zehn Uhr abends an Ihrer Seite, ich müßte es also nachts tun...« Tatsächlich, dachte ich bei mir, dafür bleibt nur die Nacht. Deshalb entschied ich: »Also, Alexander Wassiljewitsch, die Stunde von sieben bis acht Uhr morgens gehört Ihnen. Sie holen mich nicht mehr zu Hause ab, sondern sind um halb neun im Kreml.« Dankbar nahm er mein Angebot an. Jetzt ist er jeden Morgen in der Sporthalle zu finden, und das Übergewicht ist längst wieder verschwunden.

Mit den des Sports völlig entwöhnten Mitgliedern der Regierung war es etwas schwieriger. Deshalb wies ich Schamil Tarpischtschew an: »Wir veranstalten ein Turnier, ein Tennisturnier des Präsidenten. Alle nehmen teil, ob sie Tennis spielen können oder nicht. Hauptsache, wir kriegen alle auf den Platz.«

Da gab es kein Entrinnen. Alle mußten gegen uns Favoriten spielen, gegen Schamil Tarpischtschew und mich. Nummer eins in unserem Doppel ist natürlich Schamil, da habe ich keine Illusionen, aber ich bin auch kein Statist. Meinen Aufschlag zu parieren, ist nicht einfach. Den harten Schlag habe ich vom Volleyball. Mit derselben Wucht kommt auch mein Aufschlag beim Tennis. Meine Vorhand ist ganz passabel, mit der Rückhand bin ich etwas schwächer. Hier macht sich meine Rückenverletzung bemerkbar, denn man muß sich sehr gut drehen können, und ich versuche meinen Rücken zu schonen. Gemeinsam mit Schamil war ich jedoch unschlagbar. Wir rechneten mit dem Sieg.

Als hoffnungslose Anfänger stellten sich sofort Kosyrew und Schumejko heraus. Sie verloren immer. Andrej Wladimirowitsch kam mit dem Aufschlag nicht zurecht. Und Wladimir Filipowitsch kam links nicht an den Ball. Aber sie liefen treu und brav übers Feld dem Ball nach, der irgendwo weit entfernt von ihnen vorüberflog. Aber ich glaube, trotz der Niederlage hatten sie Spaß am ersten Tennisturnier ihres Lebens.

Auch die Spitzendoppel waren bald zu erkennen. Wir gewannen stets in zwei Sätzen; lediglich gegen Viktor Iljuschin und Viktoria Sokolowa, Journalistin und »Meisterin des Sports« im Tennis, benötigten wir einen dritten Satz. Viktoria war natürlich ein Crack. Gegen mich spielte sie zwar zurückhaltend, aber Schamil und sie rangen miteinander wie zwei echte Meister. Auch Viktor Wassiljewitsch, der bereits fünf Jahre spielt, sah neben seiner hervorragenden Partnerin ganz passabel aus. Den Entscheidungssatz gewannen allerdings wir.

Natürlich hatte ich meine Kollegen nicht wegen dieses einen Turniers auf den Tennisplatz geholt. Nach dem Turnier geschah genau das, worauf ich gehofft hatte: Fast alle Teilnehmer fanden Gefallen an diesem Sport. Andrej Kosyrew spielt heute fast jeden Tag, und nur wenn er auf Auslandsreise ist, legt er Zwangspausen ein. Mir ist aber zu Ohren gekommen, wenn er sich auch nur einen Tag im Ausland aufhält, schafft er es fast immer, mit dem dortigen Botschafter oder jemandem vom Botschaftspersonal ein paar Sätze zu spielen. Wenn er zurückkommt, fährt er aus Wnukowo nicht zuerst nach Hause, sondern zur Sportanlage. Jetzt spielt er schon ganz ordentlich, pariert die Bälle, bewegt sich gut, sein Aufschlag ist ganz passabel geworden, und man möchte gar nicht glauben, daß er erst vor so kurzer Zeit begonnen hat.

Auch der Innenminister, Viktor Jerin, ist jetzt regelmäßig zweimal in der Woche auf dem Tennisplatz zu finden. Er war schon immer sehr schnell. Jetzt hat er auch seine Technik ausgefeilt. Er hat sich so in Form gebracht, daß er beim letzten Tennisturnier um den »Kremlpokal 93« bis in das Sonderturnier gelangte, in dem nur Prominente unseres Landes spielen – Schriftsteller, Geschäftsleute, Künstler und Politiker. Dort hat Viktor Jerin im Doppel mit dem berühmten Björn Borg gespielt, der mit seinem Partner sehr zufrieden war.

Pawel Gratschow hat ebenfalls regelmäßig zu spielen begonnen. Er hat einen ständigen Partner, einen General, gefunden, und beide trainieren einmal wöchentlich. Zum nächsten Präsidententurnier wird der Verteidigungsminister bereits ein ernsthafter Gegner sein.

Dieses erste Präsidententurnier brachte mich auf eine weitere Idee. Beim Turnier waren wir längere Zeit beisammen, unterhielten uns und kamen einander in dieser inoffiziellen, lockeren, menschlichen Atmosphäre näher. So schlug ich eines Tages vor, einen »Präsidentenklub« zu gründen, einen Klub, dessen Mitglieder sich nach der Arbeit in freundschaftlicher Umgebung erholen können, wo sie sich unterhalten, Sport treiben und Billard spielen können, wo sie ihre Frauen (nur ihre Frauen!) zum Tanz führen können. Ich schlug vor, die ersten Mitglieder – sozusagen die Gründungsväter dieses Klubs –, sollten die Teilnehmer des ersten Präsidententurniers im Tennis sein.

Nun ging es daran, ein Statut und Mitgliedsbeiträge festzulegen, Mitgliedskarten auszugeben und Regeln festzulegen. Sogleich kamen Vorschläge, welche Prinzipien in das Statut aufzunehmen seien. Bald war dieses »wichtige« Dokument fertig, und wenn alles auch nicht ganz ernst zu nehmen war, so legten wir doch alle einen Eid ab, dieses Statut stets ehrlich und unbeirrbar einzuhalten.

Hier ein Auszug aus dem Statut des »Präsidentenklubs«:

»Mitglied des Präsidentenklubs kann jeder Bürger Rußlands werden, der die Volljährigkeit und eine gewisse Weisheit erlangt hat.
Ausländisches Mitglied des Präsidentenklubs kann ein ausländischer Bürger werden, der Präsident seines Landes ist.
Präsident des Klubs ist der Präsident Rußlands.
Um Mitglied zu werden, benötigt man die Bürgschaft dreier Klubmitglieder sowie des Klubpräsidenten.
Die Höchstzahl der Klubmitglieder wird auf hundert festgelegt. Würdige Kandidaten im Wartestand müssen sich bis zum natürlichen Abgang eines Klubmitgliedes ins Jenseits gedulden.
Die Devise des Klubs lautet: GEBRAUCHE DEINEN VERSTAND!
Da die Klubmitglieder intelligente und intellektuelle Menschen sind, werden in den Mauern des Klubs unanständige Ausdrücke verboten. Wenn Dir sehr danach zumute ist: GEBRAUCHE DEINEN VERSTAND!
Da die Klubmitglieder hochmoralische Menschen sind, ist es verboten, in den Klub Geliebte oder auch fremde schöne Frauen mitzubringen. Wenn Dir sehr danach zumute ist: GEBRAUCHE DEINEN VERSTAND!
Das Klubmitglied hat das Recht, den Klub in Begleitung seiner Gattin zu besuchen. Familiensinn wird im Klub in jeder Hinsicht begrüßt und gefördert.
Der Klub und seine Einrichtungen sind rund um die Uhr geöffnet, da die Klubmitglieder sehr beschäftigte Menschen sind und keine feste Arbeitszeit haben.
Klubmitglied bleibt man auf Lebenszeit.
Ein Klubmitglied kann nur aus einem Grunde ausgeschlossen werden – wegen Verrats. Deshalb: GEBRAUCHE DEINEN VERSTAND! Als ausgeschieden gilt der, für dessen Ausschluß alle Klubmitglieder gestimmt haben.«

In diesem Statut sind noch viele andere Regeln verzeichnet, der Sinn dieser Gemeinschaft ist aber aus dem Zitat durchaus zu erkennen. Im Präsidentenklub kommen Menschen zusammen, die sich in Geist und Auffassungen nahe sind, die sich sympathisch sind und sich deshalb öfter sehen möchten.

Natürlich sind Mitglieder des Klubs nicht nur meine ständigen Mitarbeiter, wie Ministerpräsident Viktor Tschernomyrdin, die Minister und andere Chefs von Regierungsbehörden. Ihm gehören auch Wissenschaftler, Journalisten, Politiker, Geschäftsleute und Künstler an. Vorläufig sind wir von der kritischen Zahl einhundert noch weit entfernt. Der Klub ist ja erst vor ganz kurzer Zeit entstanden. Wir werden langsam miteinander warm und gewöhnen uns an die Regeln.

Unser Klub hat auch bereits das erste ausländische Mitglied – den Präsidenten Kasachstans, Nursultan Nasarbajew. Er fühlt sich bei uns wohl und hat an dieser Idee solchen Gefallen gefunden, daß er auch in seinem Lande etwas Ähnliches gründen will.

Ich hoffe, daß es auch in hundert Jahren im Präsidentenklub noch so leger zugeht wie heute.

Warum erwähne ich diese wenig ernsten Dinge im Zusammenhang mit so schwerwiegenden politischen Entwicklungen? Nicht nur, weil ich das Bild vom »strengen«, harten Mann korrigieren möchte, das man von mir zeichnet. Über dieses Klischee soll der Leser sich selbst ein Urteil bilden.

Mir ist schon lange aufgefallen, daß turbulenten Ereignissen zuweilen eine ungewöhnlich stille, ungetrübte Zeit vorausgeht, die Ruhe vor dem Sturm, eine Zeit, in der man an überhaupt nichts Schlechtes denken mag, in der Körper und Seele Frieden finden möchten. Das ist ein Geheimnis der Natur – sie ahnt vieles voraus. Mit dieser Entspannung bereitet sie uns auf harte Prüfungen vor. Und das Unglück kommt immer unerwartet.

So war es auch im August 1991 und im August 1993. Ich wußte, daß schwerwiegende Entschlüsse und heiße Phasen der Politik bevorstanden. Sie waren unvermeidbar. In mir aber fühlte ich absolute Ruhe. Mir war klar und leicht zumute.

Auch den Präsidentenklub hatte ich mir wohl aus diesem Grunde ausgedacht. Ich wollte mir und den anderen beweisen, daß das normale Leben mit all seinen Freuden und Leiden weitergeht. Daß man nicht nur miteinander Konflikte austragen kann, sondern auch freundschaftlich miteinander umgehen muß.

Mir scheint, eine ähnliche Stimmung breitete sich damals auch in der Gesellschaft aus. Natürlich kam es in Moskau auch hier und da zu Zwischenfällen. Wenn sie nur nicht unsere Ruhe störten! Derartiges war überall zu lesen und zu hören. Meine Haltung dazu ist gespalten.

Einerseits zeigt sich hier eine bedenkliche politische Gleichgültigkeit. Andererseits ist es an der Zeit, daß wir alle mehr Ruhe finden. Sind die ständige Erregung und Spannung, in der die Politiker das Land nun schon zwei Jahre lang halten, nicht zuviel?

Deshalb glaube ich, daß der Gleichmut, mit dem viele Menschen die Vorkommnisse in Moskau aufgenommen haben, in gewisser Hinsicht auch ein positives Symptom ist. Die Gesellschaft sehnt sich nach Ruhe. Die Menschen brauchen einen normalen Lebensrhythmus, mag er auch eintönig und zuweilen schwer sein. Diese Entwicklung wollte ich fördern und politisch absichern. Doch der wolkenlose, klare Himmel des August 1993 erwies sich als trügerisch.

Bald tritt das Parlament wieder zusammen. Wieder wird es Skandale geben, und wieder werden die Leidenschaften hochschlagen. Wirtschaftliche Probleme werden beiseite gedrängt, und wir werden nicht zu unserer täglichen Arbeit kommen. Die Gratwanderung wird weitergehen, und wieder werden wir das Land vor dem Zerfall der Macht retten müssen. Und keiner hört dem anderen zu. Das wird allmählich unerträglich.

Zu nächtlicher Stunde

Das Institut verließ ich als Leutnant der Reserve. Jetzt habe ich bereits den militärischen Dienstgrad eines Obersten. Ich war bei den Panzertruppen. In meiner Ausbildungszeit fuhren wir jeden Sommer zur Übung hinaus. Ich war der Kommandant eines Panzers.

Das schwierigste waren Nachtfahrten. Ich setzte mich dann in der Regel nicht auf den Platz des Kommandanten, sondern auf den des Fahrers. Das war immer sehr riskant. Wir fuhren mit hoher Geschwindigkeit, es war stockdunkel, die Scheinwerfer durften nicht eingeschaltet werden, damit uns der fiktive Gegner nicht entdeckte. Man konnte weder das vorausfahrende noch das nachfolgende Fahrzeug erkennen. Mit vierzig Stundenkilometern ging es über Gräben und Felder.

Einmal steuerte ich den Panzer etwas zur Seite. Wir stürzten in der Dunkelheit in einen Wassergraben. Der Schwung trieb uns noch einige Meter vorwärts, dann versanken wir im Wasser. Wasser und ringsum Dunkelheit - ein ungutes Gefühl. Es wurde eiskalt. Ich trat aufs Gaspedal. Ich wollte versuchen, den gegenüberliegenden Abhang wieder hinaufzukommen. Ich trat das Pedal voll durch, denn stehenzubleiben hätte bedeutet, mit dem Panzer in den schlammigen Grund einzusinken. Und wie dann wieder herauskommen? Also trat ich durch, der Motor heulte auf und knirschte. Na los, los, mein Lieber, hak' dich irgendwo fest. Dieses Heulen der auf vollen Touren laufenden Maschine werde ich mein Lebtag nicht vergessen.

Irgendwie kamen wir dann doch aus dem Wasser. Wir waren alle schweißdurchnäßt. Mit hängenden Köpfen saßen wir da und warteten darauf, daß unsere Vorgesetzten kamen, um uns für das Mißgeschick zu bestrafen. Zehn Tage Bau waren uns sicher, dachten wir. Nichts von alledem geschah, man dankte uns sogar noch dafür, daß wir nicht den Kopf verloren hatten. So kann es gehen…

Neuntes Kapitel

Schwerer Herbst

Aus dem Tagebuch des Präsidenten: 3. Oktober 1993

Morgens fuhr ich in den Kreml. Ein Gefühl der Unruhe hatte mich die ganze Nacht nicht verlassen. Das Weiße Haus war zwar von Miliz und OMON abgeriegelt, stellte aber nach wie vor eine Bedrohung dar.

Wenn ich einen strategischen Entschluß fasse, quäle ich mich danach nicht mit dem nutzlosen Gedanken, man hätte auch anders entscheiden können und alles wäre ganz anders gekommen. Derartiges Schwanken ist sinnlos. Wenn mein Entschluß gefaßt ist, gibt es nur noch eins: ihn so gut wie möglich durchführen, durchsetzen, durchkämpfen. So war es immer. Beispielsweise habe ich niemals darüber nachgegrübelt, ob es richtig war, auf dem Oktoberplenum des ZK der KPdSU im Jahre 1987 jene Rede zu halten. Ja, ich habe mich danach wirklich gequält und gelitten, niemals aber haben mich Zweifel befallen, wie sich wohl mein Leben gestaltet hätte, wäre ich damals nicht ans Rednerpult getreten. Habe ich mich entschieden, dann springe ich auch ins Wasser. Ich will hier nicht der Frage nachgehen, ob das ein Mangel oder ein Vorzug ist.

Diesmal aber konnte ich mir zum ersten Mal im Leben einen bohrenden Gedanken nicht aus dem Kopf schlagen. Hatte ich richtig gehandelt? Gab es einen anderen Weg? Hatte ich alle Möglichkeiten ausgeschöpft? Rußland war der Rechtlosigkeit müde. Und der erste vom Volk gewählte Präsident verletzt das Gesetz, wenn auch eines, das das Land an den Rand des Abgrunds zu bringen drohte. Aber Gesetz ist Gesetz.

Ich ging die Ereignisse noch einmal durch, Stunde für Stunde, Tag für Tag, um zu ergründen, ob ich mich geirrt hatte.

Anfang September fasse ich einen Entschluß. Niemand weiß davon. Selbst meine engsten Mitarbeiter ahnen nichts davon, daß ich mich im Prinzip bereits entschieden habe: Dieses Parlament würde es in Rußland bald nicht mehr geben.

Ich wußte, daß es immer eine undichte Stelle gab. In diesem militanten Obersten Sowjet, der bereits seine Agonie erlebte, hätte die Nachricht davon, daß der Präsident das Parlament aufzulösen gedachte, wie das berühmte Streichholz im Pulverfaß gewirkt. Um an der Macht zu bleiben, wäre man vor keinem Blutvergießen zurückgeschreckt, hätte man kein Opfer gescheut.

Zunächst mußte der Erlaß über die Auflösung des Parlaments juristisch abgesichert werden. Über die Direktleitung bat ich meinen Mitarbeiter Viktor Iljuschin zu mir. Eine Konzeption für mein weiteres Vorgehen und den ungefähren Wortlaut des Erlasses hatte ich mir bereits zurechtgelegt. Aber bislang nur in meinem Kopf.

Ich bat Iljuschin, zu mir heraufzukommen. Das bedeutet, ich warf den Motor an. Jetzt machte sich eine eingespielte Mannschaft von Fachleuten ans Werk. Während Viktor Wassiljewitsch aus der zweiten Etage zu mir in die dritte kam, verging eine Minute, in der ich noch alles stoppen konnte. Aber das kam mir gar nicht in den Sinn. Iljuschin trat ein, ich formulierte in wenigen Worten den Auftrag und beobachtete ihn dabei genau. Er war ruhig wie immer – als ob er den Auftrag erhalten hätte, einen Erlaß über den Aufkauf von Futtermitteln für den nächsten Winter zu formulieren. Er stellte noch einige Fragen – wie viele Personen einbezogen werden sollten, bis zu welchem Grade sie über die Vorgänge informiert werden sollten, zu welchem Termin der Entwurf des Erlasses vorliegen sollte. Ich antwortete: Nur ganz wenige Personen einbeziehen, sie an einzelnen Abschnitten arbeiten lassen, niemanden in das Wesen der Sache einweihen. Termin: eine Woche. Er nickte und ging. Die Arbeit begann.

Die folgenden Tage des September, alle Begegnungen, Gespräche und Reisen sah ich nun im Zusammenhang mit dem bevorstehenden Erlaß. Vieles davon war bereits im Juni, Juli oder August geplant worden. Manches verschob ich auf später, einiges konnte nicht abgesagt werden. Ich benutzte jedoch diese lange vorbereiteten Termine, um mich auf die kommenden Ereignisse vorzubereiten. So war zum Beispiel in meinem Terminkalender ein Besuch bei der Tamaner und der Kantemirow-Division angesetzt. Ich hatte es Pawel Gratschow schon lange versprochen, mit diesen Eliteeinheiten zusammenzutreffen. Nun hatte die Vorbereitung des Erlasses begonnen, und unvermittelt erhielten diese Besuche für mich einen völlig neuen Sinn.

Als ich mit den Soldaten sprach, mich von dem hervorragenden Zustand der Einheiten überzeugte, als ich nach den Manövern mit Offizieren und Kommandeuren zusammentraf, behielt ich stets im Kopf, welch ein schwerwiegendes Ereignis ihnen bevorstand. Wie würden sie sich verhalten? Wie reagieren? Ich konnte ihnen natürlich nichts sagen, aber ich fühlte, daß ich hier Unterstützung finden würde. Verrat war ausgeschlossen.

Eine Woche später war der Entwurf des Erlasses fertig. Iljuschin erhielt die Erlaubnis, in der letzten Etappe den Mitarbeiter des Präsidenten für juristische Fragen, Juri Baturin, in die Ausarbeitung des

Dokumentes einzubeziehen, wenngleich ich meine Zweifel hatte, ob das richtig war. Nicht deswegen, weil ich ihm nicht voll vertraute. Ich wollte einfach so wenig Menschen wie möglich unnötig mit Informationen belasten. Besonders mit dieser Information. Aber wir stießen nun auf komplizierte Fragen, die von einem Rechtsexperten geklärt werden mußten. Deshalb blieb nichts anderes übrig, als Juri Baturin einzuweihen.

Ein Problem war für mich das Verfassungsgericht, seine Reaktion auf das Inkrafttreten des Erlasses. Als ich Iljuschin zum ersten Mal die zentralen Punkte des Erlasses erläuterte, umriß ich dieses Problem so: Bis zur Wahl der neuen Föderationsversammlung stellt das Verfassungsgericht seine Sitzungen ein. Nach langem Nachdenken hielt ich es für wesentlich klüger, wenn ich es den Mitgliedern des Verfassungsgerichts nicht untersagte zusammenzutreten, sondern lediglich die Empfehlung aussprach, bis zur Wahl der neuen gesetzgebenden Versammlung keine Sitzungen des Gerichts abzuhalten. Die Formulierung war nun milder, ein verfassungsmäßiges Organ wurde damit in seinen Rechten nicht beschnitten, zugleich brachte ich aber meine Auffassung unmißverständlich zum Ausdruck. Und es war dann Sache der Richter, sich entweder aus dem politischen Streit herauszuhalten oder sich auf die Seite des Obersten Sowjets zu stellen.

Aus dem Tagebuch des Präsidenten: 12. September 1993

Sonntag, 12.00 Uhr. Das war möglicherweise der entscheidende Punkt auf dem Weg zur Überwindung der Krise. Ich weihte nun meine engsten Mitkämpfer in meine Absichten ein. In der Villa Staroogarjowo bei Moskau rief ich Verteidigungsminister Gratschow, Innenminister Jerin, den amtierenden Sicherheitsminister Goluschko und Außenminister Kosyrew zusammen. Das war im Grunde genommen der strategische Kopf des Landes, bis auf den Ministerpräsidenten. Viktor Tschernomyrdin hielt sich gerade zu einem offiziellen Besuch in den USA auf. Mit ihm wollte ich mich am nächsten Tag um 11.00 Uhr treffen.

Ob sie mich wohl unterstützen würden? Und wenn nicht - was sollte ich allein weiter tun? Aber einen Weg zurück gab es nicht. Ich wollte das Parlament nicht deshalb auflösen, weil ich es satt hatte. Es war einfach der Augenblick gekommen, denn der Oberste Sowjet gewann ungeheure Zerstörungskraft und bedrohte die Sicherheit Rußlands. Deshalb mußte ich diesen Schritt unter allen Umständen gehen. Aber um welchen Preis? Von der Haltung der Männer, die sich an diesem Sonntag versammelten, hing vieles ab.

Viktor Jerins Unterstützung konnte ich sicher sein. Ich wußte, daß auch für ihn als Chef des Innenministeriums die Doppelherrschaft immer unerträglicher wurde. Die Miliz wurde hin- und hergerissen. Dort, wo die Sowjets stark waren, versuchten sie sie unter Kontrolle zu nehmen.

Ich hatte Viktor Fjodorowitsch bereits in verschiedenen Situationen erlebt. Darunter waren freudige Augenblicke, so als er mir seine Truppen bei einer Übung vorführte. Es gab auch schwere Stunden, als auf Initiative von Skokow und Ruzkoi mit aktiver Unterstützung Barannikows im Sicherheitsrat der Rücktritt Jerins gefordert wurde. Ich hatte mich damals scharf dagegen ausgesprochen, denn er war erst ganze vier Monate im Amt, und das Ansteigen der Kriminalität ging nicht allein auf sein Konto. Es wäre zumindest ungerecht gewesen, dies allein dem Minister anzulasten. Jerin erhielt damals eine strenge Rüge. Als ich ihn dann näher kennenlernte, entdeckte ich einen nachdenklichen, klugen und sehr gewissenhaften Menschen. Von der Achtung, die er bei der Miliz genießt, und von seinen beruflichen Qualitäten gar nicht zu sprechen. Er ist ein hervorragender Mann.

Pawel Gratschow. Wir hatten in den letzten Monaten oft miteinander darüber gesprochen, in welche Sackgasse unser Land geraten war. Gratschow war überzeugt, daß man mit diesem Obersten Sowjet schon viel eher hätte Schluß machen müssen. In diesen Gesprächen hatte er mich zu überzeugen versucht, härter vorzugehen. Nach seiner Auffassung zögerte ich zu sehr. Ich antwortete, hier gehe es nicht um Härte, sondern um den Preis, der dafür zu zahlen sei. Deshalb zweifelte ich bei meinem Entschluß auch nicht an der vollen Unterstützung des Verteidigungsministers. Außerdem gab mir Pawel Sergejewitschs kämpferische Haltung zu erkennen, daß er erriet, weshalb wir zusammenkamen, und im Grunde froh war, daß dieser Schritt nun getan wurde.

Andrej Kosyrew. Ebenfalls ein Mann, an dessen Entscheidung ich nicht zweifelte. Er hatte mehr als alle anderen beobachten können, welchen Schaden das militante, chauvinistisch gestimmte Parlament Rußland international zufügte. Der Oberste Sowjet dachte jetzt gar nicht mehr daran, sich als Friedensengel aufzuspielen, wie das während der kommunistischen »Stagnationszeit« üblich gewesen war. Damals hatte man wenigstens so getan, als sei man für Abrüstung und Weltfrieden. Dieselben Deputierten stellten sich nun in zahlreichen Fragen ganz offen gegen die Weltgemeinschaft – im Jugoslawienkonflikt, im Verhältnis Rußlands zu den baltischen Staaten. Und wenn ich an die Deklaration des Obersten Sowjets zur Schwarzmeerflotte dachte... Schrecklich die Vorstellung, was aus der Welt geworden wäre, hätten die Neokommunisten der neunziger Jahre aus dem Obersten Sowjet in Rußland die Macht ergriffen.

Nikolai Goluschko. Hier hatte ich meine Zweifel. Ich kannte ihn wenig. Er hatte durchaus das moralische Recht, jene Art Ausweg aus der Krise, die ich vorschlug, abzulehnen. Wir waren uns bisher kaum begegnet, außerdem war Goluschko vorläufig nur amtierender Sicherheitsminister. Wir brachten ihn in eine sehr prekäre Lage, und es war durchaus möglich, daß er dies mit seinen politischen und moralischen Prinzipien nicht vereinbaren konnte. Ich wußte nicht, wie er reagieren würde. Immerhin hatte ich so die Möglichkeit, Goluschkos Verhalten in einer extremen Situation zu prüfen. Bald würde ich wissen, ob wir den neuen Sicherheitsminister vor uns hatten oder uns einen anderen Kandidaten suchen mußten.

All das ging mir durch den Kopf, als wir uns begrüßten und Platz nahmen. Dann trat gespannte Stille ein.

»Meine Herren, ich habe Sie hierher gebeten, um Ihnen mitzuteilen...« Es war eine geradezu klassische Situation. Was würden sie von mir zu hören bekommen – eine äußerst unangenehme Nachricht oder, umgekehrt, eine lang erwartete, die geeignet war, den Knoten zu durchschlagen? Eher wohl eine unangenehme und komplizierte, die jedoch nicht mehr zu umgehen war.

Ich schenkte mir eine lange Einleitung, denn alle wußten ohnehin, was im Land vorging. Ich eröffnete ihnen, ich hätte mich entschlossen, den Obersten Sowjet aufzulösen, da seine Tätigkeit eine Bedrohung der Sicherheit Rußlands darstelle. Ich bat die Anwesenden, vom Entwurf des Erlasses Kenntnis zu nehmen, den ich ihnen vorlesen mußte, da bislang nur ein einziges Exemplar existierte. Ich las ruhig und gleichmäßig, damit man den Sinn gut erfassen konnte. Nach etwa zehn Minuten war ich zu Ende. Eine kurze Pause trat ein. Dann sagte jeder einzelne, er sei mit den Maßnahmen, die ich vorschlage, völlig einverstanden. Auch Goluschko äußerte sich in diesem Sinn. Andrej Kosyrew löste die Spannung, als er mit seiner leisen Stimme die bedeutungsschweren Worte sprach: »Ich habe einen ernsthaften Einwand. In einer Frage bin ich mit Ihnen grundsätzlich nicht einverstanden, Boris Nikolajewitsch.« Alle blickten ihn mit Befremden an. Er fuhr fort: »Ein solcher Erlaß hätte längst ergehen müssen.« Alle lächelten. Grundsätzlich hatte er vollkommen recht.

Als Datum für die Veröffentlichung des Erlasses nannte ich den 19. September, einen Sonntag. Dann umriß ich das konkrete Vorgehen. Um 20.00 Uhr sollte eine Rede des Präsidenten an das Volk im Fernsehen übertragen werden. Einheiten der Dzierzynski-Division, die sich dann bereits in Moskau befinden sollten, würden das Weiße Haus abriegeln. Sonntags stand es gewöhnlich leer, deshalb waren keine Probleme zu erwarten. Chasbulatow und Ruzkoi würden zwar sicherlich Erklärungen abgeben und in ihren Wohnungen möglicherweise Pressekonferenzen einberufen, ihre Anhänger würden sich aber nirgendwo versammeln können.

Die Bedrohung der Stadt ging vom Weißen Haus aus. Dort waren inzwischen Berge von Waffen angehäuft. Mit der Besetzung des Weißen Hauses hätten wir gleich mehrere Probleme gelöst: Wir hätten dem aufgelösten Obersten Sowjet sein Stabsquartier entzogen, das Zentrum, von wo aus die Opposition ihre Aktionen koordinieren und den aufgelösten Kongreß zusammenrufen konnte. Ohne das Weiße Haus wären die Abgeordneten eine Handvoll Schreihälse. Was konnten schon sechshundert Leute in einer Millionenstadt wie Moskau ausrichten – niemand würde sie hören.

Das war ein allererster Ablaufplan, den die Minister in den nächsten vierundzwanzig Stunden zu überarbeiten hatten. Falls es Änderungen geben sollte, vereinbarten wir, uns in derselben Zusammensetzung einschließlich des Ministerpräsidenten noch einmal zu treffen und die auftauchenden Probleme zu klären.

Am gleichen Tag sprach ich mit dem Leiter der Hauptabteilung Personenschutz, Michail Barsukow, und mit dem Leiter meiner eigenen Wachmannschaft, Alexander Korshakow. Sie waren ebenfalls Schlüsselfiguren in der bevorstehenden Aktion.

Die Vorbereitungsphase war damit abgeschlossen. Nun begann der harte Alltag. Sicher der härteste in meinem ganzen Leben.

Noch häufig werde ich wohl mir selbst und den Medien, nahen und fernen, bekannten und unbekannten Menschen die Frage beantworten müssen: Wäre der »schwarze Oktober« in Rußland zu vermeiden gewesen? Hätte man einen friedlichen Kompromiß finden können, um aus der Sackgasse zu kommen?

Theoretisch gesehen, ja. Ich erinnere aber daran, wieviele solcher »Friedenschancen« bis zu diesem Zeitpunkt bereits verstrichen waren. Der Wechsel des Regierungschefs, als Tschernomyrdin vom Kongreß gewählt wurde. Die Schiedskommission. Das mißglückte Impeachment, das die ganze Ausweglosigkeit der Konfrontation offenbarte. Das Aprilreferendum, bei dem das Volk klar zum Ausdruck brachte, auf wessen Seite es stand. Schließlich die Verfassungskonferenz, wo viele Deputierte mitarbeiteten. Es zeichnete sich die Möglichkeit ab, daß der Kongreß die Verfassung annahm. Dann forderte Chasbulatow dazu auf, diesen Prozeß zu sabotieren. Einige seiner Erklärungen zeigten deutlich, daß vom nächsten Kongreß neue Zuspitzungen zu erwarten waren.

Mir war stets nur eines wichtig – politische Stabilität, Klarheit und Eindeutigkeit. Wir mußten aufhören, die Decke hin- und herzuzerren. Die juristischen Winkelzüge mußten ein Ende haben. Wir brauchten ein Recht für alle. Und eine Regierung für alle. Rußland hielt dieses Gezänk, diese ständigen Redeschlachten im Parlament nicht mehr aus; eines Tages konnte ein neuer Stalin kommen, der diesen Haufen Intellektueller mit ihren Demokratiespielen zum Teufel jagte. Ich hatte nun meinen Weg der Stabilisierung gewählt.

Montagvormittag um 11.00 Uhr traf ich im Kreml mit Viktor Tschernomyrdin zusammen, der gerade aus den USA zurückgekehrt war. Er berichtete über die Ergebnisse seines offiziellen Besuches in Washington. Ich unterbrach ihn nicht, obwohl mir in dieser Zeit natürlich ganz andere Dinge durch den Kopf gingen. Als er geendet hatte, holte ich ihn rasch in unsere Wirklichkeit zurück. Ich informierte ihn, welchen Entschluß ich gefaßt hatte, berichtete von dem Gespräch in Staroogarjowo und legte ihm den Entwurf des Erlasses vor, der bereits die Unterschriften der vier Minister trug. Nachdem er ihn gelesen hatte, setzte Viktor Stepanowitsch mit Schwung auch seine Unterschrift darunter.

Daß sich Tschernomyrdin in diesem entscheidenden Augenblick für mich entschied, daran hatte ich nicht gezweifelt. Die selbstsichere Ruhe, mit der er die Nachricht von den bevorstehenden Ereignissen aufnahm, bei denen ihm eine führende Rolle zugedacht war, ließ ihn jedoch in meiner Achtung steigen. Ich hatte nun einen starken und verläßlichen Mann an meiner Seite.

Mein Arbeitstag im Kreml nahm weiter seinen Lauf. Um 12.00 Uhr empfing ich Sergej Filatow. Ich hatte entschieden, ihn erst kurz vor den Ereignissen ins Bild zu setzen. Seine Arbeit begann unmittelbar nach Veröffentlichung des Erlasses. So durfte er sich noch eine Weile glücklicher Ahnungslosigkeit erfreuen. Wir sprachen über die am Sonnabend bevorstehende Sitzung des Föderationsrates. Um 13.00 Uhr hatte ich ein vorher angemeldetes Telefongespräch mit dem finnischen Präsidenten, Herrn Koivisto. Weiter standen auf meiner Liste das Akademiemitglied Ossipow, dann der Chef unserer Auslandsaufklärung, Primakow, und nach ihm der stellvertretende Vorsitzende des Obersten Sowjets, Abdulatipow. Ein Gespräch folgte dem anderen, und ständig mußte ich, wie stets, rasch von einem Thema aufs andere umschalten. Ein wie gewöhnlich angespannter, dichtgedrängter Tag.

Am Dienstag um 15.00 Uhr tagte der Präsidialrat. Ich hatte ihn eigens in dieser Woche einberufen. Ich hielt es für wichtig, dessen Mitglieder von der Möglichkeit einer Auflösung des Parlaments in Kenntnis zu setzen. Natürlich sagte ich nichts davon, daß der Beschluß bereits gefaßt war. Da aber diese Möglichkeit ständig in der Luft lag, konnte ich die Mitglieder des Präsidialrates guten Gewissens auffordern, darüber nachzudenken. Ich bat sie, alles zu äußern, was für oder was gegen eine Auflösung sprach, und ein Modell des weiteren Verlaufs der Ereignisse in unserem Lande zu erarbeiten.

Ich kann mich kaum noch daran erinnern, welchen Eindruck all diese Diskussionen damals bei mir hinterließen. Ich glaube aber, sie waren unbefriedigend. Ich hatte mehr Unterstützung erwartet. Das zum ersten. Zweitens schien es mir, man hätte den Zustand der Gesellschaft nach der Auflösung des Parlaments realistischer prognostizieren können. Trotz allem war dieses Gespräch für mich außerordentlich nützlich. In mancher Hinsicht wurde ich bestärkt, und einzelne Bemerkungen lenkten meine Aufmerksamkeit auf Dinge, die mir bisher nicht so wichtig erschienen waren.

Im Laufe der Woche traf ich noch mehrmals mit den Hauptbeteiligten der bevorstehenden Aktion zusammen. Bei diesen Zusammenkünften tauchten eine Menge Fragen auf – sie begannen mit dem konkreten Szenarium in Moskau und endeten mit Problemen, die das ganze Land betrafen, so zum Beispiel, wie die Bestimmungen des Erlasses durchgesetzt werden sollten. Das Schlimmste wäre gewesen, einen Erlaß zu verkünden, den niemand ausführte. Wir mußten uns festlegen, wie wir mit jenen regionalen Sowjets verfahren würden, die sich weigerten, den Erlaß des Präsidenten auszuführen, wie wir auf einen Beschluß des Verfassungsgerichts (an dessen Inhalt niemand zweifelte) reagieren wollten und so weiter.

Am Mittwoch, dem 15. September, fand noch eine weitere Beratung statt. Auf der Sitzung des Sicherheitsrates weihte ich nun einen weiteren Kreis leitender Beamter in die Vorbereitung auf den Tag X ein. Es war eine geschlossene Sitzung, und ich ordnete an, daß kein Protokoll geführt wurde. Alle Mitglieder des Rates, die mit meinen Vorschlägen zum ersten Mal konfrontiert wurden, gaben mir ihre Unterstützung. Die Maschine kam auf Touren.

Am Freitag wäre um ein Haar alles zu Ende gewesen. Für den 17. September hatte ich die abschließende Beratung angesetzt. Dort wollten wir die letzten Einzelheiten besprechen. Ich bat die für die Armee und die Polizei zuständigen Minister zu berichten, wie sich die Lage nach ihrer Auffassung gestalte. Unvermittelt schlugen sie einer nach dem anderen vor, die für Sonntag vorgesehene Rede an das Volk und damit auch die Inkraftsetzung des Erlasses über die Auflösung des Parlaments zu verschieben. Als neues Datum wurde das nachfolgende Wochenende vorgeschlagen. Man brachte folgende Hauptgründe vor: Für den 24. September war eine Beratung der Staatschefs der GUS in Moskau anberaumt. Wenn in der Hauptstadt der Ausnahmezustand herrschte, konnte diese scheitern, weil die Führer einzelner Republiken möglicherweise nicht nach Moskau kommen würden. Das wäre ein schwerer Schlag gegen das Ansehen des Präsidenten gewesen. Zweitens waren inzwischen Informationen nach außen gedrungen. Chasbulatow und Ruzkoi war inzwischen bekannt geworden, daß ein Erlaß über die Auflösung des Parlaments vorbereitet wurde, der am Sonntag in Kraft gesetzt werden sollte. Sie kannten zwar keine Einzelheiten, aber das Wesentliche wußten sie. Deshalb mußte der Plan, ein leerstehendes Weißes Haus ohne Mitarbeiter und Deputierte am Sonntag zu besetzen, nun aufgegeben werden. Man mußte damit rechnen, daß Chasbulatow am Sonntag seine Anhänger zusammenrief und das Weiße Haus zu einer Festung, zum Zentrum des Widerstands erklärte. Das mußte man um jeden Preis verhindern, am besten, indem man sie ins Leere laufen ließ: Wenn sie sich zum Widerstand und zum Kampf zusammentun wollten, sollten sie es tun, aber niemand würde sie angreifen und sie damit zu Märtyrern machen. Auf dieser Beratung wurde nun plötzlich auch die Meinung geäußert, der 19. September sei überhaupt kein guter Tag für eine derartige Aktion. Die Analogie zum 19. August sei allzu deutlich. Besser wäre es, den Erlaß frühestens am 26. in Kraft zu setzen. Dieses Datum werde nicht zu ungünstigen Assoziationen führen.

Ich stimmte der Verschiebung zu, aber nicht um eine Woche, sondern lediglich um zwei Tage. Am 21. September um 20.00 Uhr wollte ich im Fernsehen meinen Aufruf an das Volk verkünden. Dazu war ich fest entschlossen. Weitere Verschiebungen durfte es nicht geben.

In den nächsten Stunden galt es, nach einem Weg zu suchen, wie wir den Einfluß des Weißen Hauses neutralisieren konnten. Was ich unbedingt hatte vermeiden wollen, war nun eingetreten. Das Weiße Haus drohte zum Zentrum des Widerstandes gegen den Erlaß zu werden. Ich forderte Jerin, Gratschow und Goluschko auf, nach einer Möglichkeit zu suchen, auch im Fall einer Besetzung das Weiße Haus einzunehmen. Meine Hauptbedingung war – keine Opfer. Wenn sich dies als unmöglich erweisen sollte, wollte ich die Taktik ändern: Sollten sie doch im Weißen Haus sitzenbleiben, bis sie schwarz würden. Wir würden die Tagungen und Zusammenkünfte des nichtexistenten Parlaments einfach ignorieren.

Ich sah, daß alle Teilnehmer dieser außergewöhnlichen Beratung mein Arbeitszimmer in niedergedrückter Stimmung verließen. Der Leiter des Apparates des Präsidenten, Sergej Filatow, der zum ersten Mal von dem Erlaß und unserem beabsichtigten Vorgehen erfahren hatte, war geradezu erschüttert.

Am Montag, als er sich wieder etwas gefangen hatte, kam er zu mir. Sergej Alexandrowitsch ist ein ruhiger, ausgeglichener Mann. Ihn kann man nicht so leicht aus der Fassung bringen. Diesmal aber versuchte er, mich mit aller Leidenschaft dazu zu bewegen, den ganzen Plan aufzugeben. Er meinte, niemand werde den Erlaß unterstützen, wir würden uns selbst in eine Konfrontation mit allen Regionen Rußlands hineinmanövrieren, einen so undemokratischen Weg zur Lösung des Konfliktes werde auch der Westen nicht billigen. Wir könnten in eine völlige Isolierung geraten.

Ich ließ ihn ruhig aussprechen. Mehr noch, ich war sogar froh, daß er mir das alles sagte. Es ist mir immer wichtig, Gegenargumente zu hören, erst recht von einem meiner engsten Mitarbeiter. Es war sehr gut, daß er keine Furcht hatte, sie auszusprechen. Aber bei all seinen sonstigen Fähigkeiten sah ich doch, daß Sergej Alexandrowitsch kein Gespür für die politische Situation hatte. Er war in einer früheren Etappe, in dem Gewirr von Kompromissen und Zugeständnissen steckengeblieben, das auch mich bis vor kurzem gefangengehalten hatte. Ich dankte ihm für seine Worte, bekräftigte aber nochmals, daß ich entschlossen sei, am 21. September zu handeln. Ich bat ihn, ungeachtet seiner Bedenken alles in seiner Macht Stehende zu tun, für die Durchsetzung des Erlasses zu sorgen. Damit trennten wir uns.

Aber zurück zum Ausgangspunkt. Ich mußte nun überlegen, wie es weitergehen sollte. Wo war nur die undichte Stelle? Je näher der Tag X rückte, desto mehr Menschen mußten wegen der Reichweite, die die Beschlüsse haben würden, in den Gesamtplan oder zumindest in einige seiner Teile eingeweiht werden. Goluschko informierte einige seiner Stellvertreter; das gleiche mußten Jerin und Kosyrew tun. Berücksichtigt werden mußte auch, daß der frühere Sicherheitsminister Barannikow und der erste Stellvertreter des Innenministers Dunajew, die ich erst kürzlich entlassen hatte, natürlich weiterhin inoffiziell Kontakt zu ehemaligen Untergebenen hatten. In diesen beiden Ministerien hatte es vielleicht am ehesten eine undichte Stelle gegeben. Im übrigen war dieses Rätselraten nun sinnlos, ein neuer Aktionsplan mußte her. Ein politischer Plan.

Falls das Weiße Haus in der Hand des aufgelösten Parlaments bleiben sollte, sah ich folgende Taktik vor: Sicherlich würden die Frondeure den Kongreß einberufen, mich meines Amtes entheben, und Ruzkoi würde sich zum Präsidenten ausrufen. Vermutlich würden sie eiligst eine Gegenregierung einsetzen, in der der radikale Iona Andronow das Amt des Außenministers bekleiden würde. Den Platz des Sicherheitsministers würde vielleicht Sashi Umalatowa einnehmen, die alle gewarnt hatte, wer für Jelzin sei, den werde sie an den Füßen aufhängen lassen.

Das bedeutete, man mußte in kürzester Frist Wahlen ansetzen. Nach dem 21. September rollte der Zug zu den Neuwahlen im Dezember immer schneller. Die im Weißen Haus sitzenden Deputierten mußten sich dann entscheiden: Entweder sie verließen ihren Bunker und griffen in den Wahlkampf ein, oder sie blieben dort und verabschiedeten sich damit endgültig aus dem politischen Leben Rußlands. Sie hatten sich aber so an den Titel »Abgeordneter« gewöhnt, so viel Gefallen daran gefunden, Gesetze zu beschließen, gut zu leben, dabei keinerlei Verantwortung zu tragen und kostenlos öffentliche Verkehrsmittel zu benutzen, daß sie dieses Einsiedlerdasein sicher nicht länger als zwei Wochen aushalten würden. Dann würden sie ganz bestimmt angelaufen kommen, um sich bei der Wahlkommission registrieren zu lassen, würden auf Stimmenfang gehen und alles tun, um wieder Deputierte zu werden. Ich dachte noch an einen weiteren Schachzug, mit dem ich die zu erwartenden Proteste gegen die Auflösung der Legislative möglichst entkräften wollte. Ich beschloß, bereits in meiner Fernsehrede an das Volk vorgezogene Präsidentenwahlen anzukündigen.

Ständig wiederholte ich mir selbst und allen, die ich in die Durchsetzung des künftigen Erlasses einbezog: Ausschließlich friedliche Mittel. Keinerlei Zusammenstöße. Alle Schritte sollten so vorausberechnet werden, daß es keine Opfer geben würde, daß die Maßnahmen, zu denen ich gezwungen war, kein Blutvergießen fordern würden.

Nach der Sitzung des Föderationsrates im Kreml beschloß ich, am Wochenende Moskau zu verlassen und in das Ferienhaus »Rus« in der Umgebung zu fahren, um wenigstens für einen Tag die Spannung abzuwerfen, in der ich die letzte Zeit verbracht hatte.

Vor meiner Abfahrt kam ich mit Innenminister Jerin überein, daß die Kräfte, die wir bereits am Sonntag zuvor zusammengezogen hatten, am Sonnabend und Sonntag in Moskau einen Großeinsatz gegen das organisierte Verbrechen durchführen sollten. Auf allen Bahnhöfen, Flughäfen, an allen »heißen« Punkten der Stadt fanden deshalb Razzien statt, bei denen eine beträchtliche Zahl Krimineller ins Netz ging.

Aus dem Tagebuch des Präsidenten: 19. September 1993

Nach »Rus« begleiteten mich Gratschow, Barsukow und Korshakow. Ich wollte mich vor den kommenden schweren Tagen ablenken, soweit das möglich war, im Wald spazierengehen und den Moskauer Herbst genießen.

Nach dem Abendbrot entbrannte unvermittelt ein heftiger Streit zwischen Pawel Gratschow und Michail Barsukow. Michail Iwanowitsch, den ich als ruhigen und beherrschten, ja sogar sanften Mann kenne, behauptete plötzlich erregt, die bewaffneten Einheiten seien auf die Durchsetzung des Erlasses nicht vorbereitet. »Alle gehen davon aus«, sagte er, »daß wir keine harten Maßnahmen ergreifen müssen, daß alles glatt und friedlich verläuft.« Wunderbar, wenn es uns gelänge, bereits am ersten Tage das Weiße Haus einzunehmen. Und man müsse alles dafür tun, daß dies sofort nach Verkündung des Erlasses geschehe. »Aber wenn es nicht gelingt?« ereiferte er sich. »Hat schon einmal jemand nüchtern eingeschätzt, welche Gefahr das Weiße Haus dann tagelang darstellen wird? Wo ist ein von Militärexperten ausgearbeiteter Einsatzplan? Ich rede nicht von einem politischen Plan, das ist Sache des Präsidenten und seines Apparates. Was aber ist, wenn sich eine Militäreinheit auf die Seite des Parlaments stellt? Wenn die Miliz die Ordnung nicht aufrechterhalten kann? Nach einem solchen Erlaß kann doch alles mögliche passieren! Es gibt keinen Einsatzplan für die Truppe. Wir müssen ein Stabsspiel durchführen und alle Varianten für das Zusammenwirken der Kräfte und Mittel der Ministerien für Sicherheit, Verteidigung und Inneres sowie der Hauptverwaltung Personenschutz durchexerzieren... Wir können doch nicht erst im nachhinein auf die Situation reagieren, sondern müssen uns bereits jetzt auf jede Möglichkeit einstellen.«

»Als Militär bin ich der Meinung«, schloß Barsukow heftig, »daß wir auf die Durchsetzung des Erlasses nicht vorbereitet sind!«

Pawel Sergejewitsch behielt nur mit äußerster Mühe seine Beherrschung. Aber auch er konnte nicht mehr ruhig sprechen. Er warf Barsukow vor, einfach nicht mehr an den Erfolg zu glauben. Mit dieser Einstellung solle man sich auf eine so große Sache überhaupt nicht einlassen. Alle seien auf diesen Schritt des Präsidenten genauestens vorbereitet, die Armee warte seit langem darauf. Befürchtungen seien nicht angebracht. Wir würden das Weiße Haus besetzen, und der Sieg werde unser sein.

Lediglich die Tatsache, daß ich anwesend war, bremste ihre Emotionen. Ich habe Achtung vor beiden Generalen. Aber diesmal konnte auch ich mich kaum noch beherrschen. Ich schrie sie fast an, mit diesem sinnlosen Gerede aufzuhören. Ich sah, daß ihre Nerven aufs höchste gespannt waren. Trotzdem brachte mich Barsukows Haltung in Rage. Warum sagte er das alles erst jetzt, zwei Tage vor dem Erlaß? Gratschow hatte recht: Wenn man so dachte, sollte man am besten gar nicht erst anfangen.

Ich sagte ihm sogar: »Michail Iwanowitsch, vielleicht müssen Sie jetzt wirklich ausspannen. Wenn alles vorüber ist, kommen Sie zurück und nehmen Ihre Arbeit wieder auf.«

Nun sah Barsukow mich beleidigt an. Dann sagte er, für die Sache sei es wohl besser, er bliebe im Kreml. Wenn ich es ihm gestatte, wolle er die ihm übertragene Aufgabe erfüllen.

Ich nickte. Als wir uns trennten, waren wir alle nervös, gereizt und miteinander unzufrieden.

Heute, mit zeitlichem Abstand, nehmen sich viele Episoden jener Tage ganz anders aus.

Barsukows »Rebellion«. Damals nahm ich sie für ein Zeichen von Schwäche. Jetzt sehe ich, daß er die Gefahr instinktiv spürte. Der erfahrene Sicherheitsoffizier ahnte voraus, wie unkontrollierbar die Ereignisse werden und welche Bedrohung sie für uns darstellen konnten.

Die gesamte Situation, wie sie sich im Herbst 1993 entwickelt hatte, war unheilschwanger. Der Verlust jeglicher Kontrolle, eine Spaltung der Armee, der Gesellschaft und der Regionen drohten.

Und verschärft wurde die Krise durch unsere Unfähigkeit und die Furcht, Gewalt anzuwenden. Wir hatten keinen präzise ausgearbeiteten Einsatzplan für den Fall einer Rebellion, eines Notstandes oder lokalen

Konfliktes. Das muß ich ehrlich zugeben. Einen solchen Plan kann man nur anhand realer Erfahrungen ausarbeiten. Wir aber hatten keinerlei Erfahrungen mit einer Notsituation, die das ganze Land erfaßte. Wir hatten Furcht vor Demonstrationen, waren aber auf das Chaos der Straße nicht vorbereitet. Daher auch unsere Taktik der gewaltlosen Gegenwehr, deshalb standen wir mit Gummiknüppeln und Plastikschilden hilflos Maschinenpistolen, Molotow-Cocktails, abgesägten Flinten und Messern gegenüber.

Hinzu kam das komplizierte Knäuel der politischen Widersprüche: Der Präsident verletzt formal die Verfassung, führt undemokratische Maßnahmen ein und jagt das Parlament auseinander, um Demokratie und Recht im Lande durchzusetzen. Das Parlament verteidigt die Verfassung, um den rechtmäßig gewählten Präsidenten zu stürzen und die Sowjetmacht in vollem Umfang wiederzuerrichten.

Wie waren wir in diese Widersprüche geraten? Warum hatte man es Ruzkoi gestattet, die Militärbezirke, die großen Rüstungsbetriebe anzurufen und einen Bürgerkrieg zu eröffnen? Warum gab man Hitzköpfen und Terroristen die Möglichkeit, gegen die rechtmäßige Macht zu kämpfen? Warum setzte man das Land einem so schrecklichen Risiko aus?

Am Montag hatte ich ein weiteres schwieriges Gespräch, diesmal mit Filatow. Davon habe ich bereits berichtet. Ich spürte, je näher die Zeit zum Handeln kam, desto mehr stieg die Spannung im Kreml, am Alten Platz (dem ehemaligen ZK-Gebäude - nun Sitz verschiedener Regierungsbehörden - d. Übers.) und im Verteidigungsministerium.

Folgende Situation war entstanden: Die Führung des Weißen Hauses erwartete jetzt stündlich den Erlaß. Chasbulatow hielt am Sonnabend im Parlamentszentrum ein Treffen von Vertretern der Sowjets aller Ebenen ab. Das war ein echter Sowjetsabbat, auf dessen Höhepunkt sich der Parlamentspräsident einen unflätigen Ausfall leistete. Vom Rednerpult verkündete Chasbulatow: Was kann man von unserem Präsidenten schon erwarten? Schließlich ist er ein russischer Mushik und unterschreibt »in diesem Zustand« (er schnippte mit den Fingern vielsagend gegen die Gurgel) jeden Erlaß. Mich traf diese Beleidigung nicht sonderlich, mit Chasbulatow war es ohnehin bald zu Ende. Aber Fernsehen, Presse und Öffentlichkeit waren nun alarmiert. Er hatte eine Grenze überschritten, vor der er bisher stets zurückgeschreckt war. Entweder lag dies an der ausweglosen Situation, oder es war, umgekehrt, ein Versuch, Sicherheit und Stärke zu demonstrieren.

Am Sonntag zog die ganze Versammlung von Vertretern der Sowjets auf Chasbulatows Kommando aus dem Parlamentszentrum ins Weiße Haus um. Chasbulatow und Ruzkoi hatten beschlossen, die Deputierten als menschlichen Schutzschild zu benutzen. An diesem freien Tag, an dem das Gebäude nach unserer ersten Voraussicht hätte leerstehen müssen, war es nun von Menschen überfüllt. Diese hektische Betriebsamkeit ging auch am Montag weiter. Man rief immer mehr Menschen ins Weiße Haus. Was ich vermeiden wollte, trat ein. Das Weiße Haus wurde zum organisierten Stabsquartier des Widerstandes gegen den Erlaß des Präsidenten.

Am Dienstagmorgen sprach ich noch einmal über die Direktleitung mit Tschernomyrdin, Goluschko, Gratschow und Jerin. Den Vertretern der bewaffneten Organe stellte ich nur eine einzige Frage: Wie würden wir nun mit dem Weißen Haus verfahren? Gab es noch eine Möglichkeit, die Deputierten dort gleichsam auszuräuchern? Denkt nach, drängte ich sie. Vielleicht riskieren wir einen Blitzangriff von Spezialeinheiten? Vielleicht gibt es Wege, die wir noch nicht bedacht haben?

Jeder der Minister teilte mir seine Meinung mit. Ihre Ausführungen waren kurz, sachkundig und präzise, nur wurde mir davon nicht leichter. Das Bild war eindeutig. Es konnte nicht gelingen, das Weiße Haus zu nehmen. Darauf mußten wir unsere ganze weitere Taktik aufbauen. Das war ein harter Schlag. Kühl beschied ich meine Gesprächspartner, um 12.00 Uhr zu mir in den Kreml zu kommen. Sie spürten, in welchem Zustand ich war, konnten mir aber nicht helfen.

Ich wiederhole noch einmal, mich beunruhigte nicht in erster Linie das Gebäude selbst. Ich spürte nur beinahe körperlich, in welch komplizierte und gefährliche Lage wir uns begaben. Ich sah das Weiße Haus vor mir. Tod, Zerstörung und Krieg hingen in der Luft. Um all das zu vermeiden, mußte ich buchstäblich auf des Messers Schneide gehen. Und offenbar waren nun erneut Kompromisse notwendig, mußte mit der Führung des Obersten Sowjets gesprochen und in manchem nachgegeben werden. Es ging darum, Blutvergießen und Opfer zu vermeiden, eine gewaltsame Auseinandersetzung unter keinen Umständen zuzulassen.

Das aber sollten die letzten Kompromisse mit den Sowjets in der Geschichte Rußlands sein, denn in einigen Stunden wollte ich die Auflösung des Parlaments verkünden. Das bedeutete das Ende der Sowjetmacht in unserem Lande für immer, dessen war ich mir absolut sicher.

Um 12.00 Uhr kamen die Regierungsmitglieder bei mir zusammen. Alle wirkten angespannt. Als ich Pawel Gratschow das Wort erteilte, bat er mich in seiner Erregung um die Erlaubnis, seinen kurzen Bericht ablesen zu dürfen. Das hatte er noch nie getan. Jetzt aber las er mit fester und lauter Stimme vor, was er aufgeschrieben hatte. Danach erstatteten Tschernomyrdin, Jerin und der neue Sicherheitsminister Goluschko, dessen Ernennung ich am Sonnabend unterzeichnet hatte, Bericht.

Angesichts der jüngsten Wendung der Ereignisse korrigierten wir unseren Plan. Die wichtigsten Veränderungen betrafen natürlich das

Weiße Haus. Wir beschlossen, alle Stadt- und Regierungsleitungen zu dem Gebäude abzuschalten, um die Verbindungen des Parlaments zu den Regionen zu unterbrechen. Im August 1991 waren uns die abgeschalteten Regierungsleitungen beinahe zum Verhängnis geworden, und nur dank des vergessenen Telefons von Viktor Iljuschin hatten wir die Verbindung zur Außenwelt aufrechterhalten können. Ich bat darum, den Leiter der für das Regierungsnetz zuständigen Dienststelle, General Starowoitow, unverzüglich aufzusuchen. Alle Telefone des Weißen Hauses mußten mit Beginn meiner Fernsehrede um 20.01 Uhr verstummen.

Nach kurzer Diskussion beschlossen wir, keinen Militär- oder Milizkordon um das Parlamentsgebäude zu ziehen. Das hätte die verzweifelte Kampfesstimmung bei den Insassen des Weißen Hauses nur noch gesteigert. In Moskau sollten auch keine Militäreinheiten zusammengezogen werden. Unsere Taktik sah harte und entschlossene Maßnahmen vor, aber nur als Reaktion auf rechtswidrige Schritte der Führung des Weißen Hauses. Ich war der Meinung, daß es besser war, unnötige Provokationen zu vermeiden und die Lage nicht anzuheizen.

Damit gingen wir auseinander, und ich bereitete mich auf meinen Fernsehauftritt vor. Für 17.00 Uhr war die Aufzeichnung angesetzt. Als das Kamerateam im Kreml eintraf, wußte es nicht, zu welchem Zweck es hierher bestellt worden war. Erst hier wurde den Männern mitgeteilt, daß es sich um eine Rede des Präsidenten handelte. Wie gewöhnlich bauten sie im Zimmer Nummer vier des Kreml ihre Technik auf, richteten Kamera und Ton ein. Offenbar ahnten sie, daß dies keine gewöhnliche Rede an das Volk war. Es kam, wie häufig in solchen Fällen: Mein Text war bereits in den Computer eingegeben und sollte auf dem »Teleprompter« erscheinen, von dem ich den Text lesen und zugleich in die Kamera blicken konnte. Genau in diesem Augenblick versagte die Technik. Der Text erschien nicht auf dem Bildschirm, und als er dann endlich doch da war, lief er nicht Zeile für Zeile über den Monitor, sondern in so atemberaubender Geschwindigkeit, daß ich kein Wort lesen konnte. Die Ingenieure taten alles, um den Schaden zu beheben. Ich selbst blieb wie immer merkwürdigerweise ruhig. Eine alltägliche, fast klassische Situation – die Technik versagt fast immer, wenn die Vorgesetzten anwesend sind und wenn es ums Ganze geht. Schließlich war die Reparatur abgeschlossen. Man bat alle aus dem Zimmer hinaus, die mit der Aufzeichnung nicht unmittelbar zu tun hatten. Vollkommene Stille trat ein. Ich blickte in die Kamera und begann: »Bürger Rußlands!«

Es folgte der Wortlaut des Erlasses. Danach stand ich auf und dankte allen, die mitgewirkt hatten. Die Fernsehleute übergaben die Videokassetten mit der Aufzeichnung der Rede meinen Mitarbeitern. Wenige Minuten später fuhr ein Wagen unter Bewachung nach Ostankino, wo der bereits informierte Wjatscheslaw Bragin die Kassetten übernehmen und um 20.00 Uhr ausstrahlen sollte. Mein Pressesprecher Wjatscheslaw Kostikow bat unterdessen das Fernsehteam, den Kreml nicht vor acht Uhr abends zu verlassen. Diese Vorsichtsmaßnahme mag heute überflüssig erscheinen; damals war sie unbedingt notwendig.

In der Kanzlei wurden die Kopien des Erlasses versiegelt, der nun endlich auch Nummer und Datum erhielt. Es war die Nummer 1400. Ich hatte ihn bereits eine Woche zuvor unterzeichnet. Am 21. September um 20.00 Uhr trat er in Kraft. Punkt 20.00 Uhr sollte der Kurier die Umschläge mit den Kopien des Erlasses den Personen überreichen, die er in erster Linie betraf - Chasbulatow, Ruzkoi und Sorkin. Ich wußte, wie sie reagieren würden, mußte mich aber an diese Formalität halten.

Bis acht Uhr wollte ich nicht im Kreml warten. Etwa gegen 19.00 Uhr bestellte ich meinen Wagen und fuhr nach Hause. Die Rede sah ich mir in meiner Wohnung an. Kleine Unebenheiten fielen mir auf. Aber als ich mich auf dem Fernsehschirm erblickte, schien es mir - soweit einem ein Urteil über sich selbst überhaupt möglich ist -, daß es ein würdiger Auftritt war.

Rußland trat nun in eine neue Epoche ein. Wir reinigten uns nun von den letzten Resten des Schmutzes, der Lüge und Heuchelei, die sich in mehr als siebzig Jahren angesammelt hatten. Noch einige Anstrengungen, und wir würden alle leichter atmen können. Wenn ich davon nicht fest überzeugt gewesen wäre, hätte ich das alles nicht angefangen.

Noch einmal unterbreche ich die Abfolge meines Berichtes.

Ein Treffen jagte das andere, eine Beratung folgte auf die andere. Viele habe ich hier weggelassen. Meine Unruhe wuchs wie eine Lawine. Und dann kam diese trostlose Nachricht, daß das Weiße Haus bereits von den Deputierten besetzt worden war. All das war schlecht, sehr schlecht.

Am leichtesten wäre es in diesem Augenblick sicher gewesen, meinen Entschluß um eine Woche aufzuschieben, wie man es mir geraten hatte. Aber dann vielleicht wieder und wieder um eine Woche? Am Ende wäre er niemals gefaßt worden.

Auf diese Weise hätte ich aber auch das letzte Vertrauen eingebüßt. Ganz zu schweigen von den politischen Folgen, von dem juristischen Chaos, das der nächste Kongreß im Lande ausgelöst hätte. Aber da war auch ein rein menschlicher Aspekt. Ich hatte schließlich keine Mannschaft stumpfsinniger Befehlsempfänger um mich versammelt. Meine Mitarbeiter hätten mir ein derartiges Schwanken und solche jähen Wendungen nicht verziehen. Ich mußte es also hinter mich bringen.

Der nächste Tag, den wir gleichsam neu in Raum und Zeit erlebten, hielt keine besonderen Überraschungen für uns bereit. Fast alles, was wir vorausberechnet hatten, trat ein. Chasbulatow und Ruzkoi riefen den Kongreß zusammen. Das Weiße Haus wurde bereits in den ersten Stunden zum Zentrum des bewaffneten Widerstands gegen den Erlaß des Präsidenten. In der Nacht trat das Verfassungsgericht zusammen und erklärte den Erlaß Nr. 1400 natürlich für verfassungswidrig. Vier Richter stimmten - wie erwartet - gegen diesen Beschluß.

Am Morgen traf ich im Kreml mit Viktor Tschernomyrdin zusammen. Ich wollte mit ihm zwei Fragen besprechen. Erstens, die Ablösung des Vorsitzenden der Zentralbank Rußlands, Viktor Geraschtschenko, und die Ernennung von Finanzminister Boris Fjodorow an seiner Stelle. Tschernomyrdin widersetzte sich diesem Vorschlag mit allem Nachdruck. Er sei mit der Arbeit der Zentralbank durchaus zufrieden. Geraschtschenko sei Fachmann, ein erfahrener Kenner des Bankwesens. Jetzt, da es den Obersten Sowjet nicht mehr gebe, werde sich das Verhältnis zur Zentralbank qualitativ verbessern. Überdies habe Fjodorow auf seinem bisherigen Posten bereits genug zu tun. Gegenwärtig werde ein so harter, unnachgiebiger Minister, der die Finanzen des Landes wie ein Kettenhund bewache, dringend gebraucht. Wozu also einen neuen suchen?

Ich stimmte ihm zu, wenn auch in erster Linie nicht aus den durchaus stichhaltigen Gründen, die er genannt hatte. Schließlich mußte vor allem der Ministerpräsident sowohl mit der Zentralbank als auch mit dem Finanzminister zusammenarbeiten. Wenn ich mich in diese Fragen einmischte, bedeutete das erstens, dem Ministerpräsidenten nicht zu vertrauen, und zweitens, ihn in seiner Arbeit zu behindern.

Das zweite Problem, das ich mit ihm besprach, betraf die Person des Generalstaatsanwalts. Daß der gegenwärtige Generalstaatsanwalt Rußlands, Walentin Stepankow, ein Mann Chasbulatows war, wußte das ganze Land. Stepankow selbst versuchte auch gar nicht zu verhehlen, wie sehr er sich dem Parlamentspräsidenten politisch und persönlich verbunden fühlte. Sie hatten ein nahezu freundschaftliches Verhältnis, halfen einander und verliehen sich gegenseitig Auszeichnungen. Stepankow überreichte seinem Vorgesetzten die Staatsanwaltsurkunde Nummer eins. Das war fast wie in der Breshnew-Zeit, nur wurden damals gewöhnlich Parteibücher überreicht. Nun hatte sich die Mode etwas verändert.

Es war Stepankow gewesen, der im Auftrag Chasbulatows eine unvoreingenommene Untersuchung der Massenunruhen während der Feierlichkeiten zum 1. Mai durch die Staatsanwaltschaft verhindert hatte. Als die Staatsanwälte, die mit diesem Fall befaßt waren, zu dem Ergebnis kamen, daß die faschistoiden Demonstranten an den Ausschreitungen schuld gewesen waren und die Miliz sich lediglich selbst verteidigt hatte, forderte Chasbulatow, die Untersuchungsergebnisse zu überarbeiten und die beteiligten Mitarbeiter auszuwechseln.

Auch aus einem anderen Grund mußte ich mich mit Stepankow ernsthaft befassen. Das betraf seine Verbindungen zu Jakubowski und der Firma »Siabeko«. Welche Dienste der Staatsanwalt den Geschäftsleuten erwiesen hatte, warum der junge Jakubowski mit dem Generalstaatsanwalt wie mit einem kleinen Beamten umspringen konnte, mit unflätigen Ausdrücken um sich warf, ja geradezu unverschämt wurde, wie es in den Zeitungen ausführlich zu lesen war – das war für mich ein Rätsel. Daß jedoch Walentin Georgiewitsch von »Dima« abhängig und ihm auf irgendeine Weise ausgeliefert war, war eine Tatsache, die ich nicht mehr übersehen konnte.

Um so mehr überraschte mich Viktor Stepanowitschs Vorschlag: Er plädierte dafür, Stepankow auf seinem Posten zu belassen.

Das paßte mir, ehrlich gesagt, überhaupt nicht. Ich konnte aber im Augenblick nicht auf der Ablösung des Generalstaatsanwalts bestehen, weil ich keinen geeigneten Kandidaten zur Hand hatte. Diesen zur Zeit so wichtigen Posten provisorisch zu besetzen, wäre eine unverzeihliche Dummheit gewesen. Ich dachte kurz nach und willigte dann in Tschernomyrdins Vorschlag ein. Allerdings kamen wir überein, falls Stepankow ein Spiel mit Chasbulatow treiben und dem nicht mehr existierenden Obersten Sowjet zu Hilfe kommen sollte, mußte er unverzüglich abgelöst werden. Damit trennten wir uns. Ich ahnte allerdings, welches Geschrei in der Presse und welche Vorwürfe von seiten der Demokraten mich erwarteten. Sicher würde man mich des Verrats bezichtigen und annehmen, aus Gründen der politischen Opportunität hätte ich mich auf einen faulen Kompromiß eingelassen. Ob mein Entschluß richtig war oder nicht, mußte die nächste Zeit zeigen.

Um 13.30 Uhr versammelten sich im »Haus der Empfänge« die Leiter der für die innere Sicherheit zuständigen Ministerien. Ich stellte zu meiner Befriedigung fest, daß alle Minister die Nervosität und Aufregung der vergangenen Woche abgeschüttelt hatten. Aus ihren Berichten und ihren Antworten auf Fragen ergab sich ein klares Bild. Ich bekräftigte noch einmal, daß wir eine ganz eindeutige Taktik verfolgten. Es galt, sich nicht provozieren zu lassen und mit größtem Nachdruck Wahlen anzusteuern. Dann würde das Weiße Haus politisch isoliert werden. Für Ruhe und Ordnung in Moskau sorgten die Truppen des Innenministeriums, was bedeutete, daß Jerin auch weiterhin die Hauptlast zu tragen hatte. Wenn die Situation ein härteres Reagieren erfordern sollte, waren wir auf rasche, angemessene Schritte vorbereitet. Die Armee sollte sich bereit halten, jederzeit in die Hauptstadt einrücken zu können.

Wir verabschiedeten uns, und ich fuhr zum Kreml zurück. Nach alter Gewohnheit entschied ich, dort anzuhalten, wo sich besonders viele Menschen versammelten. Auf der Twerskaja bremste die Kolonne, ich stieg aus und sah mich sofort von Moskauern umringt. »Was ist, unterstützt ihr mich?«, war natürlich meine erste Frage. Ohne die Unterstützung der Menschen hatte alles keinen Sinn. Die Passanten jubelten mir zu. Es war mir sehr wichtig, das zu erleben. Es wirkte auf mich wie frischer Sauerstoff.

Ich weiß, daß manche meine spontanen Auftritte auf der Straße überhaupt nicht mögen. Sie betrachten das als theatralische Pose. Auf diese Weise erfahre man nicht die wahre Meinung des Volkes, heißt es. Das weiß ich selbst. Dafür gibt es verschiedene Informationsquellen und vor allem unabhängige Kanäle. Bei Begegnungen mit dem einfachen Mann auf der Straße geht es jedoch um etwas ganz anderes. Ich kann dort vielen Menschen in die Augen schauen. Ich spüre ganz unmittelbar ihre Emotionen, ihren Seelenzustand, ihren Schmerz und ihre Hoffnung. Das finde ich in keinem Bericht, in keinen Umfrageergebnissen, in keiner Statistik.

Zu diesem Zeitpunkt hatten sich faktisch alle Regierungschefs der Staaten West- und Osteuropas, Asiens und Nordamerikas sowie der Länder der Dritten Welt für jenen Ausweg aus der politischen Krise ausgesprochen, den ich mit meinem Erlaß vom 21. September gewiesen hatte. Diese feste und eindeutige Haltung der Weltgemeinschaft war sicherlich für die Besetzer des Weißen Hauses ein schwerer Schlag.

Eine zweite und, wie ich glaube, nicht weniger herbe Enttäuschung erlebten die Verteidiger des aufgelösten Parlaments am Donnerstag, dem 24. September. An diesem Tag trafen ausnahmslos alle Führer der GUS-Staaten in Moskau ein. Chasbulatow und Ruzkoi waren vorsichtig und gaben nur verhaltene Entrüstung zu erkennen.

Als mir meine Mitarbeiter am Mittwoch und Donnerstag meldeten, daß eine Maschine nach der anderen mit den Führern der GUS-Staaten in Moskau landete, erinnerte ich mich daran, wie hart ich mit einigen meiner Minister hatte streiten müssen, die überzeugt gewesen waren, angesichts der labilen Situation in Moskau werde die Beratung im Großen Kremlpalast überhaupt nicht zustande kommen. Ich aber wußte genau, daß sie erstens stattfinden würde und daß zweitens ein Ablauf ohne Hektik und Nervosität ein wichtiges Argument zugunsten des Kurses war, für den ich mich nun entschieden hatte.

Diese Tagung in Moskau war nach meiner Meinung eine der ergebnisreichsten. Das hatte objektive und subjektive Gründe. Die Hauptrolle spielte sicher der Umstand, daß wir alle in den zwei Jahren, in denen die ehemaligen Sowjetrepubliken ihre eigenen Wege gegangen waren, die Notwendigkeit erkannt hatten, zu einem Mindestmaß an wirtschaftlicher und politischer Zusammenarbeit zurückzukehren. Auf der Beratung brachten die Staatschefs ihre offizielle Unterstützung für den Kurs des russischen Präsidenten zum Ausdruck. Natürlich fanden auch viele inoffizielle Gespräche unter vier Augen statt. Jeder hielt es für seine Pflicht, zu dem Entschluß, das Parlament aufzulösen, klar

Der zweite Putsch im Oktober 1993 war keine Verschwörung einiger Putschisten mehr; der »Kongreß der Volksdeputierten«, der noch nach dem alten sowjetischen System gebildet worden war, revoltierte gegen den vom Volk gewählten Präsidenten. Zugleich bildeten sich undisziplinierte Haufen, die Jelzin nicht ganz zu Unrecht nur »Banditen« nannte. Durch den Einsatz von Panzern, die das Weiße Haus im wörtlichen Sinne ausräucherten, gelang es nach einigen Tagen, die Dinge unter Kontrolle zu bringen.

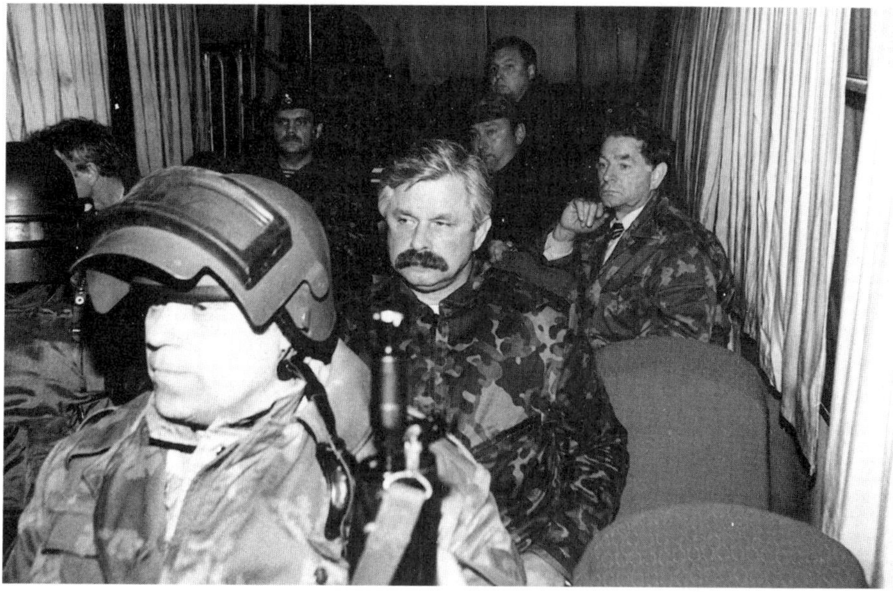

Während des ersten Putsches vom August 1991 hatten der schnurrbärtige Afghanistan-General Ruzkoi und der tschetschenische Parlamentspräsident Chasbulatow zu den treuesten Verbündeten Jelzins gehört. Inzwischen waren sie die Häupter des Machtkampfes geworden, die Jelzin für abgesetzt erklärten und zum Sturm auf die Zentrale aufriefen. Nach der Beschießung des Weißen Hauses durch jelzintreue Einheiten gaben sich beide Männer gefangen, obwohl sie in den vergangenen Tagen immer wieder gelobt hatten, lieber auf den Stufen des Parlamentes zu fallen als zu kapitulieren.

Stellung zu nehmen. Was dort an die Adresse des ehemaligen Obersten Sowjets gesagt wurde, waren wahrhaftig keine diplomatischen Floskeln; in ein offizielles Dokument hätten diese Worte wohl kaum Aufnahme gefunden. Ich spürte, daß alle Führer der Republiken der ehemaligen Union am Schicksal Rußlands Anteil nahmen.

Inzwischen hatte sich die Situation in Moskau um das Weiße Haus bis zum äußersten zugespitzt. Am 23. September gegen 21.10 Uhr versuchte ein Kommando der Frondeure die Wache am Gebäude des ehemaligen Stabes der Vereinten GUS-Streitkräfte am Leningrader Prospekt zu überwältigen. Es waren acht Mann mit Maschinenpistolen, denen es gelang, die Wachsoldaten zu entwaffnen. Man löste Alarm aus und schickte eine Abteilung der OMON zu Hilfe, die das Kommando bald in die Flucht schlug. Bei der Schießerei kamen zwei Menschen ums Leben – der Milizhauptmann Swiridenko und Vera Nikolajewna Malyschewa, eine sechzigjährige Frau aus dem Wohnhaus gegenüber, die ans Fenster getreten war, als sie die Schüsse hörte, und die von einer verirrten Kugel getroffen worden war.

Das waren die ersten Opfer des unerklärten Bürgerkrieges, den das Weiße Haus eröffnet hatte. Nach dieser blutigen Aktion, die sowohl politisch als auch militärtaktisch in jeder Hinsicht sinnlos war, erhielt die Konfrontation mit dem ehemaligen Parlament eine ganz neue Qualität. Bislang hatten im Weißen Haus politische Kräfte gesessen, die sich dem Erlaß des Präsidenten nicht unterwerfen wollten, und die zwar über eine bewaffnete Wachmannschaft mit voll ausgerüsteten Kämpfern verfügten, aber bemüht waren, die Auseinandersetzung mit der Regierung in zivilisierter Form zu führen. Sie beriefen Sitzungen ein, ernannten neue Minister, sandten Telegramme in die Regionen und wurden vom Verfassungsgericht unterstützt.

Nach dieser Tragödie aber war alles Gerede von Verfassungstreue und Recht, von der Pflicht der Deputierten gegenüber dem russischen Volk nur noch eine zynische Farce.

Daß vom Weißen Haus aus ein Gebäude der Armee gestürmt wurde, bedeutete folgendes: Entweder kontrollierte die Führung des ehemaligen Parlaments die Lage dort nicht mehr, und die reale Macht hatten bewaffnete Extremisten an sich gerissen, oder Chasbulatow und Ruzkoi sahen, daß wir uns zurückhielten, und wollten unsere Reaktion auf das erste Blutvergießen testen. Wie würde man im Kreml reagieren?

Pawel Gratschow gab noch in derselben Nacht den Befehl, alle Einrichtungen des Verteidigungsministeriums verstärkt zu bewachen. Mit ihm, Viktor Tschernomyrdin und den anderen Ministern konsultierte ich mich weiter per Telefon. Wir blieben bei unserer gemeinsamen Position: Vorläufig sollten keine Truppen zur Aufrechterhaltung der Ordnung in Moskau eingesetzt werden. Die Hauptlast blieb bei Innenminister Jerin.

Bis zu diesem Augenblick war die Absperrung des Weißen Hauses rein symbolischer Natur. Jeder, der das wollte, konnte hineingehen, und wenn er von den Sitzungen und Kundgebungen dort genug hatte, wieder nach Hause oder an seine Arbeit zurückkehren. Am 24. September aber gab Viktor Jerin die Weisung, einen festen Blockadering der Miliz um das Gebäude zu ziehen. Jetzt konnte man das Weiße Haus nur noch verlassen; hinein kam niemand mehr. Strom, heißes Wasser und Heizung wurden abgeschaltet. Im Zentrum der Millionenstadt Moskau einen Ort zu dulden, der von Waffen starrte und von bedenkenlosen Politikern besetzt war, die zum äußersten entschlossen waren, um sich an der Macht zu halten, war nun nicht länger hinnehmbar. Gleichwohl war von einem Sturm oder einer Eroberung des Weißen Hauses zu diesem Zeitpunkt noch keine Rede.

Inzwischen aber versammelten sich immer mehr Menschen in der Umgebung des Gebäudes.

Zunächst empfand ich das wie einen Schlag. Doch bald wurde klar, worum es sich handelte. Neben den Berufsdemonstranten Anpilows von der Bewegung »Werktätiges Moskau« zog das Weiße Haus Sympathisanten oder auch einfach nur neugierige Zuschauer an, die das in Moskau einmalige politische Schauspiel mit eigenen Augen sehen wollten. Unter Lebensgefahr blieb die Menge in der Nähe der Panzer, an der Uferstraße, mitten im Schußfeld, auf den Dächern vor den Mündungen der Scharfschützen stehen. Manche schienen es geradezu spannend zu finden, die Vorgänge aus allernächster Nähe zu betrachten. Sie kamen zum Weißen Haus, um sich die gewaltigen Reihen von Milizionären in ihren Stahlhelmen anzuschauen und zu warten, bis die ersten Schüsse fallen würden.

Die Spannung wuchs.

Ruzkoi hatte seine großen Theaterauftritte in der Nähe des Weißen Hauses mit Megaphon und Fahnen. Er forderte die Miliz auf, sich zu besinnen und auf die Seite des Obersten Sowjets überzutreten. Offenbar glaubte man dort, endlich habe sich das Volk spontan erhoben. Das war ein verhängnisvoller Irrtum.

Zu einem bestimmten Zeitpunkt nahmen die Ereignisse eine überraschende, schwer erklärbare Wendung. So kann ich bis heute nicht verstehen, warum der Tod zweier unschuldiger Menschen vor dem Gebäude des Stabes der GUS-Streitkräfte keinerlei Wirkung auf die am Weißen Haus Versammelten zeigte. Waren das nicht Opfer einer Handvoll Banditen gewesen? Statt dessen aber warfen die Medien den Behörden vor, gegen ihre politischen Gegner unerlaubte Methoden anzuwenden. Man gehe zu hart gegen die Besetzer vor. Die Ärmsten hätten nichts mehr zu essen und zu trinken. Das Ganze sei einfach »eine Schweinerei«.

Die taktischen Fehler nahmen zu. Jeder einzelne für sich unbedeutend, schufen sie in ihrer Gesamtheit den Eindruck allgemeiner Verwirrung. Davon konnte in Wirklichkeit keine Rede sein. Wir waren ganz sicher, daß wir alles richtig machten. Heute, im nachhinein, ist mir natürlich klar, wo die Ursache für diese Fehler lag: Wir hatten uns nicht auf einen Kampf eingestellt. Mit Krieg hatte keiner gerechnet. Ich hatte einfach nicht akzeptieren wollen, daß ein Verfassungsstreit mich dazu zwingen konnte, auf Menschen schießen zu lassen.

Sicherlich war das die komplizierteste Entscheidung in meinem Leben. In mir vollzog sich ein quälendes und schmerzhaftes Ringen. Deshalb zögerten wir, rollte unser »Fahrzeug« sozusagen nicht schnurgerade auf einer Chaussee, sondern stieß Pfähle um, rutschte in den Straßengraben. Natürlich nur bis zu einem bestimmten Zeitpunkt. Dann zwang uns die unmittelbare Gefahr für die Sicherheit des Staates zum entschlossenen Handeln.

Aber anfangs fiel mir jeder Schritt ungeheuer schwer. Ich begriff, daß es in der verfassungsrechtlich so heiklen Situation, da man jede Handlung faktisch außerhalb des Gesetzes stellen konnte, nur einen Ausweg gab. Aber es war mir zutiefst zuwider, das Gesetz zu verletzen, um aus dieser Lage herauszukommen.

Wieder einmal wurde mir klar, was Demokratie bedeutet. Das ist vor allem eine schwere, schreckliche Verantwortung. Für einen normalen Menschen.

Ich baue stets auf den gesunden Menschenverstand. Ich war sicher, daß er auch in diesem Falle triumphieren würde. Schließlich wurde die Lage für die Insassen des Weißen Hauses ja immer eindeutiger. Die Unterstützung, auf die sie gehofft hatten, fanden sie nirgends. Weder die Armee noch die Gewerkschaften oder die Bergleute – niemand stellte sich hinter die ehemaligen Deputierten. Lediglich Sowjets verschiedener Ebenen sandten ihren Vorgesetzten Grußtelegramme, aber Papierchen helfen in einer solchen Situation nicht viel. Ruzkoi rief die »Arbeiterklasse« verzweifelt zum Generalstreik in ganz Rußland auf. Das hatte aber keinerlei Wirkung. Chasbulatow verhandelte ohne Unterlaß mit den Führern der Regionen. Man hoffte auf die Genossen aus Nowosibirsk, die ihm angeblich versprochen hatten, die transsibirische Eisenbahn zu blockieren. Eine solche strategische Arterie lahmzulegen, wäre schon eine ernste Angelegenheit gewesen. Vielleicht hätten die Behörden dann einen Schrecken bekommen und sich auf Verhandlungen eingelassen. Aber niemand wollte die Eisenbahnverbindung unterbrechen, und wenn sich Chasbulatow auf den Kopf gestellt hätte.

Ruzkoi rief die Chefs der Militärbezirke an und fordete sie auf, sich dem neuen Präsidenten und dem neuen Verteidigungsminister zu unterstellen. Er hatte natürlich seine Verbindungen zu den Militärs, seine Freundschaften und persönlichen Beziehungen. So war Ruzkoi mit dem Kommandeur der Luftstreitkräfte, General Pjotr Dejnekin, persönlich befreundet. Er bat seinen Freund verzweifelt, ihm zu Hilfe zu eilen. Der Kommandeur antwortete: »Sascha, mach' keinen Unsinn, ich habe nur einen Präsidenten, das ist Jelzin, und nur einen Verteidigungsminister, das ist Gratschow. Ergebt euch also möglichst bald.«

Die Frondeure waren isoliert. In menschlicher wie in politischer Hinsicht. Auch im Hinblick auf die Stimmung im Volk. Das war die Hauptsache. Chasbulatow, Ruzkoi und ihre Anhänger lebten seit langem in der falschen Vorstellung, es fehle nur ein leichter Stoß, und das ganze Volk, das ganze Land werde dem kommunistischen, dem bolschewistischen Parlament zurück in die Vergangenheit folgen. Das Volk ging aber nicht mit. Sie blieben allein. Und dabei war dort in der Vergangenheit doch alles so wunderbar und so verständlich gewesen: die große, mächtige Sowjetunion, das Brot für sechzehn Kopeken, ein stumpfsinniger, aber doch immerhin gesicherter Arbeitsplatz, kostenloser Wohnraum – wenn auch nur fünf Quadratmeter pro Kopf – und die Hoffnung, nach vielen Jahren vom Staat ganze neun Quadratmeter zu erhalten, wenn man sich gut führte. Man durfte die »Prawda« lesen, das Nachrichtenprogramm »Wremja« sehen und sich dreimal im Jahr zu den Feiertagen an der Fernsehsendung »Ogonjok« erfreuen.

Seltsam, dieses so einfache, aber berechenbare Leben wollte das Volk nicht mehr. Seltsam, statt der satten Sklaverei wählte es die unverständliche und schwierige Freiheit.

An dem Tag, an dem der Erlaß über die Auflösung des Parlaments verkündet wurde, traf Mstislaw Rostropowitsch in Moskau ein. Wie schon im August 1991 geriet er in den Strudel der revolutionären Ereignisse in Rußland. Das stellte er selbst ironisch fest, und das schrieb auch die Presse über seine Ankunft. Am Sonntag, dem 26. September, gab er mit dem Symphonischen Orchester aus den USA ein Konzert für die Moskauer auf dem Roten Platz.

An diesem Tag war es in Moskau windig und kalt. Der Dirigent hob den Taktstock, und die Musik ertönte. Ich aber konnte dieses erstaunliche Bild nicht in Ruhe betrachten – den Mann im schwarzen Frack vor der Basiliuskathedrale, seine im Winde flatternden grauen Haare, seine Arme, sein erregtes Gesicht.

Gemeinsam mit mir waren Galina Wischnewskaja und ihre Tochter zum Konzert gekommen. Nach dem Konzert lud ich sie in unser Haus ein. Während das Publikum den Künstlern applaudierte und die Moskauer ihnen Blumen überreichten, war die Hauptperson plötzlich verschwunden. Wir hatten den Roten Platz bereits verlassen und stiegen mit der Familie Rostropowitschs ins Auto, Mstislaw Leopoldowitsch jedoch war nirgendwo zu sehen. Schließlich trieb man ihn in seinem Hotelzimmer auf. Ihm war während des Konzerts so kalt geworden, daß er sich im Hotel erst einmal hatte aufwärmen müssen. Telefonisch verband man mich mit ihm, und wir vereinbarten, daß er ein wenig später zu uns stoßen sollte.

Dann folgte ein gemeinsames Mittagessen. Mstislaw Leopoldowitsch und Galina Pawlowna erzählten Anekdoten aus ihrem Musikerleben. Ich genoß es sehr, sie bei uns zu Gast zu haben. Ich bin ein begeisterter Fan von ihnen. Jedesmal, wenn Mstislaw Rostropowitsch nach Rußland kommt, treffen wir uns. Sein Optimismus, seine Energie, seine Ehrlichkeit und Offenheit wirken ansteckend, und es ist ihm gleich, wen er vor sich hat – einen hohen Funktionär, einen Arbeiter oder eine Person königlichen Geblüts. Er unterhält sich mit jedem gern. Wie auch jeder mit ihm.

Mir machte es Vergnügen zu beobachten, wie er sich seiner Frau gegenüber verhielt. Galina Pawlowna ist eine sehr gefühlvolle, manchmal sehr strenge Frau. Dabei wirkt sie jedoch selbst in ihrer Strenge noch elegant und liebenswert. Und wenn sie ihrem Mann mit ihrer gut ausgebildeten Stimme ein tadelndes Wort zuwarf, sah er sie mit unverhüllter Bewunderung an. Es schien, als genieße er es geradezu, wenn sie ihm ein wenig zürnte.

Wir konnten uns kaum trennen. Aber Mstislaw Rostropowitsch hatte noch ein Treffen mit Moskauer Künstlern und Intellektuellen verabredet, und es war Zeit zum Aufbruch. Wir waren uns einig, daß es bei seinem nächsten Besuch keinerlei Putsche oder Umstürze geben sollte. Dann wollten wir uns ohne einen ernsten Anlaß sehen und uns der Begegnung erfreuen.

Aus dem Tagebuch des Präsidenten: 27. September 1993

Der Wochenanfang brachte nichts Neues. Die Truppen des Innenministeriums hielten den Ring um das Weiße Haus fest geschlossen. Niemand kam mehr hinein, nur das Verlassen des Hauses war noch möglich. Die Informationen von dort besagten, daß Hysterie und Gereiztheit bei den Verteidigern des Gebäudes von Tag zu Tag stiegen. Inzwischen hatten Bewaffnete das Heft dort fest in der Hand. Die Kommandeure der Einheiten diktierten den Deputierten, was sie zu tun hatten. Das Weiße Haus war nun aus einem Zentrum des politischen Kampfes endgültig zum Stab des bewaffneten Widerstandes gegen den Präsidenten geworden. Den Kampfeinheiten gehörten die Spezialbataillone »Dnestr« und »Delta« aus dem Dnestrgebiet, OMON-Leute aus Vilnius und Riga sowie einige hundert Mitarbeiter der Wache des Obersten Sowjets an, dazu Kampfgruppen extremistischer Parteien. Alles in allem war das durchaus keine Operettentruppe. Offiziere mit

Kampferfahrung standen Seite an Seite mit Söldnern und ganz gewöhnlichen Kriminellen. Kurzum, im Weißen Haus hatten sich durchaus qualifizierte Leute versammelt, die wußten, wie man tötet.

Mit jeder Nacht gerieten die »Verteidiger von Verfassung und Demokratie« im Gebäude mehr und mehr in Hysterie. Angebliche Informationen aus »zuverlässigen Quellen« meldeten ihnen, daß der Sturm des Weißen Hauses unmittelbar bevorstehe. Wenn sich das Gerücht gegen Morgen nicht bestätigte, betranken sich die übermüdeten Kämpfer und schliefen ein. Deputierte, die das Weiße Haus verließen, berichteten später, daß die Ereignisse in der Nacht vom 28. zum 29. September besonders dramatisch gewesen seien. In Erwartung des Sturms hatte Chasbulatow alle Anwesenden im Saal des Nationalitätensowjets zusammengerufen. Dort erschien er in einer kugelsicheren Weste und wirkte wie geistesgestört. Er sagte, die Erstürmung des Hauses stehe bevor, sie werde von der Einheit »Alpha« durchgeführt werden. Der frischgebackene »Verteidigungsminister« Wladislaw Atschalow erklärte den verängstigten Deputierten enthusiastisch, die Verteidigung des Weißen Hauses sei gesichert. In dieser Stimmung verbrachten sie die ganze Nacht bis vier Uhr morgens in diesem Saal.

Das war schon eher eine Psychose. Niemand dachte ja daran, das Weiße Haus im Sturm zu erobern. Offenbar aber mußten sich die Männer immer wieder selbst aufputschen, in Angst und Schrecken versetzen, um die militant hysterische Stimmung auch weiterhin aufrechtzuerhalten.

In diesen Tagen dachten wir nicht einmal hypothetisch darüber nach, das Gebäude zu stürmen. Ich war fest überzeugt, wenn das Weiße Haus noch länger in völliger Isolierung bliebe, werde es möglich sein, die dort Verschanzten mit politischen Mitteln zu bewegen, die Waffen zu strecken. Darin bestand unser Hauptziel. Nach einer Beratung mit Tschernomyrdin, Gratschow, Jerin und Goluschko beschlossen wir, den Verschwörern eine letzte Frist für die Übergabe der Waffen zu setzen – den 4. Oktober. Wenn sie bis dahin unserer Forderung nicht nachgekommen waren, wollten wir Möglichkeiten für ein härteres Vorgehen in Erwägung ziehen.

Hier sei daran erinnert, daß die Miliz, die das Weiße Haus abriegelte, zu diesem Zeitpunkt noch immer keine Kampfausrüstung trug. Alle unsere Pläne gingen stets davon aus, alles zu tun, damit es auch keine zufälligen Opfer gab. Ich verstand durchaus, wie schwierig die Lage der Truppen des Innenministeriums war, die nur Gummiknüppel bei sich trugen, während ein paar Meter von ihnen entfernt bis an die Zähne bewaffnete Truppen aufmarschierten, die bereit waren, Maschinenpistolen und Granatwerfer auf sie zu richten.

Später quälte mich die Frage, ob wir richtig gehandelt hatten, als wir glaubten, wir dürften uns auf keine Provokation einlassen und könnten durch Geduld und Zurückhaltung die Verschwörer dazu bewegen, den bewaffneten Widerstand aufzugeben. Heute, da Blut geflossen ist, kann man wahrscheinlich sagen, daß wir damals einem tragischen Irrtum erlagen. Wenn die Miliz bewaffnet gewesen wäre, wenn die Truppen des Innenministeriums von der ersten Minute auf den bewaffneten Überfall angemessen hätten reagieren können, wäre es möglicherweise nicht zu den Ausschreitungen gekommen, die sich in der Nacht vom 3. zum 4. Oktober in Moskau abspielten. Die Leute im Weißen Haus hingegen glaubten, nun sei ihnen alles erlaubt. Aber wenn die Miliz bewaffnet gewesen wäre, hätte es vielleicht eine noch größere Tragödie gegeben.

Ich weiß auch heute nicht, welcher Weg der richtige gewesen wäre. Genau weiß ich nur eins: Als ich die Auflösung des Parlaments verkündete, waren wir vom ersten Augenblick an bemüht, mit allen uns zur Verfügung stehenden Mitteln zu verhindern, daß es zu Opfern kam. Auf welcher Seite auch immer, jedes Opfer war für uns ein Unglück.

Aus dem Tagebuch des Präsidenten: 30. September 1993

In der zweiten Wochenhälfte unternahm die Russische Orthodoxe Kirche einen Versuch, die Lage zu entspannen. Am Donnerstag traf ich im Kreml mit Patriarch Alexij II. zusammen. Wie immer hatte ich mit ihm ein sehr offenes und nachdenkliches Gespräch. Mich setzen die Ruhe und Gelassenheit, die tiefe Weisheit Seiner Heiligkeit immer wieder in Erstaunen. In unserem Gespräch ließ er sich nicht allzusehr auf die Politik ein, soweit man in dieser Situation dieses Thema überhaupt meiden konnte. Einzelheiten des Erlasses bewegten ihn nicht sehr. Er sorgte sich um den friedlichen Ausgang der Konfrontation. Er bot jede nur denkbare Hilfe der Kirche an, damit die Auseinandersetzung nicht tragisch ende.

Ich nahm sein Angebot mit Erleichterung an. Wir kamen überein, daß sich Vertreter des Präsidenten und der Regierung im Kloster des Heiligen Danilo unter Vermittlung des Patriarchen mit bevollmächtigten Abgesandten des Weißen Hauses treffen sollten. Alexij beschränkte sich jedoch nicht allein auf diese Vermittlerrolle. Er erließ einen Appell an alle Bewohner Rußlands, mit dem er sie sehr streng, für seine Verhältnisse sogar überraschend streng vor blutigen Zusammenstößen warnte.

Dann folgten die Vorbereitungen für die Verhandlungen im Kloster des Heiligen Danilo. Als erste Vorbedingung für die Gespräche forderte die Führung des Parlaments, die Stromversorgung des Weißen Hauses wiederaufzunehmen. Ich war der Meinung, so lange dort überall Waffen verteilt wurden, konnte von Vorbedingungen keine Rede sein. Zuerst sollten die Waffen abgegeben werden, dann konnte man über Bedingungen sprechen. Sergej Filatow überzeugte mich schließlich davon, daß man diese Bedingung durchaus annehmen solle, denn im Weißen Haus herrsche inzwischen eisige Kälte. Ich stimmte also zu, obwohl auch das möglicherweise ein Fehler war. Denn daß wir auf die erste Forderung der Verschwörer – den Strom wieder einzuschalten – sofort eingingen, erweckte bei ihnen den falschen Eindruck, man könne uns auch weitergehende Forderungen stellen. Als das Licht im Weißen Haus wieder anging, erklangen dort Pfiffe und triumphierende Rufe. Die Verschwörer feierten das als wichtigen Sieg. Es hätte nur gefehlt, daß man vor lauter Siegerstimmung Maschinengewehrsalven in die Luft feuerte.

Die Verhandlungen wurden bereits wenige Stunden nach ihrem Beginn schon wieder abgebrochen. Das geschah aus einem ganz banalen Grund, der noch einmal bewies, daß die Politiker die Kontrolle über die Lage im ehemaligen Parlament verloren hatten. Alles, was ihre und unsere Vertreter vereinbart hatten, wurde von der Führung des Weißen Hauses rundweg abgelehnt. Die radikalste Gruppe, die nun offenbar die Macht an sich gerissen hatte, setzte jetzt ohne Zweifel auf den bewaffneten Kampf. Mit einer Hand entwarf man den Plan zur Eroberung des Fernsehzentrums, des Kreml, der Nachrichtenagentur ITAR-TASS und militärischer Einrichtungen, mit der anderen schrieb Ruzkoi die herzergreifenden Zeilen an Alexij II.: »Als Gläubiger und als Bürger Rußlands, der hohe Verantwortung trägt, versichere ich Sie, daß ich alles in meiner Macht Stehende tun werde, um die Krise mit friedlichen Mitteln zu überwinden...« Und weiter: »In meiner Person sehen Sie einen bedingungslosen Befürworter Ihrer Bemühungen, im Kloster des Heiligen Danilo zu vermitteln.«

So brach der Sonntag an, der 3. Oktober. Ein schwarzer Tag in der neueren Geschichte Rußlands.

Am Morgen fuhr ich wie an jedem Sonntag seit Verkündung des Erlasses zur Arbeit. Für 10.00 Uhr war eine Beratung mit den führenden Vertretern des Ministerrates angesetzt. Wir erörterten aktuelle Fragen. Obwohl das Ultimatum bereits am 4. Oktober ablief, diskutierten wir zu diesem Zeitpunkt noch nicht über härtere Maßnahmen zur Beendigung des Konfliktes. Wir hofften immer noch auf die Wiederaufnahme der von der Kirche und dem Patriarchen persönlich vermittelten Verhandlungen sowie darauf, daß die Vorbereitung der Wahlen an Tempo gewann. Inzwischen stand fest, daß am 12. Dezember Wahlen zur neuen Volksvertretung Rußlands stattfinden würden. Um aber daran teilnehmen und in der Politik bleiben zu können, mußten die Frondeure das Weiße Haus verlassen und sich persönlich in den Wahlkampf einschalten. Sonst wären ihre Chancen gleich Null.

Nach der Beratung arbeitete ich noch etwas an den Dokumenten und fuhr dann nach Hause. Ich kam über den menschenleeren Neuen Arbat und sah die Fenster des Weißen Hauses. Ich ahnte nicht, daß es sich mir in diesem Weiß zum letzten Mal darbot. Am nächsten Tag sollte es bereits geschwärzt sein.

Zu Hause ging alles seinen gewohnten Gang. Der einzige Tag, an dem ich einige Stunden bei meiner Familie verbringen kann, ist der Sonntag. Wir versammelten uns wie gewöhnlich am Mittagstisch. Ich spürte eine innere Unruhe, dulde aber zu Hause keine Gespräche über Politik und aktuelle Probleme. Wenigstens in diesen seltenen Minuten will ich nur Ehemann, Vater und Großvater sein.

Diesmal gelang mir dies nicht. Über die Sonderleitung rief Michail Barsukow an und berichtete, die Lage am Weißen Haus spitze sich zu. Er informierte mich über Einzelheiten – der Kordon der Miliz sei überrannt worden, gerade stürme man das Gebäude des Bürgermeisteramtes, der Sperring um das Weiße Haus existiere nicht mehr, und bewaffnete Formationen könnten nun in die Stadt strömen. Ich hörte zu, das Herz schlug mir bis zum Hals. Ich dachte, Gott im Himmel, fängt es jetzt wirklich an?

Ruzkoi und Chasbulatow taten das, was wir bis zum letzten Augenblick nicht hatten glauben wollen: Sie überschritten die Grenze, die das russische Volk niemals hatte überschreiten sollen. Sie begannen den Krieg, den Bürgerkrieg.

Später war viel davon die Rede, der Präsident hätte den Kopf verloren. Die Führung sei ihm entglitten, niemand habe mehr auf ihn gehört. Ich hasse es, mich zu rechtfertigen. Aber die Menschen wollen plausible Erklärungen, wenn die Behörden nichts unternehmen. Immerhin war der Präsident ja dafür verantwortlich, daß die Moskauer einige schreckliche Stunden lang nicht recht wußten, ob man sie vor den bewaffneten Banditen schützen oder den mit Maschinenpistolen bewaffneten Aufrührern allein überlassen werde.

Ich hatte aber nicht den Kopf verloren. Es gab nicht eine Sekunde Verwirrung oder Unsicherheit. Sofort nach dem Anruf Barsukows nahm ich Verbindung zu meinen Mitarbeitern auf, um an die unmittelbare Vorbereitung eines Erlasses über die Einführung des Ausnahmezustandes in der Stadt Moskau zu gehen. Um 6.00 Uhr abends war der Erlaß unterzeichnet. Er gab den Polizei- und Militäreinheiten zusätzliche Vollmachten, die Rebellion und das Blutvergießen in der Stadt zu beenden. Ich rief sofort Jerin und Gratschow an. Ich fürchtete, daß auch sie, die zwar theoretisch auf eine solche Entwicklung vorbereitet waren, nun, da sie Wirklichkeit wurde, in Verwirrung geraten könnten. Aber die ersten Berichte der Minister klangen ruhig, von Panik war nichts zu spüren. Jerin schilderte in wenigen Worten, wie seine Leute von organisierten Verbänden angegriffen worden waren, daß die Miliz vor der bewaffneten Menge zurückweichen mußte und an manchen

Stellen auch davongelaufen war. Mit Erregung in der Stimme berichtete er, wie Milizbeamte, denen eingehämmert worden war, sich auf keine Provokationen einzulassen und die ihren Dienst ohne Bewaffnung angetreten hatten, verprügelt, geschlagen und verhöhnt worden seien. Die Angreifer hätten den Soldaten die Uniformen und Mäntel heruntergerissen. Wir vereinbarten, daß die Miliz jetzt hart durchgreifen und - falls notwendig - auch Schußwaffen einsetzen sollte. Nach allem, was geschehen war, konnte es nun keine Kompromisse und Verhandlungen mehr geben. Alle Banditen mußten gefaßt, alle Organisatoren der bewaffneten Rebellion verhaftet werden. Gratschow teilte mit, die Truppen stünden bereit, der Miliz jederzeit zu Hilfe zu eilen. Er habe mit einer Reihe kommandierender Generale sowie Regiments- und Divisionskommandeuren bereits gesprochen. Die Verbände befänden sich in voller Kampfbereitschaft, um in Moskau einzurücken und die rechtmäßige Macht zu verteidigen.

Wieder ließ ich mich mit Barsukow verbinden. Ich bat ihn, Hubschrauber nach Barwicha zu schicken. Zwar hätte ich im Wagen nur fünfzehn Minuten bis zu meinem Büro gebraucht, aber für den Fall, daß die Rebellen das Zentrum und die Zufahrten zum Kreml sperrten, wollte ich imstande sein, das Gebäude jederzeit über den Luftweg zu verlassen. Eine halbe Stunde später hörten wir die Motoren der Hubschrauber, die aus Wnukowo kamen. Zur selben Zeit erhielt ich Anrufe von Tschernomyrdin, Jerin und Gratschow, später noch einmal von Barsukow und Korshakow aus dem Kreml. Korshakows Meldung war deprimierend - man hatte Ostankino angegriffen. Dort waren Kämpfe im Gange. Jeden Augenblick konnte der Sender seinen Betrieb einstellen. Auch Korshakow riet mir, mit dem Hubschrauber zu fliegen. Zu diesem Zeitpunkt hätte man zum Kreml bereits einen langen Umweg fahren müssen; der Neue Arbat war von den Aufständischen vollständig blockiert. Ich ging also zum Hubschrauber. Meine Frau und die Töchter verabschiedeten mich, als zöge ich in den Krieg. So war es auch. Ich flog in den Bürgerkrieg.

Um vor Flugabwehrraketen sicher zu sein, flogen wir einen Umweg und landeten um 19.15 Uhr im Kreml. Erneut Berichte, Verhandlungen mit dem Ministerpräsidenten und den Ministern der bewaffneten Organe. Gratschow teilte mit, er habe den Armee-Einheiten Befehl erteilt, in Moskau einzumarschieren.

Um 20.00 Uhr bot sich mir dann auf dem Fernsehschirm dasselbe unheimliche Bild wie allen Bewohnern unseres Landes. Der erste Kanal von Ostankino, danach der dritte und vierte stellten den Sendebetrieb ein. Auf dem Bildschirm erschien ein erregter Viktor Winogradow, der mitteilte, das Programm »Westi« (Nachrichten - der Übers.) sende aus einem Ersatzstudio außerhalb von Ostankino. Auch dort jedoch, an der Koroljowstraße, tobten schon Kämpfe.

Erneut, zum dritten Mal binnen einer Stunde, rief ich Gratschow an. Pawel Sergejewitsch teilte mit, die Truppen rückten nach Moskau vor, man setze sie zum Schutz strategisch wichtiger Gebäude ein und sende auch Unterstützung zum Fernsehzentrum Ostankino. Ich fragte, wann sie dort sein könnten. Er erwiderte, sie marschierten unverzüglich in Moskau ein.

Ich rief Jerin an und teilte ihm mit, seine Leute hätten nur noch kurze Zeit auszuharren, bald werde Unterstützung eintreffen. Zu dieser Zeit verteidigte die Einheit »Witjas« der Dzierzynski-Division das technische Zentrum von Ostankino. Die Angreifer, die Granatwerfer und Schützenpanzerwagen mit sich führten, hatten bereits das Parterre besetzt und kämpften nun um die technischen Anlagen. Dann wollten sie selbst zu senden beginnen.

Im Weißen Haus verkündete Chasbulatow den über das Blutvergießen erregten Volksdeputierten, Ostankino sei bereits genommen. In Kürze werde auch der Kreml fallen, erklärte er. Diese Nachricht wurde mit Beifall und Hurrarufen aufgenommen. Was bisher nur noch ein ferner Traum gewesen war: Herren des Kreml zu werden, schien nun in greifbare Nähe zu rücken. Die Verschwörer glaubten, es fehle nicht viel, und Moskau liege ihnen zu Füßen.

Etwa zum gleichen Zeitpunkt besetzte eine weitere bis an die Zähne bewaffnete Gruppe das Gebäude der Nachrichtenagentur ITAR-TASS. Die Männer erklärten, sie seien Anhänger des neuen Präsidenten Ruzkoi, und forderten, über die Leitungen von TASS der ganzen Welt den Machtwechsel in Rußland zu melden. Das Kollegium von ITAR-TASS, alle Mitarbeiter und Generaldirektor Vitali Ignatenko hielten sich würdig und tapfer. Vor den Mündungen der Gewehre weigerten sie sich, die Forderungen der Banditen zu erfüllen.

Von überall her erreichten mich Schreckensmeldungen. Nun wurde mir mit aller Deutlichkeit klar, daß das Land an einem seidenen Faden hing. Die Armee war noch nicht in Moskau eingerückt, sie wollte oder konnte es nicht. Die Miliz, die man fast zwei Wochen lang mit der Forderung traktiert hatte, sich nicht auf Provokationen einzulassen und keine Waffengewalt anzuwenden, war nicht in der Lage, entsprechenden Widerstand zu leisten. Zu diesem Zeitpunkt reifte in mir der Entschluß, daß das Weiße Haus gestürmt werden mußte. Ich rief noch einmal alle an, die in diese Operation einbezogen werden mußten – Jerin, Gratschow und Barsukow. Ich fordete sie auf, die Einsatztruppen auf den möglichen Sturm vorzubereiten.

Durch meinen Mitarbeiter für Auswärtige Angelegenheiten, Dmitri Rjurikow, erfuhr ich, daß bei ihm Informationen aus der ganzen Welt eingingen. Buchstäblich in Minuten hätten die meisten Regierungen der Staatengemeinschaft die Situation erfaßt und ihre Unterstützung für den rechtmäßigen Präsidenten in Rußland zum Ausdruck gebracht.

Wieder rief ich Gratschow an. Er teilte mir mit, die Truppen seien nun in Moskau. Sie rückten auf dem Leninprospekt, auf der Jaroslawsker Chaussee und anderen Hauptstraßen in die Stadt vor. Das Gebäude des Verteidigungsministeriums sei vollständig von Schützenpanzerwagen umstellt, und auf Ostankino bewegten sich starke Armee-Einheiten zu. Das Fernsehzentrum werde in Kürze vollständig befreit sein.

Ich ließ den Diensthabenden der Verkehrspolizei von Moskau anrufen, der uns genau mitteilen sollte, wie weit die Kampfeinheiten noch von Ostankino entfernt waren. Einige Minuten später rief der Chef der Verkehrspolizei Rußlands, General Fjodorow, in meinem Büro an und berichtete, im Moskauer Stadtgebiet befänden sich keinerlei Truppen. Sie alle hätten am Autobahnring haltgemacht. Ich hätte am liebsten mit der Faust auf den Tisch geschlagen und ihn angeschrien: Wieso haltgemacht? Sie müssen doch schon in der Nähe des Fernsehzentrums sein! Aber was hatte der Chef der Verkehrspolizei damit zu tun?

Regelmäßig ging ich ins Nebenzimmer, wo der Fernseher lief. Der »Kanal Rußlands«, das allein noch funktionierende Programm, war nun die einzige Informationsquelle für Moskau und das ganze Land. Politiker, Künstler, Geschäftsleute, Schriftsteller – alle, denen in diesen Minuten das Schicksal des Landes am Herzen lag, fanden irgendwie heraus, von wo aus der zweite Kanal sendete, fuhren ins Studio und forderten die Bewohner Rußlands auf, sich zur Verteidigung von Demokratie und Freiheit zu erheben. Mein Lebtag werde ich die erregte, aber standhafte und mutige Lia Achedshakowa nicht vergessen. Bis heute gehen mir ihre Gestalt und ihre zarte, fast versagende Stimme nicht aus dem Sinn.

Auch Jegor Gaidar sprach zu seinen Mitbürgern. Er forderte alle Moskauer auf, zum Gebäude des Moskauer Stadtsowjets zu kommen. Später wurde er dafür kritisiert. Wozu hatte er unbewaffnete schutzlose Menschen gegen bewaffnete Schläger gehetzt? Aber auch sein Appell war in diesem Moment von großer Bedeutung. Dann sprach Viktor Tschernomyrdin. Der Ministerpräsident erklärte kategorisch, die Demokratie und die rechtmäßige Macht im Land würden geschützt.

Ich sah, daß die Verwirrung, die im Fernsehbetrieb eine Stunde lang angehalten hatte, nun überwunden war. Die Abschaltung von vier Kanälen, vor allem aber des ersten – des Hauptprogramms –, hatte wie ein Schock gewirkt. Ich weiß nicht, ob die in Ostankino Verantwortlichen richtig handelten, als sie den Entschluß faßten, den Sendebetrieb zu unterbrechen. Hätte sonst tatsächlich die Gefahr bestanden, daß die Anhänger des Weißen Hauses direkt auf Sendung gingen? Oder hätten die bestehenden Sicherungsvorrichtungen sie auch ohne diese Maßnahme daran gehindert? Wie auch immer, die Abschaltung des Staatsfernsehens wirkte auf die Bevölkerung wie eine Katastrophe. Auch ich war in diesem Augenblick erschrocken. Als aber der »Kanal Rußlands«

wieder auf Sendung ging, änderte sich das rasch. Die meisten Menschen schöpften nun wieder Vertrauen in die Führung des Landes. Das war ein sehr wichtiger Umschwung.

Viele, die im Fernsehen auftraten, stellten die Frage, warum Jelzin schweige. Sie forderten, der Präsident möge eine Erklärung abgeben. Ich hatte in diesem Augenblick jedoch wichtigere Aufgaben zu lösen. Nach Reden stand mir nicht der Sinn. Ich mußte meine Generale zum Handeln antreiben. Denn die Armee schien ungeachtet aller Versicherungen des Verteidigungsministers aus unerfindlichen Gründen nicht in der Lage, unverzüglich in die Verteidigung Moskaus einzugreifen. Die Kräfte des Innenministeriums waren aber nicht dafür gedacht, Kampfhandlungen gegen die bis an die Zähne bewaffneten Aufrührer in der Hauptstadt zu führen.

Noch einmal rief ich Bragin an. Um Ostankino wurde nach wie vor gekämpft. Noch einmal ließ ich mich mit Tschernomyrdin, Gratschow und Jerin verbinden. Gratschow teilte mit, im Verteidigungsministerium tage das Kollegium. Ich bat Tschernomyrdin, dort persönlich den Vorsitz zu übernehmen. Ich wollte in kürzester Zeit ebenfalls dort erscheinen.

Um halb drei Uhr nachts bot sich mir folgendes Bild: Im Gebäude des Fernsehzentrums Ostankino wurde weiter gekämpft. Die Miliz, von der man gefordert hatte, sich nicht auf Konflikte einzulassen, zog sich bereits beim ersten Zusammenstoß mit den bewaffneten Anhängern des Weißen Hauses zurück. In einer Armee von zweieinhalb Millionen Mann fanden sich keine tausend Soldaten, fand sich kein einziges Regiment, das unverzüglich die Verteidigung der Stadt Moskau übernahm.

Das war, gelinde gesagt, ein unerfreuliches Bild. Aber wie seltsam es auch klingen mag: Gerade in diesen Minuten hatte ich keinerlei Zweifel daran, daß sowohl die Miliz als auch die Armee in Kürze die bewaffneten Randalierer unter Kontrolle nehmen würden, die durch die Stadt zogen. Ich war in diesem Augenblick absolut sicher, am 4. Oktober werde der letzte Bürgerkrieg in der Geschichte Rußlands zu Ende gehen.

Ich bestellte einen Wagen, zog mich an und fuhr ins Verteidigungsministerium. Vom Kreml bis zum Stab des Ministeriums in der Nähe des Arbat sind es fünf Minuten Fahrt. Wenig Zeit, aber sie reichte, um darüber nachzudenken, was eigentlich mit Gratschow geschehen war. Warum die Truppen, die nach seinen Worten bereits seit zwei Stunden Ostankino befreien, das Weiße Haus abriegeln und den Sturm vorbereiten sollten, in Wirklichkeit noch nicht einmal in Moskau eingerückt waren.

Wir alle – der Präsident, er, der Verteidigungsminister, die Regierung und unsere ganze Gesellschaft – waren plötzlich zu Geiseln der schönen Formulierung geworden: Die Armee hält sich aus der Politik heraus. Wie stolz war man einst auf diese »demokratische« Losung gewesen. Aber nun, da wir die Armee aufriefen, die Gesellschaft vor Banditen, Faschisten und Kriminellen zu schützen, wunderten wir uns, daß sie so zögernd reagierte. Woher kam diese Insubordination?

Immerhin konnte ich noch dankbar sein, daß sich kein verrückter Oberst fand, der eine Bomberstaffel nach Moskau schickte, um seinen Freund, den Kampfgeneral Ruzkoi, herauszuhauen. Wenigstens ist das nicht passiert, dachte ich. Deshalb hatte es jetzt keinen Sinn, den Kommandeuren Vorwürfe zu machen und die Situation unnötig zuzuspitzen. Im Gegenteil, man mußte die Armee unterstützen und demonstrieren, daß der Präsident ruhig, seiner selbst und der Armee sicher war.

Die Schützenpanzerwagen, die die Zufahrt zum Verteidigungsministerium blockierten, bewegten sich ein wenig, um meinen SIL passieren zu lassen. Ich fuhr im Fahrstuhl nach oben. Dort war die Sitzung des Kollegiums bereits in vollem Gange. Viktor Tschernomyrdin leitete sie. Als ich eintrat, schwiegen alle und sahen mich an. Ich nahm Platz und bat, man möge mit der Beratung fortfahren.

Einer der Kommandeure berichtete gerade, ein Teil der Truppen befände sich gegenwärtig bei landwirtschaftlichen Arbeiten im Moskauer Gebiet. Nach dem 21. September habe man sich mit Oberbürgermeister Lushkow beraten und entschieden, sie nicht zurückzubeordern. Die Generale blickten finster drein, viele hielten den Kopf gesenkt. Auch sie begriffen offenbar, wie grotesk die Situation war: Die rechtmäßige Regierung hing an einem seidenen Faden, und die Armee konnte sie nicht verteidigen – einige Einheiten ernteten gerade Kartoffeln, andere verweigerten den Einsatzbefehl.

Dann wurde die Frage der Erstürmung des Weißen Hauses debattiert. Allen war klar, daß dieses Gebäude, in dem der Kopf der Verschwörung sich verschanzt hatte, isoliert werden mußte. Tschernomyrdin fragte: »Was schlagen Sie vor?« Die Antwort war finsteres, bedrückendes Schweigen.

Unerwartet bat der Leiter meiner Wachmannschaft, Korshakow, ums Wort. Er sagte, er und einige seiner Mitarbeiter hätten sich im August 1991 sehr genau mit der Verteidigung des Weißen Hauses befaßt und natürlich auch alle Möglichkeiten einer Erstürmung des Gebäudes gründlich studiert. Diese sei sowohl über die unterirdischen Zugänge als auch über das Dach möglich. Er bat, seinem Mitarbeiter aus der Hauptabteilung Personenschutz das Wort zu erteilen, der bereits einen konkreten Plan für die Eroberung des Weißen Hauses habe.

Tschernomyrdin fragte, ob es Einwände gebe. Dann bat Korshakow einen älteren Offizier herein, der sich als Kapitän zur See Sacharow vorstellte. Die vielen Sterne auf den Generalsuniformen schüchterten ihn anfangs offenbar ein, denn seine Stimme wirkte etwas unsicher.

Bald aber gewann er seine Selbstsicherheit zurück. Er schlug vor, zunächst etwa zehn Panzer einzusetzen, die sich dem Weißen Haus von zwei Seiten nähern sollten – fünf mußten am Morosow-Park und fünf auf der Seite der Brücke zum Neuen Arbat postiert werden. Mit einigen Salven auf das Gebäude solle man den Widerstand der darin Verbarrikadierten brechen. Fallschirmtruppen sollten dann den Sondereinheiten »Alpha« und »Wimpel« bei ihrem Sturm auf das Weiße Haus Feuerschutz geben. Jeden Schritt begründete Sacharow mit Besonderheiten des Gebäudes und den Möglichkeiten seiner Verteidigung. Er war der Meinung, dieser Plan werde die geringsten Verluste unter den Verteidigern fordern. Zentraler Punkt seines Planes war der Schlag mit Panzergranaten: Einige Geschosse in die Fenster der oberen Etagen, wo sich sicher keine Menschen aufhielten, mußten wie ein Schock auf die Insassen des Hauses wirken.

Ich sah, daß der Plan bei den Generalen, aber auch bei Tschernomyrdin Zustimmung fand. Damit war ein Anfang gemacht. Nun, um 4.00 Uhr morgens, trat bei den Militärs der moralische Umschwung ein. Der Befehlshaber der Bodentruppen und der Stabschef der Streitkräfte ließen sich sofort mit den Divisionskommandeuren verbinden und meldeten uns nach einigen Minuten, die Panzer könnten um 7.00 Uhr morgens zur Stelle sein.

Tschernomyrdin fragte: »Gibt es prinzipielle Einwände, oder wird der Plan angenommen?« Alle nickten zustimmend. Nun bat Gratschow ums Wort. Er wandte sich mir zu und sprach sehr langsam: »Boris Nikolajewitsch, befehlen Sie mir den Einsatz von Panzern in Moskau?«

Ich sah ihn an. Schweigend. Auch er sah mir direkt ins Gesicht, wandte seinen Blick dann aber ab. Viktor Tschernomyrdin konnte sich nicht zurückhalten und sagte: »Was soll das, Pawel Sergejewitsch, Sie haben den Auftrag, die Operation zu befehligen. Warum muß der Präsident entscheiden, welche Mittel Sie dafür brauchen?« Gratschow murmelte etwas in der Richtung, er werde natürlich selbständig entscheiden, wolle aber sichergehen. Ich stand auf und bat darum, die weiteren Einzelheiten ohne mich abzusprechen. Zu Gratschow sagte ich: »Sie erhalten von mir einen schriftlichen Befehl.« Dann fuhr ich in den Kreml zurück.

Als erstes rief ich Iljuschin zu mir und ließ ihn eine Weisung vorbereiten, daß Gratschow der Befehl über die Operation zur Befreiung des Weißen Hauses übertragen werde. Einige Minuten später brachte Iljuschin das fertige Papier. Ich unterschrieb es und wies an, es möge unverzüglich über Sonderkurier Gratschow persönlich übergeben werden.

Nachdem ich aus dem Verteidigungsministerium zurückgekehrt war, der Führungsmechanismus des Landes wieder voll funktionierte und ich absolut sicher war, daß es dabei blieb, konnte ich mich nun an die

Moskauer und die Bürger Rußlands wenden. Alexander Kusnezow, unser Kameramann im Kreml, zeichnete die Rede auf. Wir beorderten dazu niemanden vom Fernsehen herbei, denn dort wurde jetzt jeder Mann gebraucht. Die Aufzeichnung dauerte nicht länger als zehn Minuten. Bald teilten die Nachrichtenagenturen mit, man erwarte in Kürze eine Rede des Präsidenten im Fernsehen. Inzwischen war ein Wagen unserer Wachmannschaft mit einem Kurier unterwegs, der die Videokassette ins Studio brachte.

Zur Eroberung des Parlamentsgebäudes kann ich kaum etwas hinzufügen. Die Fernsehstation CNN übertrug die Erstürmung des Weißen Hauses live in die ganze Welt, und es hat wenig Sinn, das zu wiederholen, was jeder mit eigenen Augen sehen konnte. Panzer, Granatsalven, Schüsse aus Maschinenpistolen, Gaffer, die ein Schauspiel sehen wollten, bei dem man nicht nur so tat, sondern wirklich tötete. Es gab Tote, viele, viele Tote. Und die Trauer galt den Opfern auf beiden Seiten.

Am Abend bat ich Tschernomyrdin, Jerin, Gratschow und Filatow in den Kreml. Um 16.30 Uhr wurde bekannt, daß praktisch die ganze Führung des Weißen Hauses verhaftet war. Korshakow überführte sie gerade im Schutze von Panzerfahrzeugen ins Gefängnis von Lefortowo, das dem Sicherheitsministerium, früher dem KGB, unterstellt war. Ich mußte in diesem Moment an Barannikow denken. Ich stellte mir vor, mit welchem Entsetzen er, der noch vor zwei Monaten General gewesen war, dem unter anderem auch dieses Gefängnis unterstanden hatte, nun dort in die Zelle ging. Dann aber verscheuchte ich diesen Gedanken wieder. Er selbst hatte das Urteil unterschrieben, das ihn nun ins Gefängnis brachte. An die übrigen wollte ich gar nicht denken. Die »Oktoberrevolution von 1993« endete erfolglos.

Gedenken wir der Toten...

Zehntes Kapitel

Vorzeitige Bilanz

Das sowjetische Imperium verschwindet nicht einfach von der Bildfläche. Es hält immer neue Katastrophen für uns bereit. Es bringt neue Kämpfer, Fanatiker, Führer mit und ohne Schulterstücke hervor. Das Imperium nimmt Rache für seinen Untergang.

Wie können wir uns vor einem politischem Tschernobyl schützen? Ich glaube, wir müssen vor allem lernen, die Ereignisse aufrichtig und objektiv zu analysieren. Nicht in Euphorie zu verfallen, uns aber auch nicht Depressionen hinzugeben, die mich, das verhehle ich nicht, nach diesen schockierenden Ereignissen erfaßten. Überall wucherten die wildesten Vermutungen über eine raffinierte Provokation und Verschwörung, die gegen das Weiße Haus inszeniert worden sei. Ich habe berichtet, wie es in Wirklichkeit war. Ich will aber auch Licht in die Ursachen der Vorgänge bringen.

Niemand hatte den Offizier Ruzkoi und den Professor Chasbulatow, die sich für hochmoralische Politiker hielten, dazu gezwungen, die Hilfe von Neonazis, Banditen und gewöhnlichen Faschisten anzunehmen. Vor den Mauern des Weißen Hauses erhielten die russischen Faschisten, die Hitler und dessen Ideen vergöttern, ihre Feuertaufe. Vom Weißen Haus gingen Impulse aus, die die Menschen zum Schlimmsten trieben – zu Brand, Plünderung und Mord. Was hier provoziert, vorbereitet und sorgfältig geplant wurde, war eine russische Rebellion. All das geschah hinter dem erhabenen Aushängeschild der »politischen Opposition«.

Am 3. Oktober wandten sich Ruzkoi und Chasbulatow mit einem Appell an das Volk. Das geschah, nachdem das Bürgermeisteramt besetzt worden war. Sie glaubten, nun habe ein wahrer Volksaufstand begonnen. Ihr Aufruf lautete: »Teure Freunde! Der Sieg ist noch nicht endgültig; bewaffnete Formationen unter der Führung käuflicher Kommandeure können gegen euch geworfen werden. Sie haben die Unterstützung der Handlanger und Steigbügelhalter Jelzins. Seid wachsam und standhaft. Wir wenden uns an alle Kollektive, an alle Bürger unserer Heimat: Führt die verbrecherischen Weisungen und Verfügungen der Jelzin-Anhänger nicht aus. Schließt euch um die rechtmäßig gewählten Machtorgane, die Sowjets der Volksdeputierten, zusammen.

Wir wenden uns an die Angehörigen der Armee und Flotte Rußlands: Zeigt Zivilcourage, bewahrt eure Soldatenehre und Verfassungstreue, unterstützt mit konkreten Aktionen die Volksmacht und das Recht. Rußland wird euch dankbar sein und wirkliche Patrioten zu würdigen wissen.«

Das sind ihre Worte. Ich verstehe die tiefe Erschütterung, die die Bewohner Rußlands nach den Oktoberereignissen empfanden. Es ist erschreckend, wenn Panzer in der Hauptstadt schießen. Wenn Menschen sterben. Sofort ist man geneigt, die ganze Schuld der Regierung anzulasten.

Aber man bedenke, welche Ströme von Blut geflossen wären, wenn sich erfüllt hätte, was die Verfasser dieses Appells im Sinne hatten. Wenn Armee-Einheiten gegen Armee-Einheiten, Soldaten gegen Soldaten, Russen gegen Russen gekämpft hätten. Verhandlungen mit Männern, die das Volk zum Bürgerkrieg aufrufen, kann es nicht geben. Ich erinnere daran, daß dieser Aufruf noch vor dem Sturm auf Ostankino erging.

Welche großen »historischen Beschlüsse« sollte der Kongreß fassen, der im Weißen Haus saß? Unserer Heimat rasch den »früheren Ruhm« zurückbringen? Die Krim wieder Rußland einverleiben? Moldowa, Georgien, die Ukraine, Mittelasien und das Baltikum wieder zur Sphäre ureigenster russischer Interessen erklären? Und hinzufügen, daß alle, die etwas dagegen unternähmen, die russischen Waffen zu spüren bekommen würden?

Das wäre aber nur der Anfang gewesen. Wesentlich »kühnere und entschlossenere« Leute warteten auf ihre Stunde. Leute, die förmlich danach lechzten, einen globalen Krieg gegen die westliche Zivilisation zu führen. Dieser Krieg begänne in Rußland – gegen den »inneren« Feind, gegen alle Andersdenkenden, gegen diejenigen, die den »Jelzin-Leuten Gefolgschaft leisten«.

Ganz Rußland in Spannung zu halten – das verstehen wir. Nicht zufällig zog das Weiße Haus von allen Seiten »romantische, erhabene« Menschen an. Einer von ihnen schrieb an die Mauer des Kirchturms, von wo aus er mit einem Scharfschützengewehr auf Menschen schoß: »Ich habe fünf getötet, und ich bin froh darüber.«

Gratschows Blick kommt mir wieder in den Sinn. Ein schwermütiger Blick. Wie qualvoll mußte er sich zu diesem Entschluß durchringen. Waffen mitten im Frieden einzusetzen, ist für Soldaten und Offiziere eine der schwersten Prüfungen. Das war uns bereits während des Augustputsches klargeworden. Auch damals wollte niemand töten.

Aber das Weiße Haus war inzwischen eine Art Zeitbombe unter dem Fundament Rußlands geworden. Es blieben Minuten, ja Sekunden, und die Explosion wäre unweigerlich gekommen. Ja, schießen, Pawel Sergejewitsch! Schießen, um Rußland zu retten. Um Millionen friedlicher Menschen vor einem Bürgerkrieg zu bewahren, in dem es keine Schuldigen und Unschuldigen gibt, in dem der Bruder gegen den Bruder und der Sohn gegen den Vater kämpft. Das hatten wir doch schon einmal. Als man die bewaffnete Menge zum Winterpalais durchbrechen ließ. Eine durch Losungen aufgeputschte Menge, angeführt von ein paar Kommissaren. Die Geschichte wiederholt sich. Nur – Rußland ist heute klüger.

Ich bin jetzt bemüht, Kritik ruhig anzunehmen. In der Seele jedes Menschen, der schreibt, schmerzt diese Wunde. Ein normaler Mensch kann diesen Wahnsinn sehr schwer vergessen oder verdrängen.

Heute wird Präsident Jelzin so viel und so erbarmungslos beschimpft, wie das keinem ersten Mann in Rußland zu seinen Lebzeiten passierte.

Die Obrigkeit zu beschimpfen, bringt niemanden in Rußland mehr in Lebensgefahr. Endlich! Rußland legt seine Furcht ab. Jene Furcht, Heimlichkeit und Verdrossenheit, die ihm stets eigen waren. Es entsteht eine völlig neue Situation. Der Staat wird gleichsam zur erweiterten Privatsphäre der Bürger. Der Präsident ist einer dieser Bürger, kein exklusives Wesen, das irgendwo in der Höhe thront, furchterregend und unerreichbar.

Es verändert sich die Grundlage, auf der die russische Geschichte stets beruhte. Die Zeit der Usurpatoren geht zu Ende.

Das Privatleben, die Familie treten auch in Rußland immer stärker hervor. Der Staatsdienst bleibt zwar nach wie vor ein Bereich, dem sehr viele Menschen ihre Kraft widmen, aber er verliert seine geheiligte Bedeutung. Dem Staat ist nicht mehr irgendein Nutzen der Bürger, sie selbst sind ihm wichtig.

Und doch kommt es aus kaum faßbaren, irrationalen Gründen zu dem seltsamen Paradox: Man schimpft, was das Zeug hält, aber man stimmt mit »Ja«.

Was wirft man mir nicht alles vor! Ich sei ein Schwätzer. Ich verstünde es nicht, mit Menschen zu arbeiten. Ich könne mich nur in einer extremen Situation halten. Das ist noch die intelligente Kritik. Und die primitive: Er säuft. Dann kann er schlecht denken. Was man ihm dann sagt, das tut er. Und so weiter.

All das hat eine Ursache: An Jelzins Stelle kann man sich inzwischen jeden anderen vorstellen. Die gewaltige Distanz zwischen der Gesellschaft und der Obrigkeit, die es in Rußland immer gab, ist verschwunden. Nun ist vollkommen klar, daß das Schema, nach dem der russische Mensch immer gelebt hat – die Teilung in »wir hier unten« und »die da oben« –, endgültig in der Versenkung verschwunden ist. »Wir hier unten« – das sind normale, einfache Menschen mit den üblichen Freuden und Leiden. »Die da oben« – das sind die Machthaber oder die Reichen. Sie dürfen alles, sie haben alles. Zwischen »uns« und »ihnen« steht eine Mauer. Die unüberwindbare Mauer der Macht.

Mit dieser Sklavenpsychologie haben wir jahrhundertelang gelebt. Und plötzlich ist die Mauer verschwunden. Dort im Kreml sitzen nun Leute wie »wir«.

In diesen Jahren ist in Rußland etwas Wichtiges geschehen. Die Menschen wollen keine unantastbare Macht mehr, die im Kreml thront. Der Mann, der den Titel »der Erste« annimmt, muß beurteilbar, kontrollierbar und von der öffentlichen Meinung abhängig sein. Er muß auf sie hören.

Ich liebe Märchen. Was für ein Gefühl, wenn zu Neujahr in der finsteren Kälte ein Märchen erzählt wird – die Tannen, die Kerzen, das Feuerwerk, alles glitzert und blinkt. Wahrscheinlich wissen nur wir Russen die ganze Pracht dieses festlichen Glanzes tatsächlich zu schätzen, weil wir sie inmitten von klirrendem Frost, Verwehungen und Schneesturm erleben.

Und dieses ewige Warten auf etwas Neues, das auf so mystische und unverständliche Weise mit unserem naiven Glauben zusammenhängt, alles werde sich zum Besseren wenden. Wie hat man in Rußland stets an die Revolutionäre, an die Revolution und das lichte Paradies geglaubt, das bald kommen sollte. Alle ließen sich von dieser »Musik der Revolution« verzaubern. Wie die Kinder am Neujahrstag. Das ganze Land.

Wenn ich es richtig sehe, hilft dieses ewige Warten auf ein Wunder auch den russischen Reformen. Die Menschen sind nicht einfach geduldig, sie sind auch gläubig. Sie glauben an das Wort »Reform«. Aber diese Bereitschaft, auf ein Wunder zu warten, nutzt auch die »unversöhnliche Opposition«: Stürzen wir die Clique Jelzins, und wie von einem Zauberstab ersteht wieder die Sowjetunion mit ihrem satten, überschaubaren und gewohnten Leben. Milch und Honig werden fließen.

Aber welchen Weg die russische Geschichte auch nimmt, Milch und Honig werden nicht fließen. Die Reform ist ein quälender, schmerzhafter Abschied von angeborenen Gebrechen, von einem schweren Erbe. Die Reform selbst bringt nichts als Schmerzen.

Wenn sie zu Ende ist, wird jeder nur auf sich selbst zählen können. Auf seine eigenen seelischen und körperlichen Kräfte. Dann wird die Zeit zu Ende gehen, da man sich auf eine Veränderung der gesellschaftlichen Verhältnisse verläßt, eine Hoffnung, die immer noch da ist und nicht vergehen will.

Nationen und Kulturen vermischen sich. Auch unser Leben in Rußland bildet da keine Ausnahme. Und trotzdem wird der ewige Vergleich, der neidvolle Blick auf die Nachbarn, das russische Bewußtsein sicher noch viele Jahre prägen. Dieser Komplex eines auf sich selbst angewiesenen Landes ist uns von der Natur und der Geschichte mitgegeben worden, die Rußland diesen Platz zugewiesen haben.

Die Erleichterung nach den bestandenen Herausforderungen, sei es durch die politischen Erniedrigungen der Gorbatschow-Ära, sei es durch die beiden Staatsstreichversuche, hatte kurzzeitig euphorischen Charakter. Jelzin mochte sich in solchen Momenten dem Triumph über seine Widersacher hingeben. Aus seiner Umgebung wird jedoch berichtet, daß er die Empfindung genoß, im Gegensatz zu allen seinen Vorgängern vom Volk selbst gerettet worden zu sein, ja der Mann des Volkes zu sein.

Aber schon bald holte Boris Jelzin die düstere Wirklichkeit ein. Zusammen mit seinem Ministerpräsidenten Tschernomyrdin sucht er nun die schwierige Lage zu bestehen, in die sie beide nach dem Ausgang der Wahlen geraten sind, die den Rechtsradikalen und den Neokommunisten einen unerwarteten Zulauf gebracht haben. Aber die starke Stellung des Präsidenten, die die neue Verfassung ihm zugesprochen hat, gibt Jelzin die Möglichkeit, einen gemäßigten Reformkurs durchzuhalten.

Wir sind von sehr verschiedenen und widersprüchlichen Interessen anderer Länder umgeben. Rußland hat stets für einen kontrollierbaren Raum in seiner Umgebung gesorgt und diesen ständig erweitert. Es hat alle seine Kräfte angespannt, um immer weitere Gebiete zu erobern. Dabei geriet es in die Auseinandersetzung mit der gesamten westlichen Zivilisation – und hat sich zwar nicht materiell, aber psychisch übernommen. Ein derartiger Grad an Selbstisolierung ist unerträglich.

Rußland darf seine gewaltige Energie nicht verströmen lassen und nicht verlieren. Um uns ist jetzt der instabile Raum der Gemeinschaft Unabhängiger Staaten. Niemand will mehr von Rußland abhängig sein. Zugleich will aber auch niemand Rußland verlieren. Angesichts dieser beiden Seiten der Medaille, dieses Schwankens von unabhängigen Staaten gelingt es uns nicht, unsere nationale, unsere innere Sicherheit zu finden.

Wir sind nicht nur im strategischen, sondern auch im moralischen und sogar im familiären Sinne verantwortlich dafür, daß um uns herum Ruhe einkehrt. Unsere Völker, ausnahmslos Völker der früheren UdSSR, sind miteinander verwandt. Uns verbinden die gemeinsame Erinnerung, eine gemeinsame Kultur, gemeinsame Opfer im Krieg und unter Stalinschem Terror. Das kann man nicht vergessen und nicht verdrängen. Verwandtschaft ist eine große Sache – sie erlegt uns die Pflicht auf, unsere Umgebung mit ganz anderen Augen zu sehen.

Überhaupt wird dieser »russische Komplex« uns quälen, bis wir unseren Platz in der neuen Welt gefunden haben. Früher litten wir unter einer durchaus erklärlichen Scham: Die Sowjetunion war eine potentielle Bedrohung der Gemeinschaft der zivilisierten Staaten. Die Sowjetunion existiert aber nicht mehr. Rußland bedroht niemanden. Nun aber scheinen wir uns dafür zu schämen, daß wir so groß und ungeschlacht sind, daß wir nicht wissen, wohin mit uns. Uns quält das Gefühl einer gewissen Leere. In Wirklichkeit aber hat Rußland nur einen Weg – ein Hort des Friedens zu sein. Das heißt heute, ein »Großer Mann« zu sein. Man muß nur darauf achten, daß er auf der Straße niemanden anstößt, sondern über die Köpfe hinwegblickt und alle in seiner Umgebung schützt.

Wer der neue Präsident Rußlands sein wird, kann heute überhaupt niemand sagen. Es ist aber klar, daß es ein Mann sein wird, dessen Geburtsjahr nach dem Krieg liegt, der sicher eine andere Bildung und einen anderen Lebenslauf als ich haben wird. Die Führer, die bereits in der kommunistischen oder postkommunistischen Zeit an der Spitze standen, werden einer nach dem anderen von der Bühne abtreten.

Schließlich muß man auch zugeben, daß Rußland die Demokratie nicht nur wegen historischer Ursachen schwer akzeptiert, sondern auch aus einem ganz prosaischen Grunde: Der neuen Generation ist es noch nicht gelungen, die Macht zu erobern.

Die sozialistische Denkweise sitzt noch tief in uns allen. Ich spreche gar nicht von mir, bei mir ist das verständlich. Auch ich löse mich ja von meiner Vergangenheit in der Partei nur unter großen Mühen. Aber auch die ganze mittlere Beamtenklasse Rußlands kommt aus den Büros der Partei und der staatlichen Institutionen.

Die Intelligenz, die Mittelklasse – sie scheuen heute noch die Macht. In die Politik kommen bisher zumeist nur Intellektuelle mit einem übersteigerten Maß an Eitelkeit. Zuweilen mit krankhafter Arroganz.

Die Politik Rußlands wartet auf neue Führer, auf junge Leute mit Geist, mit wirklicher Bildung und gesundem Menschenverstand. Die neue Generation muß so rasch wie möglich gefördert werden. Politiker, die aus der Stagnationszeit kommen, haben den schwersten Stoß abgefangen, was sehr wichtig war. Aber Beweglichkeit im Denken zeichnet sie nicht gerade aus. Und Entscheidungsfreude auch nicht. Auf diese Weise kommen wir nicht weit.

Früher oder später werde ich mich aus dem politischen Leben verabschieden. Das wird nach dem Reglement, nach der Verfassung und nach dem Gesetz geschehen. Diesen Beitrag zur Geschichte Rußlands will ich noch leisten. Einen Präzedenzfall für den normalen, zivilisierten und ruhigen Rücktritt eines Politikers schaffen.

In Rußland hat man sich tatsächlich niemals freiwillig von der Macht verabschiedet. Auf die Abdankung Nikolaus' II. folgten zwei Revolutionen. Keiner der kommunistischen Führer ist jemals freiwillig gegangen. Ich versuche dieses Phänomen der Macht in Rußland zu ergründen. Woran liegt es? Warum hält sich in unserem Lande dieses mittelalterliche Prinzip so lange? Nur wegen des erstarrten Systems, des Mangels an Demokratie der Gesellschaft? Wenn du die Macht hast, halte sie fest. Gib sie um nichts in der Welt wieder her. Wer oben ist, tritt die, die unten sind. In Moskau ist es besser als im Gouvernement. Im Gouvernement ist es besser als im Kreis. In der Stadt ist es besser als auf dem Dorf. Das ist die vertikale Struktur unseres Lebens. Ein einheitliches, unteilbares Rußland. Alle streben nach oben, zum Gipfel. Immer noch höher. Oben angekommen, wird einem von der Höhe schwindlig. Einen Weg zurück nach unten gibt es nicht.

Aber am Ende dieses Jahrtausends wird auch dieser grundlegende Charakterzug sich langsam verändern. Nicht in einem Schritt. Rußlands Stärke liegt in seinen Städten, in seinen Provinzen, in seiner Kultur. Und gerade dort wird der Lebensstandard rasch wachsen.

Wenn nicht, dann wird es so weitergehen – von Putsch zu Putsch.

Mir ist vollkommen klar, daß dieses Buch ein anderes Schicksal erwartet, als es dem ersten Teil meiner Erinnerungen »Aufzeichnungen eines Unbequemen« beschieden war, der im Jahre 1990 erschien. Der Leser wird dieses Buch sicher ganz anders aufnehmen. Vielleicht kühler, vielleicht auch feindseliger.

Der Hauptgedanke meines ersten Buches war der Kampf gegen das kommunistische Regime. Dort suchte der Leser Antwort auf seine Fragen: Wie wird dieser Kampf enden? Kann man den Menschen Hoffnung machen, daß der Kommunismus besiegt wird? Wann wird das geschehen?

Nun ist es geschehen. Seitdem das erste Buch geschrieben wurde, hat sich nicht nur das, sondern vieles andere ereignet. In der kurzen Zeit von kaum drei Jahren hat Rußland einen gigantischen Sprung ins Unbekannte gewagt.

Heute interessiert den Leser eine ganz andere, viel prosaischere Frage: Wann werden alle diese Erschütterungen vorübergehen, die uns nun schon so lange Zeit nicht zur Ruhe kommen lassen? Sind wir nicht am Ende unserer Kraft? Sofort stellt sich auch die nächste Frage: Ging es nicht ohne das alles? Konnte man den Kommunismus nicht auf einfachere, sanftere Weise demontieren? Ohne diese psychischen Belastungen, ohne diese endlosen politischen Kämpfe, ohne Risiko? Mußte man ihn überhaupt demontieren?

Ich kann alle diese Fragen gut verstehen. Werte wie Stabilität, Festigkeit, Dauerhaftigkeit und Konservatismus (im guten Sinne dieses Wortes) in unserem Leben steigen gegenwärtig von Tag zu Tag. Von der Euphorie, den Illusionen und der romantischen Hochstimmung, die unsere Gesellschaft in den Jahren 1989 bis 1991, in der letzten Zeit der Herrschaft Gorbatschows, erfaßt hatten, ist keine Spur geblieben. Es ist schwer, aus dieser Welt rosiger Hoffnungen in die Welt des realen Lebens zurückzukehren. Aber es ist notwendig.

Ich wiederhole: Ich sehe klar und nüchtern, wie sehr sich die Gesellschaft nach Stabilität und Beständigkeit in Politik und Wirtschaft sehnt. Und wie sehr sie mit den gegenwärtigen Politikern hadert, darunter auch mit dem ersten Präsidenten Rußlands.

Dieser Stimmungsumschwung war unvermeidlich. Ihm kann keiner entgehen.

Ich möchte aber daran glauben, daß die Mehrheit der Bewohner Rußlands auch etwas anderes verstehen wird: Der einzige Garant für Ruhe und Frieden ist der Präsident selbst. Ihn haben sie schließlich gewählt. Wenn unser Land sich allmählich, wenn auch sehr langsam, aus der Krise befreit, wenn das von Rechten und Linken vorausgesagte Jüngste Gericht nicht eintritt, dann werden wir leben können. Und man wird mit diesem Präsidenten leben müssen – bis zu den nächsten Wahlen.

Das bedeutet, ob man will oder nicht, man muß sich mit diesem Jelzin befassen: Was für ein Mann ist das, was denkt er, wohin führt er uns?

Ja, wohin führt Jelzin uns?

Ich denke, die Antwort lautet: Jelzin stellt dem Volk kein globales strategisches Ziel. Er weist ihm keinen strahlenden Gipfel, den es zu erklimmen gilt. Und er versucht auch nicht, den ganzen bisher gegangenen Weg zurückzugehen.

Daß Rußland zur Ruhe kommen möge – das ist das Hauptziel dieses ruhelosen Präsidenten.

Anhang

Rußland. Tag für Tag

Jeden Morgen findet sich auf meinem Schreibtisch unter wichtigen und weniger wichtigen Dokumenten eine Zusammenstellung von Nachrichten des vergangenen Tages. Sie besteht aus einem Zeitungsüberblick und Meldungen der Nachrichtenagenturen. Ich unterstreiche für mich die Informationen, die meine Aufmerksamkeit gefunden haben. Das kann eine kleine, unbedeutende Begebenheit oder ein großes Ereignis sein.

Als ich mit der Arbeit an diesem Buch begann, holte ich aus dem Archiv diese Nachrichtenbulletins der letzten drei Jahre hervor. Diese eigentlich uralten, langweiligen und unaktuellen Meldungen waren so fesselnd, daß ich mich gar nicht davon losreißen konnte. Vor meinem geistigen Auge entstand die Zeit wieder, die ich schon weit in der Vergangenheit geglaubt hatte.

Es war, als sei alles erst gestern gewesen. Ich dachte, wenn dies für mich so interessant und spannend ist, könnte dieser oder jener Leser an diesem Mosaik der letzten drei Jahre ebenfalls Interesse finden.

1990

Mai

Am 29. Mai erfolgte auf der Sitzung des ersten Kongresses der Volksdeputierten der Russischen Sozialistischen Föderativen Sowjetrepublik (RSFSR) nach zwei Abstimmungen die Wahl des Vorsitzenden des Obersten Sowjets der RSFSR. In dieses Amt wurde B. N. Jelzin gewählt.

Juni

In Moskau wird der Handel auf Ausweis eingeführt, was bei der Mehrheit der Moskauer Billigung und Verständnis findet, bei vielen Einwohnern der Zentralregion aber eine negative Reaktion auslöst.

Der Rat der baltischen Staaten betrachtet als seine wichtigste Aufgabe die volle Wiederherstellung der nationalen Unabhängigkeit aller drei baltischen Republiken.

Die Leitung des neuen Parlaments Rußlands wird vervollständigt: Am 8. Juni wird Ruslan Chasbulatow zum ersten stellvertretenden Vorsitzenden gewählt.

Der Präsident der UdSSR, M. S. Gorbatschow, erklärt in einem Schreiben an den ersten Kongreß der Volksdeputierten der Russischen Föderation: »Die

Behauptung einiger Deputierter vom 9. Juni d. J. vor dem Kongreß der Volksdeputierten der Russischen Föderation, der Präsident der UdSSR habe daran mitgewirkt, die Übertragung des Interviews Boris Jelzins im Unionsfernsehen zurückzuhalten, ist frei erfunden. Ich habe von dem Interview erst erfahren, als diese Frage auf dem Kongreß diskutiert wurde. Ich bitte den Kongreß zu untersuchen, wer diese Provokation mit welcher Absicht organisiert hat.«

Auf der Vormittagssitzung des Kongresses der Volksdeputierten am 12. Juni wird die Deklaration über die staatliche Souveränität der RSFSR im Wortlaut zur namentlichen Abstimmung gestellt. Sie wurde mit großer Stimmenmehrheit - 907 dafür, 13 dagegen, 9 Enthaltungen - angenommen.

In seiner Rede auf der Parteikonferenz Rußlands sagt Michail Gorbatschow: »Jede Gegenüberstellung Rußlands und der UdSSR sowie der Kommunistischen Partei der Russischen Föderation und der KPdSU muß ausgeschlossen werden. Wenn wir das Wort ›Rußland‹ aussprechen, sollten wir immer das uns nicht weniger teure Wort ›Union‹ im Gedächtnis behalten.«

Der Oberste Sowjet der Estnischen SSR faßt den Beschluß, die Finanzierung des KGB, der Hauptverwaltung für den Schutz von Militär- und Staatsgeheimnissen und des Militärkommissariats der Estnischen Sozialistischen Sowjetrepublik (SSR) aus dem Etat der Republik einzustellen.

Der Kongreß der Volksdeputierten der RSFSR faßt den Beschluß »Über den Mechanismus der Volksherrschaft in der RSFSR«. Er untersagt es Leitern staatlicher Macht- und Verwaltungsorgane der Republik, gleichzeitg eine andere Funktion, z. B. in der Partei sowie in gesellschaftlichen und politischen Organisationen, auszuüben.

Auf der Tagung des Obersten Sowjets der SSR Moldova wird eine Deklaration über die Souveränität der Republik angenommen.

Juli

Die Position Michail Gorbatschows wurde durch seine ohne Zwischenfälle verlaufene Wiederwahl als Generalsekretär des ZK der KPdSU merklich gestärkt. Der sowjetische Präsident, der sich auf dem 28. Parteitag der KPdSU mit Unmutsäußerungen von Delegierten auseinanderzusetzen hatte, leitet weiterhin das Politbüro.

Der 28. Parteitag der KPdSU bestätigte das Statut der Kommunistischen Partei der Sowjetunion im vollen Wortlaut.

Auf dem Parteitag sprach der Vorsitzende der Mandatsprüfungskommission Juri Manajenkow. Er informierte über den Beschluß der Kommission, das Mandat des Delegierten des 28. Parteitages Boris Jelzin aufgrund seines Austritts aus der KPdSU als erloschen zu betrachten. Der Parteitag bestätigte diesen Beschluß.

Kirgisien. In Osch werden Barrikaden errichtet und Selbstverteidigungstrupps aufgestellt. Betriebe und das Verkehrswesen stehen still, die Brotversorgung ist gestört. Vor dem Gebietskomitee der KPdSU finden nicht genehmigte Kundgebungen statt. Die Teilnehmer fordern den Rücktritt der Gebietsführung, die Bestrafung der Organisatoren von Massenunruhen und die Entsendung einer UNO-Kommission. Nach Berichten vom 17. Juli sind über 50 Verletzte, jedoch keine Toten zu beklagen.

Am 16. Juli wird auf der Tagung des Obersten Sowjets der Ukrainischen SSR die Deklaration über die staatliche Souveränität der Ukraine angenommen.

Streik in der Heilanstalt. 534 Personen, die in der Heil- und Arbeitstherapieanstalt Nr. 1 von Krasnodar behandelt werden, fordern von der sowjetischen Regierung, die Behandlung von Alkoholkranken im System des Ministeriums für Gesundheitswesen auf freiwilliger Basis und ohne jede Einmischung der Organe des Innenministeriums.

21. Juli - 50. Jahrestag der Proklamierung der Sowjetmacht in Litauen und Lettland. Viele Häuser in Vilnius tragen die Staatsflagge mit Trauerflor. Das Präsidium des Obersten Sowjets Litauens veröffentlicht eine Erklärung, in der der 21. Juli als »Tag der Kränkung, der Schmach und des Unglücks« bezeichnet wird. Der Oberste Sowjet Lettlands erklärt die Deklaration des Sejm vom 21. Juli 1940 »Über den Beitritt Lettlands zur UdSSR« vom Zeitpunkt ihrer Annahme an für ungültig.

Eine Reihe Volksdeputierter der UdSSR und der RSFSR erklären ihren Austritt aus der KPdSU.

Zum neuen Vorsitzenden des Obersten Sowjets der Ukrainischen SSR wird Leonid Makarowitsch Krawtschuk, zweiter Sekretär des ZK der Kommunistischen Partei der Republik, gewählt.

Das Moskauer Stadtgericht hat die Verhandlung eines Falles begonnen, den die Öffentlichkeit mit gespannter Aufmerksamkeit verfolgen wird. Auf der Anklagebank sitzt Konstantin Smirnow-Ostaschwili, der Führer von »Pamjat«, Organisator des bekannten Skandals im Januar im Zentralen Haus der Schriftsteller. Es ist der erste Prozeß im Lande, in dem eine Person wegen Verbreitung von Völkerhaß strafrechtlich zur Verantwortung gezogen wird. Die Untersuchung zog sich in die Länge, es wurden offene Versuche unternommen, das Verfahren niederzuschlagen. Aber der Fall kam vor Gericht. Ostaschwili hat einen Anwalt aus »einem beliebigen demokratischen Staat« gefordert.

Aus einem Schreiben an die Deputierten der Sowjets der Stadt und der Bezirke Moskaus:

»Verehrte Genossen Deputierte! Wir, die Beschäftigten der Obst- und Gemüsewirtschaft der Stadt und des Gebietes Moskau bitten Sie, Ihre Autorität und Ihren Einfluß geltend zu machen, in die Arbeits- und Studentenkollektive zu gehen und zu helfen, Arbeitskräfte zu mobilisieren, die bei der Pflege und Ernte von Gemüse und Kartoffeln auf dem Lande helfen. Die Versorgung der Moskauer mit Gemüse und das Anlegen eines Wintervorrates sind eine vorrangige Aufgabe. Helfen Sie uns, sie zu erfüllen!«

In der Mitteilung des Staatlichen Komitees für Statistik über die Ergebnisse der Volkswirtschaft der UdSSR im 1. Halbjahr 1990 wird festgestellt, daß keine Gesundung der Wirtschaft eingetreten ist und die Krisenerscheinungen sich verstärkt haben. Das Bruttosozialprodukt sank im ersten Halbjahr d. J. im Vergleich zum entsprechenden Zeitraum des Vorjahres um ein Prozent, das produzierte Nationaleinkommen um zwei Prozent, die gesellschaftliche Arbeitsproduktivität um 1,5 Prozent.

Der Oberste Sowjet der Belorussischen SSR nahm im Juli die Deklaration über die staatliche Souveränität der Republik an.

August

»Eine Medienzensur wird nicht zugelassen«, heißt es in Artikel 1 des Pressegesetzes. Das Gesetz tritt am 1. August in Kraft.

Der Präsident der UdSSR, Michail Gorbatschow, und der Vorsitzende des

Obersten Sowjets der RSFSR, Boris Jelzin, sowie die Vorsitzenden der Ministerräte der UdSSR und der RSFSR, Nikolai Ryshkow und Iwan Silajew, unterzeichnen am 2. August das Dokument über eine gemeinsame Politik zur wirtschaftlichen Rettung des Landes. Bis zum 1. September soll ein Programm konkreter Maßnahmen der Union und Rußlands ausgearbeitet werden. Einer entsprechenden Konzeption liegen die Vorschläge Boris Jelzins und die Erfahrungen mehrerer Unionsrepubliken zugrunde. Dies ist das erste politische Dokument, das Gorbatschow und Jelzin gemeinsam unterzeichnet haben.

Der Oberste Sowjet der Ukrainischen SSR hat die Ukraine zum ökologischen Notstandsgebiet erklärt und alle Arbeiten zum Bau neuer Blöcke von Atomkraftwerken gestoppt. Das Moratorium tritt am 2. August in Kraft.

Die erste Tagung des Obersten Sowjets der Armenischen SSR beschließt, den Erlaß des Präsidenten der UdSSR »Über das Verbot der Bildung bewaffneter Einheiten, die nach dem Recht der UdSSR nicht vorgesehen sind, und über die Beschlagnahme illegaler Waffen« in der Republik auszusetzen.

Der Präsident der UdSSR unterzeichnet die Verfügung »Über die Erarbeitung der Konzeption eines Unionsprogramms für den Übergang zur Marktwirtschaft als Grundlage des Unionsvertrages«.

Die Abwanderung der russischsprachigen Bevölkerung aus Tadshikistan nimmt immer größere Ausmaße an. Nach Angaben des Innenministeriums haben seit Jahresbeginn 23 000 Personen Tadshikistan verlassen.

Im Gebiet Gorki ist eine angespannte Situation wegen des Mangels an Wein, Spirituosen und Tabakwaren entstanden. Seit drei bis vier Wochen wird kein Wodka mehr angeboten. In Wyksa sind aufgebrachte Einwohner in ein Spirituosengeschäft eingedrungen und haben in fünf Stunden 80 Kisten Wodka verkauft. Es kam zu spontanen Streiks wegen fehlender Tabakwaren.

Am 4. August verabschiedet der Ministerrat der UdSSR eine Verfügung über Maßnahmen zur Bildung eines Valutamarktes der Union. Damit ist es ab 1. Januar 1991 allen Betrieben und Einrichtungen, die als juristische Personen gelten, gestattet, ausländische Valuta für sowjetische Rubel nach dem Marktkurs zu kaufen und zu verkaufen. In Moskau soll eine Unionsvalutabörse, in den Republiken und Regionen sollen regionale Börsen eingerichtet werden.

Einige Dutzend Studenten der Belorussischen Staatlichen Lenin-Universität verlassen ein militärisches Übungslager und verweigern die Annahme des Ranges eines Reserveoffiziers. Das Hauptmotiv dieser Entscheidung ist nach ihren Worten die Abneigung, in der Sowjetarmee zu dienen.

Der Präsident der UdSSR hat die Erlasse des Präsidiums des Obersten Sowjets der UdSSR von 1966 – 1988 über die Aberkennung der sowjetischen Staatsbürgerschaft einiger zur Zeit im Ausland lebender Personen aufgehoben.

Der in Kischinjow stattfindende erste Kongreß der Volksdeputierten des südlichen Steppengebietes Moldovas, wo 150 000 Gagausen leben, hat die Gründung der Gagausischen Republik (im Bestand der erneuerten UdSSR) verkündet, die ihre Unterstellung unter die Staatsmacht und die Verwaltungsorgane der Republik Moldova nicht anerkennt.

Der Oberste Sowjet Armeniens hat eine Deklaration über die Unabhängigkeit angenommen.

Der Präsident der UdSSR, Michail Gorbatschow, fordert Rechenschaft von den Verantwortlichen für die kritische Situation bei der Versorgung der Bevölkerung mit Tabakwaren. Der Präsident betrachtet die Argumente und Erklärungen für die Ursachen der Krise auf dem Tabakmarkt als nicht überzeugend und stichhaltig.

Auf einer ordentlichen Tagung des Obersten Sowjets der Tatarischen Autonomen Sozialistischen Sowjetrepublik (ASSR) wird die staatliche Souveränität Tatariens proklamiert.

September

Ein außerordentlicher Kongreß der Deputierten aller Ebenen im Gebiet des linken Dnestrufers in Moldova hat die Moldauische Sowjetische Sozialistische Dnestr-Republik im Bestand der UdSSR ausgerufen. Der Oberste Sowjet Moldovas setzte daraufhin den Beschluß über die Proklamierung der Moldauischen Dnestr-Republik unverzüglich außer Kraft.

In den Kinos der Hauptstadt Kirgisiens wird die Vorführung des Dokumentarfilms des Studios »Mosfilm«: »Boris Jelzin. Ein Porträt vor dem Hintergrund des Kampfes« verboten.

In Kursk wird die erste universelle Kommerz-Aktienbank des zentralen Schwarzerdegebiets Rußlands gegründet.

Stepanakert. Am 10. September spitzt sich die Situation im Autonomen Gebiet Nagorny-Karabach in Aserbaidshan dramatisch zu. In den letzten zwei Tagen haben armenische Militäreinheiten die Gebäude der Kreisparteikomitees in den Kreiszentren Askeran, Gadrut und Martuni besetzt und sie zu Stäben des Kampfes gegen die Machtorgane der Republik ausgebaut.

Nach operativen Angaben wurden von den im Lande geernteten 170 Millionen Tonnen Getreide nur 48,7 Millionen an den Staat verkauft – das sind 56 Prozent des staatlichen Aufkaufplanes.

In den ersten sechs Monaten dieses Jahres sind aus Kirgisien 160 Prozent mehr Russen abgewandert als im gesamten Jahr 1989. Das berichtete das Staatliche Komitee für Statistik der Kirgisischen SSR.

Der Oberste Sowjet der RSFSR sprach sich am 20. September mit großer Mehrheit (164 Ja, 1 Nein, 16 Enthaltungen) dafür aus, die Regierung der UdSSR zum Rücktritt aufzufordern, da sie unfähig ist, das Land aus der tiefen Krise herauszuführen, und das Vertrauen der breiten Masse verloren hat.

In der Nacht vom 16. zum 17. September verübte eine aufgebrachte Menge nach einer nicht genehmigten Kundgebung in Tbilissi einen Überfall auf das Gebäude des KGB Georgiens. Die Angreifer forderten die Selbstauflösung des KGB Georgiens sowie die Freilassung eines wegen Mordverdachts festgenommenen stellvertretenden Leiters der Adigensker Verwaltung für Inneres.

Das ZK der KPdSU erörterte »Die wachsende Kommerzialisierung der Kultur und Maßnahmen zu ihrer Überwindung«, da sich im geistigen Leben des Landes die Tendenz der Kommerzialisierung der Kultur mit all ihren negativen Folgen für den moralischen Zustand der Gesellschaft verstärkt.

Das Präsidium des Obersten Sowjets der Ukraine hat den Verkauf von Produkten des Agrar-Industrie-Komplexes über den festgelegten Umfang hinaus außerhalb der Landesgrenzen durch Sonderverordnung verboten.

Die Preise auf den Moskauer Märkten sind gegenüber dem Vorjahr um fast 28 Prozent gestiegen.

Die vierte Tagung des Obersten Sowjets der UdSSR beschloß, dem Präsidenten der UdSSR zusätzliche Vollmachten zu gewähren.

Oktober

Um 0.00 Uhr in der Nacht zum 3. Oktober endete die Existenz der DDR. Vor dem Reichstag in Berlin wurde die gesamtdeutsche schwarz-rot-goldene Flagge gehißt.

Die Mitglieder des Obersten Sowjets der RSFSR begannen mit der Erörterung des Gesetzentwurfs über das Eigentum in der RSFSR. Dieses Dokument bildet die Grundlage und den Ausgangspunkt für die Erarbeitung weiterer Gesetze – über das Unternehmen und die unternehmerische Tätigkeit, das Steuersystem, die örtlichen Sowjets, die örtliche Selbstverwaltung u. a. Es stellt die Rechtsgrundlage für die Realisierung des Konzepts der »500 Tage« dar (von Grigori Jawlinski vorgelegter Plan zur Einführung der Marktwirtschaft in Rußland binnen 500 Tagen – der Übers.).

In seinem Schlußwort auf dem Plenum des ZK der KPdSU erklärte Michail Gorbatschow, er weise »Versuche, die Bewegung zur Marktwirtschaft als Restauration des Kapitalismus zu erklären«, entschieden zurück.

Am 16. Oktober nahm der Oberste Sowjet der RSFSR das Gesetz über das Referendum in der RSFSR an. Ihm liegt das Prinzip des Volksentscheids als höchster Instanz zugrunde.

Im Gebiet der Inselgruppe Nowaja Semlja ist eine unterirdische Kernwaffenexplosion durchgeführt worden. Dieser Waffentest war mit dem Obersten Sowjet der RSFSR, dem Ministerrat der RSFSR und den örtlichen Machtorganen nicht abgestimmt. Der Oberste Sowjet und die Regierung der RSFSR äußern in einer Erklärung entschiedenen Protest und fordern künftig die bedingungslose Einhaltung der Deklaration über die staatliche Souveränität der RSFSR in all ihren Aspekten.

Der Präsident der UdSSR erließ eine Verordnung »Über die Einführung eines kommerziellen Kurses des Rubels zu ausländischen Währungen und Maßnahmen zum Aufbau eines Unionsvalutamarktes«. Ab 1. November 1990 beträgt der kommerzielle Kurs des Rubels: 1,80 Rubel: 1 US-Dollar.

Die Obersten Sowjets Kasachstans, Burjatiens, Baschkiriens, Kalmykiens und Tschuwaschiens erklären die staatliche Souveränität.

Der Oberste Sowjet der UdSSR faßt einen Beschluß über die Feierlichkeiten zum 73. Jahrestag der Großen Sozialistischen Oktoberrevolution.

November

In den Städten Dubossary, Tiraspol und Bendery am Dnestr wird am 2. November der Ausnahmezustand erklärt. In diesem Gebiet im Osten der Moldauischen Republik überwiegt russischsprachige Bevölkerung. Sie hatte kürzlich die Gründung der Dnestr-Republik im Bestand der UdSSR bekanntgegeben. Die Einwohner von Dubossary bereiten sich auf die Verteidigung der Stadt vor und schließen die Brücken über den Dnestr.

Im Bericht des Staatlichen Komitees für Statistik der UdSSR über die ersten neun Monate dieses Jahres heißt es: »Die Geldemission stieg gegenüber dem entsprechenden Zeitraum des Vorjahres um 70 Prozent.«

Das Außenhandelsunternehmen »Winexport« beabsichtigt, die Firma »Gorbatschow« zu verklagen, die einen Wodka herstellt, für den sie den Namen des sowjetischen Führers benutzt.

Das Präsidium des Obersten Sowjets der RSFSR hat den Beschluß gefaßt, den Fonds »Wiedergeburt« für die soziale Entwicklung Rußlands einzurichten. Der Fonds hat vor allem die Aufgabe, die Durchführung von Sozialprogrammen in der Republik sowie das Wiedererstehen von Wohltätigkeit und Barmherzigkeit zu unterstützen.

In Lettland wird erklärt, daß diejenigen zur Verantwortung zu ziehen sind, die den 7. November als Feiertag betrachten und deswegen nicht zur Arbeit erschienen.

In einem etwa zweistündigen Gespräch unter vier Augen erörterten Michail Gorbatschow und Boris Jelzin eine Reihe von Fragen zur Durchführung der Wirtschaftsreform im Lande sowie zum Abschluß und zur konsequenten Umsetzung des Unionsvertrages.

Auf der Tagung des Obersten Sowjets Moldovas wurde die Erörterung des Berichtes der Regierung zum Übergang in die Marktwirtschaft wegen Massenunruhen in der Hauptstadt am Abend des 15. November unterbrochen. Auf den Straßen kam es zu Ausschreitungen und Schlägereien; viele Einwohner wurden mißhandelt und beraubt, insbesondere solche, die man für Russen hielt.

Das russische Parlament akzeptierte das Rücktrittsgesuch des stellvertretenden Vorsitzenden des Ministerrates der RSFSR und Vorsitzenden der Kommission für die Wirtschaftsreform, Grigori Jawlinski.

Dezember

Durch Erlaß des Präsidenten der UdSSR wird Wadim Bakatin von der Funktion des Innenministers entbunden; an seiner Stelle wird Boris Pugo ernannt. Erster Stellvertreter wird Boris Gromow.

Litauen beschließt ein Gesetz über die Polizei. Sie wird vom System der Organe für innere Angelegenheiten der Sowjetunion getrennt.

Am 17. Dezember nimmt der vierte Kongreß der Volksdeputierten der UdSSR im Kremlpalast seine Tagungen auf. Die Debatte über die Tagesordnung beginnt mit einer Erklärung der Abgeordneten S. Umalatowa, die vorschlägt, einen Mißtrauensantrag gegen den Präsidenten der UdSSR in die Tagesordnung aufzunehmen. Nach ihrer Meinung hat Michail Gorbatschow nicht mehr das moralische Recht, das Land weiter zu führen.

In den Moskauer Geschäften gibt es wieder Fleisch. Es bilden sich keine Schlangen: Kalbfleisch kostet 10 Rubel, Rindfleisch 9 Rubel, Rinderbrust 7 Rubel pro kg.

Der Minister für Auswärtige Angelegenheiten der UdSSR, Eduard Schewardnadse, reicht seinen Rücktritt ein. Alexander Jakowlew bezeichnet den Entschluß Schewardnadses als Reaktion auf den Vormarsch reaktionärer Kräfte.

Was man in Washington zur Rede des Vorsitzenden des KGB der UdSSR meint: Beobachter weisen darauf hin, daß sich der Standpunkt Wladimir Krjutschkows zur Hilfe des Westens deutlich von den Äußerungen Gorbatschows unterscheidet. Die Vorwürfe des Redners, geliefertes Getreide und Technik seien von minderer Qualität, die Maschinen ohne Ersatzteile, lösten bei den westlichen Partnern Befremden aus. Präsident Bush, der auf einer Pressekonferenz nach seiner Meinung zu den Äußerungen Krjutschkows befragt wurde, wich einer klaren Stellungnahme aus.

Die Tagung des Obersten Sowjets der RSFSR beschloß das Gesetz »Über das Eigentum in der RSFSR«. Darin wird das Recht auf Privateigentum neben dem staatlichen und kommunalen Eigentum sowie dem Eigentum gesellschaftlicher Organisationen bestätigt.

Am 24. Dezember faßt der Kongreß der Volksdeputierten der UdSSR den Beschluß, die UdSSR als erneuerte Föderation gleichberechtigter souveräner Republiken zu erhalten und beim Namen des Sowjetstaates - Union der Sozialistischen Sowjetrepubliken - zu bleiben.

Der Vorsitzende des Ministerrates der UdSSR, Nikolai Ryshkow, wird mit Herzinfarkt in ein Krankenhaus eingeliefert.

Auf dem Kongreß hat der Aufbau der Präsidentenmannschaft begonnen. Für den Posten des Vizepräsidenten wird Janajew vorgeschlagen.

Am letzten Tag der Tagung des Volksdeputiertenkongresses der UdSSR entbrennt ein heftiger Streit über die Verteilung der Einnahmen zwischen der Union und den Republiken. Da der Oberste Sowjet der RSFSR beschlossen hat, die Abführungen an den Unionshaushalt auf ein Fünftel zu kürzen, ist dessen Weiterbestehen insgesamt in Frage gestellt.

Am 29. Dezember wird der Erlaß des Präsidenten der UdSSR »Über die Einführung der Umsatzsteuer« angenommen.

1991

Januar

Vierzehn Tage nach dem Herzinfarkt ist Ryshkows Zustand zufriedenstellend. Er hat begonnen, im Zimmer umherzugehen.

Am Abend des 8. Januar erklärt die Ministerpräsidentin Litauens, Kazimiera Prunskiene, vor dem Obersten Sowjet Litauens offiziell den Rücktritt ihrer Regierung.

Am 12. Januar besetzen Einheiten der Truppen des Innenministeriums der UdSSR das Gebäude des Litauischen Verlages des ZK der KPdSU. In Vilnius spitzt sich die Lage zu. Zwei Personen werden schwer verletzt. Über den Rundfunk werden Aufrufe verbreitet, nach Vilnius zu kommen und wichtige Landeseinrichtungen zu verteidigen. Auf dem Platz der Unabhängigkeit versammelt sich eine große Menschenmenge. Ein Komitee der nationalen Rettung Litauens wird gegründet, das das Parlament Litauens für illegal erklärt.

Der Außenminister Litauens, Saudargaet, richtet eine Protestnote an Schewardnadse, in der er die Vorgänge als »Aggressionsakt« bezeichnet.

14. Januar. Vilnius in Trauer. Nach präzisierten Angaben wurden 14 Menschen getötet. In den Krankenhäusern liegen viele Schwerverletzte. Nach Eintreffen einer Delegation des Rates der Föderation der UdSSR gelang es, mit den Militärs die Übereinkunft zu erzielen, daß nachts keine Aktionen stattfinden.

Auf der Vormittagssitzung des Parlaments der UdSSR erklärt Boris Pugo, die Politik der Führung Litauens habe zu diesem Verlust an Menschenleben geführt.

Zu den Ereignissen in Litauen sagt Gorbatschow, er habe von den Geschehnissen erst am Morgen erfahren. Notwendig sei ein Dialog, im Gespräch mit Landsbergis habe er jedoch nicht den Wunsch nach Dialog erkennen können.

Der Ministerpräsident der UdSSR wird durch Beschluß des Obersten Sowjets der UdSSR bestätigt. Es ist Valentin Sergejewitsch Pawlow, seit 1989 Finanzminister der UdSSR.

Am 23. Januar erläßt der Präsident der UdSSR die Verfügung »Über die Beendigung der Gültigkeit der Banknoten der Staatsbank der UdSSR des Jahrgangs 1961 im Wert von 50 und 100 Rubel als Zahlungsmittel und die Beschränkung der Auszahlung von Bargeld von den Konten der Bürger«. Die Auszahlung in den Filialen der Sparkasse wird auf 500 Rubel monatlich beschränkt.

Begründung: »Verstärkter Kampf gegen Spekulation, Korruption usw. zur Normalisierung des Geldumlaufs...«

In einer Mitteilung der Staatsbank der UdSSR heißt es, daß trotz der »Eigenmächtigkeiten« einiger Regionen die Frist für den Umtausch der Banknoten nicht verlängert wird.

Der Oberste Sowjet der UdSSR beschließt, in der gesamten UdSSR am 17. März 1991 ein Referendum über die Erhaltung der UdSSR als Föderation gleichberechtigter Republiken durchzuführen.

Februar

Das Statistische Amt Moskau teilt mit, 1991 werden in Moskau 100 000 Arbeitslose erwartet, in der Hauptsache Jugendliche.

Der Pressedienst des Präsidenten der UdSSR dementiert die Erklärung des Geschäftsmannes A. Tarassow über ein Geheimabkommen Michail Gorbatschows mit der japanischen Regierung über die Zahlung von 200 Milliarden Dollar für vier Kurileninseln. Gorbatschow beabsichtige, vor Gericht zu gehen, wenn keine Entschuldigung erfolgt.

In einer Erklärung des Ministeriums für Pressewesen der RSFSR wird mitgeteilt, daß es »Radio Rußland« ab 1. Februar verboten ist, auf den Frequenzen von »Majak« und des ersten Unionsprogramms zu senden.

Die Plenarsitzung der Tagung des Obersten Sowjets der RSFSR beginnt am 7. Februar damit, daß ein Deputierter darüber informiert, in der letzten Nacht seien zwei Räume im Haus des Obersten Sowjets entdeckt worden, die dem KGB der UdSSR gehören und mit Funkausrüstung ausgestattet sind. Er schlägt eine Untersuchung durch Abgeordnete vor. Dieser Vorschlag wird jedoch niedergestimmt.

Am 19. Februar äußert sich Boris Jelzin im Fernsehen zu den Ereignissen im Baltikum und fordert den Präsidenten der UdSSR, Gorbatschow, in diesem Zusammenhang zum Rücktritt auf.

Auf der Tagung des Obersten Sowjets der RSFSR verliest S. Gorjatschewa eine politische Erklärung an das Parlament. Sie trägt auch die Unterschriften der Deputierten Issajew, Issakow, Abdulatipow und anderer. In der Erklärung heißt es, Jelzin habe die bei der Wahl in ihn gesetzten Hoffnungen nicht erfüllt. Die Reaktion Jelzins ist nicht bekannt, da er sich auf einer Reise durch die Nichtschwarzerdezone Rußlands befindet. Der erste stellvertretende Vorsitzende des Obersten Sowjets der RSFSR, Chasbulatow, schlägt vor, die politische Erklärung zur Kenntnis zu nehmen.

März

Das Ministerkabinett der UdSSR faßt den Beschluß, die Beschränkung auf 500 Rubel monatlich bei der Auszahlung von Privatkonten bei der Sparkasse der UdSSR aufzuheben.

Am 7. März debattieren beide Kammern des Obersten Sowjets der UdSSR auf einer gemeinsamen Sitzung im Kreml über die Kandidaten für den Sicherheitsrat. Gewählt werden Gennadi Janajew, Valentin Pawlow, Wadim Bakatin, Alexander Bessmertnych u. a.

Die Zentralkomitees der Kommunistischen Parteien der drei Republiken RSFSR, Ukraine und Belorußland veranstalten ein Treffen am Runden Tisch zum Thema: »Erhalt und Erneuerung der UdSSR sind das Schicksal unseres Landes und die Zukunft seiner Völker«.

Den Mitarbeitern der Staatsanwaltschaft der RSFSR wird der neue Generalstaatsanwalt der Republik, W. Stepankow, vorgestellt.

Die UdSSR ist bei verschiedenen amerikanischen Firmen für gelieferte und bereitgestellte, aber nicht bezahlte Waren und Dienstleistungen mit über 100 Millionen Dollar verschuldet. Viele dieser Schulden sind fast ein Jahr alt.

Am 17. März findet das erste Referendum in der Geschichte unseres Landes statt. Die absolute Mehrheit der Bürger, die sich an der Abstimmung beteiligten, antworten auf die Frage, ob die Union erhalten werden soll, mit »Ja«.

Die endgültigen Ergebnisse des russischen Referendums stehen noch aus, aber das Hauptergebnis ist bereits klar. Beide Fragen - nach dem Erhalt der Union und der Einführung des Amtes eines Präsidenten der RSFSR - beantworteten 70,88 Prozent der Russen zustimmend.

Annahme des Erlasses des Präsidenten der UdSSR »Über die Reform der Einzelhandelspreise und die soziale Sicherheit der Bevölkerung".

Der politische Streik der Bergarbeiter aus dem Kusbass weitet sich aus. Bis zum 15. März haben sich ihm mehr als ein Drittel der Kohlegruben des Gebietes angeschlossen.

April

Eine Preisreform wurde durchgeführt. Kochwurst kostet jetzt in den Geschäften 8 Rubel (früher 2 Rubel), ein Kilo Rindfleisch - 7 Rubel, Weißbrot - 60 Kopeken, Pfefferkuchen - fast 3 Rubel. Ein Fernsehapparat der Marke »Elektron« kostet jetzt 1800 - 1990 Rubel. In Lettland hat man das Experiment mit den Preisen drei Monate früher begonnen als in der Union. Dort kostet Fleisch jetzt 12,30 Rubel, Butter - 10 Rubel, Eier - 3 bis 4 Rubel, Käse - 8 Rubel und mehr.

Das Parlament der Republik Georgien verkündet die Unabhängigkeit der Republik von der Sowjetunion.

Am 14. April wird Swiad Gamsachurdia in einer offenen Abstimmung zum Präsidenten der Republik gewählt.

In Südossetien ist eine Operation zur Entwaffnung militanter Gruppen durchgeführt worden.

Der dritte russische Kongreß der Volksdeputierten hat seine Sitzungen beendet. Als Hauptergebnis des Kongresses werten Beobachter den Beschluß, durch den der Vorsitzende des Obersten Sowjets der RSFSR, Jelzin, mit zusätzlichen Vollmachten für die Überwindung der Krise ausgestattet wird.

Am 10. April werden im Autonomen Gebiet Nagorny - Karabach Militärposten beschossen.

Aktuelle Angaben über die Ergebnisse der Industrie des Landes im ersten Quartal 1991: Der allgemeine Rückgang der Produktion gegenüber dem gleichen Zeitraum des Vorjahres beträgt 5 Prozent, allein im März 6 Prozent.

Der Ministerrat der UdSSR legt erhöhte Steuersätze für Ex- und Importe fest. Diese können bis zu 600 Prozent des Warenwertes betragen.

Litauen. Nach der Besetzung einer Bank im Vilniuser Vorort Neuvilna führen OMON-Leute und Militärangehörige in nahezu der ganzen Republik eine Operation zur Besetzung von Objekten durch, die früher der DOSAAF (Freiwillige

Gesellschaft zur Unterstützung der Armee, Luftstreitkräfte und Flotte - der Übers.) gehörten. Die Lage in Litauen spitzt sich zu.

Der Wahlkampf für die am 12. Juni stattfindende Wahl des Präsidenten der RSFSR wird 155 Millionen Rubel kosten. Diesen Voranschlag bestätigt das Präsidium des Obersten Sowjets Rußlands am 27. April.

Mai

Das Ministerkabinett der UdSSR stellt den vom Erdbeben betroffenen Gebieten Georgiens aus der Regierungsreserve 20 000 Liter Blut und Blutersatzpräparate, 1560 Zelte, 1000 Tuben Fleisch und Milchkonseren, Milch, Zucker und Salz zur Verfügung.

Nikolai Ryshkow wird für den Posten des Präsidenten Rußlands kandidieren. Gegenüber dem Korrespondenten der »Iswestija« erklärte er, er habe viele Briefe aus verschiedenen Gebieten der RSFSR dazu erhalten. Er willigte ein. Nikolai Ryshkow hat eine medizinische Untersuchung durchlaufen und sich davon überzeugt, daß seine Gesundheit wiederhergestellt ist.

An der aserbaidshanisch-armenischen Grenze fließt wieder Blut. In den letzten Tagen ist der Konflikt so tragisch verlaufen, daß hochgestellte Vertreter des Innenministeriums der UdSSR die Vorgänge als Bürgerkrieg zwischen zwei Republiken bezeichnen.

Am 12. Mai wird auf dem Schießplatz Kapustin Jar die letzte sowjetische Rakete mittlerer Reichweite vom Typ RSD-10 gesprengt; am 1. Mai haben die USA die letzte landgestützte Flügelrakete und am 6. Mai die letzte Rakete vom Typ »Pershing-2« vernichtet.

Iwan Silajew unterzeichnet eine Verfügung über die Aufhebung der Umsatzsteuer für alle Lebensmittel, ausgenommen alkoholische Getränke, Tabakwaren, Kaffee, Torten, Pralinen und andere Schokoladenerzeugnisse.

Am 17. Mai verfügt das Ministerkabinett der UdSSR eine Lohnerhöhung für die Fluglotsen um 50 Prozent. Es empfiehlt, alle weiteren Forderungen von den entsprechenden Ministerien und Dienststellen prüfen zu lassen. Der für den 21. Mai angekündigte Streik der Fluglotsen findet nicht statt.

Boris Jelzin, Kandidat Nummer eins für den Posten des Präsidenten Rußlands, antwortete auf Fragen von Journalisten zu seinem Parteiaustritt: »Dieser Entschluß ist mir nicht leichtgefallen. Trotzdem bin ich überzeugt, daß viele, sowohl Parteilose als auch Kommunisten, meinen Schritt verstanden haben. Ist es denn normal, als Vorsitzender des Obersten Sowjets vom ZK einer Partei abhängig zu sein, ja mehr noch, deren Beschlüsse höher zu stellen als alle Gesetze, höher als selbst die Verfassung? Ich habe meine Wahl getroffen und bedaure sie nicht.«

Am 23. Mai überfallen in Riga stationierte OMON-Truppen des Innenministeriums der UdSSR fünf Zollstationen der Lettischen Republik an der Grenze zu Litauen und Belorußland. Das Präsidium des Obersten Sowjets Lettlands gab eine Erklärung ab, in der es darauf hinweist, daß diese Aktion der OMON-Truppen kein Zufall war, sondern nach einem von oben vorgegebenen Plan ablief.

Der Beginn des Warnstreiks der Erdölarbeiter wurde auf den 24. Mai festgesetzt.

Auf Fragen von Korrespondenten nach der Lage an den Grenzen zwischen den baltischen Republiken bestreitet Boris Pugo rundweg die Beteiligung von OMON-Truppen an den dramatischen Ereignissen.

Der Generalstaatsanwalt der UdSSR, N. Trubin, erteilt dem Staatsanwalt der Lettischen SSR die Weisung, ein Strafrechtsverfahren gegen die Rigaer OMON-Truppen einzuleiten, »um die Rechtmäßigkeit ihrer eigenmächtigen Handlungen zur Beseitigung in Überschreitung von Befugnissen illegal eingerichteter Zollstationen festzustellen«.

Juni

Die fünfte Allunionskonferenz der unabhängigen Gewerkschaften nahm eine Unabhängigkeitscharta der Gewerkschaften in der UdSSR an.

Am 3. Juni findet in Nowo-Ogarjowo die turnusmäßige Sitzung des Vorbereitungskomitees für den Unionsvertrag statt. Die Führer der Republiken vertreten eine einheitliche Auffassung hinsichtlich des Verfahrens zur Ratifizierung des Vertrages. Dieses soll im Text klar festgelegt werden, um eine Einmischung des Volkskongresss und des Obersten Sowjets der Union auszuschließen.

In Vilnius findet eine Sitzung des Rates der baltischen Staaten statt, deren Teilnehmer zwei Dokumente annehmen: »Zum Vorgehen der UdSSR gegen die baltischen Staaten und Völker« sowie eine Vereinbarung über die Zusammenarbeit der baltischen Staaten im Vorfeld der Gespräche mit der UdSSR.

Der Volksdeputierte der UdSSR W. Filippow wendet sich an den Obersten Sowjet und die Wähler mit der Bitte, ihn von seinen Pflichten als Deputierter zu entbinden. Er ruft alle Deputierten der UdSSR auf, im Interesse der Gesellschaft das gleiche zu tun.

Die Wahl des Staatsoberhauptes Rußlands hat stattgefunden. Am 12. Juni wurde Boris Jelzin als Präsident der Russischen Föderation gewählt.

Der Ministerpräsident der UdSSR, Valentin Pawlow, gibt am 17. Juni im Unionsparlament einen Bericht über die politische und wirtschaftliche Lage des Landes. Leitmotiv seiner Rede ist die Forderung nach außerordentlichen Vollmachten für das Ministerkabinett, u. a. dem Recht auf Gesetzesinitiative und auf »zeitweilige Beschlüsse«.

Die Deputierten des Leningrader Sowjets stimmten dafür, Leningrad seinen historischen Namen St. Petersburg zurückzugeben.

Juli

Eine Gruppe bekannter Politiker, darunter Arkadi Wolski, Gawril Popow, Alexander Ruzkoi, Anatoli Sobtschak, Sergej Schatalin, Eduard Schewardnadse, Alexander Jakowlew, Iwan Silajew und Nikolai Petrakow, wenden sich mit einem Appell an das Volk. Darin wird von der Gründung einer »Bewegung demokratischer Reformen« gesprochen.

Am 3. Juli trifft Gorbatschow mit den Führern von neun Republiken zusammen. Die Teilnehmer des Treffens heben ihre Treue zu der am 23. April in Nowo-Ogarjowo angenommenen Erklärung hervor.

Unter dem Vorsitz des Generalsekretärs des ZK der KPdSU, Michail Gorbatschow, findet eine Sitzung des Politbüros des ZK der KPdSU statt, auf der eine Erklärung zum neuen Unionsvertrag angenommen wird. Das Politbüro ruft alle Parteiorganisationen und jedes Mitglied auf, sich in dieser Frage zu engagieren und die breite Öffentlichkeit für den schnellstmöglichen Abschluß des Vertrages zu gewinnen.

Am 10. Juli findet die Festsitzung des fünften außerordentlichen Kongresses der Volksdeputierten anläßlich der Amtseinführung des Präsidenten der RSFSR, Boris Jelzin, statt.

Am 11. Juli behandelt das Unionsparlament auf seiner Vormittagssitzung eine der wichtigsten Fragen der Tagesordnung der fünften Tagung des Obersten Sowjets: Es beginnt die Debatte zum Entwurf des Vertrages über die Union souveräner Staaten. Michail Gorbatschow nahm an der Sitzung teil.

Die fünfte Abstimmungsrunde über die Kandidaten für den Vorsitzenden des Obersten Sowjets der Russischen Föderation endet ohne Ergebnis. Die Stimmen teilen sich die Kandidaten Sergej Baburin und Ruslan Chasbulatow. Am 17. Juli beendet der Russische Kongreß der Volksdeputierten seine Arbeit. Die Wahl des Vorsitzenden des Obersten Sowjets wird um drei Monate vertagt.

Der Präsident Rußlands, Boris Jelzin, unterzeichnet eine Verfügung über die Einstellung der Tätigkeit organisierter Strukturen politischer Parteien und gesellschaftlicher Massenbewegungen in den Staatsorganen, Dienststellen und Einrichtungen der RSFSR.

Am Nachmittag des 23. Juli beginnt in Nowo-Ogarjowo das turnusmäßige Treffen bevollmächtigter Delegationen der Union und der Republiken, wo die Arbeit am Entwurf des Unionsvertrages fortgesetzt wird.

Am 25. Juli beginnt das turnusmäßige Plenum des ZK der KPdSU. Michail Gorbatschow referiert zum neuen Programm der KPdSU.

August

Der Präsident der UdSSR, der sich gegenwärtig zum Urlaub auf der Krim aufhält, wird voraussichtlich am 20. August nach Moskau zurückkehren. Wie der Leiter der Pressestelle des Präsidenten, W. Ignatenko, mitteilt, ist für diesen Tag die feierliche Erstunterzeichnung des neuen Unionsvertrages festgesetzt. Als erste werden Rußland und die Republiken in seinem Bestand sowie Kasachstan und Usbekistan den Vertrag unterzeichnen.

Auf dem Plenum des ZK der KP Rußlands gibt der Erste Sekretär des ZK, Iwan Poloskow, eine Erklärung ab und äußert die Bitte, ihn wegen der Übernahme einer anderen Tätigkeit von der Funktion des Sekretärs und als Mitglied des Politbüros zu entbinden.

Die UdSSR muß nahezu 15 Millionen Dollar jährlich zur Tilgung der Zinsen für ihre Schulden an westliche Länder sowie für kurzfristige Kredite zahlen.

Die Verfügung des Präsidenten der UdSSR, Michail Gorbatschow, vom 1. Juli »Über die Entstaatlichung und Privatisierung der Betriebe« wird veröffentlicht.

Auf einer Pressekonferenz in Alma-Ata erklärt der Präsident Kasachstans, Nursultan Nasarbajew, daß am 20. August außer Kasachstan und Usbekistan, die dies bereits erklärten, auch Delegationen Belorußlands und Tadshikistans den Unionsvertrag unterzeichnen werden. In den folgenden Etappen – von September bis Oktober – werden Aserbaidshan, Turkmenien, Kyrgystan und die Ukraine dem Vertrag beitreten.

In Taschkent findet ein Treffen der Präsidenten von fünf Republiken statt: Usbekistan, Kasachstan, Kyrgystan, Tadshikistan und Turkmenistan. Als Beobachter wird der Ministerpräsident Aserbaidshans teilnehmen. Zur Diskussion steht der Mechanismus zur Verwirklichung des Unionsvertrages.

Der Vorsitzende des Obersten Sowjets der UdSSR, Anatoli Lukjanow, schlägt vor, die sechste Tagung des Obersten Sowjets der UdSSR für den 17. September nach Moskau einzuberufen.

19. August. Es erscheinen keine Zeitungen.

In einem »Aufruf an die Bürger Rußlands« erklärt Jelzin, daß der Präsident des Landes in der Nacht vom 18. zum 19. August entmachtet wurde. »Wir sind der Meinung, daß solche gewaltsamen Methoden unannehmbar sind. Sie diskreditieren die UdSSR vor der ganzen Welt, untergraben unser Ansehen in der Weltgemeinschaft, werfen uns in die Epoche des kalten Krieges und der Isolierung der Sowjetunion zurück...All das zwingt uns, das sogenannte Komitee, das die Macht übernommen hat, für unrechtmäßig zu erklären. Dementsprechend erklären wir alle Beschlüsse und Verfügungen dieses Komitees für illegal.«

Am 20. August werden der Erlaß des Vizepräsidenten der UdSSR, Janajew, vom 18. August über die Übernahme der Vollmachten des Präsidenten wegen des Gesundheitszustandes Michail Gorbatschows, der Erlaß Nr. 1 des GKTschP der UdSSR und der Appell des GKTschP an die Staats- und Regierungschefs sowie an den UNO-Generalsekretär bekanntgegeben.

Der Vorsitzende des Obersten Sowjets der Ukraine, Leonid Krawtschuk, erklärt den Bürgern der Ukraine, daß in der Republik kein Ausnahmezustand verhängt ist, daß weiterhin die vom Obersten Sowjet der Ukrainischen SSR angenommene Verfassung und die Gesetze gelten.

Am 21. August beginnt eine außerordentliche Tagung des Obersten Sowjets der RSFSR. Die Organisatoren des Militärputsches, die Mitglieder des sogenannten GKTschP, werden auf dem Weg zum Flughafen Wnukowo verhaftet.

Am 22. August erklärt der Präsident der UdSSR, Michail Gorbatschow, er habe die Situation voll unter Kontrolle und die Verbindung zu allen Landesteilen wiederhergestellt. Der Chef des Generalstabes der Steitkräfte der UdSSR, Moissejew, habe Befehl erhalten, alle Truppen an ihre ständigen Standorte zurückzuführen.

Am 24. August wird auf dem Kreml die russische Flagge gehißt.

Der frühere Ministerpräsident des Landes, Valentin Pawlow, und der Vorsitzende des Bauernverbandes der UdSSR, W. Starodubzew, werden verhört und verhaftet. Nach dem Ersten Sekretär des Moskauer Stadtkomitees der KPdSU, Juri Prokofjew, wird gefahndet.

Am 25. August legt Michail Gorbatschow die Funktion des Generalsekretärs des ZK der KPdSU nieder.

Marschall Achromejew, der Kanzleichef des ZK der KPdSU, M. Krutschina, und der Innenminister der UdSSR, Boris Pugo, begehen Selbstmord.

Die Große Nationalversammlung der Bürger Moldovas proklamiert die Unabhängigkeit der Republik.

Der Erste Sekretär des Moskauer Stadtkomitees der KPdSU, Juri Prokofjew, stellt sich den Behörden.

Der Komsomol als einheitliche Jugendorganisation besteht nicht mehr.

Am 27. August findet ein Treffen der Präsidenten Rußlands, Kasachstans und Kyrgystans mit Michail Gorbatschow statt. Die drei Republiken erklären sich bereit, den Unionsvertrag zu unterzeichnen.

Auf der außerordentlichen Tagung des Obersten Sowjets der UdSSR am 28. August erklärt Michail Gorbatschow: »Wäre der Oberste Sowjet am 19. August zusammengetreten, dann hätte der Putsch in seinen Anfängen gestoppt werden können.«

Anatoli Lukjanow erwartet eine Gegenüberstellung mit den Mitgliedern des GKTschP. Wegen Landesverrats sind 12 Personen verhaftet worden, berichtet der Generalstaatsanwalt Rußlands.

Das Präsidium des Obersten Sowjets der Ukraine verkündet in einer Erklärung an die Bürger die Unabhängigkeit der Republik.

Der Generalstaatsanwalt der UdSSR, N. Trubin, erklärt vor dem Obersten Sowjet der UdSSR seinen Rücktritt. Dieser spricht dem Kollegium der Staatsanwaltschaft der UdSSR sein Mißtrauen aus und löst es auf.

Präsident Michail Gorbatschow schafft die Politabteilungen in der Armee, der Flotte, im KGB, im Innenministerium und in den Eisenbahntruppen ab.

Der Präsident Kasachstans, Nursultan Nasarbajew, verfügt die Schließung des Kernwaffenversuchsgeländes Semipalatinsk.

Auf der Tagung des Obersten Sowjets Aserbaidshans wird beschlossen, die Frage der staatlichen Unabhängigkeit der Republik zu erörtern.

Eduard Schewardnadse, Alexander Jakowlew und Gawriil Popow lehnen es ab, im Sicherheitsrat der UdSSR mitzuwirken. Auf seiner Sitzung am 30. August hat der Oberste Sowjet der UdSSR beschlossen, den Rat aus den Führern der neun Republiken zu bilden, die am Prozeß von Nowo-Ogarjowo beteiligt sind. Gorbatschow schlägt vor, darüber hinaus weitere Personen in den Rat aufzunehmen, darunter auch die drei genannten.

September

Am 1. September erklärt Michail Gorbatschow in einem Interview für die amerikanische Fernsehstation CBN und das sowjetische Fernsehen, daß die Union erhalten bleiben muß.

Die Obersten Sowjets Usbekistans und Kyrgystans proklamieren die staatliche Unabhängigkeit dieser Republiken.

Nursultan Nasarbajew gibt im Namen des Präsidenten der UdSSR und der Führer der Unionsrepubliken eine Erklärung ab. Darin heißt es, die Führer der Republiken hätten zugestimmt, daß alle Republiken, die dies wünschen, für die Übergangszeit bis zur Annahme einer neuen Verfassung und Wahlen zu neuen Machtorganen auf dieser Grundlage einen Vertrag über die Union souveräner Staaten unterzeichnen. Im Rahmen dieses Vertrages kann jede Republik die Form ihrer Teilnahme an der Union selbständig bestimmen, sich an alle Republiken mit der Bitte wenden, unverzüglich einen Vertrag über wirtschaftliche Zusammenarbeit zu unterzeichnen usw. Mit dieser Erklärung wird die Idee der Föderation aufgegeben und eine Union im Sinne einer Konföderation vorgeschlagen.

Auf einer gemeinsamen Tagung des Gebietssowjets von Nagorny-Karabach und des Kreissowjets von Schauljan, an der die Volksdeputierten aller Ebenen teilnehmen, wird die Republik Nagorny-Karabach ausgerufen.

Eine außerordentliche Tagung des Obersten Sowjets der Krim beschließt eine Deklaration über die staatliche Souveränität dieser autonomen Republik.

Gegen den ehemaligen Vorsitzenden des Obersten Sowjets der UdSSR, Anatoli Lukjanow, wird offiziell Anklage erhoben.

Am 10. September erklärt das Kollegium des Außenministeriums der UdSSR seine Selbstauflösung.

Am 11. September erklärt der deutsche Außenminister Hans-Dietrich Genscher, es sei bisher noch nicht gelungen, eine abgestimmte Entscheidung Moskaus über die Auslieferung des früheren Führers Ostdeutschlands, Erich Honecker, an Bonn zu erreichen.

Auf der Sitzung des Komitees zur operativen Leitung der Volkswirtschaft der

UdSSR am 11. September erklärt Iwan Silajew, er verlasse den Posten des Vorsitzenden des Komitees und werde sich ab kommender Woche ausschließlich auf die Führung der Regierung Rußlands konzentrieren.

Am 16. September beginnt im Kreml die zweite Sitzung des Staatsrates der UdSSR. Hauptpunkt der Tagesordnung ist die Erörterung des Entwurfs eines Vertrages über die wirtschaftliche Union der Republiken der ehemaligen UdSSR. Berichterstatter ist Grigori Jawlinski.

Die Verfassungskommission der RSFSR beginnt mit der Debatte über den Entwurf einer Verfassung der Republik.

Der Vorsitzende des Exekutivkomitees des Verbandes »Schtschit« (»Der-Schild« – der Übers.), W. Urashzew, erklärt: »Die russische Nationalgarde wird 40 000 Mann umfassen. Diese werden in einem strengen Verfahren ausgewählt, das auch ihre politischen Anschauungen einschließt.«

Das Parlament Armeniens erklärt die Republik zu einem unabhängigen demokratischen Staat außerhalb der UdSSR.

In Tadshikistan wird der Ausnahmezustand verhängt.

Am 28. September tritt Iwan Silajew als Vorsitzender des Ministerrates der RSFSR zurück.

Oktober

Nur zwei Republiken – Litauen und Estland – entsenden keine Delegation zu dem vom Präsidenten Kasachstans, Nursultan Nasarbajew, angeregten Forum unabhängiger Staaten nach Alma-Ata.

»Rußland ist die einzige Republik, die Rechtsnachfolger der Union und aller ihrer Strukturen werden kann und soll«, erklärt der Staatssekretär der RSFSR, Gennadi Burbulis, am 2. Oktober bei einer Zusammenkunft mit russischen Parlamentariern.

Auf der Sitzung des Republikssowjets (eine der beiden Kammern – der Übers.) des Obersten Sowjets der RSFSR wurde aufgrund des Rücktritts des Vorsitzenden der Kammer, W. Issakow, der Deputierte der RSFSR Nikolai Rjabow in dieses Amt gewählt.

Beim Empfang einer Delegation der NATO am 3. Oktober schlägt Alexander Ruzkoi vor, die UdSSR in die NATO aufzunehmen.

UdSSR-Präsident Gorbatschow beauftragt die Staatsanwaltschaften der RSFSR und der UdSSR, offiziell aufzuklären, wie Informationen über die Ermittlungen im Falle des GKTschP nach außen gelangen konnten. Die Anordnung wurde wegen der Veröffentlichung von Protokollen der Verhöre Jasows, Krjutschkows und Pawlows im deutschen Nachrichtenmagazin »Der Spiegel« getroffen.

Am 10. Oktober nimmt der Präsident der RSFSR, Jelzin, nach seinem Urlaub in Sotschi seine Amtsgeschäfte auf.

Das Komitee für der Verfassungsaufsicht der UdSSR stellt in einem Gutachten fest, daß die Vorschriften der Regierung über die Aufenthaltsgenehmigung der Verfassung, der Deklaration der Rechte und Freiheiten des Menschen und den internationalen Normen widersprechen. Es wird festgelegt, daß diese Vorschriften am 1. Januar 1992 ihre Gültigkeit verlieren.

Zu den Ergebnissen der Sitzung des Staatsrates vom 15. Oktober erklärt Jelzin, er werde zunächst »das Zentrum endgültig zerschlagen«, bevor er die Reformen in Angriff nehme. »In einem Monat schließen wir die Konten aller Unionsministerien, deren Dienste wir nicht in Anspruch nehmen«, teilt er mit.

Das Parlament Rußlands lehnt die Bitte Jelzins ab, den Termin für die Wahl der Leiter der örtlichen Verwaltungen zu verschieben, die für den 8. Dezember anberaumt ist.

Das KGB der UdSSR wird durch Erlaß des Staatsrates der UdSSR aufgelöst. Auf der Grundlage des KGB werden der Zentrale Aufklärungsdienst, der Gemeinsame Sicherheitsdienst der Republiken und das Komitee zum Schutz der Staatsgrenze der UdSSR gebildet, dem das vereinigte Kommando der Grenztruppen untersteht.

Der Oberste Sowjet der UdSSR richtet einen Appell an die Völker, die Obersten Sowjets und die Führer der unabhängigen Staaten sowie an den Rat der Regierungschefs der Wirtschaftsgemeinschaft unabhängiger Staaten. Darin ruft er die Staaten auf, die den Vertrag über die Wirtschaftsgemeinschaft nicht unterzeichnet haben, zu erkennen, daß die gemeinsame Suche nach einem Ausweg aus der schwierigen wirtschaftlichen Lage dringend erforderlich ist.

Am 28. Oktober wird Chasbulatow von den Fraktionen »Demokratisches Rußland«, »Kommunisten für Demokratie«, »Arbeiterbund« und »Parteilose« als Kandidat für das Amt des Vorsitzenden des Obersten Sowjets der RSFSR nominiert. Am selben Tag wird Chasbulatow gewählt.

Die Ermittlungen im Falle des GKTschP sollen bis Ende November abgeschlossen sein. Das teilte der Generalstaatsanwalt der Russischen Föderation, W. Stepankow, am 29. Oktober mit.

Das Kollegium der Obersten Militärstaatsanwaltschaft ist aufgelöst, ihre Tätigkeit eingestellt.

Ab 1. November stellt Rußland die Finanzierung der Unionsministerien ein, die im Vertrag über die Wirtschaftsgemeinschaft nicht aufgeführt sind.

November

Der Kongreß der Volksdeputierten der RSFSR bestätigt die neue (alte) Staatsflagge Rußlands – die Trikolore.

Neben anderen Verfassungsänderungen beschließt der Kongreß auch einen neuen Wortlaut des Artikels, der die Vollmachten des Präsidenten regelt. Nunmehr erhält er das Recht, Verfügungen der Exekutive außer Kraft zu setzen, wenn sie der Verfassung und den Gesetzen der RSFSR widersprechen.

Der Vorsitzende des Obersten Sowjets der RSFSR, Ruslan Chasbulatow, bezeichnet den Kongreß bei seinem Abschluß als historisch. Jedoch ist es ihm nicht gelungen, einen der wichtigsten Beschlüsse durchzusetzen – das zehnjährige Moratorium für den Kauf und Verkauf von Grund und Boden aufzuheben. Die Deputierten hören sich alle Argumente an, die dafür sprechen, lehnen einen solchen Beschluß aber weiterhin ab.

Zum Abschluß des fünften Kongresses der Volksdeputierten unterzeichnen mehrere politische Parteien eine »Vereinbarung zur Unterstützung der Reformen in Rußland«. Diese sieht vor, daß die Beteiligten die Reformen Jelzins in gegenseitiger Abstimmung fördern. Die Vereinbarung unterzeichnen die Führer der Demokratischen Partei Rußlands, der Republikanischen Partei der Russischen Föderation, der Sozialdemokratischen Partei, der Partei der Konstitutionellen Demokraten, der Christlich-Demokratischen Bewegung Rußlands und der Bauernpartei.

Am 4. November findet eine Sitzung des Staatsrates der UdSSR statt. Sie faßt folgende Beschlüsse: Das Außenministerium der UdSSR bleibt bestehen, wird jedoch tiefgreifend reformiert und um mindestens ein Drittel seines Personalbestandes reduziert. Das Ministerium für Innere Angelegenheiten der UdSSR bleibt erhalten, ebenso das Ministerium für Verteidigung und die einheitliche Armee.

Am 16. Oktober wählt Armenien seinen ersten Präsidenten.

Der Vertrag über die Wirtschaftsgemeinschaft wird unterzeichnet, an dem sich die Ukraine, Georgien und die baltischen Staaten nicht beteiligen.

Wegen der Ausfuhr von Valutamitteln des ZK der KPdSU ist ein strafrechtliches Verfahren eingeleitet worden. Nach vorliegenden Meldungen sind Mittel der KPdSU auf Konten verschiedener Banken sowie in gemischten Unternehmen, Kleinunternehmen und Aktiengesellschaften angelegte Summen bereits beschlagnahmt worden. Die Gesamtsumme beträgt bisher über 5,5 Milliarden Rubel. Mehr als 14 Millionen Dollar in bar sind an verschiedenen Orten beschlagnahmt worden.

Durch Erlaß Präsident Jelzins wird die Tätigkeit der KPdSU und der Kommunistischen Partei der RSFSR in Rußland eingestellt. Ihre Organisationsstrukturen werden aufgelöst.

Der Präsident der UdSSR hat Wadim Bakatin zum Leiter des Gemeinsamen Sicherheitsdienstes der Republiken, Jewgeni Primakow zum Direktor des Zentralen Aufklärungsdienstes der UdSSR und Ilja Kalinitschenko zum Vorsitzenden des Komitees für den Schutz der Staatsgrenze der UdSSR sowie zum Oberkommandierenden der Grenztruppen der UdSSR ernannt.

Am 9. November verhängt der Präsident der RSFSR, Jelzin, in Tschetscheno-Inguschetien den Ausnahmezustand.

Der georgische Präsident Gamsachurdia unterzeichnet einen Erlaß über die Nationalisierung des Eigentums der Truppen des Innenministeriums der UdSSR in Georgien. Dazu gehören u. a. Waffen, Munition und Militärtechnik.

In Wahrnehmung seiner neuen Vollmachten ernennt Präsident Jelzin zwei stellvertretende Ministerpräsidenten, die für die Wirtschaftsreform und die Wirtschaftspolitik insgesamt zuständig sein werden. Es sind der 35jährige Jegor Gaidar, der die Ausarbeitung der neuen Wirtschaftskonzeption für die Reform in Rußland leitete, und der 40jährige Alexander Schochin, der an diesem Projekt ebenfalls beteilgt war.

Am 12. November verbreitet der Pressesprecher des Präsidenten der RSFSR, Pawel Woschtschanow, eine Erklärung, aus der hervorgeht, daß der Präsident die Entscheidung des Parlaments akzeptiert, das seinen Erlaß über die Verhängung des Ausnahmezustandes in Tschetscheno-Inguschetien nicht bestätigt hat.

Im Pressezentrum des Außenministeriums der UdSSR stellte der Präsident der UdSSR, Gorbatschow, sein Buch »Der Staatsstreich« vor.

Der Oberste Sowjet Litauens beschließt ein Gesetz »Über die Konfiszierung des Vermögens der KP Litauens (KPdSU) und ehemaliger kommunistischer Organisationen«.

Der Dollarkurs ist auf 98,80 Rubel gesunken (vorheriger Stand – 110 Rubel).

Die Regierung der RSFSR erklärt, daß die Entgegennahme von Anträgen mehrerer Firmen westlicher Länder für Kontrakte zur Erschließung von Erdöl- und Erdgaslagerstätten in Rußland begonnen hat.

Bei einem Gespräch mit Journalisten im Weißen Haus erklärt Ruzkoi: »Gegenwärtig kann keine Garantie dafür gegeben werden, daß sich die Lage in Tschetscheno-Inguschetien stabilisiert. Mit der Aufhebung des Erlasses des Präsidenten der RSFSR über den Ausnahmezustand haben wir im Grunde genommen unsere Machtlosigkeit demonstriert, auf die Gesetzlosigkeit folgen kann.«

Am 15. November tagt der Staatsrat in Nowo-Ogarjowo zu der Grundfrage: Was wird aus der UdSSR? Dort sprechen sich die teilnehmenden sieben souveränen Republiken dafür aus, eine neue politische Union zu schaffen. Das soll ein konföderativer Staat sein, der Funktionen ausübt, die die Teilnehmerstaaten auf ihn übertragen. Als Staatsbezeichnung wird USS (Union Souveräner Staaten) vorgeschlagen. An die Stelle der Verfassung tritt der Vertrag über die USS. Die Konföderation wird einen Präsidenten haben. Der Vertragsentwurf muß von den Obersten Sowjets der Republiken erörtert werden.

Verteidigungsminister Schaposchnikow gibt am 19. November gegenüber sowjetischen Journalisten eine offizielle Erklärung über die Forderungen einiger Republiken nach Kampftechnik und Bewaffnung der Sowjetarmee und der Seekriegsflotte ab. Darin teilt er mit, das Verteidigungsministerium sei bereit, die Beschlüsse des Kongresses der Volksdeputierten der UdSSR und des Staatsrates über die einheitlichen sowjetischen Streitkräfte zu erfüllen.

Am 11. November unterzeichnet Gorbatschow den Erlaß über die Ernennung Eduard Schewardnadses zum Außenminister der Union.

Neue Anzeichen weisen auf eine Krise zwischen dem Obersten Sowjet und der Regierung der RSFSR hin. Diesmal ist der Stein des Anstoßes die demonstrative Weigerung des Parlaments, den Entwurf des Präsidentenerlasses »Über die Absicherung der Wirtschaftsreform mit Finanzmitteln und Krediten sowie die Reorganisierung des Banksystems der UdSSR« zu billigen.

Statt der erwarteten Paraphierung des Vertragsentwurfs über die USS durch die Mitglieder des Staatsrates haben die Anwesenden am 25. November folgenden Beschluß des Staatsrats der UdSSR gefaßt: Der ausgearbeitete Vertragsentwurf wird den Obersten Sowjets der souveränen Staaten und dem Obersten Sowjet der UdSSR zugestellt. Die Vertreter der teilnehmenden Republiken und der Präsident der UdSSR bitten darum, diesen mit der Maßgabe zu prüfen, daß das Dokument noch in diesem Jahr zur Unterschrift vorliegt.

Eine außerordentliche Tagung des Obersten Sowjets Aserbaidshans beschließt am 27. November einstimmig, Nagorny-Karabach den Status eines autonomen Gebietes abzuerkennen und die entsprechenden Abänderungen an der Verfassung der aserbaidshanischen Republik vorzunehmen. Stepanakert erhält seinen historischen Namen Chankedi zurück.

Die verkündete Einschränkung der Geschäfte der Außenhandelsbank der Sowjetunion verstärkt in Geschäftskreisen des Westens das Mißtrauen in die Fähigkeit der UdSSR, ihre laufenden Schulden zu begleichen.

Dezember

Am 2. Dezember beginnt in Moskau in großem Stil die unentgeltliche Übergabe von Wohnungen als Eigentum an die Bürger.

In Kasachstan hat die Wahl des Präsidenten stattgefunden. Auf diesen Posten wird Nursultan Nasarbajew gewählt. Er nennt das Abstimmungsergebnis (98,8 Prozent) einen »Vertrauensbeweis des ganzen Volkes«.

In der Ukraine ist eine Volksbefragung darüber zu Ende gegangen, ob das Land unabhängig werden soll. 90 Prozent der Bürger haben sich dafür ausgesprochen.

Leonid Krawtschuk wurde zum Präsidenten der Republik gewählt.

Jelzin bittet das Parlament der Republik, den Termin, zu dem das Gesetz der RSFSR »Über die Erhöhung der Mindestlöhne« in Kraft treten soll, vom 1. Dezember 1991 auf den 1. Januar 1992 zu verschieben.

Am 4. Dezember kommt die Stadtregierung von Moskau bei der Erörterung der Lebensmittelversorgung zu dem Schluß, daß in den nächsten zehn bis fünfzehn Tagen eine schwere Lebensmittelkrise droht.

Die russische Regierung erklärt, daß sie die Unabhängigkeit der Ukraine anerkennt.

Am 8. Dezember haben die Führer der Republiken Belorußland, Russische Föderation und Ukraine in Beloweshskaja Puschtscha (Belorußland) eine Vereinbarung über die Gründung einer Gemeinschaft Unabhängiger Staaten (GUS) unterzeichnet.

Eine Gruppe Volksdeputierter der UdSSR, die »über die entstandene Lage besorgt« ist, ergreift die Initiative zur Einberufung des sechsten Außerordentlichen Kongresses der Volksdeputierten der UdSSR, wo Beschlüsse gefaßt werden sollen, um »die verfassungsmäßige Ordnung in der ganzen UdSSR wiederherzustellen«.

»Das Schicksal eines Vielvölkerstaates kann nicht von den Führern dreier Republiken bestimmt werden«, erklärt Michail Gorbatschow.

Erich Honecker wird die Entscheidung der Regierung Rußlands verkündet, daß er die Republik zu verlassen hat.

In einem Gespräch mit Journalisten sagt Gorbatschow zum Abkommen von Beloweshskaja Puschtscha, er sei selbstverständlich bereit, sich an dem Prozeß zu beteiligen, befürchte aber, daß dieser zum Zerfall des Landes führt.

»Die Übereilung, mit der die Vereinbarung über die Gemeinschaft abgeschlossen wurde, ist unzulässig«, meint Ruzkoi.

Norwegen hat die Unabhängigkeit Rußlands anerkannt und seine Absicht erklärt, diplomatische Beziehungen aufzunehmen.

Chasbulatow weist die Behauptung einiger Medien zurück, zwischen Parlament und Regierung bestünden Widersprüche. »Wir sitzen alle in einem Boot«, erklärt er.

Gorbatschow ist der Meinung, in den Grundfragen stimmten seine Positionen mit denen Jelzins überein, wenn dies auch zuweilen nicht so scheine.

Der Präsident der UdSSR übt seine Pflichten nach wie vor aus. »...Solange die Mitglieder der Union keinen verfassungsmäßigen Beschluß über die Bildung einer Gemeinschaft Unabhängiger Staaten gefaßt haben, bestehen die UdSSR und alle ihre Organe weiter.«

Ein Pressesprecher des Präsidenten der UdSSR dementiert die Behauptung, Gorbatschow habe den Erlaß über seinen Rücktritt bereits unterzeichnet, das Datum jedoch noch offengelassen.

Finnland und Rumänien haben die Unabhängigkeit Rußlands anerkannt.

Gorbatschow sendet den Teilnehmern der Begegnung in Alma-Ata einen Brief. Dort schlägt er eine neue Staatsbezeichnung vor – GEuAS (Gemeinschaft Europäischer und Asiatischer Staaten).

Gennadi Burbulis kommentiert die Ergebnisse der Sitzung der Regierung der RSFSR, die am 18. Dezember unter dem Vorsitz Jelzins getagt hat. Er erklärt, zum gegenwärtigen Zeitpunkt hätten die Republiken Mittelasiens, Kasachstan und Armenien, ihre Absicht erklärt, der Gemeinschaft beizutreten.

In Tbilissi ist Krieg. Die bewaffnete Opposition stürmt den Sitz der Regierung. Die Zahl der Toten und Verletzten steht noch nicht fest.

Gorbatschow wird nach seinem Rücktritt wahrscheinlich eine Einrichtung leiten, die als Gorbatschow-Stiftung bekannt ist und nach Gorbatschows Rückkehr aus Foros im August 1991 per Erlaß des Präsidenten gegründet wurde.

Auf eine Frage nach der Staatsgrenze antwortet Jelzin in Alma-Ata, daß ein Sonderkomitee gebildet wird, das den Schutz der Grenzen der Staaten der Gemeinschaft zur Aufgabe hat. Die Grenzen zwischen den Staaten der GUS sollen offen sein, meint Jelzin.

Am 25. Dezember 1991 um 17.00 Uhr endet die Mitgliedschaft der Sowjetunion in der UNO. Ihren Platz nimmt die Russische Föderation ein.

Seit dem 25. Dezember ist Rußland nicht mehr sowjetisch und sozialistisch. Die offizielle Staatsbezeichnung lautet nun - Russische Föderation (Rußland).

Der Vorsitzende der Staatsbank der UdSSR, Wladmimir Geraschtschenko, hat darum gebeten, ihn von seiner Funktion zu entbinden. Er verweist auf die Unterzeichnung der Vereinbarung über die Gründung der GUS und die Auflösung der Staatsbank der UdSSR.

Die Regierung Rußlands hat die ersten Haushaltsentwürfe für das Jahr 1992 ausgearbeitet. Erstmals seit langer Zeit wird für das erste Quartal des neuen Jahres ein Haushalt ohne Defizit vorgesehen. Das Dokument wird dem Obersten Sowjet der RSFSR zur Beschlußfassung übergeben.

Am 25. Dezember nimmt das Oberhaus des Unionsparlaments im Kreml, über dem nicht mehr die Flagge der UdSSR weht, eine Deklaration an, in der das Ende der UdSSR proklamiert wird.

Der Vorsitzende A. Alimshanow sagt dazu, die Abgeordneten hätten »ihre Pflicht als Deputierte und Bürger« erfüllt.

In den letzten Monaten ist das Vertrauen zur Führung Rußlands bei 12 Prozent der Bevölkerung gestiegen, bei 34 Prozent der Bevölkerung dagegen gesunken.

Auf einer Tagung von Regierungsdelegationen der GUS-Staaten in Moskau haben die Reibungen zwischen der Ukraine und Rußland wegen finanzieller und wirtschaftlicher Probleme zugenommen.

Am 25. Dezember unterzeichnet Gorbatschow einen Erlaß, mit dem er die Vollmachten des Oberkommandierenden der Streitkräfte der Sowjetunion niederlegt und das Recht zum Einsatz von Kernwaffen an den Präsidenten Rußlands, Jelzin, übergibt.

Am 30. Dezember findet ein Treffen der Staatsoberhäupter der Gemeinschaft statt. Dort müssen die früheren Vereinbarungen juristisch fixiert werden. Wie spät am Abend bekannt wird, sind alle Dokumente, die den Teilnehmern vorlagen, unterzeichnet worden. Die nächste Zusammenkunft wird in Moskau stattfinden.

1992

Januar

Am 2. Januar tritt in Moskau die bereits seit längerem angekündigte Freigabe der Preise in Kraft. Die Preissteigerungen betreffen nicht nur Lebensmittel, sondern auch Industriewaren und Dienstleistungen. Die meisten Geschäfte haben wegen Inventur geschlossen. Die geöffneten sind fast leer.

Die Sparkasse der UdSSR stellt ihre Tätigkeit ein.

Ab 2. Januar erhöht sich der Fahrpreis für die Vorortzüge im Durchschnitt auf das 5,7 fache.

Am 1. Januar 1992 tritt eine Vereinbarung zwischen Moskau und Washington über die Einstellung aller Lieferungen von militärischen Gütern nach Afghanistan in Kraft.

Am Abend des 3. Januar sendet das georgische Fernsehen, das von der Opposition kontrolliert wird, einen Appell des Militärrates der Opposition an das Volk. Darin heißt es, Präsident Gamsachurdia, der die Macht usurpiert habe, sei gestürzt. Die Macht hat der Oberste Sowjet übernommen. Am 3. Januar treten in Tbilissi der Ausnahmezustand und eine Sperrstunde in Kraft. In Georgien kommt es zu einer Doppelherrschaft.

In der Wirtschaftsregion des Ural, einer der größten in Rußland, wird möglicherweise die Ural-Republik gegründet. Dazu könnten die Gebiete Swerdlowsk, Perm, Orenburg, Tjumen, Tscheljabinsk und Kurgansk gehören. Die Ural-Republik soll einen Obersten Sowjet, einen Präsidenten und einen Vizepräsidenten erhalten.

In Kiew sind Verhandlungen des Kommandos der Schwarzmeerflotte mit der Führung der Ukraine ergebnislos zu Ende gegangen.

In den Geschäften gibt es weder Fleisch noch Milch oder Butter. Für zehn Eier werden in vielen Läden bis zu 18 Rubel verlangt.

Kasachstan hat die Aufnahme in die UNO beantragt.

Der georgische Präsident Gamsachurdia hat seinen Bunker am 6. Januar in unbekannter Richtung verlassen. Zuvor hatte er auf einer Pressekonferenz erklärt, die Putschisten würden bald geschlagen werden.

Nach einer Meldung der Nachrichtenagentur RIA hat Gamsachurdia die Grenze zu Aserbaidshan überschritten und sich nach Baku begeben.

Per Erlaß des Präsidenten Nursultan Nasarbajew werden auch in Kasachstan ab 6. Januar freie Preise eingeführt.

Am 7. Januar verkehren in Riga keine Autobusse, da es an Dieselöl fehlt. Lettland schlägt Rußland vor, den Transport von Erdölprodukten über den Hafen Ventspils mit vier bis sechs Prozent des Treibstoffs zu bezahlen. Es fordert, daß Rußland auch für die Lebensmittel, mit denen die Armee-Einheiten der ehemaligen UdSSR in Lettland versorgt werden, mit Erdöl bezahlt.

Iwan Silajew wird durch Präsidentenerlaß zum Außerordentlichen und Bevollmächtigten Botschafter ernannt.

Ab 10. Januar verbietet die Regierung der Russischen Föderation den Export »defizitärer Konsumgüter« und »einzelner Lebensmittel« aus der Republik.

Nachdem die Ukraine sich zum kernwaffenfreien Staat erklärt hat, hat der Abbau taktischer Atomwaffen im Lande begonnen.

Der Vorsitzende des Obersten Sowjets, Ruslan Chasbulatow, erklärt am 14. Januar in einem Gespräch mit einer Delegation italienischer Senatoren über die Lage in Rußland: »Es ist eine Situation entstanden, da man den Präsidenten bereits auffordern kann, die faktisch handlungsunfähige Regierung abzulösen.«

Aus der Umgebung des ehemaligen Präsidenten der UdSSR verlautet, Michail Gorbatschow schreibe gegenwärtig an einem Buch über die Ereignisse im Dezember vergangenen Jahres.

Westliche Kommentatoren weisen auf die beispiellose Schärfe der Formulierungen Chasbulatows hin und nennen diese »eine erste direkte Herausforderung an die Regierung insgesamt«. Der Korrespondent der Nachrichtenagentur Reuter sieht Ähnlichkeiten in den Positionen Ruslan Chasbulatows und Alexander Ruzkois.

Seit dem 13. Januar beherbergt das Weiße Haus nur noch eine einzige Einrichtung des Staates – den Obersten Sowjet der Russischen Föderation. Der

Apparat des Präsidenten ist im Kreml untergebracht, wo sich auch dessen offizielle Residenz befindet. Die Regierung ist in den Gebäudekomplex des ehemaligen ZK der KPdSU am Alten Platz umgezogen.

Es ist beschlossen worden, ein Viertel des Staatseigentums unentgeltlich an die Arbeitskollektive zu übergeben.

Gamsachurdia ist am 16. Januar in Suchumi eingetroffen und hat dort die Nacht verbracht. Dann reist er nach Sugdidi weiter. In einer Rede auf einer Veranstaltung ruft er seine Anhänger auf, nach Tbilissi zu ziehen. Er erklärt den Beginn des Bürgerkrieges.

Alle Schächte des Kohlereviers von Karaganda haben bis auf einen am 17. Januar nach einer Woche Streik die Arbeit wiederaufgenommen.

»Falls die Wirtschaftsreformen scheitern, wird die gegenwärtige Regierung Rußlands einer neuen Administration Platz machen. Das Problem besteht jedoch darin, daß eine Regierung an ihre Stelle treten kann, die nicht demokratisch sein wird«, sagt Jegor Gaidar in einem Interview für die japanische Zeitung »Tokio Shimbun«.

Am 18. Januar hat Viktor Barannikow als neuer Chef des KGB sein Büro bezogen.

Wegen des Mangels an Bargeld wird den Bergleuten des Kusnezbeckens weder das Gehalt für Dezember noch der Abschlag für Januar ausgezahlt.

Rußland wird es nicht gelingen, im ersten Quartal 1992 mit einem Budget ohne Defizit zu arbeiten. Das erklärt am 21. Januar der stellvertretende Ministerpräsident Gaidar. Das Defizit wird im günstigsten Falle etwa 11,5 Milliarden Rubel betragen.

Die Privatisierung von Zimmern und Wohnungen hat begonnen. Der Moskauer Oberbürgermeister Juri Lushkow hat die ersten Urkunden über Wohneigentum unterzeichnet.

Ab 1. März sollen in Moskau die Preise für alle öffentlichen Verkehrsmittel steigen. Der Einzelfahrschein für alle Verkehrsmittel wird einheitlich 50 Kopeken kosten.

Der Oberste Sowjet Rußlands erörtert die Haushaltsvorlage des Präsidenten Boris Jelzin. Als Hauptargument für die Härte des Entwurfs hebt der Antragsteller im Namen der Regierung, Gaidar, hervor, jeder Versuch, die Ausgaben zu erhöhen, sei unweigerlich ein neuer Anstoß für die Inflation. Grundprinzip des Haushaltsentwurfs ist strengste Sparsamkeit.

Anfang Januar sind beim staatlichen Beschäftigungsdienst in Rußland 60 000 Arbeitslose registriert. Im Oktober werden es bereits sieben bis acht Millionen sein, schätzt der Vorsitzende des Komitees für Beschäftigung der Russischen Föderation, Fjodor Prokopow.

In einem Interview für die Fernsehgesellschaft ABC am 25. Januar gibt Boris Jelzin eine sensationelle Erklärung ab. Nach den Worten des russischen Präsidenten werden die in der Russischen Föderation stationierten Atomraketen nicht mehr auf Ziele in den USA gerichtet sein.

Die Erörterung der ersten Haushaltsvorlage des Präsidenten Rußlands, die das erste defizitfreie Budget zum Ziel hatte, ist faktisch ergebnislos zu Ende gegangen.

Nach der bevorstehenden Reduzierung der Streitkräfte der ehemaligen UdSSR um 700 000 Mann, die von Jelzin verkündet wurde, wird die Stärke der GUS-Streitkräfte 2,5 Millionen Mann betragen.

Nach einem kurzen Arbeitsbesuch in Großbritannien ist Boris Jelzin nach

New York weitergeflogen, wo er an der Sitzung des UNO-Sicherheitsrates auf der Ebene der Staats- und Regierungschefs teilnimmt.

Februar

Die Hauptabteilung der Zentralbank Rußlands für die Altairegion hat die Geldmittel registriert, die auf lokalen Konten der ehemaligen Kommunistischen Partei der RSFSR eingefroren waren, bevor sie angelegt werden konnten. Die Gesamtsumme beträgt 7 978 459 Rubel und 16 Kopeken.

»Die Regierung Rußlands wird die Preise nicht erhöhen«, erklärt Gennadi Burbulis entgegen Gerüchten über einen neuen Preisauftrieb.

Am 1. Februar kommen im Parlamentszentrum Rußlands demokratische Organisationen der Hauptstadt zusammen. Beteiligt sind u. a. »Lebendiger Ring«, »August 91«, »Weiße Nelke«, »Bewegung für demokratische Reformen« und »Militärs für Demokratie«. Sie beschließen, am 9. Februar eine Gegendemonstration als Antwort auf die Aktionen der Neokommunisten, der Shirinowski-Anhänger und anderer Hurra-Patrioten durchzuführen.

Seit mehreren Tagen finden in Tbilissi Massendemonstrationen der Anhänger Swiad Gamsachurdias statt.

Ruslan Chasbulatow ist mit seiner Familie in das Haus Nr. 10 an der Schtschussew-Straße gezogen (Gesamtfläche über 200 Quadratmeter). Diese Wohnung war einmal für Leonid Breshnew vorgesehen.

Aus dem Gefängnis »Matrosenstille« hat W. Starodubzew, Mitglied des GKTschP und Vorsitzender der Agro-Industrie-Vereinigung »Nowomoskowskoje«, sein Kollektiv aufgerufen, die Vereinigung als lebensfähige Struktur zu erhalten.

»In Rußland hat eine Hyperinflation eingesetzt«, erklärt Ruslan Chasbulatow am 6. Februar bei einer Begegnung mit Delegierten der amerikanischen Carnegie Foundation.

Die Organisationen »Werktätiges Rußland«, »Werktätiges Moskau«, die Russische Kommunistische Arbeiterpartei und andere führen auf dem Manegeplatz eine Kundgebung durch. Nach Schätzungen der Organisatoren nehmen daran etwa 100 000 Menschen teil. Redner sprechen sich für den Schutz der Miliz, der Sowjetarmee und der Sowjetmacht, gegen das Verbot der KPdSU, der Russischen Kommunistischen Partei aus und protestieren gegen die Zerschlagung der Union.

Eine Mahnwache hißt eine Stunde lang rote Fahnen über dem Smolny. Selbst Anatoli Sobtschak gelingt es nicht, in das Gebäude zu gelangen.

Am 11. Februar kommt es zu einer jähen Zuspitzung der Lage in Nagorni-Karabach. Blutige Kämpfe fordern zahlreiche Opfer.

In Belorußland haben die Bergarbeiter zu streiken begonnen. Als Streikgrund wird genannt, daß die Regierung den Abschluß der Tarifverträge verschleppt.

Am 14. Februar verkauft die Sparkasse den US-Dollar für 120 Rubel.

Michail Gorbatschow wird möglicherweise in ein altes russisches Haus an der Westküste Finnlands umziehen. Das behauptet der in London erscheinende »European«.

US-Außenminister Baker ist in Moskau eingetroffen. Hier setzt er die Verhandlungen mit Jelzin fort, die in Camp David begonnen haben.

Das Verfassungsgericht Rußlands erklärt, Rußland könne das Schicksal der zerfallenen UdSSR widerfahren. Die Mitglieder des Gerichts weisen darauf hin, daß innerhalb der Russischen Föderation zahlreiche Gebilde entstanden sind, deren Führer erklären, die Verfassung Rußlands gelte nicht für sie. Dazu gehören z. B. Tschetscheno-Inguschetien, Tatarstan, Tuwa, Jakutien und die Region Krasnojarsk.

Krawtschuk erklärt vor Korrespondenten in Kiew, Jelzin habe nicht das Recht, im Namen der gesamten GUS über strategische Abrüstung zu verhandeln.

Der Ex-Präsident der UdSSR, Michail Gorbatschow, kritisiert in einem Interview für das »Moskauer Echo« die Haltung der heutigen Führer der GUS-Staaten. Gorbatschow erklärt, er sei betroffen, wie »kraftlos, großsprecherisch und verantwortungslos sie angesichts der rapide zunehmenden Zerfallsprozesse handeln«.

Der frühere sowjetische Präsident Gorbatschow wird in der »New York Times« allmonatlich eine Kolumne schreiben, erklärt die Zeitung.

Ab März dieses Jahres werden die Archive des ZK der KPdSU für alle Interessenten zugänglich sein. Man muß sich lediglich im Lesesaal des Zentrums für zeitgeschichtliche Dokumente einschreiben, das am 25. Februar offiziell vorgestellt werden soll.

Vizepräsident Alexander Ruzkoi hat sich in einem Interview für die spanische Zeitung »Vanguardia« für die Einstellung des Gerichtsverfahrens gegen die Mitglieder des GKTschP ausgesprochen. »Wir sollten keine Präzedenzfälle schaffen, die zu unberechenbaren Folgen führen können«, sagte er.

Der Oberste Sowjet der Russischen Föderation hat beschlossen, die Tätigkeit der Organe für Staatssicherheit unter parlamentarische Kontrolle zu stellen. Dieser Beschluß wurde auf einer gemeinsamen Sitzung beider Kammern gefaßt.

Das Staatliche Komitee für Statistik der Russischen Föderation hat vor einem wesentlichen Rückgang der Produktion von Nahrungsgütern in Rußland gewarnt.

Askar Akajew hat die Leiter der Massenmedien dazu aufgerufen, einen einheitlichen Informationsraum der GUS wiederherzustellen. Bereits heute kann die Bevölkerung seiner Region viele Publikationen nicht mehr beziehen. Die Übernahme von Sendungen des zentralen Fernsehens und von Radio Moskau soll eingeschränkt werden.

März

Die Neuernennungen auf der höchsten Regierungsebene Rußlands – Jegor Gaidar wurde erster stellvertretender Ministerpräsident, W. Macharadse stellvertretender Ministerpräsident – kamen selbst für die nächste Umgebung des Präsidenten völlig unerwartet. Daraus wird gefolgert, daß die Initiative für diese Korrektur des Kräfteverhältnisses vom Präsidenten ausging. Früher erörterte er solche Fragen in der Regel im Kreise seiner engsten Vertrauten.

Wie bekannt wurde, bereitet sich die Opposition in Tschetschenien darauf vor, Präsident Dudajew mit Waffengewalt zu stürzen.

Am 11. März beginnt ein unbefristeter Streik im gesamten Kusnezbecken. Die Regierung Gaidar, die die Preise hochtreibt und zugleich dem IWF geschworen hat, das Budget Rußlands im Gleichgewicht zu halten, sieht sich mit großen Schwierigkeiten konfrontiert.

Eduard Schewardnadse ist in Tbilissi eingetroffen. Für Präsident Gamsachurdia ist das ehemalige Mitglied des Politbüros kein gern gesehener Gast.

In Moskau wurde die Internationale Stiftung für sozialökonomische und politologische Forschungen - die »Gorbatschow-Stiftung« - gegründet.

Rußland und die übrigen GUS-Staaten bereiten sich darauf vor, nach der Heizperiode die Erdölpreise freizugeben. Die Preise für Benzin werden dann auf das Zehnfache steigen.

Die Führer von Bewegungen und Parteien, Deputierte von Sowjets verschiedener Ebenen sowie Redakteure der »patriotischen« Presse haben eine Beratung durchgeführt. Daran nahmen 25 Parteien, Bewegungen und Organisationen teil. Sie haben beschlossen, eine einheitliche Opposition aufzubauen.

Bei der Eröffnung der Tagung des Obersten Sowjets der Russischen Föderation am 12. März erklärte der Vorsitzende, gegenwärtig beobachte man einen Angriff der Regierung auf die Legislative.

Der Vizepräsident Rußlands, Alexander Ruzkoi, bestätigt, daß in Armenien und Aserbaidshan Atomwaffen stationiert sind. Zugleich erläutert er, daß der Zugang zu diesen Waffen und ihr Einsatz »tausendprozentig ausgeschlossen« seien.

Der Generalstaatsanwalt Rußlands, W. Stepankow, erklärt auf einer Pressekonferenz am 10. März, daß Versuche ehemaliger Abgeordneter der UdSSR, eigenmächtig einen Kongreß durchzuführen, illegal sind.

In Armenien und Aserbaidshan befinden sich seit über zwei Jahren keine Atomwaffen mehr, verlautet aus dem Generalstab der Vereinigten Streitkräfte der GUS.

Der Präsident der Ukraine, Leonid Krawtschuk, hat den Abtransport taktischer Atomwaffen aus der Ukraine ausgesetzt, da »angesichts von Instabilität und Durcheinander nicht sicher ist, daß sie vernichtet werden und nicht in falsche Hände fallen«.

Am 13. März wird im Hotel »Präsident« eine Tagung des Rates der Regierungsmitglieder der GUS-Staaten eröffnet.

Der Ex-Präsident Nixon hat die Politik der Bush-Administration gegenüber Rußland scharf kritisiert. Er behauptet, Jelzin sei der »westlichste Politiker in der Geschichte Rußlands«.

Am 17. März ist die »Komsomolskaja Prawda« zum letzten Mal in einer Auflage von 13 Millionen Exemplaren erschienen. Der Preisanstieg für Papier, Druck und Telekommunikation hat die Zeitung an den Rand des Bankrotts gebracht. Einziger Ausweg ist eine Reduzierung der Auflage auf 1 bis 1,5 Millionen Exemplare.

Der Oberste Sowjet Rußlands lehnte es nach kurzer Debatte am 27. März ab, die Haushaltsvorlage des Präsidenten »Über das Haushaltssystem der Russischen Föderation im Jahre 1992« zu billigen, und gab sie zur Überarbeitung zurück.

Einige Volksdeputierte der ehemaligen UdSSR haben im Namen des Organisationskomitees zur Vorbereitung des sechsten Kongresses erklärt, sie beabsichtigten nicht, ihr Mandat niederzulegen, da sie nur von ihren Wählern abberufen werden könnten.

Am 30. März spitzt sich die Lage in Westgeorgien zu. Bewaffnete Gamsachurdia-Anhänger verletzen frühere Vereinbarungen mit dem Staatsrat. Sie besetzen die Städte Senachi, Chobi, Abascha und Poti.

Im Namen von Baron N. Karabach (Australien), des Präsidenten des Weltritterordens, erhielt Alexander Ruzkoi ein Ehrendiplom und die höchste Auszeichnung des Ordens, das Weiße Kreuz, verliehen. Er erhielt diese Auszeichnung für seinen »selbstlosen Dienst an seinem Volke« und für die Verteidigung der Demokratie im August 1991.

Der stellvertretende Ministerpräsident der Regierung Rußlands, Sergej Schachrai, überreicht dem Präsidenten Rußlands am 30. März sein Rücktrittsgesuch. Als Grund nennt er die »Kampagne, durch die Mitgliedern der russischen Regierung ihr Abgeordnetenmandat vorzeitig entzogen werden soll«.

Am 31. März wird der Föderationsvertrag unterzeichnet. Den Vertragsentwurf hatten lediglich die Vertreter von Tatarstan und Tschetscheno-Inguschetien nicht paraphiert.

April

Boris Jelzin hat die Möglichkeit ausgeschlossen, daß das gegenwärtige Ministerkabinett auf dem bevorstehenden Kongreß zurücktritt. »Ich kann die Regierung, die wirklich Reformen durchsetzen will, nicht dem Kongreß zum Fraß vorwerfen«, erklärt er. »Das ist eine junge, mutige und geschlossene Mannschaft.«

Ruslan Chasbulatow stellt ein alternatives Wirtschaftsprogramm vor und erklärt, das Parlament stehe an der Spitze der Opposition zum gegenwärtigen Verlauf der Reform. Das Dokument trägt den Titel »Zur weiteren Entwicklung der Wirtschaftsreform in Rußland«. Darin haben vor allem Auffassungen der Akademiemitglieder Petrakow und Schatalin Eingang gefunden. Chasbulatow hat sie unter den Verfassern dieses Materials genannt. Das Dokument zielt darauf ab, den begonnenen Übergang zur Marktwirtschaft zu bremsen, um zunächst im Lande eine entsprechende Infrastruktur aufzubauen.

Am 2. April beträgt der Kurs des US-Dollar 160 Rubel.

Zu dem von Chasbulatow vorgestellten »Wirtschaftsprogramm« wird Akademiemitglied Schatalin befragt, der erklärt, das Dokument sei »eine grobe Provokation, bei der mein Name benutzt werden soll, um den Grundinteressen Rußlands nicht wiedergutzumachenden Schaden zuzufügen«. Wie sich herausstellt, hat auch Jawlinski mit diesem Dokument nichts zu tun.

Am 6. April wird der Kongreß der Volksdeputierten der Russischen Föderation eröffnet. Ruslan Chasbulatow ruft die Abgeordneten auf, ihn im Geiste staatsbürgerlicher Eintracht abzuhalten. Danach wird die Tagesordnung debattiert. Zwei Fragen bewegen die Abgeordneten am meisten - der Entwurf der neuen Verfassung und der Verlauf der Wirtschaftsreform.

Der Besuch Ruzkois in der Dnestr-Region hat die ohnehin angespannten Beziehungen zwischen Moldova und der Russischen Föderation weiter zugespitzt. Die Regierung Moldovas protestiert gegen die grobe Einmischung, die »an imperiale Praktiken erinnert«. In einem Telegramm an Jelzin werden Ruzkois Äußerungen in Tiraspol als »unverantwortlich« bezeichnet.

Am 7. April berichtet Jelzin auf dem Kongreß über den Verlauf der Wirtschaftsreform. Der Präsident weist darauf hin, in welch kritischem Zustand das Land am Ende des vergangenen Jahres war. Auf dem fünften Kongreß wurde die einzig richtige Entscheidung getroffen und Kurs auf Reformen genommen. Eine wesentlich härtere Haushaltspolitik zog ein, deren Hauptziel darin besteht, eine Hyperinflation zu vermeiden. Jelzin schätzt die ersten Ergebnisse der Reformen recht hoch ein.

Ein markantes Ereignis des ersten Sitzungstages ist die Rede Alexander Ruzkois, der über Eindrücke von seiner Reise ins Dnestr-Gebiet berichtet. Seine Position ist eindeutig: Die russische Armee muß die Russen verteidigen, wo immer sie sich auch befinden. Rußland muß die Moldauische Dnestr-Republik anerkennen. Ihm wird entgegnet, dann müßte man auch Tatarien als unabhängigen Staat anerkennen. Er wird gefragt, ob die russische Armee auch die Interessen der Russen in Kanada verteidigen soll. Darauf erfolgt keine klare Antwort.

BBC: Chasbulatow greift Burbulis in der letzten Zeit noch heftiger an als Gaidar. Ohne seinen Namen zu nennen, spricht er von »gewissen Dozenten des wissenschaftlichen Kommunismus«.

Wie die Zeitung »Iswestija« meldet, rief Alexander Ruzkoi am 7. April spät abends den Vorsitzenden der Zentralbank Rußlands, G. Matjuchin, an und forderte die Bereitstellung von 7 Milliarden Rubel für die Bank »Wosroshdenie« (Wiedergeburt - der Übers.). Als Matjuchin ablehnte, drohte ihm Ruzkoi mit Entlassung.

Am 9. April unterzeichnet Boris Jelzin einen Erlaß über die Unterstellung der Schwarzmeerflotte unter die Jurisdiktion der Russischen Föderation. Vorher hat Leonid Krawtschuk einen analogen Erlaß über die Unterstellung der Schwarzmeerflotte unter die Jurisdiktion der Ukraine unterzeichnet.

Die Inflation in Rußland hat ein Prozent pro Tag erreicht. Diese Zahl teilt der Vorsitzende des Parlamentsausschusses für Pläne, Haushalt und Preise, A. Potschinok, den Deputierten des sechsten Kongresses mit.

Michail Gorbatschow erhält eine Vorladung des Generalstaatsanwalts Rußlands, um als Zeuge im Verfahren über die finanzielle und wirtschaftliche Tätigkeit der KPdSU auszusagen.

Westliche Regierungen geben klar zu verstehen, daß sie auf einen Rücktritt der Mannschaft Gaidars negativ reagieren werden.

Der Abzug von Raketen aus der Ukraine nach Rußland, den Leonid Krawtschuk zunächst gestoppt hatte, ist wiederaufgenommen worden.

Die Präsidenten der Ukraine und Rußlands haben sich darauf geeinigt, ihre Erlasse über die Schwarzmeerflotte zu annullieren.

Einen wichtigen Teil seiner Schlußansprache auf dem sechsten Kongreß der Volksdeputierten Rußlands widmet Präsident Jelzin dem Verhältnis zwischen Exekutive und Legislative. Bisher ist keine Lösung für dieses Problem gefunden worden, das den Aufbau des russischen Staates kompliziert. Die Hauptursache ist eine Verfassungskrise. Das Grundgesetz ist vom praktischen Leben unendlich weit entfernt. Jelzin erklärt, er bleibe jedoch beharrlich bei seinem verfassungsmäßigen, legalen Vorgehen.

Scharf kritisiert er Versuche des Kongresses, die Exekutive jeglicher realen Macht zu berauben. Er sei jedoch überzeugt, daß der Dialog zwischen Legislative und Exekutive gelingen werde.

Am 22. April stoppen die Lehrer Moskaus den Verkehr auf der Twerskaja vor dem Gebäude des Moskauer Stadtsowjets. Sie fordern soziale Sicherheit.

Die G-7 hat ihre Bereitschaft bekräftigt, die Reformen in Rußland mit einem Hilfspaket von insgesamt 24 Milliarden Dollar zu unterstützen.

In den ersten vier Monaten dieses Jahres hat sich die Zahl der Farmwirtschaften in der Russischen Föderation verdoppelt.

Die Moskauer Ärzte streiken. Ihr Durchschnittsgehalt ist das niedrigste in Moskau und beträgt 774 Rubel.

Am 29. April beginnen in Odessa Verhandlungen über die Schwarzmeerflotte. Daran ist keine Delegation der Krim beteiligt.

Der IWF und die Weltbank stimmen dafür, daß Rußland und dreizehn weitere ehemalige Sowjetrepubliken mit Ausnahme Aserbaidshans als Mitglieder aufgenommen werden.

In Litauen wird gemeldet, Gorbatschow habe zugestimmt, als Zeuge im Verfahren über die Militäraktion in Vilnius im Januar 1991 auszusagen, die 17 Menschenleben forderte.

Am 26. Mai wird das Verfassungsgericht Rußlands zusammentreten, um den Antrag einer Gruppe von Deputierten der Russischen Föderation zu behandeln, die Erlasse Präsident Jelzins über die Auflösung der KPdSU und die Beschlagnahme ihres Vermögens für verfassungswidrig zu erklären.

Mai

Am 1. Mai tritt das Gesetz der Russischen Föderation »Über die Erhöhung des Minimallohns« in Kraft. Er wird auf 900 Rubel monatlich festgesetzt.

In St. Petersburg wird beschlossen, drei neue Lokalsteuern zu erheben – für Werbung, für Auktionen und Lotterien sowie für den Handel mit Spirituosen.

Am 3. Mai findet im Moskauer Gorki-Park ein Fest zum Jahrestag der Zeitung »Prawda« statt, die vor 80 Jahren auf Initiative Lenins erstmals erschien.

Bundeskanzler Kohl erklärt, Deutschland habe bei der Hilfe für die Republiken der ehemaligen UdSSR die Grenzen seiner Möglichkeiten erreicht. Er ruft die USA und Japan zur Hilfeleistung auf.

Laut einer Erklärung Gennadi Burbulis' hat Moskau entschieden, den Vertrag zur Lieferung von Raketentriebwerken an Indien ungeachtet des Drucks der USA einzuhalten.

Ab 7. Mai werden in Rußland Wodka und Branntwein zu freien Preisen verkauft. Damit wird das Staatsmonopol für die Herstellung von Spirituosen faktisch aufgehoben. Wein und Bier können in Unternehmen aller Eigentumsformen hergestellt werden.

Der Ex-Präsident Georgiens, Gamsachurdia, richtet am 7. Mai einen Offenen Brief an den Vorsitzenden des Staatsrates Georgiens, in dem er 19 Beschuldigungen gegen Schewardnadse vorbringt, darunter die Durchführung eines Militärputsches und die Besetzung Georgiens durch GUS-Streitkräfte.

Durch Erlaß Präsident Jelzins wird verkündet, daß er am 7. Mai 1992 den Posten des Oberkommandierenden der Streitkräfte der Russischen Föderation übernommen hat.

Rußland stellt den Antrag, als Vollmitglied in den Europarat aufgenommen zu werden.

Das Justizministerium Rußlands spricht der »Kommunistischen Partei Rußlands eine offizielle Verwarnung aus«, deren Programm Ehre und Würde der Macht- und Verwaltungsorgane der Russischen Föderation sowie ihres Präsidenten verletze.

Durch Erlaß des Präsidenten Kasachstans, Nursultan Nasarbajew, wird der Aufbau von Streitkräften der Republik verkündet.

Gorbatschow tritt Gerüchten entgegen, er erhalte für jede Rede in den USA 100 000 Dollar.

Jelzin unterzeichnet am 12. Mai den Entwurf eines Regierungsbeschlusses über die Erhöhung der Preise für Energieträger.

Am 15. Mai überträgt die Fernsehstation Ostankino in den Spätnachrichten eine Rede Jelzins. Dem Deputierten Issakow erscheint das Verhalten des Präsidenten (nach dem Eindruck im Fernsehen) merkwürdig. Er beschuldigt ihn des Alkoholmißbrauchs und fordert vom Obersten Sowjet, sich zu den Vorgängen zu äußern. Dies geschieht auf der folgenden Sitzung des Obersten Sowjets Rußlands. Die Deputierten reagieren ungehalten. Generalstaatsanwalt Stepankow setzt dem Streit mit der Erklärung ein Ende, gegen Issakow könne nicht strafrechtlich vorgegangen werden, da in der russischen Gesetzgebung ein entsprechender Artikel fehlt.

Der Oberste Sowjet der Ukraine weist den Obersten Sowjet der Republik Krim an, den Beschluß über die Ausrufung der staatlichen Selbständigkeit bis zum 20. Mai zu annullieren.

Seit dem 18. Mai sind die Energiepreise in Rußland, wie nach dem vom Präsidenten unterzeichneten Regierungsbeschluß vorauszusehen war, auf das Fünfbis Sechsfache gestiegen.

Der Führer der Dnestr-Region, I. Smirnow, hat General Makaschow den Posten eines Militärberaters angeboten. Der Präsident Moldovas, M. Snegur, erklärt auf einer Pressekonferenz in Kischinjow, Makaschow habe den Vorschlag angenommen.

Der Ausschuß zur Untersuchung der Tätigkeit Michail Gorbatschows hat Generalstaatsanwalt Stepankow aufgefordert, den ehemaligen Präsidenten vor Gericht zu stellen.

Das Außenministerium Estlands kündigt an, daß für die Einreise von Bürgern der GUS ab 20. Mai Sonderbestimmungen gelten.

Der kasachische Präsident Nursultan Nasarbajew trifft im Weißen Haus in Washington mit Präsident George Bush zusammen. Beide äußern sich befriedigt über das zweistündige Gespräch.

In fünfzehn Städten Rußlands sammeln Initiativgruppen der Bewegung »Werktätiges Rußland« Unterschriften für ein Referendum über den Rücktritt Jelzins.

Nur die Ausgabe persönlicher Privatisierungsschecks an jeden Einwohner Rußlands, meint die »Partei der Wiedergeburt«, schafft für jeden einzelnen gleiche Startbedingungen.

Die Zentralbank der Russischen Föderation faßt den Beschluß, die zentralen Kreditreserven Kommerzbanken zu einem Jahreszins von 80 Prozent zur Verfügung zu stellen.

Der Moskauer Stadtsowjet erklärt seine Absicht, auf dem Sockel des ehemaligen Dzierzynski-Monuments an der Lubjanka ein Kreuz zu errichten, um damit der Opfer der Repressalien der Sicherheitsorgane zu gedenken.

Nach Angaben des Zentrums für wirtschaftliche und politische Forschungen lebten vor der Freigabe der Preise bereits 60 bis 80 Prozent der Bevölkerung unterhalb der Armutsgrenze. Gegenwärtig wächst dieser Anteil weiter.

Der Zuwachs der Kapazitäten der Energiewirtschaft betrug im Jahre 1991 lediglich 2,4 Millionen Kilowatt. Dies ist ein Fünftel des Zuwachses im Jahre 1980.

Am 26. Mai wird das Verfahren vor dem Verfassungsgericht eröffnet. Den russischen Präsidenten vertreten Gennadi Burbulis, Sergej Schachrai und M. Fedotow. Das Verfassungsgericht hat entschieden, die Anträge einiger Volksdeputierter nach Prüfung der Verfassungsmäßigkeit der Erlasse Jelzins über die KPdSU und die Russische KP sowie den Antrag des Deputierten Oleg Rumjanzew nach Prüfung der Verfassungsmäßigkeit dieser Organisationen gemeinsam zu behandeln.

Der Beschluß des russischen Präsidenten, die 14. Armee aus dem Dnestr-Gebiet abzuziehen, hat unter der Bevölkerung heftige Proteste ausgelöst. Diese versucht, die russischen Armee-Einheiten am Abzug zu hindern.

Ab 1. Juni werden in vielen Regionen der früheren UdSSR die Preise für einige Lebensmittel und Dienstleistungen freigegeben.

Durch Beschluß des Obersten Sowjets der Russischen Föderation wird der 12. Juni, der Tag der Unabhängigkeit, zum Staatsfeiertag erklärt.

In der Führung Rußlands kommt es zu weiteren personellen Veränderungen. Durch Erlaß des Präsidenten Rußlands wird Viktor Tschernomyrdin, bisher Vorstandsvorsitzender des Konzerns »Gasprom«, zum stellvertretenden Ministerpräsidenten ernannt.

Die Bewohner Sachalins bereiten einen »Tag der Südkurilen« vor, mit dem sie gegen die Übergabe der Südkurilen an Japan protestieren wollen.

Der Präsident Moldovas, M. Snegur, hat Alexander Ruzkoi vorgeworfen, der Aggression der 14. Armee in der Republik Vorschub geleistet zu haben.

Die Direktoren der Zentralbank Rußlands, Georgi Matjuchin und Wladimir Rasskastschikow, sind zurückgetreten. Der Rücktritt Matjuchins bedeutet, daß die Krise im Verhältnis zwischen Zentralbank und Parlament offen ausgebrochen ist.

Jegor Gaidar erklärt in der Fernsehsendung »Bilanz«, das Parlament und Chasbulatow seien an dem entstandenen Bargeldmangel schuld.

In Moskau werden am 6. Juni freie Preise für Brot, Milch und Kefir eingeführt. Eine entsprechende Verfügung hat Oberbürgermeister Juri Lushkow unterzeichnet.

Georgi Matjuchin, dessen Rücktritt als entschieden galt, hat auf der Sitzung des Parlaments am 4. Juni eine Immunitätsgarantie erhalten. Der Status des Direktors der Zentralbank ist nach dieser Gesetzesveränderung nun unantastbarer als der des Präsidenten Rußlands.

Als »Einbruch« charakterisiert die Gruppe Jawlinskis die wirtschaftlichen Ergebnisse der Tätigkeit der neuen Regierung.

Die Einsetzung mehrerer neuer stellvertretender Ministerpräsidenten wird bekanntgegeben - G. Saltykow, G. Chisha, Viktor Tschernomyrdin, Anatoli Tschubais und Wladimir Schumejko. »Dies bedeutet«, erklärt der Präsident auf einer Zusammenkunft mit einer Parlamentariergruppe, »eine Stärkung der Mannschaft Gaidars durch Praktiker, die über Erfahrungen in den einzelnen Zweigen verfügen und Anhänger der Reform sind.«

Wegen einer Erkrankung seiner Mutter hält sich Boris Jelzin zwei Tage im Mittleren Ural auf. Bei Begegnungen mit Landsleuten äußert Jelzin, eine völlige Freigabe der Preise für Brennstoffe sei erst im Frühjahr 1993 möglich. Zur Bargeldknappheit erklärt der Präsident: »Im Juni werden wir das Problem noch nicht lösen können, aber im Juli geschieht dies durch die Einführung von Banknoten zu 5000 Rubel und von Hartgeld. Gegenwärtig droht der Kollaps des Rubels, nicht seine Konvertierbarkeit. Am Jahresende wird er vielleicht noch zwei bis drei Kopeken wert sein.«

Die staatliche Versicherungsfirma »STINWEST« überreichte dem Präsidenten Rußlands eine Versicherungspolice für eine Million Rubel zum Zeichen ihrer Unterstützung der Reform.

Präsident Jelzin hat die Völker Georgiens, Südossetiens, Nordossetiens und Rußlands aufgerufen, dem Blutvergießen in Südossetien ein Ende zu setzen.

Der Preis des Dollars ist am 11. Juni auf 112,30 Rubel gestiegen. Es wurden 36 550 000 Dollar umgesetzt.

Der Oberste Sowjet der Russischen Föderation hat ein staatliches Programm der Privatisierung staatlicher und kommunaler Unternehmen in der Russischen Föderation für 1992 beschlossen.

Am 13. Juni wird Michail Gorbatschow auf einer Versammlung von Mitgliedern der KPdSU »wegen der Zerstörung von Partei und Staat« aus der Partei ausgeschlossen.

Chasbulatow hat sich zur Lage in Südossetien geäußert. Seine Worte sind ein Appell an die Bürger der Russischen Föderation. Er fordert die streitenden Seiten auf, sich an den Verhandlungstisch zu setzen. Die Provokationen gegen russische Militärs in Südossetien sollen unverzüglich eingestellt werden. Andernfalls sehe sich Rußland gezwungen, Maßnahmen zum Schutze seiner Bürger zu ergreifen.

Präsident Jelzin ist am 15. Juni zu einem Staatsbesuch in die USA gereist.

Vor seinem Abflug in die USA unterzeichnete Jelzin einen Erlaß folgenden Wortlauts: »Die Geschäfte des Vorsitzenden der Regierung der Russischen Föderation werden Jegor Timurowitsch Gaidar übertragen.«

17 Volksdeputierte haben Boris Jelzin und der Regierung Rußlands ihr Mißtrauen erklärt.

Die georgische Seite versteht die Erklärung Chasbulatows als faktische Kriegserklärung an Georgien. Schewardnadse nennt die Erklärung Chasbulatows populistisch und demagogisch. Er vergleicht sie mit einem Streichholz, das man an ein Pulverfaß hält.

Der Oberste Sowjet Rußlands hat diskriminierende Maßnahmen gegen die Presse eingeführt. Zu den Sitzungen des Präsidiums werden nur noch Vertreter der Nachrichtenagenturen ITAR-TASS, RIA und Interfax zugelassen.

Die Präsidenten der USA und Rußlands haben für Überraschung gesorgt, als sie bereits nach der ersten Gesprächsrunde ihres Gipfeltreffens Reduzierungen der strategischen Rüstungen in einem Umfang angekündigt haben, an den bisher niemand zu denken wagte. In der Übereinkunft heißt es, daß die Gesamtvorräte an Atomwaffen bis zum Jahre 2003 auf weniger als ein Drittel reduziert sein werden.

Am 18. Juni halten die Präsidenten Bush und Jelzin vor dem Weißen Haus Reden. In den Verhandlungen haben beide Präsidenten u. a. die gemeinsame Entwicklung eines Raketenabwehrsystems vereinbart. Jelzin erklärt, daß sich auf russischem Territorium nach wie vor amerikanische Kriegsgefangene befinden.

Michail Gorbatschow wird bei einem Privatbesuch in Israel die Ehrendoktorwürde der Philosophie der Bar-Ilen-Universität verliehen.

Zum Abschluß ihres Treffens unterzeichnen die Präsidenten Rußlands und der USA über 30 Dokumente.

Die Ukraine billigt den Vertrag zwischen den USA und Rußland über die Reduzierung der strategischen Atomwaffen, da Kiew selbst beschlossen hat, die Atomwaffenarsenale zu liquidieren und ein atomwaffenfreier Staat zu werden. Dies erklärt Leonid Krawtschuk auf einer Pressekonferenz.

Schewardnadse hat einen offenen Brief an Alexander Ruzkoi gerichtet. Darin wirft er Ruzkoi aggressive Absichten gegenüber einem souveränen Staat vor.

In der Nacht vom 22. zum 23. Juni kommt es am Fernsehzentrum Ostankino zu Zusammenstößen zwischen Angehörigen der OMON und Teilnehmern einer Kundgebung, die dort trotz des Verbots der Stadtpräfektur abgehalten wurde.

In Arsamas-16 hat die Vernichtung taktischer Atomwaffen begonnen, die aus der Ukraine abgezogen werden.

Der Fahrpreis der öffentlichen Verkehrsmittel in Moskau wird am 24. Juni verdoppelt. Er beträgt nun einen Rubel.

In Moskau werden ab 23. Juni die Wodkapreise auf 106 bis 118 Rubel gesenkt.

Das Verfassungsgericht der Russischen Föderation erklärt: »Die verfassungsmäßige Ordnung unseres Staates ist in Gefahr. Die Konfrontation der verschiedenen politischen Kräfte erreicht gegenwärtig einen kritischen Punkt.« Das Verfassungsgericht ruft die streitenden Seiten auf, sich des Ernstes der Lage bewußt zu werden und Verantwortungsbewußtsein für das Schicksal des Vaterlandes zu beweisen.

In Minsk treten die Regierungschefs der GUS-Staaten zusammen.

Deputierte des Moskauer Stadtsowjets wollen dem bekannten ehemaligen Dissidenten W. Bukowski, der gegenwärtig in Großbritannien lebt, vorschlagen, für den Posten des Bürgermeisters zu kandidieren.

Juli

Im Juli wird in Rußland erstmals eine Bodensteuer erhoben.

Nach der Gründung des Blocks »Bürgerunion« erklärt Ruzkoi auf einer Pressekonferenz, hier handle es sich um »keine Opposition, sondern um konstruktive Kräfte, die den Präsidenten unterstützen«.

Im Moskauer Werk »Stekloagregat« ruht am 4. Juli zum Zeichen des Protestes gegen die Politik der Jelzin-Regierung für eine halbe Stunde die Arbeit. Dies ist der erste große politische Streik Moskauer Arbeiter im Jahre 1992.

In Moskau treten die Staatsoberhäupter der GUS-Staaten zu ihrer turnusmäßigen Sitzung zusammen. Die Ergebnisse werden positiv eingeschätzt. Keine einzige der fünfzehn debattierten Fragen wurde vertagt, alle sind behandelt und die Ergebnisse überwiegend in unterzeichneten Abkommen festgehalten worden.

Das Verfassungsgericht setzt am 7. Juli seine Verhandlungen fort. Einleitend teilt Vorsitzender Sorkin den Anwesenden mit, Gorbatschow sei nicht erschienen. Nach Sorkins Worten habe Gorbatschow das Verfassungsgericht am Vorabend aufgesucht und erklärt, er werde an dem Prozeß nicht teilnehmen. Bei Eröffnung der Sitzung fordert der Vertreter der Gruppe der Volksdeputierten, Slobodkin, sicherzustellen, daß Jelzin vor Gericht erscheint. Der Antrag wird abgelehnt. Zwei Stunden vergehen in Debatten über das Verfahren zur Anhörung beider Seiten.

Jelzin ist vom Treffen der G-7 in München nicht mit leeren Händen zurückgekehrt. Ihm ist gelungen, was Gorbatschow ein Jahr zuvor nicht erreichen konnte. Die G-7 haben sich bereit erklärt, mit der Realisierung eines großen Wirtschaftshilfeprogramms für Rußland zu beginnen.

In den Dokumentenentwürfen zur Tätigkeit der Massenmedien, die für die bevorstehende Tagung des Obersten Sowjets vorbereitet wurden, ist vorgesehen, einen Aufsichtsrat für die Massenmedien einzusetzen, der das Recht erhalten soll, nicht nur der Fernsehstation Ostankino, dem russischen Fernsehen und den vom Obersten Sowjet herausgegebenen Zeitungen, sondern auch staatlichen Massenmedien »verbindliche Empfehlungen« zu erteilen.

Am 11. Juli ist der Dollar an der Moskauer Internationalen Devisenbörse um 43 Punkte auf 130,50 Rubel gefallen.

Die Regierung Rußlands hat der Forderung des IWF zugestimmt, das Haushaltsdefizit innerhalb eines Jahres auf fünf Prozent des Bruttoinlandsprodukts zu senken.

Auf der Sitzung des Präsidiums des Obersten Sowjets der Russischen Föderation am 13. Juli wird ein Beschlußentwurf des Obersten Sowjets über die Zeitung »Iswestija« erörtert. Nach Meinung des Obersten Sowjets der Russischen Föderation, der sich als Rechtsnachfolger des Obersten Sowjets der UdSSR betrachtet, gehört ihm das Herausgaberecht für die Zeitung.

Vertreter der Medien haben sich an Jelzin gewandt. Sie erinnern den Präsidenten an seine Worte über die Pressefreiheit und bitten ihn, eine Rückkehr zur Vergangenheit zu verhindern.

Jelzin erklärt daraufhin, er werde keine Revision der legislativen Garantien für die Freiheit des Wortes und der Presse, keine Rückkehr zu den traurigen Zeiten der Zensur zulassen.

Das Geleitschiff Nr. 815 hißt am 21. Juli bei Übungen zum Tag der Seekriegsflotte überraschend die Staatsflagge der Ukraine, schert aus dem Übungsverband aus und nimmt Kurs auf Odessa.

Der Oberste Sowjet Abchasiens faßt auf seiner Sitzung am 23. Juli den Beschluß, die Abchasische Autonome Sozialistische Sowjetrepublik in Republik Abchasien umzubenennen und die alte Verfassung aus dem Jahre 1925 wieder in Kraft zu setzen. Der Staatsrat Georgiens erklärt diesen Beschluß für ungültig und weist darauf hin, daß dieses Vorgehen des Obersten Sowjets Abchasiens einen neuen Spannungsherd im Lande schaffen wird.

Vizepräsident Alexander Ruzkoi kündigt auf einer Pressekonferenz das baldige Erscheinen seines Buches »Die Agrarreform in Rußland« an. Zwei Tage zuvor erklärte er, daß bald ein anderes Buch »Eine starke Macht für die Demokratie« aus seiner Feder erscheinen werde.

Die Präsidenten Moldovas und Rußlands haben eine Vereinbarung über die friedliche Regelung des Dnestrkonflikts unterzeichnet.

Die Teilnehmer der ersten Tagung der Bürgerunion betrachten die Wirtschaftsstrategie der Regierung als volksfeindlich und gegen die Interessen Rußlands gerichtet.

Valentin Pawlow erklärt gegenüber Journalisten: »Am Abend des 17. August 1991 habe ich eine halbe Stunde lang mit Gorbatschow telefoniert. Er war in alle Vorgänge eingeweiht.«

In Rußland und den GUS-Staaten nimmt die Zahl der AIDS-Erkrankungen in rasantem Tempo zu.

Präsident Jelzin hat der Verfassungskommission auf ihrer Sitzung drei Komplexe von Abänderungen zu dem vom sechsten Kongreß der Volksdeputierten beschlossenen Verfassungsentwurf vorgeschlagen, erklärt der Sekretär der Kommission, Oleg Rumjanzew, im Gespräch mit Journalisten.

Auf dringende Bitte der Mitarbeiter der Botschaft Chiles in Moskau muß Erich Honecker das Botschaftsgelände verlassen.

Auf einer Pressekonferenz am 30. Juli im Weißen Haus erklärt der erste stellvertretende Vorsitzende des Obersten Sowjets der Russischen Föderation, Sergej Filatow: Heute ist ein bemerkenswerter Tag. Der Präsident hat den Vorsitz in der Verfassungskommission wieder übernommen und wird so lange an deren Tätigkeit teilnehmen, bis die Verfassung beschlossen ist. Damit ist das Gleichgewicht und Zusammenwirken der Behörden gewährleistet.

Gerüchte über einen baldigen Rücktritt Außenminister Kosyrews entbehren jeglicher Grundlage. Nach Auskunft des Pressesprechers des Präsidenten, Kostikow, »wurde diese Frage niemals gestellt, nicht erörtert und gehört ins Reich der politischen Phantasie«.

Jelzin ist der erste Führer Rußlands seit Peter I., der Kalmykien besucht.

Während einer Pressekonferenz auf seiner Datsche bei Jalta erklärt Jelzin am 4. August, er sei nun mit Präsident Krawtschuk per Du. In der Frage der Schwarzmeerflotte habe man zumindest eine provisorische Lösung erreicht: Die Flotte wird aus den GUS-Streitkräften ausgegliedert und zunächst für drei Jahre einem gemeinsamen Kommando Rußlands und der Ukraine unterstellt. Es wird zwei Kommandeure geben, die nur von den Präsidenten ernannt und abberufen werden können.

Das kanadische Weizenkomitee hat erklärt, es stelle die Verschiffung von Getreide nach Rußland ein. Dieser Beschluß sei in Abstimmung mit der Bundesregierung gefaßt worden. Rußland erfülle seine finanziellen Verpflichtungen nicht und sei bei der Bezahlung seiner Rechnungen stark im Rückstand.

Eine Gruppe Abgeordneter des russischen Parlaments hat an das Verfassungsgericht der Russischen Föderation den Antrag gestellt zu prüfen, ob der Erlaß Jelzins vom 19. August 1991 der Verfassung entspricht, in dem die Tatsache eines Staatsstreichs festgestellt, der Kreis der betroffenen Personen bestimmt wird und deren Handlungen juristisch qualifiziert werden.

Das Finanzministerium Rußlands hat den Beschluß gefaßt, einen Teil der Schulden für die Lieferungen kanadischen Getreides zu tilgen.

Die Sparkasse Rußlands hat die Zinsen für Spareinlagen der Bevölkerung erhöht.

Am 26. August läuft das Ultimatum ab, das dem Vorsitzenden des Obersten Sowjets Abchasiens, Ardsinba, gestellt wurde. Dies führt zu einer wesentlichen Verschärfung des Konfliktes zwischen Tbilissi und Suchumi.

Schewardnadse und Jelzin kommen in einem Telefongespräch überein, die Grenze zwischen Rußland und Georgien zu schließen. Nach Meinung der Mitglieder des Staatsrates Georgiens erschwert dies das Einsickern von Kämpfern aus dem Nordkaukasus auf georgisches Gebiet.

Am 28. August ist der Rubelkurs an der Moskauer Devisenbörse abgestürzt. Für einen US-Dollar werden jetzt 205 Rubel gefordert.

Der Präsident der Russischen Föderation, Jelzin, hat eine Reihe Gesetze zur erneuten Behandlung an den Obersten Sowjet der Russischen Föderation zurückgegeben.

Bis zum 1. Oktober 1992 werden die ersten 40 Millionen Privatisierungsschecks gedruckt sein. Dies erklärt am 31. August der Vorsitzende des Staatlichen Komitees zur Verwaltung des Eigentums, Anatoli Tschubais.

September

Der Rubelkurs fällt weiter. Der Preis für einen US-Dollar beträgt am 1. September 210,50 Rubel.

Jelzin erklärt am 2. September, er habe bei einem Gespräch mit dem japanischen Außenminister Watanabe im Kreml im Grunde keine neuen Vorschläge vernommen. Jelzin weist erneut darauf hin, er habe zwölf Varianten für die Regelung der Territorialfragen mit Japan. Rußland und sein Präsident könnten diese Fragen jedoch nicht regeln, wenn in irgendeiner Weise Druck ausgeübt werde.

Rußland will das Paßsystem vollständig abschaffen. Die gegenwärtig gültigen Pässe werden durch Personalausweise ersetzt.

Am 3. September treffen Mitglieder der Zarenfamilie Romanow auf Einladung der Stadtregierung in Moskau ein.

Bei einer Zusammenkunft im Kreml überreicht der Vizepräsident Rußlands, Alexander Ruzkoi, Großfürst Georgi das Modell eines Düsenjägers und einen echten Kosakensäbel.

Der Rat der Verteidigungsminister der GUS-Staaten nimmt am 3. September in Moskau seine Tätigkeit auf. Eine Delegation Georgiens nimmt als Beobachter teil.

Rußland stellt seine Lieferungen von Erdölprodukten an Japan und Westeuropa ein, da der Norden des Landes für den Winter mit Brennstoffen versorgt werden muß und keine Unterbrechung der Erntekampagne zugelassen werden kann.

Die Verschiebung der Japanreise des Präsidenten hat eine Lawine von Gerüchten und Vermutungen ausgelöst. Jelzin selbst äußert sich darüber so: »Japan hat die Kurilenfrage zu kategorisch gestellt. Dem können wir nicht zustimmen. Mit leeren Händen nach Tokio zu fahren und vor extremistischen Studenten davonlaufen zu müssen, wie es Gorbatschow beim letzten Mal geschah, wäre eine Erniedrigung, der sich weder Rußland noch sein Präsident aussetzen können.«

Nur an wenigen Stimmen scheiterte am 16. September der Antrag im lettischen Parlament, die russischen Armee-Einheiten in der Republik zu »Okkupationstruppen« zu erklären.

Auf einer Pressekonferenz am 17. September erklären Vertreter des oppositionellen Parlamentsblocks »Einheit Rußlands«, daß sich die rechte und linke Opposition im Kampf für den Sturz des Präsidenten und der Regierung Rußlands zusammenschließen.

Am 22. September wird der Dollar für 241 Rubel gehandelt.

Wie aus dem Staatlichen Zollkomitee der Russischen Föderation verlautet, treten am 1. Oktober alle 64 Punkte der neuen Bestimmungen für die Zollkontrolle an den Grenzen Rußlands zu den baltischen Staaten, zur Ukraine, zu Aserbaidshan und Georgien in Kraft.

Auf einer Pressekonferenz nach seiner Deutschlandreise führt Michail Gorbatschow für sein Nichterscheinen vor dem Verfassungsgericht folgende Gründe an: »Das ist kein Verfassungsgericht. Das ist ein politischer Prozeß im Rahmen des Verfassungsgerichts...In ein solches Schauspiel werde ich mich nicht hineinziehen lassen. Niemand wird mich zwingen, vor Gericht zu erscheinen.«

Oktober

Am 1. Oktober steht der Dollarkurs auf 309 Rubel.

Boris Jelzin unterzeichnet einen Erlaß »Über die Durchführung eines Experiments zur Versteigerung von Grundstücken für den individuellen Wohnungsbau im Moskauer Gebiet im Jahre 1992«.

Das Sicherheits- und das Außenministerium haben Weisung erhalten, Gorbatschow an der Ausreise aus Rußland zu hindern, solange er nicht seine Bürgerpflicht erfüllt und vor Gericht erscheint. Gorbatschow ist dadurch gezwungen, eine Vortragsreise nach Seoul zu verschieben, während der auch eine Begegnung mit Präsident Roh Tä Wu vorgesehen ist.

Mitglieder der Gesellschaft »Pamjat« (eine nationalistische, antisemitische

Organisation – der Übers.) haben einen Anschlag auf die Redaktion der Zeitung »Moskowski Komsomolez« verübt.

Während eines Gesprächs mit Journalisten erleidet Chasbulatow am 20. Oktober einen Schwächeanfall. Es werden erhöhter Blutdruck, Blässe und Kopfschmerzen festgestellt. Die Abgeordnete Bella Denissenko, erste Stellvertreterin des Gesundheitsministers, erhält Zutritt zum Arbeitszimmer Chasbulatows und stellt nach den klinischen Symptomen einen narkotischen Rausch mittleren Grades fest.

Der Oberste Sowjet der Russischen Föderation lehnt den Vorschlag Jelzins und des Rates der Staatsoberhäupter der Russischen Republiken ab, den achten Kongreß der Volksdeputierten zu verschieben. Der Kongreß wird zum 1. Dezember einberufen.

Jelzin unterzeichnet eine Verfügung, die Verwaltung zum Schutz der Objekte der höchsten Organe der Staatsmacht der Russischen Föderation aufzulösen. Es handelt sich dabei um eine bewaffnete Einheit von 5000 Mann, die dem Vorsitzenden des Parlaments, Chasbulatow, unterstellt ist.

November

Der Oberste Sowjet der Russischen Föderation bestätigt am 4. November Vitali Geraschtschenko als Vorsitzenden der Zentralbank Rußlands.

Der Präsident der Russischen Föderation erklärt bei einer Begegnung mit Rektoren der größten Hochschulen Rußlands, daß die Studenten in diesem Herbst nicht zur Armee einberufen werden.

Am 10. November wird der US-Dollar an der Moskauer Internationalen Devisenbörse für 403 Rubel gehandelt.

Vor seiner Abreise nach London unterzeichnet Jelzin einen Erlaß über die Ernennung Sergej Schachrais zum Chef der provisorischen Verwaltung Nordossetiens und Inguschetiens. Am 12. November soll er sich nach Wladikawkas begeben.

Der bisherige Kommandeur der Truppen des Innenministeriums Rußlands, Generalleutnant W. Sawin, hat um seine Entlassung gebeten. Dies geschah unmittelbar nach seiner Rückkehr und Berichterstattung aus der Zone des Ausnahmezustandes in Nordossetien.

In Abchasien ist ein russischer Söldner aufgrund des Urteils eines militärischen Standgerichts in der Stadt Suchumi erschossen worden.

Am 17. November findet in Moskau eine Immobilienauktion statt, die die Aktiengesellschaft »Alpha-Estate« und deren Filiale im Auftrage der Stadtregierung veranstaltet. Dort werden sechs Gebäude für eine Gesamtsumme von über 2,5 Milliarden Rubel versteigert.

Jegor Gaidar reist zu einem Arbeitsbesuch in den Ural. Im Uraler Werk für Schwermaschinenbau erklärt er, die Industrieproduktion des Ural habe die Talsohle bereits durchschritten.

Jelzin trifft am 18. November in Seoul ein. Sein erster Besuch im asiatisch-pazifischen Raum ist als Auftakt für eine »aktive Ostpolitik« Rußlands gedacht.

Am 25. November wird der Direktor des Fernsehens, Jegor Jakowlew, abgelöst. Man wirft ihm ernsthafte politische Verfehlungen vor. Wie es im Erlaß des Präsidenten heißt, erging der Beschluß »aufgrund von Mängeln bei der Organisierung der Berichterstattung aus dem Gebiet des Ausnahmezustandes sowie der Verletzung von Weisungen des Präsidenten der Russischen Föderation, die die Verbreitung von Informationen aus der Nordossetischen Sowjetrepublik und der Republik Inguschetien einschränkten«.

Zentrales Ereignis der gemeinsamen Tagung beider Kammern des Obersten Sowjets der Russischen Föderation am 26. November ist die Erörterung des Regierungsprogramms für Sofortmaßnahmen zur Überwindung der Wirtschaftskrise. Entgegen den Erwartungen wird die Diskussion in sachlichem und konstruktivem Geist, ohne Exzesse aufgenommen.

Vom 19. bis zum 24. November erlebt die Hauptstadt einen Boom des Handels mit Privatisierungsschecks. In einer Woche steigt der Preis für einen Anteilschein von zunächst 4100-4300 Rubel auf 7500 Rubel. Es wird sogar von Einzelfällen berichtet, da 8000 Rubel pro Anteilschein gezahlt wurden.

Der Präsident unterzeichnet den Erlaß über den Rücktritt des Ministers für Presse und Information, Poltoranin. Er wird »auf eigenen Wunsch« entlassen.

Durch Erlaß wird die Funktion des Staatssekretärs beim Präsidenten abgeschafft. Burbulis wird von dieser Funktion entbunden und zum Leiter der Beratergruppe des Präsidenten der Russischen Föderation ernannt.

Am 30. November gibt das Verfassungsgericht sein Urteil bekannt. Die Mehrzahl der Punkte der drei Erlasse des Präsidenten wird als verfassungsgerecht befunden, ein Teil jedoch nicht. Das Verbot der höchsten Organisationsstrukturen der KPdSU und der Russischen KP entspricht der Verfassung. Was jedoch die Grund- und Territorialorganisationen betrifft, so dürfen sie weiter tätig sein. Der Teil des Vermögens, den die Partei dem Staat entfremdet hat, wird konfisziert, derjenige, der ausschließlich Parteieigentum darstellt, jedoch nicht. Zur Frage, ob die KPdSU selbst der Verfassung entsprach, äußert sich das Gericht nicht. Dieses Verfahren wird niedergeschlagen, da die Partei seit August 1991 faktisch nicht mehr existiert.

Dezember

Am 1. Dezember beginnt im Kreml der achte Kongreß der Volksdeputierten der Russischen Föderation. An der Eröffnungssitzung nehmen Jelzin und die Mitglieder der Regierung teil.

Am 2. Dezember legt Chasbulatow seine Auffassungen zum Verlauf der Wirtschaftsreform in Rußland dar. Er zeichnet das Bild einer komplizierten und sich weiter verschlechternden Lage. Das Problem Nummer eins sei der Rückgang der Produktion, ein zweites Problem die Verarmung der Menschen. Die Wirtschaft gerate außer Kontrolle. Er schlägt seinen Ausweg aus der Krise vor.

Der Beobachter Otto Lazis weist in einer Analyse des Berichts Chasbulatows vom 2. Dezember darauf hin, daß dieser nicht nur die Zahlen manipuliere, sondern sich auf eindeutig falsche Angaben stütze. Zu den Vorschlägen, die in der internationalen Presse die »acht Punkte Chasbulatows« genannt werden, äußert er, dies seien nicht sehr glücklich umformulierte Vorschläge aus dem an das Parlament übergebenen Dokument »Sofortmaßnahmen zur Überwindung der Wirtschaftskrise in Rußland«, das von der Regierung, der Bürgerunion sowie dem Verband der Industriellen und Unternehmer Rußlands ausgearbeitet wurde.

»Der Kongreß muß morgen abgeschlossen werden«, erklärt Chasbulatow am 7. Dezember. Die Deputierten applaudieren diesem Vorschlag. Eine der Hauptschlachten – um die Verfassungsänderung – ist bereits geschlagen. Offen ist noch, wer Regierungschef sein wird. Jelzins Kandidat ist Jegor Gaidar. Der Präsident wird ihn am 8. Dezember offiziell vorschlagen.

Die Volksdeputierten haben einen Beschluß gefaßt, mit dem die Verwaltung zum Schutz der Objekte der höchsten Organe der Staatsmacht der Russischen Föderation faktisch wiederhergestellt wird, die Jelzin in seiner Verfügung vom 27. Oktober verboten hat.

Am 8. Dezember beträgt der Dollarkurs an der Börse 419 Rubel.

Am 10. Dezember richtet Jelzin einen Appell an die Bürger Rußlands. Er erklärt, auf dem Volkskongreß seien für die Tätigkeit der Regierung und des Präsidenten unerträgliche Bedingungen entstanden. Der Oberste Sowjet wolle alle Vollmachten und Rechte an sich reißen, jedoch keinerlei Verantwortung tragen. Die Reformen werden blockiert, es besteht die Gefahr, daß alle positiven Prozesse gestört werden. Der Präsident bedauert, daß er sich zu Zugeständnissen bereitgefunden hat, um eine Übereinkunft zu erreichen. Ergebnis des Kongresses sei eine tiefe Staatskrise. Jelzin erklärt, in dieser Situation sei die ungehinderte Tätigkeit der Regierung ein Garant für Stabilität. Gaidar bleibt ihr amtierender Vorsitzender.

Jelzin erklärt, den Ausweg aus der Krise sehe er in einem Referendum. Er ruft die Bürger auf, mit der Sammlung von Unterschriften zu beginnen. Der Präsident verspricht, sich dem Willen des Volkes zu beugen, wie dieser auch ausfallen möge.

Der Vorsitzende des Verfassungsgerichts, Waleri Sorkin, ruft zu unverzüglichen Verhandlungen auf, um eine Übereinkunft zu erzielen. Er bietet sich als Vermittler an.

Am 11. Dezember wird ein Fallen des Kurses der Privatisierungsschecks festgestellt. Im Verlauf einer Woche ist er von 7800 auf 6800 Rubel gesunken.

Am 12. Dezember verhandeln Jelzin und Chasbulatow in Anwesenheit Sorkins miteinander. Sie unterzeichnen das gemeinsame Dokument »Zur Stabilisierung der verfassungsmäßigen Ordnung der Russischen Föderation«.

Die Sitzung des Volkskongresses am 14. Dezember beginnt mit der scharfen Forderung der Opposition, zum Beschluß vom vorhergehenden Sonnabend über den Ausweg aus der Krise zurückzukehren. M. Astafjew erklärt, es habe ein Umsturz stattgefunden, der »eine Junta zur Macht gebracht« habe. S. Gorjatschewa klagt die »volksfeindliche« Tätigkeit Gaidars an. Hauptaufgabe der Sitzung sei die Wahl des Ministerpräsidenten nach der im Beschluß vom Sonnabend festgelegten Formel.

Am 15. Dezember wird Viktor Tschernomyrdin zum Regierungschef der Russischen Föderation gewählt. Er war seit 1989 Vorstandsvorsitzender des Konzerns »Gasprom«. 1992 war er zum stellvertretenden Ministerpräsidenten Rußlands ernannt worden. Gaidar verkündet seine Absicht, das Kabinett zu verlassen. Seine gesamte Mannschaft erklärt ihren Rücktritt.

Bundeskanzler Kohl trifft zu einem offiziellen Besuch in Moskau ein. Es ist seine erste Reise in das souveräne Rußland.

US-Präsident Bush erörtert mit dem Präsidenten Rußlands per Telefon die weitere Ausarbeitung des Vertrages über die Reduzierung der strategischen Offensivwaffen.

In einer russischen Militärbasis in der Hauptstadt Litauens werden die Abschlußdokumente über den Abzug der russischen Truppen aus Vilnius unterzeichnet.

1993

Januar

Am 3. Januar unterzeichnen Boris Jelzin und George Bush im Kreml den Vertrag START-2.

»Der russisch-amerikanische START-2-Vertrag erlegt der Ukraine keinerlei Verpflichtungen auf und gilt nicht für ihr Staatsgebiet«, erklärt der ukrainische Präsident Leonid Krawtschuk.

»Der Konflikt um Nagorny-Karabach wird nicht in Moskau oder Washington, sondern allem Anschein nach auf dem Schlachtfeld entschieden werden«, erklärt der aserbaidshanische Staatssekretär Panach Gusseinow auf einer Pressekonferenz in Baku. Dies ist die erste Reaktion des offiziellen Baku auf die gemeinsame Erklärung der Präsidenten Rußlands und der USA über Nagorny-Karabach. Die Präsidenten hätten beiden Seiten gleiche Verantwortung zugesprochen und die Hauptfrage, wer der Aggressor sei, nicht beantwortet.

Der Minimallohn für Mitarbeiter von Einrichtungen, Organisationen und Unternehmen Rußlands, die aus dem Staatshaushalt finanziert werden, beträgt ab 1. Februar 2250 Rubel.

Einwohner Estlands müssen in den nächsten Tagen Passierscheine für Reisen ins Leningrader Gebiet käuflich erwerben. Derartige Gebühren erhebt bereits das Gebiet Pskow.

Vom 29. Dezember bis zum 5. Januar sind die Preise für siebzig Grundnahrungsmittel, die vom Staatlichen Komitee für Statistik Rußlands registriert werden, um 9,5 Prozent gestiegen. Der Preisanstieg in den letzten zwei Wochen betrug insgesamt 19 Prozent. Ein derartiger Preisauftrieb wurde erstmals nach der Freigabe der Preise festgestellt (mit Ausnahme der ersten Woche des Jahres 1991).

Der Schacht »Worgaschorskaja«, der seit dem 4. Dezember des vergangenen Jahres bestreikt wird, setzt seine Protestaktion als einziger fort. Die Arbeiter anderer Schächte des Kohlereviers von Workuta haben es abgelehnt, sich der Aktion anzuschließen. Sie erklären den Agitatoren, daß sie deren Forderungen zwar für gerechtfertigt halten, jedoch der Meinung sind, ein Streik sei gegenwärtig nicht angebracht, weil er den Reformen schade.

Am 12. Januar ist in einem Nebengebäude des Atomkraftwerkes von Tschernobyl Feuer ausgebrochen. Der Brand wurde in einer Stunde gelöscht. Es kam niemand zu Schaden. Veränderungen der Strahlungsbelastung wurden nicht festgestellt.

Nach Auskunft des Verteidigungsministers der Republik Estland Hein Rebas, hat Rußland von 505 Militäreinrichtungen in Estland, die der russischen Armee gehörten, bisher lediglich 53 an den estnischen Staat übergeben.

In Riga sind Verhandlungen zwischen den Staatsanwaltschaften Lettlands und Rußlands zu Ende gegangen, wo über das weitere Schicksal des früheren stellvertretenden Kommandeurs der Rigaer OMON-Truppen, Sergej Parfjonow, beraten wurde. Der stellvertretende Generalstaatsanwalt Lettlands, J. Anzans, betrachtet die Situation als durchaus günstig für Parfjonow.

Der Vorsitzende des Obersten Sowjets Abchasiens, Wladislaw Ardsinba, ist verletzt worden. Der Anschlag erfolgte in Gudauti, wo Ardsinba mit Vertretern von gegen ihn eingestellten abchasischen Einheiten verhandelte. Am 15. Januar wurde er in kritischem Zustand in ein Krankenhaus eingeliefert.

Der Oberste Sowjet der Russischen Föderation hat den 11. April als den Tag des Referendums bestätigt und für die Veröffentlichung der dort zur Abstimmung stehenden Fragen den 1. März festgesetzt.

Die Bewachung des Weißen Hauses wird verstärkt. Beobachter bringen die verschärften Sicherheitsmaßnahmen mit einem Zwischenfall am 15. Januar in Zusammenhang, als einige Teilnehmer von Mahnwachen, die mehrere oppositionelle Gruppen organisiert hatten, die Abgeordneten am Betreten des Hauses hinderten.

Am 15. Januar erreicht der Dollarkurs einen neuen Höchststand - 447,50 Rubel.

Die Erdölförderung betrug 1992 384 Millionen Tonnen, 64 Millionen Tonnen weniger als 1991.

Verhandlungen zwischen Delegationen Kischinjows und Tiraspols über die Regelung des Konfliktes im Dnestr-Gebiet sind ergebnislos zu Ende gegangen.

Am 22. Januar wurde dem Vorsitzenden des Verfassungsgerichts, Waleri Sorkin, im Hause der russischen Presse der Preis der »Nationalen Harmonie« überreicht. Diesen Preis erhielt er, wie es im Beschluß einer Sonderkommission heißt, »für seine staatsbürgerliche Tat am 9. und 10. Dezember im Kongreß der Volksdeputierten Rußlands«.

Sieben Staatsoberhäupter von GUS-Republiken haben das Statut der GUS unterzeichnet. Auf dem Dokument fehlen die Unterschriften der Staatschefs der Ukraine, Moldovas und Turkmenistans.

Eine Gründungskonferenz der Komsomolzen Rußlands hat die Landesorganisation des Komsomol, den Kommunistischen Jugendverband Rußlands, wiederhergestellt.

»Beim Aprilreferendum wird es keine Sieger geben«, erklärt der Vorsitzende des russischen Parlaments, Ruslan Chasbulatow. Auf einer Sitzung des Präsidiums des Obersten Sowjets äußert er die Meinung, daß das Referendum bei jedem Ergebnis eindeutig negative Folgen haben werde.

»Der Niedergang im Agrar-Industrie-Komplex hätte vermieden werden können«, erklärt Alexander Ruzkoi auf dem 4. Plenum des ZK der Gewerkschaft der Mitarbeiter des Agrar-Industrie-Komplexes der Russischen Föderation. Der Verantwortliche für die Reformen in der Landwirtschaft stellt fest, daß die bestehende Struktur der Kolchosen, die man zum Untergang verurteilt hatte, durchaus lebensfähig ist.

Die zentrale Kommission zur Durchführung des Referendums hat am 26. Januar 1993 den Beschluß über die Wahlkreise gefaßt. Es werden 89 Wahlkreise eingerichtet.

In der Debatte über die Haushaltsvorlage am 30. Januar wird den Deputierten der Entwurf eines Beschlusses vorgelegt, dem Obersten Sowjet Rußlands zusätzlich 32,5 Millionen Rubel für die Durchführung des Prozesses gegen das GKTschP zu bewilligen. Der Beschluß wird angenommen.

Februar

Nach Angaben des Staatlichen Komitees für Statistik ist die Einwohnerzahl Rußlands im vergangenen Jahr zum ersten Mal seit Kriegsende absolut zurückgegangen. Sie sank um über 70 000 und beträgt gegenwärtig 148,6 Millionen.

Im Januar sind die Preise für Grundnahrungsmittel um 25 Prozent gestiegen. Die Inflationsrate betrug 126 Prozent. Dieser Preisauftrieb von 25 Prozent und mehr hält in Rußland bereits den vierten Monat an.

Viktor Tschernomyrdin unterzeichnet einen Beschluß der Regierung »Über die staatliche Regulierung der Preise für Brot und Backwaren«.

Nach Auskunft des armenischen Verteidigungsministeriums haben die Versuche, das Problem der Kriegsgefangenen mit Aserbaidshan bilateral zu regeln, bisher nicht zum Erfolg geführt.

Die nationale Rundfunk- und Fernsehanstalt Usbekistans hat die Übernahme des Informationsprogramms des russischen Fernsehens »Westi« (Nachrichten – der Übers.) eingestellt.

Durch einen geheimen Erlaß des Präsidenten der Russischen Föderation sind Grundsätze für eine Kommission des Sicherheitsrates zum Kampf gegen Kriminalität und Korruption bestätigt worden.

Rußland muß im Jahre 1993 40 Milliarden Dollar für Zahlungen an seine Kreditgeber aufbringen. Das ist der größte Teil der für dieses Jahr geplanten Gesamteinnahmen aus dem Export. Diese Summe muß gezahlt werden, wenn es nicht gelingt, eine Umschuldung zu erreichen, erklärt der Minister für Außenwirtschaftsverbindungen Rußlands, S. Glasjew.

Am 11. Februar findet im Grünen Salon des Großen Kremlpalastes eine Begegnung Präsident Jelzins mit Chasbulatow und Sorkin statt. Über den Inhalt des Gesprächs wird der Presse nichts mitgeteilt.

Am 12. Februar wird im Kreml die Gesamtrussische Konferenz zum Kampf gegen die Kriminalität eröffnet. Dazu werden Präsident Jelzin, Vizepräsident Ruzkoi, Innenminister Jerin und Sicherheitsminister Barannikow erwartet. Das Hauptreferat hält Alexander Ruzkoi.

Das Verfassungsgericht Rußlands erklärt die Bestimmungen des Erlasses Jelzins »Maßnahmen zum Schutz der verfassungsmäßigen Ordnung in Rußland«, die zur Grundlage für die Auflösung des Organisationskomitees der Nationalen Rettungsfront dienten, für verfassungswidrig.

Wegen der Inflation wird die Untergrenze für Einkommen natürlicher Personen, die mit dem minimalen Steuersatz von 12 Prozent belegt werden, von 200 000 auf 1 Million Rubel angehoben.

Aus der Rechtspraxis Rußlands werden vier Arten von Strafen gestrichen: Verbannung, Ausweisung, Freiheitsentzug auf Bewährung mit Arbeitspflicht und Entlassung aus Haftanstalten auf Bewährung mit Arbeitspflicht.

Das Außenministerium Moldovas hat dem russischen Außenministerium eine Protestnote gesandt. Anlaß sind Manöver der in der Republik stationierten 14. Armee Rußlands. In der Note wird Besorgnis darüber geäußert, daß diese Manöver ohne Genehmigung der Führung Moldovas stattfinden.

Jede der drei Gewalten in Rußland – die Exekutive, die Legislative und die Justiz – wird über eine eigene, selbständige Schutztruppe verfügen. Dies beschloß das russische Parlament auf einer gemeinsamen Sitzung beider Kammern, wo das Gesetz »Über den staatlichen Schutz der höchsten Machtorgane der Russischen Föderation und ihrer Beamten« angenommen wurde.

In der Nacht vom 20. zum 21. Februar bombardierte ein Militärflugzeug die Stadt Suchumi. Nach Meinung des georgischen Kommandos in Abchasien ist dafür Rußland verantwortlich.

Eduard Schewardnadse warnt, wenn es zu weiteren Erklärungen wie der des russischen Verteidigungsministers Gratschow (über die strategischen Interessen Rußlands an der georgischen Schwarzmeerküste) und zu Aktionen wie dem Raketenangriff auf Suchumi kommen sollte, werde Georgien gezwungen sein, die allgemeine Mobilmachung zu verkünden.

Das georgische Parlament hat einen Beschluß gefaßt, in dem der weitere Verbleib russischer Truppen in Abchasien für unzulässig erklärt wird, da sie offenbar in den Konflikt verwickelt sind.

Der Oberste Sowjet der Russischen Föderation hat beschlossen, den außerordentlichen achten Kongreß voraussichtlich am 10. März einzuberufen.

Die Forderung Schewardnadses, die russischen Truppen aus Abchasien abzuziehen, sei eine grobe Einmischung in die inneren Angelegenheiten Abchasiens, erklärt der Vorsitzende des abchasischen Obersten Sowjets, Wladislaw Ardsinba.

März

Die Kohleschächte des Gebietes Kemerowo führen am 1. März einen Warnstreik durch, mit dem sie dagegen protestieren, daß die Regierung bereits Anfang Februar gestellte Forderungen nach wie vor nicht erfüllt hat.

Am 3. März haben in Moskau Anhörungen im Parlament zum russisch-amerikanischen START-2-Vertrag begonnen, den die Präsidenten Jelzin und Bush am 3. Januar unterzeichneten.

Wie erwartet, war die ganze Vormittagssitzung des Obersten Sowjets am 4. März der Debatte über den achten außerordentlichen Kongreß gewidmet, der am 10. März beginnen soll. Sein Zweck besteht darin, das Referendum abzusetzen.

Der Kongreß des kabardinischen Volkes hat vom Generalstaatsanwalt Rußlands, Stepankow, eine Entschuldigung für seine Äußerungen im Fernsehprogramm »Bilanz« vom 28. Februar gefordert, wo er den genannten Kongreß beschuldigte, die Machtergreifung mit Mitteln der Gewalt anzustreben, bewaffnete Einheiten zu unterhalten und den Föderationsvertrag brechen zu wollen.

Am 10. März führt der Oberste Sowjet einige Stunden vor Eröffnung des außerordentlichen Kongresses eine gemeinsame Sitzung beider Kammern durch. Einziger Tagesordnungspunkt ist die Erörterung der Fragen, die der Präsident bei dem Referendum zur Abstimmung stellen wird.

Das Verteidigungsministerium Aserbaidshans hat die Veröffentlichung von Tagesberichten aus dem Kampfgebiet in Nagorny-Karabach verboten.

Der zweite Tag des Kongresses, der 12. März, begann mit einer Rede des Präsidenten. Er bestand darauf, den Beschluß über die Stabilisierung der verfassungsmäßigen Ordnung zu erörtern, und führte Argumente zugunsten eines Beschlusses an, die Zentralbank und die anderen Finanzorgane der Föderation der Regierung zu unterstellen.

Die Ukraine hat die erste Zahlung für russisches Erdgas überwiesen.

Am dritten Tag des Kongresses erreicht die politische Spannung ihren Höhepunkt. Die Abänderungsvorschläge des Präsidenten zum Entwurf des Beschlusses über die Stabilisierung der verfassungsmäßigen Ordnung werden abgelehnt. Nach Abschluß des Kongresses verhandeln Jelzin, Chasbulatow und Sorkin hinter verschlossenen Türen.

Am 13. März endet der Kongreß mit einem besonderen Beschluß, in dem er dem Referendum seine Zustimmung verweigert. Die für das Referendum bereitgestellten 20 Milliarden Rubel sollen für die soziale Absicherung und Unterbringung von Armeeangehörigen verwendet werden.

»Wir haben es faktisch mit dem Beginn eines offenen Konfliktes zwischen Rußland und Georgien zu tun«, erklärt Eduard Schewardnadse, nachdem sich die Situation an der ganzen Frontlinie längs des Flusses Gumista in der Nacht vom 15. zum 16. März erheblich verschärft hat.

Die Regierung Rußlands nimmt eine Erklärung an, in der sie den vom Volke gewählten Präsidenten und dessen Position unterstützt.

Am 20. März spricht Boris Jelzin über zwei Fernsehkanäle zu den Bürgern Rußlands. Er erklärt, da er als Präsident die Verpflichtung habe, die Einheit und Integrität der Russischen Föderation zu wahren, habe er den Erlaß über eine besondere Art der Staatsführung zur Überwindung der Krise der Macht unterzeichnet.

Die Sitzung des Obersten Sowjets am 25. März beginnt damit, daß der Sekretär des Verfassungsgerichts einen Beschluß über den Aufruf Jelzins an die Bürger Rußlands verliest. Der Beschluß des Verfassungsgerichts bietet die Grundlage, um die Amtsenthebung des Präsidenten zu verkünden.

Der Oberste Sowjet faßt einen Beschluß über die Einrichtung eines eigenen Fernsehprogramms »RTV-Parlament« und über dessen Leitungsorgan.

Am 26. März wird der außerordentliche neunte Volksdeputiertenkongreß Rußlands eröffnet. Dort wird über das Impeachment gegen den Präsidenten Rußlands, Boris Jelzin, abgestimmt. Die Auszählung der Stimmen ergibt, daß das Impeachment nicht angenommen wurde.

Der Kongreß beschließt, am 25. April in ganz Rußland das Referendum durchzuführen.

Am 29. März eröffnet Chasbulatow die Vormittagssitzung des neunten Kongresses mit einer Erklärung, in der er dem Präsidenten und dessen Umgebung vorwirft, »zur Rebellion aufzurufen«.

Das Präsidium des russischen Parlaments behandelt auf einer geschlossenen Sitzung am 30. März ein Dokument über die Schaffung eines Schutzorgans des Obersten Sowjets der Russischen Föderation. Dieses wird voraussichtlich eine Stärke von 2000 Mann haben.

April

Der Vertreterrat der unabhängigen Bergarbeitergewerkschaft und der Rat der Arbeiterkomitees des Kusnezbeckens sind zu dem Schluß gekommen, daß die volle Erfüllung ihrer Forderungen in der gegenwärtigen Lage im Lande nicht möglich ist. Es wird beschlossen, den Streik einzustellen.

Durch Erlaß des Präsidenten Aserbaidshans vom 3. April wird in der gesamten Republik »wegen der zunehmenden Aggression Armeniens gegen Aserbaidshan« für 60 Tage der Ausnahmezustand verhängt.

Zehn Angehörige der Gruppe der russischen Grenztruppen in Tadshikistan sind von unbekannten Bewaffneten entführt worden.

Das Zentrum für Wirtschaftskonjunktur bei der Regierung der Russischen Föderation teilt mit, daß die Inflationsrate im März 117,4 Prozent betrug. Im ganzen ersten Quartal 1993 betrug sie 190 Prozent.

Die Sowjets sind die Grundlage der Demokratie. Heute von ihrer Beseitigung zu sprechen, »wäre einfach lächerlich«, erklärt Chasbulatow am 10. April.

Alexander Ruzkoi sieht keinen Weg zur Versöhnung mit dem Präsidenten Rußlands in der bis zum Referendum verbleibenden Zeit. Dies erklärt er auf einer Pressekonferenz der führenden Vertreter der Bürgerunion zum bevorstehenden Referendum.

Der Oberste Sowjet der Russischen Föderation hat begonnen, Flugblätter gegen den Präsidenten herauszugeben. Eine entsprechende Bestellung, die ein gesellschaftliches Komitee »Reformen für das Volk« unterzeichnet hat, ist aus der Redaktions- und Verlagsabteilung des Obersten Sowjets beim Verlag der »Iswestija« eingegangen. Die genannte Abteilung bezahlt auch diesen Eilauftrag in Millionenauflage.

Der Pressedienst des Obersten Sowjets verbreitet am 23. April eine Meldung darüber, daß in der Nacht vom 25. zum 26. April ein »Staatsstreich« bevorstehe. Das Sicherheitsministerium erklärt, »eine derartige Provokation« sei »der fortgesetzte Versuch, die bewaffneten Organe in die politische Auseinandersetzung hineinzuziehen und die Krise der Macht in Rußland auf diese Weise zu verschärfen«.

Präsident Jelzin hat Ruzkoi per Erlaß von seiner Verantwortung für die Landwirtschaft entbunden.

Der Vorsitzende der Zentralen Wahlkommission, W. Kasakow, veröffentlicht am 26. April die letzten Ergebnisse des Referendums vom 25. April, die nur um Zehntel Prozente vom Endergebnis abweichen dürften. 170 Millionen Bürger hatten sich in die Wählerlisten eingetragen. Am Referendum haben 64,68 Prozent der Wahlberechtigten teilgenommen. Die erste und zweite Frage beantworteten 58,5 Prozent bzw. 52,88 Prozent der Wähler positiv. Bei der dritten und vierten Frage stimmten 32,64 Prozent bzw. 41,4 Prozent mit Ja. Dem Präsidenten wurde das Vertrauen ausgesprochen.

Auf einer Sitzung des Präsidiums des Obersten Sowjets der Russischen Föderation am 27. April rief Chasbulatow dazu auf, die Ergebnisse des Referendums nicht überzubewerten. Er erklärte sie ausschießlich mit dem Einfluß der »Poltoranin-Goebbelsschen Propaganda«.

Der Präsident der Russischen Föderation hat den Chefs der Republiken, der Verwaltungen der Regionen, Gebiete und Autonomien der Russischen Föderation den Entwurf der neuen Verfassung vorgestellt.

Mai

Die Verwaltung der Hauptstadt erklärt, daß die »Provokation der Neokommunisten am 1. Mai, bei der Dutzende Demonstranten und Hunderte Milizangehörige verletzt wurden, die Organisatoren dieser Massenveranstaltung mit dem Gesetz in Konflikt bringt«.

Der Moskauer OMON-Angehörige Wladimir Toloknejew, der während der Ausschreitungen auf dem Leninprospekt am 1. Mai verletzt wurde, ist im Krankenhaus verstorben.

Die russische Bevölkerung wandert aus Tschetschenien und Inguschetien ab. Nach Angaben des Atamans der Abteilung Grosny des Tersker Kosakenbezirkes verlassen täglich etwa 50 russische Familien Inguschetien und Nordossetien.

Am 14. Mai treffen Jelzin und Schewardnadse im Kreml zusammen. Ergebnis dieses Gesprächs ist ein Beschluß über die Feuereinstellung im Gebiet des georgisch-abchasischen Konflikts ab 20. Mai.

Unter dem Vorsitz des russischen Präsidenten Boris Jelzin und des Ministerpräsidenten Tschernomyrdin hat am 19. Mai eine Sitzung der Kommission des Sicherheitsrates der Russischen Föderation zum Kampf gegen die Kriminalität stattgefunden. Sie hat einen Bericht Tschernomyrdins über die Ereignisse am 1. Mai entgegengenommen. Die Untersuchung hat ergeben, daß die politische Provokation geplant war. Daran nahmen ausgebildete Kämpfer teil; auf Lastwagen wurden Pflastersteine an den Ort des Geschehens gebracht.

Der Pressedienst des Präsidenten verbreitet den Wortlaut eines Erlasses des Präsidenten der Russischen Föderation vom 20. Mai 1993 »Über die Einberufung der Verfassungskonferenz und den Abschluß der Arbeiten am Entwurf der Verfassung der Russischen Föderation«.

Der Oberste Sowjet lehnt es ab, an der Verfassungskonferenz teilzunehmen, die der Präsident für den 5. Juni einberufen hat.

Die Führer der Nationalen Rettungsfront haben ein Komitee zum Schutz der Verfassung und der verfassungsmäßigen Ordnung gebildet, das am 3. Juni seine eigene Verfassungskonferenz durchführen wird.

Juni

Über 200 Schiffe der Schwarzmeerflotte haben das russische Andreas-Banner gehißt, ohne das Ende der Übergangsperiode im Jahre 1995 abzuwarten.

Der Kurs des US-Dollar überschreitet an der Moskauer Internationalen Devisenbörse am 1. Juni erstmalig die Marke von 1000 Rubeln. Ein Dollar wird nun für 1024 Rubel gehandelt.

»Wie nie zuvor hat die Legislative heute die Unterstützung der Bevölkerung«, erklärt Chasbulatow im Parlamentszentrum bei der Eröffnung einer Beratung von Vertretern der Sowjets aller Ebenen.

Die Regierung Rußlands hat Bestimmungen für Kauf und Verkauf von Boden für die private Hofwirtschaft beschlossen.

Mit 152 Stimmen billigt der Oberste Sowjet einen Antrag an das Verfassungsgericht, das Vorgehen des Präsidenten zu beurteilen, der »den verfassungsmäßigen Status des Vizepräsidenten herabwürdigt«.

Der Zwischenfall auf der ersten Plenarsitzung der Verfassungskonferenz am 5. Juni, der zum Auszug von über 70 Anhängern Chasbulatows geführt hat, ändert nichts an der Arbeitsweise der Konferenz. Diese wird fortgesetzt.

Die Direktion des Fernsehsenders Ostankino wendet sich entschieden gegen separate Verhandlungen mit Vertretern prokommunistischer Organisationen unter Führung Viktor Anpilows, die tägliche Sendezeit fordern.

Die Teilnehmer der Verfassungskonferenz beschließen am 17. Juni eine Erklärung über den Entwurf der neuen Verfassung der Russischen Föderation.

Der Präsident Rußlands unterzeichnet einen Erlaß, nach dem die Kohlepreise ab 1. Juli freigegeben werden. Die Kohleindustrie erhält eine Reihe außenwirtschaftlicher Vergünstigungen.

In Tadshikistan wird die Tätigkeit der Oppositionsparteien verboten. Dies beschließt das Kollegium des Obersten Gerichts.

Die Offiziersversammlung des Stabes der Schwarzmeerflotte ruft alle Seeleute auf, »ab 1. Juli auf allen Schiffen der Schwarzmeerflotte das historische Andreas-Banner zu hissen«.

Juli

Die Deputierten des Swerdlowsker Gebietes beschließen mit Stimmenmehrheit, in ihrem Gebiet die Ural-Republik auszurufen.

Das Parlament der Ukraine billigt ein Dokument, in dem das Recht der Republik auf »Besitz der Atomwaffen der ehemaligen UdSSR auf ihrem Territorium« verkündet wird.

Im Obersten Sowjet kursiert ein Papier, in dem die Einberufung eines weiteren außerordentlichen Volksdeputiertenkongresses gefordert wird. Als Datum schlägt man den 20. Juli vor.

Der am 7. Juli wiederaufgenommene Prozeß zum Fall des GKTchP wird nach 40 Minuten auf weitere zwei Monate vertagt. Der Grund sind die Erkrankung des Angeklagten Tisjakow und des Verteidigers von Janajew.

Das Parlament hat zugestimmt, daß gegen den ehemaligen Volksdeputierten der Russischen Föderation Wladimir Schumejko ein Strafrechtsverfahren eröffnet wird. Grundlage dafür sind Materialien aus dem Prozeß über Korruptionsfälle unter hohen Beamten, der am 22. Juni 1993 begonnen hat.

Die Zentralbank verkündet am 24. Juli, daß die Banknoten der Jahre 1961 - 1992 aus dem Verkehr gezogen werden.

Bei einer Zusammenkunft mit der Führung des Sicherheitsministeriums informiert Präsident Jelzin darüber, daß Sicherheitsminister Barannikow wegen Verletzung der ethischen Normen und ernster Mängel in der Arbeit, darunter bei der Führung der Grenztruppen, von seiner Funktion entbunden wird.

Die Wehrkommandos der Stadt Moskau haben mit der Aufnahme von Freiwilligen auf Vertragsbasis in die Motschützendivision Nr. 201 begonnen, die in Tadshikistan stationiert ist.

Der ehemalige stellvertretende Kommandeur der OMON in Riga, Parfjonow, und fünf weitere an der russisch-lettischen Grenze festgenommene Personen sind den russsischen Behörden übergeben worden.

August

Der Pressesprecher des Präsidenten Rußlands hat Meldungen über eine ernste Erkrankung Jelzins dementiert. »Prawda« und »Rossiskaja Gaseta« haben am 31. Juli gemeldet, in Kreisen der Bewegung »Demokratisches Rußland« sei die Möglichkeit erörtert worden, daß es wegen des sich verschlechternden Gesundheitszustandes des Staatsoberhauptes zu personellen Veränderungen in der Führung des Landes kommen könne.

In Wladikawkas sind der Chef der provisorischen Verwaltung der Zone des Ausnahmezustandes in Nordossetien und Inguschetien, W. Poljanitschko, und der Kommandeur der vereinten Streitkräfte der provisorischen Verwaltung, A. Korezki, ermordet worden.

Die geplante Unterzeichnung eines Abkommens über den Rückzug der Streitkräfte der Russischen Föderation von litauischem Gebiet durch die Präsidenten Rußlands und Litauens findet nicht statt.

Am 5. August tagt unter Vorsitz Jelzins die Kommission zum Kampf gegen Korruption. Jelzin erklärt, die Kommission werde nunmehr wöchentlich zusammentreten.

Die Chefs einiger GUS-Staaten, die früher ihren Austritt aus der Rubelzone erklärten, haben die russische Führung gebeten, ihrer Rückkehr in die Rubelzone zuzustimmen.

Gegenüber Journalisten erklärt der Präsident am 10. August: »Der September ist der Monat, in dem wir die Fragen der Verfassung und der Wahlen lösen sowie eine Entscheidung über die Macht in Rußland herbeiführen werden.« Daß er jetzt selten im Fernsehen zu sehen sei, begründet Jelzin mit der »intensiven Vorbereitung auf den September«.

Am 19. August beruft der Präsident der Russischen Föderation eine Konferenz ein, wo er erklärt, er beabsichtige, noch in diesem Herbst Parlamentswahlen anzuberaumen.

Der Minister für Presse und Information Rußlands, Michail Fedotow, erklärt seinen Rücktritt. Er begründet diesen Schritt mit politischen Motiven.

Nach Durchsicht der Dokumente des zweiten Kongresses der Nationalen Rettungsfront spricht das Ministerium für Justiz Rußlands dieser Organisation eine offizielle Verwarnung aus. Das Ministerium sieht in einzelnen Aussagen, die auf dem Kongreß gemacht wurden, die Aufforderung zum bewaffneten Sturz der bestehenden Ordnung.

Die Regierungskommission zum Kampf gegen Kriminalität und Korruption hat damit begonnen, dem Moskauer Staatsanwalt Ponomarjow Dokumente über Ruzkoi zu übergeben.

Am 28. August ist in Georgien ein Aufstand der Anhänger Gamsachurdias ausgebrochen. Die Anhänger des ehemaligen Präsidenten haben drei lebenswichtige Städte des Landes erobert - Senaki, Chobi und Abascha.

September

Der Pressesprecher des Präsidenten Rußlands verbreitet eine Meldung, in der es heißt: »Der Präsident der Russischen Föderation hat beschlossen, Alexander Ruzkoi und Wladimir Schumejko zeitweilig von ihren Funktionen zu entbinden. Dieser Beschluß wurde angesichts des Schadens gefaßt, den sie mit ihren gegenseitigen Korruptionsvorwürfen der Staatsmacht zufügen.«

Die Führer der Ukraine und Rußlands haben bei einer Begegnung auf der Krim eine Vereinbarung unterzeichnet, nach der die gesamte Schwarzmeerflotte der Jurisdiktion Rußlands unterstellt wird.

Der Präsident hat eine Verfügung unterzeichnet, nach der eine Arbeitsgruppe zur Erstellung eines gemeinsam abgestimmten Entwurfes für die Verfassung der Russischen Föderation gebildet wird. Vorsitzender ist der stellvertretende Parlamentschef Nikolai Rjabow.

Schewardnadse hat seinen Rücktritt erklärt, nachdem der Führer der militärischen Gruppierung »Mchedrioni«, Dshaba Josseliani, einer der einflußreichsten georgischen Politiker, den Kurs des Präsidenten scharf kritisiert hat. Das Parlament lehnt jedoch den Rücktritt mit Stimmenmehrheit ab.

Jegor Gaidar wird am 18. September die Funktion des ersten stellvertretenden Ministerpräsidenten übernehmen. Dies erklärt Jelzin während eines Besuches bei der Dzierzynski-Division.

Per Erlaß annulliert der Präsident Rußlands am 21. September die Vollmachten des Kongresses der Volksdeputierten und des gegenwärtigen Obersten Sowjets. Wahlen zu einem neuen Legislativorgan - der Föderationsversammlung - werden für den 11. und 12. Dezember anberaumt. Abgesehen von diesen Verfassungsänderungen bleiben die Gesetze Rußlands in Kraft.

Register

Bildnachweis

Associated Press, London (5)
Karsh - Camera Press (Frontispiz)
Katz Pictures, London (4)
Andrew Nurnberg, London (4)
Popperfoto, Northampton (1)
Press Association, London (1)
Rex Features, London (8)
Frank Spooner Pictures, London (10)

Die Deutsche Bibliothek - CIP-Einheitsaufnahme

Jelzin, Boris:
Auf des Messers Schneide/Boris Jelzin.
[Aus dem Russ. von Helmut Ettinger]. -
1. Aufl. - Berlin: Siedler, 1994
ISBN 3-88680-520-4

Titel der russischen Originalausgabe:
Записки президента

Aus dem Russischen von Helmut Ettinger

Der Siedler Verlag ist ein Unternehmen
der Verlagsgruppe Bertelsmann.

Lektorat: Wolf J. Siedler jr.
Schutzumschlag: Dorén + Köster, Berlin
Satz: Bongé + Partner, Berlin
Reproduktionen: Com-Litho, Berlin
Druck und Buchbinder: Mohndruck, Gütersloh
Printed in Germany 1994
ISBN 3-88680-520-4
Erste Auflage